अटलांटिक गाँधी

अटलांटिक गाँधी

समुद्र पार महात्मा

नलिनी नटराजन

अनुवादक: अवनीश मिश्र

SAGE | bhasha

Los Angeles | London | New Delhi
Singapore | Washington DC | Melbourne

Copyright © Nalini Natarajan, 2018

All rights reserved. No part of this book may be reproduced or utilized in any form or by any means, electronic or mechanical, including photocopying, recording or by any information storage or retrieval system, without permission in writing from the publisher.

Originally Published in 2013 in English by
SAGE Publications India Pvt Ltd as Atlantic Gandhi: The Mahatma Overseas

This edition published in 2018 by

SAGE Publications India Pvt Ltd
B1/I-1 Mohan Cooperative Industrial Area
Mathura Road, New Delhi 110 044, India
www.sagepub.in

SAGE Publications Inc
2455 Teller Road
Thousand Oaks, California 91320, USA

SAGE Publications Ltd
1 Oliver's Yard, 55 City Road
London EC1Y 1SP, United Kingdom

SAGE Publications Asia-Pacific Pte Ltd
3 Church Street
#10-04 Samsung Hub
Singapore 049483

Published by Vivek Mehra for SAGE Publications India Pvt Ltd, typeset in 12/14 pt Kruti Dev 10 by AG Infographics, Delhi and printed at Repro India Ltd., Mumbai.

ISBN: 978-93-532-8185-4 (PB)

Translator: Awanish Mishra is Assistant Professor at Shyam Lal College, University of Delhi.
SAGE Team: Syed Husain Naqvi, Abhilash Dixit
Photographs (except chapter 2, 3 and 8): Source unknown. Every effort has been made to trace and acknowledge all the copyright owners of the photographs reprinted herein. However, if any copyright owners have not been located and contacted at the time of publication, the publishers will be pleased to make necessary arrangement at the first opportunity.

मुझे निरंतर प्रोत्साहित करने हेतु मेरे माता–पिता, आर. नटराजन एवं बामा नटराजन तथा अपनी दयालुता और स्नेह के लिए मेरे ससुर, राल्फ परोटा (1919–2011) की स्मृति में।

Thank you for choosing a SAGE product!
If you have any comment, observation or feedback,
I would like to personally hear from you.

Please write to me at **contactceo@sagepub.in**

Vivek Mehra, Managing Director and CEO, SAGE India.

Bulk Sales

SAGE India offers special discounts
for purchase of books in bulk.
We also make available special imprints
and excerpts from our books on demand.

For orders and enquiries, write to us at

Marketing Department
SAGE Publications India Pvt Ltd
B1/I-1, Mohan Cooperative Industrial Area
Mathura Road, Post Bag 7
New Delhi 110044, India

E-mail us at **marketing@sagepub.in;**
sagebhasha@sagepub.in

Get to know more about SAGE

Be invited to SAGE events, get on our mailing list.
Write today to **marketing@sagepub.in**

This book is also available as an e-book.

विषय–सूची

प्रस्तावना	ix
आभार	xiii

1. काठियावाड़ से — 1
2. समुद्री यात्रा — 25
3. कुली की विरचना — 45
4. एक प्रवासीय राष्ट्र की नक्शानवीसी — 76
5. स्थानीय विश्व नागरिक और आधुनिक प्रति–आधुनिकः *हिंद स्वराज* और *सत्याग्रह इन साउथ अफ्रीका* — 105
6. ट्रांसवाल की तमिल स्त्रियाँ — 135
7. गाँधी और अटलांटिक आधुनिकता — 169
8. 'खादी में पैगंबर': दीनबंधु सी.एफ. एंड्रयूज — 208
9. निष्कर्षः प्रवासीय गाँधी — 235

ग्रंथ सूची — 263
लेखक के बारे में — 277

प्रस्तावना

इस किताब[1] का शीर्षक पाठक में कौतूहल पैदा कर सकता है, क्योंकि महात्मा गाँधी ने बिरले ही अटलांटिक महासागर की यात्रा की।[2] लेकिन यह किताब महात्मा गाँधी के जीवन की पड़ताल एक सार्वभौमिक प्रवासीय (डायस्पोरिक) व्यक्ति के तौर पर करती है जिनका परदेस में बिताया हुआ जीवन उत्तेजक तरीके से अटलांटिक वलय के चारों ओर अंकुरित होनेवाले विचारों से जुड़ा हुआ है। मेरा परिप्रेक्ष्य पिछले कुछ दशकों में उभरनेवाले नए उपागम से प्रभावित है: जो अटलांटिक को सिर्फ़ लोभी बागान प्रणाली के शिकारों का परिवहन करनेवाले महासागर के तौर पर न देखकर, उसे क्रांतिकारी विचारों के प्रस्फुटन के साक्षी के तौर पर भी देखता है। बेनेडिक्ट एंडरसन के विचार कि निर्वासन कालीन मुद्रण ने नई पहचानों को हवा देने का काम किया, से पॉल गिलरॉय के ध्यानाकर्षक पद 'ब्लैक अटलांटिक' तक, जो अफ्रीका से उद्भूत सांस्कृतिक रूपों का तीन महाद्वीपों के साथ संबंध जोड़ता है, से पीटर लाइनबॉ और मार्कस रेडिकर के यहाँ सर्वहारा क्रांतिकारी अटलांटिक और अटलांटिक समुद्री डकैती में बदलाव की दुनियाओं तक, से एंटोनियो बेनिटेज़–रोजो के अटलांटिक जगत को लेकर उत्तर–आधुनिक दृष्टिकोणों तक, अटलांटिक अध्ययन के इस क्षेत्र ने एक उत्तेजक और ज्ञानवर्धक परिरेखा का अधिग्रहण करना शुरू कर दिया है। मैं गाँधी के प्रवासीय (डायस्पोरिक) प्रतिपक्षी विचार को इस चौखटे के भीतर अवस्थित करती हूँ।

प्राथमिक तौर पर यह ढाँचा जो उत्पादन की एक सामाजिक–आर्थिक उत्पादन प्रणाली अर्थात् बहुनस्लीय बागान पर रोशनी डालता है, जिससे ब्रिटिश उपनिवेशीय बस्ती, भारत के एक स्थानीय पराधीन व्यक्ति के तौर पर गाँधी का सामना 1893 में डरबन में क़दम रखने तक नहीं हुआ था। मेरा यह

---

[1] इस किताब का नाम गाँधी पर 1997 में मैडिसन में 'गाँधी एंड डायस्पोरा' विषय पर एक पैनेल पर कॉन्फ्रेंस प्रस्तुति के दौरान और बाद में मई, 2009 में ईपीडब्ल्यू में 'अटलांटिक गाँधी, कैरिबियन गाँधी' शीर्षक से प्रकाशित एक लेख से पड़ा। इस किताब में उस लेख के अनुच्छेद शामिल हैं, जिसे इसके पाठ में मिला दिया गया है।

नोटः इस पूरी किताब में मैंने महात्मा गाँधी को गाँधी (प्रचलित गाँधीजी की जगह) संबोधित किया है। ऐसा कवि रबींद्रनाथ टैगोर द्वारा उन्हें महात्मा कहकर पुकारे जाने से पहले के उनके आरंभिक जीवन को रेखांकित करने के लिए किया गया है।

[2] दक्षिण अफ्रीका से लंदन की समुद्र यात्राएँ इसका अपवाद थीं। अपनी *आत्मकथा* में एक जगह पर वे बिस्के की खाड़ी (37) और एक जगह पर मडीरा द्वीप (289) का ज़िक्र करते हैं।

तर्क है कि बागानी जीवन के पहलू और इस तक ले जानेवाली घटनाएँ, एक आघातकारी नस्लीय आतंक को प्रस्तुत करते थे, जिसे गाँधी भारत से प्रतिरोपित (Transplanted) 'गिरमिटिया 'कुलियों' के साथ साझा करते थे और जिसके ख़िलाफ़ संघर्ष ने उनके सक्रियतावाद को आधार प्रदान किया। उनके लेखनों में, *आत्मकथा, हिंद स्वराज, सत्याग्रह इन साउथ अफ्रीका* और अनगिनत ख़तों, याचिकाओं, प्रतिरोध्ध की चिट्ठियों, यात्रा–निबंधों और अन्य पत्रकारिता संबंधी लेखन में अटलांटिक की परिवर्तनकारी चेतना के साथ गाँधी के रिश्ते की खोज की गयी है।

इस पूरी किताब का केंद्रबिंदु एक प्रवासी (डायस्पोर), एक परदेसी, यहाँ तक कि एक निर्वासित के तौर पर (जब गाँधी ने पहली बार महासमुद्र को पार किया, तब उन्हें उनकी मोढ़ बनिया जाति से जाति–बाहर कर दिया गया था) गाँधी की हैसियत पर है। यह किताब रेलगाड़ियों और समुद्री जहाजों पर उनकी गतिशीलता को रेखांकित करती है। मिसाल के लिए जहाज पर ही उन्होंने उद्विग्न स्थिति में लगातार बिना रुके *हिंद स्वराज* की रचना की। जब उनका दायाँ हाथ थक जाता था तब वे बाएँ हाथ से लिखने लगते थे। उनका लेखन एक सांस्कृतिक रूप से समर्थकारी निर्मिति के तौर पर 'राष्ट्रीयता' की उनकी प्रवासीय (डायस्पोरिक) निर्मिति को उजागर करता है, जो कि राष्ट्र–राज्य से काफ़ी अलग है: उनके आश्रम एक प्रकट तौर पर विनस्लीकृत और विसंस्कृत, मगर फिर भी दृढ़, प्रतिरोपित 'कुलियों' और विस्थापित मुस्लिम कारोबारियों से प्रवासी 'भारतीय' का निर्माण करने में मदद करते हैं।

अध्याय 1 'काठियावाड़ से' यह तर्क देता है कि युवा छात्र और समुद्र यात्री गाँधी उस समय तक किसी भी आधुनिक राष्ट्रीय के अर्थ में 'भारतीय' नहीं थे, बल्कि इसकी जगह वे एक प्रांतीय गुजराती पहचान का प्रदर्शन करते थे, जिसमें एक मज़बूत संतानोचित तत्वों का समावेश था।

अध्याय 2 'समुद्री यात्रा', गाँधी को पहले इंग्लैंड और फिर दक्षिण अफ्रीका लेकर जानेवाली समुद्री यात्राओं में उनके अंदर प्रवासीय चेतना की शुरुआत की पड़ताल करता है। यह उस भूमंडलीकृत जगत का, जिसमें गाँधी क़दम रख रहे थे, चित्र उकेरता है जिसमें लाखों मानव शरीर और सामान, भाप से चलनेवाले नए जहाजों पर महासमुद्रों को पार करते थे।

अध्याय 3 'कुली की विरचना' समय के उस बिंदु पर जब गाँधी ने डरबन में क़दम रखा, भारत से जानेवाले प्रवासी मज़दूरों की 'दयनीय' अंतरराष्ट्रीय हैसियत का बोध कराता है। यह अध्याय इस बात का एहसास कराता है कि इन 'कुलियों' को एक कम 'नस्लीय आतंक' वाले जीवन में मदद करने के लिए गाँधी द्वारा पेश की गयी चुनौती कितनी बड़ी थी।

अध्याय 4 'एक प्रवासीय राष्ट्र की नक्शानवीसी' गाँधी के साथ दक्षिण अफ्रीका में उनकी आघातकारी रेल यात्राओं के साथ–साथ चलता है, जिसने क्रूर तरीक़े से उनके–और अन्य भारतीयों के–उस धरती पर उनके बहिष्करण को सामने लाने का काम किया, जहाँ उनमें से कई बलपूर्वक ले जाए गये थे। गाँधी नस्लवादी भौगोलिकताओं और नीतियों को चुनौती देकर एक प्रवासीय राष्ट्र का नक्शा खींचते हैं।

अध्याय 5 'स्थानीय विश्व नागरिक और आधुनिक प्रति–आधुनिकः *हिंद स्वराज* और *सत्याग्रह इन साउथ अफ्रीका'* उन विरोधाभासी विचारधाराओं की शिनाख़्त करता है, जो गाँधी की सक्रियतावाद का ढाँचा तैयार करते हैं। वे स्थानीय भी हैं और विश्व–नागरिक (सार्वभौमिक) भी हैं, आधुनिक भी हैं और प्रति–आधुनिक भी हैं। इन दो पाठों को प्रवासीय घोषणापत्र के तौर पर पढ़ा गया है, जिनमें वे दक्षिण अफ्रीका के भेदभावों और पूर्वाग्रहों को ललकारते हुए प्रवासी 'भारतीय' की अपनी निर्मिति को जारी रखते हैं।

अध्याय 6 'ट्रांसवाल की तमिल स्त्रियाँ' दक्षिण अफ्रीका की स्त्री कार्यकर्ताओं के निर्माण में गाँधी की भूमिका का परीक्षण करता है। यह गिरमिट के जेंडर्ड इतिहास का एक सिंहावलोकन पेश करता है और स्त्रियों के सशक्तीकरण में गाँधी के अहिंसक अभियान की भूमिका की खोज करता है। साथ ही यह गाँधी के खुद अपने लैंगिक (सेक्सुअल) दर्शन का संदर्भ भी मुहैया कराता है।

अध्याय 7 'गाँधी और अटलांटिक आधुनिकता' पहले के अध्यायों में गाँधी की प्रतिरोधी रणनीतियों और चेतना को एक धागे में पिरोता है और उन्हें दास प्रतिरोपण, महानगरों से पृथक्करण, क्रियोल राष्ट्रों के निर्माण की ख़ातिर अफ्रीकी–स्थानीय व्यक्तिनिष्ठताओं के यूरो–क्रियोल विनियोजन, मेस्टिज़ेज (नस्लीय और सांस्कृतिक मिश्रण) और इनकी ताक़त साथ ही साथ सीमाओं और सबाल्टर्न सांस्कृतिक उत्तरजीविता जैसे अटलांटिक मुद्दों के संदर्भ में रखकर देखता है। ये सब गाँधीवादी परियोजना से संबद्ध हैं।

अध्याय 8 ' "खादी में पैगंबर": दीनबंधु सी.एफ. एंड्रयूज' गिरमिट विरोधी अभियान में गाँधी के मुख्य सहयोगी सी.एफ़ एंड्रयूज, जो बाड़े की दूसरी तरफ़ से आनेवाले एक और प्रतिरोपित प्रवासी (डायस्पोर) थे, पर चर्चा करता है, जो गाँधी के अभियान को कैरिबिया लेकर गये।

अध्याय 9 'निष्कर्षः प्रवासीय (डायस्पोरिक) गाँधी, जिससे इस किताब का समापन हुआ है, प्रवासीय समूह (डायस्पोरा) के सैद्धांतिक ढांचों के साथ गाँधी के जीवन की अनुगूँजों पर एक विहंगम दृष्टि डालता है। यह अध्याय इस पूरी किताब की बुनियाद में मौजूद प्रवासीय समूह (डायस्पोरा) के अनुभव के बारे में मुखर विचार–विमर्श करता है। इसका समापन गाँधी द्वारा उनके

निजी और सार्वजनिक स्व के बीच परिवर्तनकारी मक़सद से राजनीतिक और प्रभावशाली संवाद के साथ होता है, जिसके बारे में मेरा कहना है कि यह एक रणनीति और कौशल है जिसका विकास उन्होंने एक प्रवासी के तौर पर किया। साथ ही यह गाँधी के एक 'उर्ध्वगामी सार्वभौमिक' होने के विचार की भी पड़ताल करता है।

आभार

मैं अपने पिता आर.नटराजन और मेरे ब्रदर—इन—लॉ इटैलियो रिनाल्डी के प्रति आभार प्रकट करना चाहती हूँ कि समीक्षा के लिए देने से पहले सर्वप्रथम उन्होंने इस किताब की पूरी पांडुलिपि को मनोयोगपूर्वक पढ़ा। उनका प्रोत्साहन मेरे लिए अहम था। समीक्षा के बाद इस किताब का संपादन करने में मेरी बेटी प्रिया और पति जॉन ने मेरी मदद की। मैं अपने नियोक्ता यूनिवर्सिटी ऑफ पोर्टो रीको को भी धन्यवाद देती हूँ, जिन्होंने अध्ययन—अवकाश और अध्ययन—यात्राओं के संबंध में मेरी मदद की। साथ ही मैं कांग्रेस के पुस्तकालय के कर्मचारियों को भी धन्यवाद देती हूँ, जिन्होंने गाँधी के संकलनों को लेकर मेरी सहायता की।

इस पूरी प्रक्रिया में मेरी मदद करनेवाले सेज प्रकाशन के संपादकों को भी मैं—उनकी मदद, उत्साह और शिष्टाचार के लिए धन्यवाद कहना चाहूँगी, साथ ही मैं सुगाता घोष को भी धन्यवाद देना चाहूँगी, जिन्होंने इस किताब को अधिकृत किया। इसके अलावा मैं प्रभा ज़कारियास, शंभु साहू, रेखा नटराजन और रोहिणी रंगाचारी कार्निक के प्रति भी उनके द्वारा सदैव दिखाई गयी तत्परता, तवज्जो और इस पूरी प्रक्रिया में मेरी मदद करने के लिए आभार प्रकट करना चाहूँगी।

इस पांडुलिपि को तैयार करने में मेरे रिसर्च असिस्टेंट माइकल फर्नांडीज की मदद अमूल्य थी।

1

काठियावाड़ से

अपनी आत्मकथा में गाँधी ने दक्षिण अफ्रीका के शहर नेटाल के डरबन बंदरगाह पर क़दम रखने के अनुभव के बारे में लिखा है। यह घटना 1893 की है।

> जहाज़ के बंदरगाह पर पहुँचने पर लोग अपने मित्रों से मिलने के लिए आने लगे। मैंने महसूस किया कि भारतीयों को ज़्यादा सम्मान की नज़र से नहीं देखा जाता था। मैं यह अनुभव किए बिना नहीं रह सका कि अब्दुल्ला सेठ को जाननेवाले लोगों में उनके प्रति किस तरह से एक हिक़ारत का भाव था। यह बात मुझे चुभ गयी...मेरी ओर देखनेवालों की निगाहों में एक कौतूहल का साफ़ भाव था। मेरा पहनावा मुझे अन्य भारतीयों से अलग करनेवाला था। मैंने एक फ्रॉक कोट पहन रखा था और माथे पर एक दस्तार (साफा) बांध रखा था, जो कि बंगाली पगड़ी से मिलता–जुलता था। (गाँधी 1927: 88)

दक्षिण अफ्रीका में क़दम रखने के बाद अपने शुरुआती लम्हों का ऐसा स्मृति संचित अनुभव गाँधी के मानस पटल पर दर्ज था। यह गाँधी के जीवन में जलावतनी का दूसरा मौका था। दूर देश के तट पर अपने उपमहाद्वीप के भाई–बंधुओं को पहचानते हुए गाँधी खुशकिस्मती से दक्षिण अफ्रीका के उस नस्लीय देग से अनजान थे, जिसमें उन्होंने धोखे से क़दम रख दिया था।

मैं इसे प्रवासीय (डायस्पोरिक) राष्ट्रवाद के चौखट पर एक प्रवासी (माइग्रेंट) चेतना के लड़खड़ाते क़दमों से दस्तक देने के पल के तौर पर देखने का आग्रह करती हूँ। एक दूरस्थ उपनिवेशी चौकी पर कई जातीयताओं के मेल से सामना होने पर–जिसमें मुस्लिम कारोबारी, तमिल और तेलुगू शर्तबंद या गिरमिटिया मजदूर हैं–बंगाली पगड़ी पहने हुए गुजराती गाँधी इन सबको 'भारतीय' के रूप में संबोधित करते हैं।

गाँधी के तट पर उतरने के क्षण को, यानी उस क्षण को जब गाँधी खुद को एक समुद्रपारीय प्रवासी की पूरी तरह से अपरिचित और अस्थिर कर देनेवाली दुनिया में पाते हैं, मैं 'राष्ट्रीयकरण' के क्षण के तौर पर पढ़ना चाहती हूँ।[1]

शीर्ष तस्वीर: बचपन में गाँधी

[1] मूलवंशियों और निर्वासितों द्वारा राष्ट्र को रूपाकार दिए जाने पर पथप्रवर्तक बहस के लिए देखें, एंडरसन (1994: 314)

2 अटलांटिक गाँधी

एक समुद्रयात्री के तौर पर गाँधी ने अब तक जहाज़ों में, विदेशी शहरों और बंदरगाहों में और अब दक्षिण अफ्रीका में 'भारतीयता' को एक एकताकारी श्रेणी के तौर पर देखा है।

संत–चरित्र आख्यान (गाँधी की नायकत्व से पूर्ण विरासत की हमारी वर्तमान समझ के चश्मे से अतीत की घटनाओं को देखना) हमें गाँधी में भारतीयता की चेतना को प्रदत्त या पहले से दी गयी शै के तौर पर देखने के लिए प्रेरित कर सकता है–ख़ासकर यह देखते हुए आगे चलकर गाँधी एक राष्ट्रवादी नेता के तौर पर स्थापित हुए। लेकिन, 1893 में ऐसी चेतना का नामोनिशान दूर–दूर तक नहीं था।

मैं इस अध्याय में 'भारतीय' (इंडियन) के बहुअर्थी महत्व की पड़ताल उस क्षण के बिंदु पर करना चाहती हूँ, जब शायद जहाज़ पर चढ़ते हुए गाँधी ने इसे महसूस किया था। 1927 में जब साबरमती आश्रम में उन्होंने अपनी *आत्मकथा* लिखी, तब तक उनके लिए 'भारतीयता' एक गैर–समस्यात्मक श्रेणी के तौर पर स्थापित हो चुकी थी। मगर 1893 में ऐसा नहीं था, जब उपमहाद्वीप के भीतर भले 'भारतीय' का थोड़ा–बहुत प्रचलन था मगर एक अंतरराष्ट्रीय श्रेणी के तौर पर इसका कोई वजूद शायद ही था। इस किताब में राष्ट्रवाद के अंतर्गत मैं प्रवासीय राष्ट्रवाद (डायस्पोरिक नेशनलिज्म) की तर्कमूलक स्थापना पर ज़ोर देना चाहती हूँ, उस तरह से जैसे यह गाँधी पर लागू होता है। डरबन बंदरगाह पर वे लोगों की पहचान भारतीय (इंडियन) के तौर पर करते हैं। यह इस नई दुनिया में एक कल्पित जातीयता की नक्काशी की मानिंद है। जल्दी ही वे इससे दो–चार होंगे कि आखिर यह भारतीयता (इंडियननेस) सचमुच में क्या चीज है–क्या यह मोटे तौर पर जैव–शास्त्रीय, जातीय (भूरी या काली त्वचा), सांस्कृतिक, सामाजिक, धार्मिक, भाषायी या राजनीतिक है? वास्तव में, समय के उस बिंदु पर यह इनमें से कुछ भी नहीं है। इस बात को गाँधी जल्दी ही समझेंगे।

इंडो–अटलांटिक

अमेरिका के उन इलाकों में जिनकी पश्चिमी सीमा पर अटलांटिक है, 'इंडियन' का मतलब 'अमेरिकी इंडियन' यानी अमेरिका के मूल निवासियों से था, जिन्हें धीरे–धीरे आक्रमणकारी उपनिवेशवादियों द्वारा लील लिया गया। उत्तरी यूरोपीय उपनिवेशवादियों द्वारा उन्हें उपहासपूर्ण ढंग से 'रेड' इंडियन कहकर पुकारा जाता था। (दक्षिण अमेरिकी हिस्सों में) स्पैनिश विजेताओं और उनके जातीय–सांस्कृतिक वंशजों द्वारा भी उन्हें उतने ही उपहासपूर्ण ढंग से 'इंडियो'

कहकर संबोधित किया जाता था। उत्तर अमेरिका में इस संबोधन की जगह राजनीतिक रूप से ज़्यादा सही संबोधन *अमेरीइंडियंस* या *फर्स्ट नेशन पीपुल* ने ले लिया है। लेकिन, दक्षिण अमेरिका में आज भी कई बार *इंडियो* का इस्तेमाल किया जाता है और अक्सर यह निचले दर्जे का अर्थ देता है। अमेरिकी महाद्वीप पर नस्लीय राजनीति की मेहरबानी से भारतीय उपमहाद्वीप से आनेवाले प्रवासियों का अस्तित्व एक जातीय–सांस्कृतिक श्रेणी के तौर पर व्यावहारिक रूप से मिटा दिया गया। कोलंबस द्वारा गलत नाम के प्रयोग से ये पहले ही छिप गये थे। अफ्रीका में स्वर्ण खनिकों के तौर पर प्राचीन भारतीयों की उपस्थिति के बारे में एक तरह से किसी को जानकारी नहीं थी (देखें रॉमनिक 1981)।

जैसा कि कई अध्ययनों ने पता लगाया है, भारत के लोग अटलांटिक के इलाक़े के लिए नए नहीं थे। ईस्ट इंडिया कंपनी के समुद्री नाविक (उर्दू के 'लश्कर' से बना *लस्कर*), कैलिफोर्निया के पंजाबी किसान और अन्य, संयुक्त राज्य के कठोर रंग–नियमों के द्वारा अफ्रीकी अमेरिकी, मेक्सिकन अमेरिकी या 'श्वेत' यूरोपीय पहचान अपनाने और इस तरह से अपनी जातीय पहचान का कोई भी सुराग न छोड़ने के लिए मजबूर किए गये थे।[2] हालाँकि, अफ्रीका, तूरान, फारस और यहाँ तक कि रूस में भी गुजराती और अन्य दूसरे कारोबारी प्रवासियों का लंबा इतिहास मिलता है, लेकिन इनमें से ज़्यादातर समुदायों ने ख़ुद को अपने में ही सीमित रखा, जिस पर आगे बात की जाएगी। विदेशी सरज़मीं पर भारतीयों की अदृश्यता व्यापार अध्ययन में एक बार–बार दिखाई देनेवाली परिघटना है।[3]

यह किताब इस तर्क को सामने रखती है कि 1890 और 1900 के दशक के पूर्वार्ध में गाँधी ने भारतीयता (इंडियननेस) के जिस विचार को परिभाषित और परिष्कृत किया, उसका चुनाव और प्रसार किया–उससे उनका सामना प्रवासीय जीवन के दौरान हुआ था। और जब वे भारत लौटे, तब इसने प्रत्यक्ष तौर पर उनके राष्ट्रवादी अभियान को ख़ुराक देने का काम किया। एक लिहाज से, 1890 के दशक में गाँधी की 'भारतीयता', उपनिवेशवाद को चुनौती देने और उस समय उपनिवेशवाद विरोधी संघर्ष का नेतृत्व करने के लिए ज़रूरी आत्मपरिभाषा

---

[2] मिसाल के लिए कैलिफोर्निया में सिखों पर यह शर्त थोपी गयी कि वे अपनी ही त्वचा के रंग वाली स्त्रियों से शादी करें और इसलिए उन्होंने मेक्सिकनों से शादियां कीं। बाद में उन्होंने अपने एक अलग स्थिर कृषक समुदाय का निर्माण किया। भारत–संयुक्त राज्य प्रवासियों पर विभिन्न अध्ययनों के संकलन और समीक्षा के लिए देखें (पैरोटा 2010)।

[3] देखें अरसरत्नम (Arasaratnam) (1970, 1994), बेली (Bayly) (2002: 47–73), डेल (Dale) (1994), लोखांडवाला (1967), मैथ्थी (Matthee) (1999) और राय व रीव्स (2009)।

की कई संभावनाओं में से सिर्फ़ एक संभावना है।[4] 1893 में भारतीय राष्ट एक अतीत विहीन चीज है और इस तरह से देखें तो सुदीप्त कविराज की स्थापना में 'क्रांतिकारी ढंग से आधुनिक' है (कविराज 1992: 1–39, 13)।

निश्चित तौर पर एक भौगोलिक और ऐतिहासिक इकाई के तौर भारत का अस्तित्व गाँधी में इसकी चेतना के पहले से और उसके बावजूद था। यह तथ्य है कि इतिहास, भूगोल और महाकाव्यों जैसे धार्मिक वृत्तांतों में 'भारत' की निर्मिति और पुनर्निर्मिति अपने समय की आवश्यकताओं को ध्यान में रखकर होती है। लेकिन, मैं यह कहना चाहती हूँ कि अपनी *आत्मकथा* में गाँधी इसे व्यक्तिगत बोध के स्तर पर हासिल करते हैं और इसे विशिष्ट तरीक़े से समझते हैं।

भारत के अतीत

भारतीयता का कोई अतीत नहीं है—ऐसा कहने का मतलब यह नहीं है कि इस उपमहाद्वीप में रहनेवाले लोग, ख़ुद को एक बड़े, विषमांगी सांस्कृतिक समूह के हिस्से के तौर पर परिभाषित नहीं करते थे। यह बात दीगर है कि प्राथमिक तौर पर वे अपनी पहचान क्षेत्रीय जाति (व्यवसाय, कुल/गोत्र, क्षेत्र और पूजा पद्धति आदि के मिलान की ओर इशारा करनेवाली उपजाति) से हासिल करते थे।[5] गाँधी ख़ुद काठियावाड़ी मोढ़ बनिया हैं। उनकी आत्मकथा का शुरुआती वाक्य कुछ यूँ है: गांधियों का संबंध बनिया जाति से था और ऐसा लगता है कि वे मूल रूप से पंसारी का धंधा करनेवाले थे। (गाँधी 1927: 3)

हाल के फिल्म उपक्रम, मसलन, श्याम बेनेगल क़ी *भारत एक खोज* (1990 के दशक में जिसका प्रसारण भारतीय टीवी चैनल दूरदर्शन पर हुआ) नेहरू की किताब *डिस्कवरी ऑफ इंडिया* के संदेश का प्रतिनिधित्व करते हैं, जिसका

---

[4] कविराज़ (1992) ने एक सुविचारित निबंध में भारतीय राष्ट्रवाद के विषमांगी चरित्र पर बात की है। चूँकि उनके कई तर्क मेरे तर्कों से मिलते–जुलते हैं और उनमें इतनी पररपर व्याप्ति है कि इस खंड में मैं विस्तार से उनके तर्कों पर बात करूँगी। हालाँकि, मेरा दृष्टिकोण कहीं ज्यादा अखिल भारतीय है, जबकि कविराज का ध्यान मुख्य तौर पर बंगाल पर है।

[5] मध्यकालीन यूरोप पर बात करते हुए बेनेडिक्ट एंडरसन एक अलग, हालाँकि संबद्ध मॉडल पेश करते हैं: एंडरसन आधुनिक प्रिंट राष्ट्रवाद को पूँजीवादी विस्तार और मध्यकालीन विश्व के पवित्र समुदायों की तर्ज पर और उसी समय उसकी प्रतिक्रिया में उभरे मध्यकालीन भाषायी समुदायों और साथ ही धार्मिक समुदायों की ऑरेटिक (स्थिर और पवित्र) भाषाओं के उभार के साथ जोड़ कर देखते हैं (एंडरसन: 1983: 20)। भारत में किसी के क्षेत्र के लिए सामान्य तौर पर प्रचलित अभिव्यक्ति 'देश' या 'देशम' थी। लेकिन, भारत देश का प्रयोग कवियों द्वारा क़िया जाता था। भारत का प्राचीन नाम जंबू द्वीप, जंबू के पेड़ से जुड़ा है और इस तरह से यह वनस्पतिशास्त्रीय शब्द है।

यह मानना है कि वास्तव में 'भारतीय अनुभव' की एक अटूट डोर है, जिसे पौराणिक कथाओं और दार्शनिक इतिहास द्वारा फिर से हासिल किया जा सकता है। लेकिन, बेनेगल की किस्सागोई में यह डोर सामान्य तौर पर 'हिंदू'[6] (और बेनेगल की फिल्म के मुताबिक प्राचीन काल में ऐतिहासिक बौद्धों तक) बहुमत तक सीमित है और हिंदू के तहत भी समय के गलियारे में सांस्कृतिक पूँजी का हस्तांतरण करनेवाले 'द्विज' (दो बार जन्म लेनेवाली जातियां) तक ही सीमित है। यह भारत के करोड़ों दलितों को शामिल नहीं करता है, जिन्हें बस गुलामों या विजित लोगों के तौर पर दिखाया जाता है।

लेकिन भारतीय जीवन पर एक सरसरी निगाह डालने से भी यह बात सामने आ जाएगी कि कि इस बड़ी आबादी के परिधान, शिष्टाचार, गाने और नृत्य, अरुंधती राय के शब्दों में 'टी बैग से चाय' की तरह मुख्य धारा की संस्कृति में रिस–रिस कर मिल गये।[7]

लेकिन जैसा कि मैं आगे दिखाऊँगी उच्च जातियों द्वारा अवमूल्यन किए जाने के बावजूद ये करोड़ों लोग अपनी स्वायत्तता और मानवीय गरिमा पर अनगिनत हमले सहते हुए भी बचे रहे। यह प्रक्रिया आज भी जारी है और इनमें से कुछ का प्रसार तो समुद्रों के पार तक हो गया।

प्रवास के दौरान स्मृति में संजो कर रखी गयी पिता की पारिवारिक अनुश्रुति को एक अन्य गुजराती किरीन नारायण ने बयान किया है। आधुनिक ठेकेदारी के पेशे से जुड़े उनके पिता, अपने उद्भव को गूजर सूतरों से जोड़ते हैं, जो अब दस्तकारों की एक जाति है।

> 'हम विश्वकर्मा के बेटे हैं', ऐसा हमारे रिश्तेदार अक्सर कहा करते थे। यहाँ तक कि औरतें भी ऐसा कहती थीं। हम सब ईश्वरीय निर्माता विश्वकर्मा के बेटों के रास्ते, जो शिल्पकार तथा दस्तकार थे, अपने को उनका वंशज मानते थे। हम उन्हें बापा या पिता कह कर पुकारते थे और उनकी बेटी रांदल माँ की उपासना करते थे, जो हमारी जाति की एक महत्वपूर्ण देवी थीं।

---

[6] हिंदू एक व्यापक पद है, जिसका प्रचलन धार्मिक राष्ट्रवादी समुदायों की निर्मिति के ज्यादा हाल के समय में हुआ है; इससे पहले के समय में धार्मिक संबद्धता को दिखाने के लिए 'वैदिक', 'ब्राह्मणी', 'श्रमण', ''शाक्त', और 'पौराणिक' ज़्यादा सही वर्णन होते।

[7] इसका एक अच्छा उदाहरण बंगाल के संथालों का है, जिनकी स्त्रियों का परिधान, लाल किनारे वाली सफेद साड़ी भद्रलोक बंगाली गृहिणी का सामान्य पहनावा है। इसी तरह से तमिल वैवाहिक आभूषण थाली, जिसका प्रयोग सभी जाति के लोग करते हैं, एक नए ब्याहे गये जोड़े की एक वन–कथा से आता है, जिसके अनुसार पति बाघ से अपनी पत्नी की रक्षा करता है और इस जीत के यादगार के तौर पर अपनी पत्नी के वैवाहिक हार में एक दांत लगा देता है (मौखिक कथा)।

> पॉ ने कहा था कि हमारी गूजर सूतर जाति बहुत पहले काला सागर और कैस्पियन सागर के बीच के इलाक़े से आई थी और और उसके बाद भारत भर में जहाँ से भी राजाओं द्वारा उन्हें मंदिर बनाने के लिए बुलाया जाता था, वे लोग वहाँ चले जाया करते थे। मुझे यह नहीं पता था कि पॉ की बातों में उनका अपना पढ़ा हुआ कितना था कि और कितना वे हमारे वंशावली अध्येता भाट द्वारा उसकी मोटी हस्तलिखित पोथी से सुनाई गयी कथा का दोहराव कर रहे थे। (नारायण 2007: 33)

इन सम्मोहक काल्पनिक कथाओं में ही सातत्य का 'भारतीय' विचार निहित है। क्योंकि मौखिक तौर पर हस्तांतरित की गयीं ऐसी कहानियां प्रवासियों में जीवित रहीं और रोज़–ब–रोज़ के व्यवहारों, जैसे नाम रखने के रूप में, इन्हें याद रखा गया। उदाहरण के लिए मौखिक और लिखित पौराणिक कथाओं में पाँच पाँडव भाइयों से ब्याहे जाने के लिए प्रसिद्ध 'द्रौपदी' काज़िक्र किया जा सकता है, जिसका क्रियोलीकरण *द्रुपति* के तौर पर कर दिया गया है, जो त्रिनिदाद में एक प्रचलित नाम है। जैसा कि मैं बाद में चर्चा करूँगी, शर्तबंदी या गिरमिट में रहनेवाली गिरमिटिया महिलाओं के लिए इसका काफ़ी महत्व है।

इसी तरह से पीढ़ियों तक हस्तगत की गयी लोकप्रिय स्मृति में लोग एक राजा के वंशज या उसकी प्रजा थे। ऐसा वे अपनी इच्छा से भी हो सकते थे, अगर राजा अशोक जैसा कोई हर दिल अज़ीज़ शख़्स हो, और अनिच्छा से भी, अगर राजा औरंगज़ेब जैसा हो। लेकिन समान रूप से समकालीन राजनीतिक मक़सद रखनेवाले नागरिक के तौर पर यह उपमहाद्वीप वास्तव में कभी एक इकाई नहीं था।

सुदीप्त कविराज का कहना है:

> प्रायः ऐसा मान लिया जाता है कि राष्टवाद का विचार सामाजिक समूहों को या लोगों के समुदाय को आपस में जोड़ता है, लेकिन यह ऐसा किस तरह से करता है, इस बारे में गंभीरता और सूक्ष्मता के साथ विश्लेषण नहीं किया जाता है। इससे पहले, ये समूह या व्यक्ति ख़ुद को एक एकल राजनीतिक पहचान रखनेवाले समूह का अंग नहीं मानते थे। राष्ट्रवाद के उभार के बाद वे किसी तरह से ऐसा कर पाते हैं। राष्ट्रवाद के भीतर विभिन्न तर्क आधारित स्थापनाओं की जाँच करने के लिए इस 'किसी तरह' की पड़ताल ज़रूरी है। (कविराज 1992: 3)

मेरा यह कहना है कि निश्चित तौर पर 'हिंदू' वृत्तांतों ने जोड़ने का यह काम किया, लेकिन उन तरीक़ों से जिनका ज़िक्र मैंने पहले किया है, जो हिंदुओं और ख़ासकर उच्च जातियों का सशक्तीकरण करनेवाला था, लेकिन जिसने समाज

के हर हिस्से पर अपना असर डाला।[8] प्रवासी समूहों (डायस्पोरा) को लेकर किसी भी बहस के लिए यह सातत्य बेहद अहमियत रखता है।

निर्वासन में भारत

हालाँकि शुरुआती गाँधी, जोखिम से घिरे हुए हैं और निर्वासन की चिंता में 'भारतीयता' की बैसाखी को समझने की कोशिश कर रहे हैं। दक्षिण अफ्रीकी आप्रवासियों में उन्हें 'भारतीयता' एक मुश्किलों भरी ऐसी ख़तरनाक चीज ज्यादा लगती है, जिस पर कोई अपना दावा नहीं करना चाहता। इस तरह मुस्लिम ख़ुद को 'अरब' कहते हैं और पारसी 'फारसी' (पर्शियन) कहलाना पसंद करते हैं।

> मैं यह देख सकता था कि 'भारतीय' (उद्धरण चिह्न मेरा) विभिन्न समूहों में बँटे हुए थे। एक समूह मुसलमान व्यापारियों का था, जो खुद को 'अरब' कहा करते थे। दूसरा हिंदुओं का था और एक अन्य समूह पारसी किरानियों का था। हिंदू किरानी न यहाँ के थे, न वहाँ के थे। पारसी किरानी खुद को 'फारसी' कहते थे। लेकिन, सबसे बड़ा समूह तमिलों, तेलुगुओं और उत्तर भारतीय गिरमिटिया और आज़ाद मज़दूरों का था। (गाँधी 1927: 89–90)

कई सदियों तक इस शब्द का एक वैश्विक प्रचलन था, ख़ासतौर पर अगर इसका इस्तेमाल किसी विदेशी द्वारा हिंदुस्तान के निवासियों के लिए या किसी भारतीय यात्री द्वारा रास्ते में मिलनेवाले हमवतन लोगों के वर्णन के लिए होता था। देश के भीतर एक–दूसरे के लिए इसका बहुत कम इस्तेमाल होता था। लोग अपनी और दूसरों की पहचान जाति, वृहत्तर जातिक्षेत्र और भाषा के आधार पर करते थे। स्वाभाविक रूप से यह गाँधी की आत्मकथा के शुरुआती कुछ अध्यायों में है। दक्षिण अफ्रीका से पहले तक गाँधी ने 'भारतीय' उपाधि का इस्तेमाल सिर्फ दो बार किया हैः लंदन के एक छात्रावास में 'भारतीय छात्रों' का विवरण देने के लिए (गाँधी 1927: 54) और अपनी समुद्री यात्रा के दौरान एक दूरस्थ केन्याई बंदरगाह लामू पर 'भारतीय किरानियों' के बारे में बताने के लिए (गाँधी 1927: 27)। इससे पहले उन्होंने जिन पहचानों का इस्तेमाल किया है, उनमें से कुछ इस प्रकार हैं: 'वैष्णव' (धार्मिक), 'मोढ़ बनिया' (जाति) और काठियावाड़ी (क्षेत्रीय)।

---

[8] थर्स्टन (1909) का विस्तृत अध्ययन यह दिखलाता है कि सभी जातियां यहाँ तक कि तिरस्कृत 'परियाह' (pariah) (दलितबहुजन) में भी उदभव का मिथक है। *सबाल्टर्न स्टडीज* के कई अंकों में जाति, 'आदिवासी' और जाति बाहर समाजों में इन सामूहिक 'पहचान' संबंधी मिथकों पर विचार किया गया है। तमिलनाडु के पराइयनों (Paraiyans) के मिथकीय, लोकप्रसिद्ध, ऐतिहासिक, पेशेवर और रीति–रिवाज संबंधी इतिहास के लिए देखें थर्स्टसन (1909: 77–134)।

इस अध्याय में मैं यह कहना चाहती हूँ कि गाँधी द्वारा एक औपनिवेशिक समुद्री चौकी पर बहुरंगी भीड़ को देख कर उसके लिए 'भारतीयता' का इस्तेमाल एक सर्वसमावेशी उपाधि के तौर पर करना, उनकी आत्मकथा में एक संकेतक क्षण (सिग्नल मोमेंट) है और यह बेहद अहम ढंग से उनके प्रवासीय अनुभवों से जुड़ा हुआ है। मैं *आत्मकथा* के शुरुआती हिस्सों का पाठ उस व्यक्तिनिष्ठता की पहचान करने के लिए करना चाहती हूँ, जो 'राष्ट्रीय' नहीं है, लेकिन प्रवासीय अनुभवों से जो वैसी बन जाने के लिए प्रेरित होती है। ये प्रवासीय अनुभव घरेलू भी हैं (भारत के भीतर) और यात्राओं के ज़रिए बाहरी भी हैं।

पूर्ववर्ती भारत

आत्मकथा में जब वे अपने बचपन, स्कूल में छात्र जीवन, शुरुआती कॉलेज और एक समुद्र यात्री के तौर पर अपने जीवन के प्रारंभ को देखते हैं, तब उन पूर्व–राष्ट्रीय श्रेणियों का एक साफ़ बोध होता है जिनके बीच गाँधी की व्यक्तिनिष्ठता आवाजाही करती है। ये श्रेणियाँ परिवार/कुल/जाति से निर्धारित, क्षेत्रीय आदि हैं। जब वे यह बताते हैं कि इन श्रेणियों का अनुभव उन्होंने कैसे किया, तब पाठक को एक व्यवस्थाकारी सिद्धांत, एक संदर्भ बिंदु की ज़रूरत महसूस होती है, जिसके सहारे अलग–अलग रेशों को एक साथ बांधा जा सके।मेरा कहना है कि यह 'भारतीयता' ही वह डोर है, जिसे गाँधी ने डरबन में कदम रखते वक्त दर्ज किया है। गाँधी के अपने ही शब्दों में, 'भारतीयता छिपे तरीक़े, पूर्व राष्ट्रीय श्रेणियों, निर्वासन जन्य अनुभवों और 'कुल' से 'राष्ट्रीयता' तक की उनकी अपनी गतिशीलता के ज़रिए विकसित होती है। मेरा अध्ययन उन चरणों की शिनाख़्त करता है, जिनके सहारे निर्वासन, आधुनिकता और राष्ट्र की समझ आपस में जुड़ी हुई है।

इस क्षण से पहले तक का सफ़र यह दिखाता है कि 'राष्ट्रीय' पहचान किस तरह से एक निर्मित, काल्पनिक वस्तु है। गाँधी की शुरुआती पहचान, अपने माता–पिता के बेटे के तौर पर है जो अपने से बड़ों का अनादर करने के बारे में नहीं सोच सकता और जो अपने पिता के खरेपन और माँ के साध्वीपन के प्रति प्रशंसा का भाव रखता है। हिंदू मिथक के दो चरित्र–हरिश्चंद्र और श्रवण उनके आदर्श हैं। उनकी व्यक्तिनिष्ठता मिथकीय और पूर्व–आधुनिक समयों पर टिकी हुई है। गाँधी अपने माता–पिता को स्वतंत्र नैतिक एजेंटों (अभिकर्ताओं) के तौर पर देखने पर ज़ोर देते हैं, जो उनके द्वारा जिए जा रहे राजनीतिक अनुभवों से दागदार नहीं हुए हैं। उदाहरण के लिए उनके पिता अंग्रेजों के प्रति अपनी सेवा को अपने निजी मूल्यों से जोड़ देते हैं। उनके पिता की राजनीतिक महत्वाकांक्षा और सत्यनिष्ठा दोनों साथ–साथ चलनेवाली चीजें थीं।

एक उपनिवेशी अधिकारी के तौर पर काम करनेवाले काबा गाँधी काठियावाड़ स्टेट (रियासत) के दीवान थे। तीन पीढ़ियों ने पोरबंदर, जूनागढ़, राजकोट और वंकानेर की विभिन्न रियासतों में काम किया था। ये ब्यौरे आत्मकथा में आते हैं, जो इस ओर इशारा करते हैं कि गाँधी की पहचान गुजराती भूगोल से अनिवार्य रूप से जुड़ी हुई है। उनके पिता और दादा के राजनीतिक पद उपनिवेशी शासन की भाषा (वे 'प्राइम मिनिस्टर/दीवान' हैं) और सरकार की पूर्व–उपनिवेशी संरचनाओं के बीच चक्कर लगाते हैं: वे राजस्थानिक कोर्ट के सदस्य थे। अब इसका अस्तित्व मिट चुका है, लेकिन उन दिनों में यह सरदारों और उनके साथी कुल सदस्यों के बीच झगड़ों को सुलझाने के लिए काफ़ी प्रभावशाली निकाय हुआ करता था (गाँधी 1927: 3)। काबा गाँधी को उपनिवेशी अधिकारियों और राजकोट के ठाकुर साहब (3) के बीच मध्यस्थ के तौर पर (वे एक असभ्य अंग्रेज अधिकारी–सहायक राजनीतिक एजेंट का डटकर सामना करते हैं) और एजेंट द्वारा अपमानित किए जाने पर पूर्व उपनिवेशी अधिकारियों का पक्ष लेते हुए चित्रित किया गया है।

'एजेंट' और 'ठाकुर साहब' के बीच का अंतर प्रत्यक्ष नहीं है; नस्ल का ज़िक्र नहीं किया गया है। लेकिन, इस बात की संभावना है कि उस समय एजेंट कोई अंग्रेज रहा होगा और ठाकुर कोई स्थानीय जमींदार होगा, जिसके पास 'साहब' की मुग़ल उपाधि रही होगी। इस तरह से आत्मकथा में एक उपनिवेशित व्यक्तिनिष्ठता की संभावना के तौर पर 'भारतीय' का प्रवेश नहीं होता। उनके पिता में उपनिवेशी बाबूशाही (*गद्दी*), मुग़लों और अंग्रेजों द्वारा जाति पदानुक्रम का पालन और नातेदारी के कर्तव्यों का मेल उन चीनी बक्सों में से एक बक्सा है, जिनके भीतर गाँधी अपने आरंभिक गठन का वृत्तांत सुनाते हैं। उनकी माँ का वैष्णव साध्वीपन और उपवासों और पूजा–पाठ में उनकी आस्था, इन चीनी बक्सों में से सबसे अंदरूनी बक्सा है। दूसरे बक्से हैं–एक, काठियावाड़ में उनके शिक्षा का अनुभव, जहाँ उनकी व्यक्तिगत ईमानदारी उपनिवेशी अफसर की निगाहों में क़ाबिल साबित होने की कोशिश से टकराती है। दूसरा है, मोढ़ बनिया ढाँचा, जो विलायत की यात्रा को मंजूरी नहीं देता और जातिबाहर करने की धमकी देता है। इनके साथ ही एक अन्य बक्सा अंतर्जातीय संबंधों का है जहाँ, दो मौकों पर गाँधी परिवार जाति–पदानुक्रम में अपने से ऊपर वालों से असहमति प्रकट करता है।

एक उदाहरण पारिवारिक मित्र ब्राह्मण मावजी दवे का है, जो युवा गाँधी को संभलदास कॉलेज की पढ़ाई छोड़ कर विलायत (यूनाइटेड किंगडम) जाकर शिक्षा ग्रहण करने की सलाह देते हैं, ताकि वे अपने पिता की *गद्दी* पर बैठ सकें (गाँधी 1927: 31)। बहरहाल, क्या 'भारतीयता'–जिसका ज़िक्र उनके द्वारा

10 अटलांटिक गाँधी

अपने ख़ानाबदोश गुजराती बचपन, एक श्रद्धालु माँ और सिद्धांतों पर दृढ़ पिता और दोनों की हिंदू धर्म परायणता और और जातिगत ऊँच–नीच को मानने और एक औपनिवेशिक अंग्रेजी शिक्षा के वर्णन में नहीं किया गया है, इसके बावजूद एक अदृश्य जोड़नेवाले धागा है?

भारतीयता का लबादा

गाँधी की चेतना अंतर्विरोधी खिंचावों का सामना करती है। एक तरफ़ विलायत यात्रा से दोफाड़ हो गयी जातिगत पहचान है, तो दूसरी तरफ़ हैं इसके सख्त नियम जो बैरिस्टरी की अंग्रेजी पढ़ाई के विरोध में थी। इसे विडंबना ही कहा जाएगा कि उन्हें विलायत भेजने की वकालत पारिवारिक ब्राह्मण सलाहकार–मावजी दवे ने की थी। एक तरफ़ उन्हें ब्राह्मण रसोइये की घटिया आदतों का पता है, दूसरी तरफ़ उनके भीतर इस चीज की समझ है कि जातिगत हैसियत बदलती रही है। एक तरफ़ वे अंग्रेज इंस्पेक्टर के सामने झूठ बोलने से इनकार कर देते हैं, तो दूसरी तरफ़ मज़बूत बनने के लिए मांस खाने के लिए तैयार हो जाते हैं। (गाँधी 1927: 5–36)। ये सब मिलकर गाँधी की चेतना को अलग–अलग दिशाओं में खींचते हैं। जैसा कि *आत्मकथा* से प्रकट होता है 'भारतीयता' ही वह अदृश्य नैतिक लबादा है जो गाँधी पर पड़नेवाले इन अंतर्विरोधी खिंचावों को व्यवस्था प्रदान करने का काम करता है। वे इन अंतर्विरोधी खिंचावों के बारे में लिखते हैं और बताते हैं कि एक औपनिवेशिक समाज में इनको लेकर क्या किया जाना चाहिए, खुद को मज़बूत कैसे बनाया जाए, व्यक्ति को परिभाषित करनेवाली चीज क्या है और किस तरह से माता पिता के प्रति और समाज के प्रति अपने कर्तव्यों में संतुलन साधा जाए।

एक बार भारतीय तट को छोड़ देने के बाद 'भारतीयता' को उन लोगों के द्वारा दिखाया गया है, जिनसे उनकी मुलाक़ात होती है। उनके साथ यात्रा करनेवाले जूनागढ़ के वकील त्रयंबकराय मजूमदार की पहचान उनके क्षेत्रीय उद्‌भव से नहीं की जाती। लंदन में गाँधी उन भारतीयों से मिलने का ज़िक्र करते हैं, जिनके लिए उनके पास सिफ़ारिशी पत्र है–फ़िरोज़शाह मेहता, शुक्ल, रणजीतसिंह जी और दादाभाई नौरोजी। (गाँधी 1927: 36–38)।

दादाभाई नौरोजी भारतीय प्रवासियों के पितातुल्य थे। 1825 में जन्मे नौरोजी की उपस्थिति पथप्रदर्शक की तरह थी। उन्होंने एलफिंस्टन से स्नातक किया था और लंदन के यूनिवर्सिटी कॉलेज में उन्हें गुजराती का प्रोफेसर नियुक्त किया गया था। हालाँकि वे मैकॉले की कुख्यात शिक्षा नीति के सबसे शुरुआती उत्पादों में से एक थे, लेकिन वे एक आरंभिक राष्ट्रवादी थे (विस्राम 1986: 79)। उन्होंने लंदन में *इंडियन सोसाइटी* और *ईस्ट इंडिया एसोसिएशन* की स्थापना

की (79)। प्रवास में रहते हुए साथी भारतीयों के लिए नौरोजी ने जो पर्चे लिखे उनसे उनमें एक शुरुआती राष्ट्रवादी चेतना का अंकुर फूटा। आनेवाले समय में यह प्रवासीय राष्ट्रवाद गाँधी के लिए एक अहम प्रेरणास्रोत साबित हुआ। दादाभाई ने भारतीय/एशियाई हीनता के नस्लीय विचार के ख़िलाफ़ अभियान चलाया।[9]

गाँधी को भारतीय तौर–तरीक़ों के बारे में बताते हुए एक दूसरे पारसी डॉक्टर मेहता 'भारत' को एक ऐसी जगह बताते हैं, जो इंग्लैंड से अलग है। 'किसी की चीज छूनी नहीं चाहिए...जो प्रश्न हिंदुस्तान में यूँ ही पूछे जा सकते हैं, वे यहां नहीं पूछे जा सकते...सिर्फ़ नौकर अपने मालिक अथवा बड़े अफसर को इस तरह (सर कहकर) पुकारता है (गाँधी 1927: 38)। हम यह देख सकते हैं कि इन सलाहों ने गाँधी को दक्षिण अफ्रीका में नस्लीय अपमान से सामना होने पर उनका जवाब देने के लिए किस तरह से तैयार किया। बाद में दक्षिण अफ्रीका में गाँधी 'कुलियों' को ऐसी ही सलाह देते हैं।[10]

वास्तविक भारत बनाम कल्पित भारत

वास्तविक बनाम कल्पित की बहस में दाखिल होने का एक रास्ता बेनेडिक्ट एंडरसन और पार्था चटर्जी के बीच के संवाद से जाता है। अपनी सुप्रसिद्ध किताब में एंडरसन की शुरुआती स्थापना यह थी कि औपनिवेशिक स्थितियों में *मुद्रण* या *प्रिंट पूंजीवाद* वैसी जगहों में राष्ट्रों की कल्पना और उनके निर्माण का कारण बना, जहाँ वह इससे पहले अस्तित्व में नहीं था। *इमैजिन्ड कम्यूनिटीज* में अपनी मूल स्थापना के एक दूसरे पाठ *'एक्सोडस'* में बेनेडिक्ट एंडरसन ने कहा कि अपने जन्म के देश से विस्थापन राष्ट्रीय एहसासों को जन्म देता है।

---

[9] उन्होंने मुग़ल शासन और अंग्रेजी आर्थिक शोषण के बीच जो अंतर किया, वह भी उल्लेखनीय है; पहलेवालों ने भारतीयों को रोजगार दिया और खुद अपना भारतीयकरण कर लिया, जबकि बाद वालों ने भारत के धन का दोहन किया। अपनी किताब, *पॉवर्टी एंड अनब्रिटिश रूल (1901)* में नौरोजी तर्क देते हैं कि किसानों को अभिजात्य उपनिवेशी वेतन का भुगतान करने के लिए ग़रीब बनाया गया। इससे भी बढ़कर, किसानों द्वारा चुकाए गये करों से उन्हें कोई फ़ायदा नहीं हुआ, क्योंकि संसद में उनकी तरफ़ से आवाज़ उठानेवाला कोई नहीं था। 'प्रतिनिधित्व नहीं तो कर नहीं' यह एक अटलांटिक विचार था। देखें विस्राम (1986)।

[10] गुजराती में मौजूद गांधी (कलेक्टेड वर्क्स: 2000, भाग 6: 248–49) में गांधी कुलियों को व्यक्तिगत स्वच्छता को लेकर सलाह देते हैं: यहां गांधी की सलाह कुलियों को उनके निवास स्थान के ज्यादा अनुरूप बनाने के लिए थी–'आंख के कोरों को साफ़ रखो', 'पान मत चबाओ', 'हर दिन दाढ़ी बनाओ' आंखों से कीचड़ को साफ़ करो (यह सुस्ती/उनींदेपन को दिखाता है); चबाना (काहिली का प्रदर्शन करता है...)।

वे मैरी रॉलैंडसन के उदाहरण का इस्तेमाल करते हैं, जिन्होंने अपना सारा जीवन मेसाचुसेट्स में बिताया था, लेकिन जब उन्हें नैरागैनसेट के इंडियनों द्वारा कैद करके रखा जाता है, तब वे 'इंग्लिश' मवेशियों और 'इंग्लिश' मैदानों को पहचानती हैं और इस तरह से पहले अमेरिकी इंडियन इलाका रहे मैसाचुसेट्स का नक्शा नए तरह से खींचते हुए उसे 'इंग्लिश' कहती हैं। एक ऐसी धरती से जहाँ व्यक्ति का जन्म नहीं हुआ है, राष्ट्रीयता को उठाकर एक ऐसी स्थलाकृति पर प्रक्षेपित करना जो जन्म से लेकर अब तक उसकी एकमात्र जानी हुई धरती है, 'कल्पना' का ही काम है।

उसका राष्ट्रीयकरण का क्षण तब आता है, जब नैरागैनसेटों के कब्जे में वह अपने रोज़मर्रा के जीवन से काट कर अलग कर दी जाती है और ठीक अपनी पैदाइश की जगह मेसाचुसेट्स में वह खुद को एक डरावने निर्वासन में पाती है... [इसी बीच] अटलांटिक के दूसरे तट पर हाल के यूनाइटेड किंगडम–मैरी का अपहरण स्कॉटलैंड से दो दशक पहले हुआ था–में तेजी से बढ़ रहा पाठक समुदाय उस विलक्षण अंग्रेजी में लिखनेवाली स्त्री को जान रहा था, जो कभी भी इंग्लैंड में नहीं रही थी, लेकिन जो 'बर्बरों' द्वारा अंग्रेजी मैदानों में घसीटी जा सकती थी। वे कौन थे? क्या वे वाकई अंग्रेज थे? एक औपनिवेशिक, गैर–अंग्रेज़ अंग्रेज़ी महिला का छायाचित्र दृश्य में उभर कर आ रहा था। (एंडरसन 1994: 315)।

एंडरसन के दो विश्लेषण दिलचस्प तरीके से एक दूसरे में प्रतिध्वनित होते है। उपनिवेशवाद, प्रिंट/मुद्रण पूंजीवाद और निर्वासन जन्य/प्रवासीय अनुभव की तुलना अव्यक्त तरीके से की गयी है। राष्ट्र के बारे में लेखन (समाचारपत्रों के ज़रिए) और निर्वासन में राष्ट्र के बारे में लेखन (डायरियों के ज़रिए) समुदायों का निर्माण करते हैं। हालाँकि, रॉलैंडसन की कल्पना का संबंध खुद को अजनबी से अलगाने, 'बर्बर' को अलग करने से है, प्रवासीय राष्ट्रीयता का संबंध उनसे है, जिन्हें वह पहले समुदाय के तौर पर नहीं देखती थी। दक्षिण अफ्रीका में समुदाय का गठन करने की गाँधी की कोशिशें इस संदर्भ में महत्वपूर्ण हैं।

एंडरसन को पार्था चटर्जी ने चुनौती दी, जो उपनिवेशितों के लिए सामुदायिक इतिहास के पुनरावशेषों (उत्खननों) के निर्माण का विशेषाधिकार का दावा करना चाहते थे। लेकिन, इस सामुदायिक इतिहास का उनका विवरण मुख्यतः क्षेत्रीय, बंगाली है और पुरुषों को जगत में प्राथमिक स्थान देता है, जबकि औरतें भीतरी दुनिया में हैं। इसके अतिरिक्त अंदरूनी जगत पर राष्ट्रवादियों ने दावा कर रखा है और जबकि 'पश्चिम के लिए दुनिया बिला गयी है' (चटर्जी 1994: 120)। चटर्जी कहते हैं:

वास्तव में, जैसा कि 19वीं सदी के आख़िरी हिस्से में भारतीय राष्ट्रवादियों ने तर्क दिया, जीवन के भौतिक पहलुओं के अलावा किसी भी चीज में पश्चिम की

> नक़ल करना करना न सिर्फ अवांछित था, बल्कि यह ग़ैरज़रूरी भी था, क्योंकि आध्यात्मिकता के क्षेत्र में पूरब, पश्चिम से श्रेष्ठ था। ज़रूरी यह था कि अपनी राष्ट्रीय संस्कृति के विशिष्ट आध्यात्मिक सारतत्व की हिफ़ाज़त करते हुए और इसे मज़बूत करते हुए आधुनिक पश्चिमी सभ्यता की भौतिक तकनीकों का विकास किया जाए। इसने राष्ट्रवादी परियोजना के सूत्रीकरण को पूर्ण किया और पश्चिमी आधुनिकता के चयनात्मक विनियोजन को वैचारिक औचित्य प्रदान करने को लेकर इसका महत्व आज तक बना हुआ है। (चटर्जी 1994: 120)

'भारतीय' सामूहिकता के एंडरसन के 'उत्खननों' के ख़िलाफ़ तर्क देते हुए चटर्जी के विवरण में आए उदाहरण प्राथमिक तौर पर बंगाली हैं। आंतरिक राष्ट्रीय जीवन के अभिभावक के तौर स्त्रियाँ गाँधी के वर्णन में भी मिलती–जुलती सी है, जहाँ उनकी माँ की धर्मपरायणता उनके गुजरातीपन का बीज–तत्व है। लेकिन, 1892 के भारत में क्षेत्रीय क्रोड़आध्यात्मिकाओं के 'योग्य आधुनिक उत्तराधिकारी' के रूप में राष्ट्र की कल्पना–नहीं दिखाई देती। प्रवास (डायस्पोरा) में रहते हुए गाँधी अपने अनुभवों से इस क्रोड़ या मूल तत्व को जिस तरह से परिभाषित करते हैं, मेरी दिलचस्पी उसमें है। अपनी विवेचना को 'राज्य के राजनीतिक दायरे' से बाहर ले जाते हुए चटर्जी यह तर्क देते हैं कि राष्ट्र के लिए आध्यात्मिक संघर्ष का अस्तित्व उस दौर में भी था, जब गाँधी, 19वीं सदी के उत्तरार्द्ध में बड़े हो रहे थे। इस किताब की मंशा 'एशिया और अफ्रीका में राष्ट्रवादी कल्पनाओं के शक्तिशाली उत्पादों की तरफ़ और निर्धारित साँचों वाले राष्ट्रवादों (जैसे, प्रिंट राष्ट्रवाद) के बीच अंतर बताने की है। ऐसा यह भाषा, द्विभाषी बौद्धिक वर्ग; नाटक, उपन्यास, कला; विद्यालयों; और परिवारों के ज़रिए करती है। इन्हें 'राजनीतिक राज्य' से पहले ही 'राष्ट्रवाद' के भीतर ले आया गया था।

चटर्जी के विश्लेषण के दो आयाम प्रासंगिक हैं: पहला, मैं फिर से इस बात को दोहराती हूँ कि वे बंगाली अनुभवों के बारे में बात कर रहे हैं। और दूसरा, उनके अधिकांश विश्लेषण में संस्कृति का निर्माण कर रहे अभिजन तबके का अपने परिवेश पर पूर्ण नियंत्रण है–वे निवासी अभिजन हैं। ऐसा प्रवासीय अनुभव के साथ नहीं है, जिसमें विश्वसनीय स्थानीय और क्षेत्रीय मानकों और साथ ही निवासी के सांस्कृतिक आत्मविश्वास का भी अभाव है। लेकिन, इस अविश्वसनीयता की स्थिति और नियंत्रण की कमी के कारण ही दुनिया के इतिहास में अब तक देखे गये सबसे शक्तिशाली राष्ट्रवाद का उभार हुआ–गाँधी के नेतृत्व में भारत की आज़ादी की लड़ाई की अनूठी कहानी में।

मैं गाँधी के जन्म से पहले के दशक में, यानी 19वीं सदी के मध्य के परिवेश के पाठ द्वारा साम्राज्य अधीन क्षेत्र से राष्ट्र की ओर चहलकदमी को रेखांकित

करना चाहती हूँ। हालाँकि, पार्था चटर्जी यह दावा करते हैं कि राष्ट्रवाद से पहले के दौर में राष्ट्रवादी निर्मितियाँ–भाषा साहित्य, राज्यत्व, अतीत और स्त्रियों के मसलों में–यूरोप के ही मॉडल पर विशिष्ट तरीके से बहुतायत में थीं, लेकिन फिर भी ये वास्तव में क्षेत्रीय निर्मितियाँ थीं। यहां बंगाली अनुभव की विशिष्टताओं को दोहराया गया है। खासकर 'बाबू' वर्ग की पहचान प्रवासीय समूह (डायस्पोरा) से थी। उपनिवेशवाद के शहराती उत्पाद केशव चंद्र सेन ने प्रांतीय बंगाली प्रवासियों को कोलकाता में ब्रह्म समाज के रूप में एकजुट किया। बाद में यूनाइटेड किंगडम में रहते हुए उन्होंने स्पष्ट रूप से एक सार्वभौमिक प्रवासी दृष्टि ग्रहण की। केशबचंद्र सेन की दोहरी चेतनाः हिंदू/ब्रह्मसमाजी और अंग्रेज ढंग के उपनिवेशी यात्री, ने मिलकर एक अनूठी दृष्टि को जन्म दिया। उन्होंने अंग्रेजों पर पड़े रहस्य के पर्दे को उतार फेंका, जैसे कि उन्होंने कहा कि इंग्लैंड एक जाति आधारित समाज था और उन्होंने ईसा मसीह को भी अंग्रेजी खाँचे से बाहर निकालने की ज़रूरत पर बल दिया, जिनका मांसल पक्ष भारतीय ईसाइयों में गलत प्रभाव डाल रहा था।

पार्था चटजी का निम्नलिखित विवरण ब्रह्म समाज के प्रवासीय (डायस्पोरिक) इतिहास का खाका पेश करता है:

> 1865 में उन्होंने (सेन ने) ब्रह्म समाज में देवेंद्रनाथ टैगोर के ख़िलाफ़ मुहिम का नेतृत्व किया और पुराने लोगों पर हिंदू रीति–रिवाजों और प्रथाओं के साथ समझौता करने का आरोप लगाया। उन्होंने भारत के भीतर विस्तृत यात्रा की, जिसका मक़सद मुख्य तौर पर मध्यवर्गीय बंगाली प्रवासियों को ब्रह्म समाज के तहत संगठित करना था। यह बंगाली मध्य वर्ग ब्रिटिश भारत के शहरों और नगरों में फैला हुआ था और उपनिवेशी शक्ति के वफ़ादार सेवक की भूमिका निभाता था। 1870 में उन्होंने इंग्लैंड का दौरा किया, जिसे उनके अनुयायियों ने उनकी जीत की तरह देखा। उन्होंने वहाँ कई सभाएँ कीं, प्रधानमंत्री ग्लैडस्टोन के साथ सुबह का नाश्ता किया, महारानी विक्टोरिया से मुलाक़ात की और सभी प्रमुख समाचार पत्रों ने उनका ज़िक्र किया। (चटर्जी 1994: 38)

अनेक क्षेत्रीय भारत

भारत के विभिन्न राष्ट्रवादों की एकता का बखान करते हुए, जिसे कविराज 'राष्ट्रवाद का राष्ट्रवादी इतिहास' कहते हैं, हम अक्सर इस बात को भुला देते हैं कि विभिन्न क्षेत्रों का राष्ट्रवाद अलग–अलग था। भूगोल, 'विदेशी शासन' से सामना होने के पूर्व का इतिहास, नागरिकों के अपने घुमंतूपन का इतिहास और उनके जनजातीय आधार काफैलाव, ये सारे तत्व क्षेत्रीय राष्ट्रवाद की प्रकृति को

निर्धारित करनेवाले थे।[11] इस बात को सभी राज्यों के साहित्य में भी देखा जा सकता है। उदाहरण के लिए, ज्यादा बड़े जनजातीय आधार वाले राज्य 'राष्ट्र', से ज़्यादा आदिम तरीके से जुड़ सकते हैं (वंदे मातरम, लोकप्रिय धर्म में देवी माता–दुर्गा या काली की मजबूत भूमिका का उदाहरण हो सकता है)। गुजरात में उद्भव के कई वृत्तांत सुदूर घरों, एक प्रवासीय इतिहास, को संदर्भित हैं। ऊपर उद्धृत किये गये नारायण के पूर्वज 'गूजर सुतार' एक दक्षिण एशियाई कबीले/जनजाति से थे, जो अपना उद्भव खगोलीय निर्माता विश्वकर्मा से मानते थे। वे दस्तकार की अपनी समकालीन हैसियत को एक शाप का परिणाम मानते थे, जिसके कारण उन्हें अपना ब्राह्मणत्व गँवाना पड़ा।[12]

विभिन्न भारतीय प्रकारों के उपनिवेशीय वर्गीकरण ने पहचान की क्षेत्रीय निर्मितियों में भूमिका निभाई। यूरोपीय लोगों की दिलचस्पी हमेशा लोगों को क्षेत्रीय खानों में बैठाने की रहती थी, ताकि उनकी बेहतर तरीक़े से पहचान की जा सके।[13]

एक ध्यान देनेवाला मामला इलबर्ट बिल के बाद बंगालियों के प्रति अनादर का है, जिसकी ओर मृणालिनी सिन्हा ने ध्यान दिलाया है। उनकी बात पूर्णता में उद्धृत करने लायक है:

> एंग्लो–इंडियनों (आंग्ल–भारतीयों) ने बिल की निंदा करते हुए मध्यवर्गीय बंगाली हिंदुओं को निशाना बनाया। बिल के विरोधियों ने यह बार–बार कहा

[11] साहित्य में दिखाई पड़नेवाले एकाधिक राष्ट्रवादों के लिए नटराजन (1996: 5–6) में मेरी भूमिका देखें। दक्षिण भारतीय राज्य द्रविड़, आर्य या आदि द्रविड़ (स्थानीयः जनजातीय या मूलवंशी) उद्भव का पता लगानेवाली वंशावलियों के मिथक को मिलाते हैं। यद्यपि कई समकालीन इतिहासकार भारत के इतिहास के ज्ञान का श्रेय 'प्राच्यशास्त्रियों' और उपनिवेशवादी इतिहासकारों को देते हैं, लेकिन ज़्यादातर घरों में अक्सर स्कूली शिक्षा भी नहीं पाने वाली दादी माँओं ने इस सांस्कृतिक इतिहास को अगली पीढ़ी को सौंपने का काम किया, जो ज्ञान हस्तांतरण के देशी तरीक़े की ओर इशारा करता है। भारतीयता के इन हस्तांतरणों के इस बहुरंगीपन को एकरूप देने का श्रेय उपनिवेशी ज्ञानमीमांसाओं (या ज्ञान के संग्रह के तरीके) को दिया जा सकता है।

[12] ब्राह्मणत्व को गँवाने के मिलते–जुलते वृत्तांत के लिए देखें ऊपर उद्धृत थर्स्टन (1909) और नारायण।

[13] बंगालियों के संबंध में मृणालिनी सिन्हा लिखती हैं, '19वीं सदी के उत्तरार्द्ध में अंग्रेजी/ब्रिटिश मर्दानगीाया बंगाली/भारतीय पौरुषहीनता के विचार को पृथक 'राष्ट्रीय' संस्कृति के चौखटे में नहीं समझा जा सकता है; इसकी जगह, इन्हें एक–दूसरे बीच के रिश्ते और एक–दूसरे के संघटक के तौर पर समझा जा सकता है... यह 19वीं सदी के आख़िरी वर्षों में पौरुष की 'राष्ट्रीय' और 'उपनिवेशी' भारतीय राजनीति, दोनों की निर्मिति में साम्राज्यवाद के पूर्व–महत्व को समझना है' (सिन्हा 1995: 7)।

कि अगर यह बिल बंगाल के बाहर के स्थानीय निवासियों तक सीमित होता, या अगर यह पश्चिमी शिक्षित मध्यवर्ग के अलावा दूसरे वर्गों की भी बात करता, तो एंग्लो–इंडियनों द्वारा इस बिल के विरोध का कोई बड़ा आधार नहीं होता। एक अर्ध–आधिकारिक एंग्लो–इंडियन समाचार पत्र *पायनियर* में एक एंग्लो इंडियन लेखक इस बात से आश्वस्त था कि 'अगर इस विधेयक से किसी दूसरे को नहीं, बल्कि अच्छे खानदान और शिक्षा वाले हिंदुस्तानियों और पंजाबियों के हाथ में' ताक़त आ रही होती, तो यूरोपीय ब्रिटिश/अंग्रेज प्रजा से जुड़े मुकदमों की सुनवाई करते वक्त स्थानीय लोगों द्वारा ताक़त के दुरुपयोग की आशंका बहुत कम होती। *इंग्लिशमैन* में एक अन्य एंग्लो–इंडियन ने लिखा, 'अगर बंगालियों में पारसी भद्रलोगों की तरह नफ़ासत होती, तो उन्हें इस विशेषाधिकार से दूर रखना काफ़ी मुश्किल होता।' इसी तरह से एक और लेखक ने 'इंग्लिशमैन' में एंग्लो इंडियनों द्वारा इस बिल की मुख़ालफ़त का तर्क देते हुए कहाः 'मैं यह कहना चाहता हूं कि हममें से ज्यादातर, मिसाल के लिए, एक नफ़ीस सिख के सामने पेश होने का विरोध नहीं करेंगे। क्या सिख हमारी आज़ादी को छीनने के लिए शोर मचा रहे हैं? या कोई फ़ौजी नस्ल ऐसा कर रही है?' फिर भी इस बिल से मज़बूत होनेवाले बंगाली हिंदुओं के अनुपात को देखें, तो एंग्लो इंडियनों के इस संदेह का कोई ठोस आधार नहीं था कि इस बिल का फ़ायदा 'किसी और को नहीं बल्कि कुछ मुट्ठी भर बंगाली बाबुओं को होगा'। इलबर्ट बिल के एक समर्थक डब्ल्यूडब्ल्यू. हंटर ने सिविल सेवा की औपचारिक तथा अनौपचारिक शाखाओं के उन तैंतीस स्थानीय लोगों लिए प्रांतवार तथा धर्मवार आँकड़ा पेश किया जो इलबर्ट बिल के प्रावधानों की वजह से तत्काल प्रभावित होनेवाले थे। इन 33 स्थानीय लोगों में छह राजपूत थे। आठ मुसलमान थे। चार पारसी थे। पाँच दक्षिण भारतीय हिंदू थे। सिर्फ़ 10 बंगाली हिंदू थे। इस बिल से लाभान्वित होनेवालों में बंगाली हिंदुओं का अनुपात एक तिहाई से भी कम था। व्यवहार में यह भारत की जनसंख्या में उनकी आबादी के अनुपात के बराबर ही था। (सिन्हाः 1995ः 64)

ऐसे में यह मुमकिन मालूम पड़ता है कि उस समय भारत की गुलामी की दशा को लेकर जिस तरह का विचार बंगाली उपनिवेशवाद विरोधी चेतना में छाया रहा होगा (लेकिन इसे ख़त्म कैसे किया जाए इसके लिए कोई कार्यक्रम, यानी उपनिवेशवाद को समाप्त करने के लिए आंदोलन की गुंजाइश का विचार तब तक नहीं आया होगा), वैसा विचार गुजराती कारोबारी को नहीं मथ रहा होगा। क्योंकि, जैसा कि आगे का उद्धरण बताता है, वे पहले से ही दूसरे राष्ट्रवालों' से–इटालवियों, पुर्तगालियों, फ्रेंच–से एक 'गुजराती' की तरह मिल रहे थे। वे अब तक कम से कम अपनी निगाह में 'भारतीय'/ इंडियन नहीं थे।

गुजराती प्रवासी

आख़िरकार, हर इलाक़े का प्रवासीय इतिहास एक महत्वपूर्ण विश्लेषणपरक कारक उपलब्ध कराता है। *आत्मकथा* के चल रहे पाठ को क्षेत्रीय ऐतिहासिक संदर्भ में रखने के लिए मैं गुजराती अनुभव को, मिसाल के लिए, बंगाली अनुभव के बरक्स रखना चाहती हूं। सभी राज्यों में राष्ट्रत्व की बंगाली अभिव्यक्ति विशेष तौर पर महत्वपूर्ण है; यह तथ्य है कि राष्ट्रीय गान बंगाली में है। एक गुजराती होने के नाते, गाँधी के अंदर उनकी भारतीयता का बोध किसी बंगाली की तुलना में ज़्यादा अनिश्चित रहा होगा। बंकिमचंद्र जैसी शख़्सियतों ने मध्यवर्ग के दिमाग में उपनिवेशवाद की त्रासदी का एक बोध भर दिया था और इसके जवाब में एक 'भारतीयता' का निर्माण किया था। लेकिन यह ज़्यादा रूमानी आकांक्षा थी, जो वंदे मातरम जैसे नारों में अभिव्यक्ति पा रही थी।

इसके विपरीत, कई कारक गुजरातियों को अलग करनेवाले थे। कारोबारी प्रवासी के तौर पर उनका लंबा इतिहास, जिसने उनमें अनुशासन और शाकाहारवाद के लक्षणों को ठोस रूप देने का काम किया और साथ ही ब्रिटिश शासन को लेकर उनमें पाया जानेवाला एक ज़्यादा व्यावहारिक रुख–गाँधी द्वारा शुरुआती तौर पर ब्रिटिश उपनिवेशवाद की स्वीकृति की व्याख्या कर सकता है। समुद्रपारीय यात्राओं के लंबे इतिहास के कारण संकर संस्कृति की मानवीय दुविधाएँ उनके लिए नई चीज नहीं रह गयी होंगी। उनकी टकराहट उपमहाद्वीप के बाहर के भौतिक यथार्थ से हुई होगी। सामानों का परिवहन एक जगह से दूसरी जगह तक करते हुए नए विचारों के संपर्क में भी आए होंगे। गुजराती कारोबारियों ने हिंद महासागर के दोनों ओर के बड़े पत्तन शहरों में एक सक्रिय नेटवर्क का निर्माण किया था, जो इससे भी आगे फिलिपींस और रूस तक फैला हुआ था। कपास का कारोबार करते हुए, दूसरे दूरस्थ क्षेत्रों की तुलना में अपने ज़मीनी इलाके से ज्यादा नजदीक होने के कारण गुजराती कारोबारी समुद्री यात्राओं पर बगैर अपना व्यवहार गँवाए निकल सकते थे। मुस्लिम गुजरातियों में खोजा और बोहराओं के पास अपने जहाज़ थे। आगे चल कर इन मुस्लिम गुजरातियों को गाँधी के दक्षिण अफ्रीका प्रवास के दौर में अहम भूमिका निभानी थी।

पूर्व–औपनिवेशिक काल में समुद्रपारीय प्रवास का एक तयशुदा प्रवास पैटर्न था और इस पर 'बनियों' का दबदबा था। कारोबारी जगत में उन्होंने गुजरातियों या कैम्बे के बनियों के तौर पर अपनी एक मज़बूत उपस्थिति दर्ज कराई थी, न कि 'भारतीयों' या यहाँ तक कि 'हिंदुओं' के तौर पर।

17वीं शताब्दी में पायरार्ड द लावाल ने लिखाः

> वहां मुख्य राष्ट्र और नस्ल बनियों का है, जो इतनी बड़ी संख्या में हैं कि लोग सिर्फ़ कैम्बे के बनियों के बारे में बात करते हैंः वे भारत के हर पत्तन और हर शहर में वे गुजरातियों के साथ मिल जाएगे...जो ब्राह्मणों के समान ही जीवन–आचरणों का पालन करते हैं, हालाँकि वे डोरी (जनेऊ) नहीं पहनते। दुनिया में मोतियों और कीमती माणिकों के बारे में उनके बराबर जानकारी रखने वाला कोई और नहीं है...यहाँ तक कि गोवा में भी सुनार और मणिकार और दूसरे कारीगर, सब कैम्बे के बनिया और ब्राह्मण हैं और उनकी गलियाँ और दुकानें हैं। (झा 2009: 249–50 मुरारी झा द्वारा राय व रीव्स 2009: अध्याय 1 में उद्धृत)

महान यात्री ट्रैवेनियर ने लिखा हैः

> वे [गुजराती कारोबारी] अपने बच्चों को काफ़ी कम उम्र से ही आलस्य से दूर रहने की शिक्षा देते हैं। वे उन्हें गलियों में जाकर खेल–कूद में अपना समय गँवाने देने की जगह, जैसा कि हम सामान्य तौर पर अपने बच्चों के साथ करते हैं, अंकगणित सिखाते हैं, जिसमें वे महारत हासिल कर लेते हैं। वे इसके लिए कलम या किसी गणना सहायक की जगह बस अपनी स्मृति का इस्तेमाल करते हैं। वे पल भर में कठिन से कठिन हिसाब कर लेते हैं। वे हमेशा अपने पिताओं के साथ रहते हैं, जो उन्हें कारोबार के गुर सिखाते हैं और कोई भी काम उन्हें उसके बारे में समझाए बिना नहीं करते है। (राय व रीव्स 2009)

यहां यह महत्वपूर्ण है कि उनकी क्षेत्रीय पहचान सबसे ऊपर है–वे कैम्बे के गुजरातियों या बनियों के तौर पर पुर्तगालियों से संवाद करते हैं और उनकी तुलना इटालवियों और यहूदियों से होती हैः 'गुजराती (गुसरातीस) और बनिये (बसनियंस) कैम्बे देश के हैं...वे कुशाग्रबुद्धि और हिसाब–किताब और लेखन में इतने माहिर हैं कि वे न सिर्फ सभी यहूदियों को, बल्कि पुर्तगालियों (पोर्टिंगेल्स) भी पीछे छोड़ देते हैं। (लिंशोटन 1885: 60)

यह गाँधी के दक्षिण अफ्रीका यात्रा से छह साल पहले लिखा गया था। उस समय इटली और पुर्तगाल राष्ट्र थे लेकिन यहूदी राष्ट्रों के भीतर के प्रवासी समुदाय थे। गुजरातियों की तुलना राजनीतिक इकाइयों (इटली और पुर्तगाल जैसे राष्ट्र राज्यों से) के साथ–साथ राज्यविहीन प्रवासीय (डायस्पोरिक) लोगों (यहूदियों) से की जा रही है।

कारोबारी प्रवासीय गुजराती समुदाय, जिसने पूर्वी अफ्रीका के साथ प्राचीन काल में संबंध कायम कर लिया था, इस तरह से कारोबारी प्रवासी समूह (डायस्पोरा) की निम्नलिखित परिभाषा के तहत आएगाः विशिष्ट उत्पादों

पर एक 'जातीय नियंत्रण' या एकाधिकार रखनेवाला एक समूह, जो दूसरे समुदायों के खिलाफ़ चुनौतियों का सामना करने के लिए राजनीतिक रूप से संगठित है, और जिसका विभिन्न अवस्थितियों पर मौजूद अपने जातीय समूह के साथ संबंध और एक–दूसरे का आपसी सहयोग हासिल है। एबनर कोहेन के शब्दों में, 'इस तरह से एक छितराए हुए लेकिन एक–दूसरे से काफ़ी अंतर्संबंधित समुदायों वाले कारोबारी प्रवासी समूह (डायस्पोरा) अस्तित्व में आता है।' (कोहेन 1971: 267)

कई प्रवासीय समूहों के विस्तृत अध्ययन पर आधारित होने के कारण एबनर कोहेन का विवरण काफ़ी महत्वपूर्ण है। मध्यकाल में भूमध्यसागर के इर्द–गिर्द के अरब और यहूदी कारोबारी समुदायों, सुदूर पूर्व में चीनी प्रवासी कारोबारियों, पूर्वी अफ्रीका में भारतीयों का उदाहरण देते हुए वे कहते हैं ऐसे प्रवासीय समूह अपने अलग ही समुदाय का निर्माण करते हैं, जो अपने सदस्यों को स्थायित्व के साथ–साथ गतिशीलता देता है। उनका राजनीतिक संगठन प्रतिस्पद्धियों के खिलाफ़ स्थायित्व और सहयोग प्रदान करता है और जिसके पास न्यायिक स्वायत्तता है; इसकी संस्थाएं 'सामान्य कल्याण और सामाजिक सुरक्षा को बढ़ावा देती हैं।' सबसे ज्यादा महत्वपूर्ण बात यह है कि यह अपने सदस्यों के मूल्यों और आचरण के तरीक़ों पर नैतिक प्रभाव डालता है। (कोहेन 1971: 267) संक्षेप में वे निष्कर्ष निकालते हैं, 'एक प्रवासीय समूह (डायस्पोरा) सामाजिक तौर पर एक–दूसरे पर निर्भर, लेकिन भौगोलिक तौर पर बिखरे समुदायों का एक राष्ट्र है।' (कोहेन 1971: 267)।

कारोबारी प्रवासीय समूह (डायस्पोरा)

इस तरह से देखें, तो कारोबारी प्रवासी समूह (डायस्पोरा) एक सांकेतिक चौखटा है, जिसके भीतर हम गाँधी की प्रवासीय व्यक्तिनिष्ठता और चेतना के विकास को रख सकते हैं। कई कारक महत्वपूर्ण हैं, जैसा कि राय व रीव्स (2009: 15–27) में क्लाउड मार्कोविट्ज के लेख में दिखाया गया है। यह लेख कारोबारी समुदायों के अल्पसंख्यक मध्यस्थ की भूमिका से 'कारोबारी प्रवासीय समूह (डायस्पोरा)' के रूप में उनके रूपांतरण के बारे में और सांस्कृतिक बिचौलिए की भूमिका से से 19वीं सदी के आरंभ में पूँजीवादी दुनिया में एक बेनाम भूमिका में उनके बदले जाने के बारे में बताता है। बाद के नुक़्ते से ऐसा एहसास होगा कि पुरानी जीवन शैलियां कम या ज़्यादा मात्रा में ख़तरे में हैं। कारोबार में सफलता और ख़ास जातियों और जातीयताओं के बीच संबंध महीन है, बावजूद इसके कि नोट्टुकोट्टरी चेट्टियारों जैसे कुछ निश्चित समूहों का अपना एक ख़ास कामकाज का तरीक़ा था।

निवासी गुजराती

प्रवासीय इतिहासों और गुजराती प्रवासीय समूहों की विशेषता बतानेवाले यात्रियों के वृत्तांतों ने संभवतः निवासियों के रवैये को प्रभावित करने का काम किया। गुजराती पहचान के पहलुओं का निर्माण समुद्रपारीय स्थितियों में हुआ, लेकिन एक प्रवासीय जाति को अपने घर और विदेश के बीच चक्कर लगाने की समस्या का सामना करना पड़ा। गाँधी की *आत्मकथा* भी मोढ़ बनियों–जात बाहर किये जाने के वक्त उनकी जाति–की प्रवासीय विशिष्टताओं के बारे में कुछ जानकारी देती है।

जाति संगठन प्रवासीय स्थितियों में एक–दूसरे को जोड़ने वाला एक बेहद प्रमुख कारक है। किसी प्रवासीय समूह के घर वापस आने पर उन्हें अपनी मूल जाति के नियमों का पालन करना होता था। निवासियों के जातिगत नियमों और प्रवास काल के नियमों में स्वाभाविक तौर पर अंतर था। लेकिन, ऐसा लगता है कि जाति–पंचायत प्रवास के ख़िलाफ़ थी। यह स्थिति कुलीन ब्राह्मणों और ब्रह्म समाज के बीच फँसे केशब (चंद्र सेन) की स्थिति से मिलती–जुलती है। गाँधी के मामले में एक कारोबारी समूह के तौर पर बनियों ने बहुत पहले 16वीं सदी में ही हिंद महासागर में अपना जाल फैला लिया था। कई यात्रियों ने (उदाहरण के लिए ट्रैवेनियर ने) इसकी तस्दीक की है।

स्थिर उपजातियाँ, प्रवासी जातियाँ

विलायत जाने को लेकर उनकी मोढ़ बनिया जाति की आपत्तियों से कोई यह निष्कर्ष निकाल सकता है कि उनकी उपजाति गुजराती प्रवासीय समूह (डायस्पोरा) का हिस्सा नहीं थी। यह दावा कम से कम हाल के इतिहास के लिए किया जा सकता है: एक उपजाति के विशिष्ट इतिहास में बदलाव आता रह सकता है, लेकिन व्यवस्थित ऐतिहासिक रिकॉर्ड्स की अनुपस्थिति में जीवित स्मृतियाँ किसी 'जाति' की आदतों को निर्धारित करेंगी। एक विचार के मुताबिक जातियाँ खुद में प्रवासीय समुदाय हैं, कम से कम उनकी अपनी उद्भव की कहानियों में। पेशागत भूमिका और उद्भव का इतिहास, उपजाति–पदानुक्रम को तय करते हैं। हजार वर्ष के प्रवासों के बाद इन समूहों ने अंतर्विवाही समुदायों का गठन किया। 'निचली जातियों' में, डोम, 11वीं सदी में जिनका भारत से प्रवास माना जाता है, आज भी रोमानी लोगों या जिप्सियों की तरह अपनी जातिगत पहचान से जुड़ी वर्जनाओं को बचाए हुए हैं। कुछ मामलों में पहचान, जाति के सहारे विकसित नहीं होती है, बल्कि क्षेत्रीय आधार पर विकसित होती है (पंजाबी इसका एक उदाहरण हैं)।

पहले की बहस को समाप्ति की ओर ले जाते हुए, जहाँ केशबचंद्र सेन ऊँची जाति से वास्ता रखते थे, 'बनिया' गाँधी ने प्रवास को लेकर अलग तरह से प्रतिक्रिया दी। नौकरशाहों और लोकसेवकों (जिन्हें मृणालिनी सिन्हा के अध्ययन में 'स्त्रैण बंगाली' कहा जाएगा) का उस तरह से निर्माण एक निश्चित उपनिवेशी यथार्थ से हुआ होगा, जिसमें साक्षरता उनके परिचय का आधार रही होगी, जबकि कारोबारी जातियों ने अपना ध्यान कारोबारी परिपथ (सर्किट) को खुले रखने पर लगाया होगा। लैवेन्टाइन यहूदी कारोबारियों की तरह, जिनके इतिहास को पुराने कायरो के गेनिजा रिकॉर्ड में सामने लाया गया है (देखें, क्लिफोर्ड 1994: 325), गुजराती हिंद महासगर के पत्तनों, तूरान, ईरान और रूस में एक जटिल नेटवर्क में फैले हुए थे। अपनी यात्रा की पहुँच के मामले में सार्वभौमिक होने के बावजूद उन्होंने खाने–पीने, विवाह और हिसाब–किताब की परंपराओं में सख़्त जाति कानूनों का पालन किया।[14] इस तरह, जैसा कि कई अध्ययनों ने दिखाया है और जैसा कि मैंने दूसरी जगह कारोबारी प्रवासी समूह पर अपनी टिप्पणी में संकेत किया है, समुद्रपारीय कारोबार के गुजरातियों के लंबे इतिहास ने विस्थापन को लेकर एक ख़ास प्रतिक्रिया को जन्म दिया: यह था काफ़ी सख़्त व्यक्तिगत अनुशासन।

जहाँ केशब सेन ने दो संस्कृतियों का मूल्यांकन वैचारिक आधार पर किया, जिसमें प्रवास में उनके बदले हुए संदर्भ चौखटे ने उनकी मदद की, वहीं गाँधी ने व्यक्तिगत मानक तय किए, जिसने अंग्रेजी जीवन के अतिक्रमणों–मांसाहार, मशीन का इस्तेमाल आदि के ख़िलाफ़ उनकी सांस्कृतिक स्वायत्तता को बचाए रखा (प्रवासीय समूह पर बाद के अध्याय में मैंने इस नुक़्ते को और विकसित किया है)। लेकिन, केशबचंद्र सेन, राजा राममोहन राय और स्वाामी विवेकानंद की तरह उन्होंने कई संपर्क बनाए, जिसने आगे चलकर कैलनबैक, एंड्रयूज जैसे यूरोपियों के साथ मित्रता को प्रगाढ़ बनाने में उनकी मदद की।

हस्तांरण के ऐसे तरीक़ों को लेकर मेरे दावे के अनुरूप गाँधी ने खुद अपनी सांस्कृतिक विरासत के बारे में अपने माता–पिता से संदेश ग्रहण किया। लेकिन, दोनों निवासी विचारधारा (resident ideologies) वाले लगते हैं, और स्थानीय रीति–रिवाजों और हिंदू महाकाव्यात्मक कहानियों पर जोर देते हैं। अपनी आत्मकथा में वे कहते हैं:

> मेरी स्मृति पर पड़ी मेरी माता की अमिट छाप उनके साध्वीपन की है। वे काफ़ी गहरे तक धर्मपरायण थीं। वे बिना पूजा–पाठ के भोजन करने के बारे

[14] आधुनिक अर्थशास्त्र का जन्म 'बनियों' के खाता–बही के मुनीमी हुनर से हुआ, इस तर्क के लिए देखें, गुडी (गुडी 1996: 72–74)

में सोच भी नहीं सकती थीं। हवेली–वैष्णव मंदिर–में जाना उनकी रोज़ की आदत थी। जबसे मैंने होश संभाला, तबसे मुझे यह याद नहीं पड़ता कि उन्होंने कभी चतुर्मास का व्रत तोड़ा हो। वे कठिन से कठिन व्रत ठान लेतीं और उन्हें बिना किसी शिकन के पूरा करतीं। बीमार होने पर भी वे इसमें कोई ढील नहीं देती थीं। मुझे याद है कि एक बार चतुर्मास का व्रत करते हुए वे बीमार पड़ गयीं। लेकिन, बीमारी को उन्होंने व्रत को बाधित करने की इजाज़त नहीं दी। दो या तीन लगातार उपवास रखना उनके लिए कोई बड़ी बात नहीं थी। चतुर्मास के दौरान एक शाम भोजन करना उनकी आदत थी। एक चतुर्मास के दौरान एक दिन छोड़कर उपवास करने से असंतुष्ट होकर दूसरे चतुर्मास में उन्होंने सूर्य को देखे बिना भोजन न करने की प्रतिज्ञा की। उन दिनों हम बच्चे खड़े होकर एकटक आकाश में देखते रहते थे और अपनी माँ को सूरज के उगने की सूचना देने का इंतजार करते रहते थे। हर कोई यह जानता है कि चौमासे में अक्सर सूर्य के दर्शन दुर्लभ हो जाते हैं। मुझे वैसे दिन याद हैं जब जब सूरज के अचानक दिखाई देने पर हम इसकी सूचना देने के लिए भाग कर उनके पास जाते। माँ अपनी आँखों से देखने के लिए तेजी से आतीं, मगर इतने में सूरज छिप जाता और उन्हें भोजन से वंचित कर देता। लेकिन वे हँसते हुए कहतीं, 'कोई बात नहीं, आज भगवान का मन है कि मैं भोजन न करूँ।' और वे अपने घर के कामों में लग जातीं। (गाँधी 1927: 4)

किसी तरह से पिताजी की ख़रीदी गयी एक किताब पर मेरी नजर पड़ी। किताब का नाम था *श्रवण पितृभक्त नाटक* (श्रवण की माता–पिता की भक्ति के बारे में नाटक)। मैं काफी चाव से उस किताब को पढ़ गया। उसी दौरान शीशे के बक्से में चित्र दिखानेवाले भी आते थे। उन्होंने जो चित्र दिखाए, उनमें एक चित्र श्रवण कुमार का था, जिसमें वह अपने नेत्रहीन माता–पिता को कांवड़ में अपने कंधे पर बैठाकर तीर्थ यात्रा पर लेकर जाता है। उस किताब और चित्र ने मेरे मन पर अमिट छाप छोड़ा। (6)

भारत की चौहद्दी से बाहर अवस्थित होने की स्थिति राष्ट्रवाद के 'राष्ट्रवादी' इतिहास के प्रति अलग नज़रिए को प्रेरित करेगी। भौतिक कलाकृतियां (जैसे तांबे की थालियां), अभिलेख (कागजी और ग़ैर काग़ज़ी), तस्वीरें (फोटोग्राफ्स) और चिट्ठियाँ, ये सब मिलकर अतीत को समझने के हमारे स्रोतों का निर्माण करते हैं। लेकिन, दक्षिण अफ्रीका में गाँधी का अपना लेखन (जिसे काफ़ी मेहनत से *कलेक्टेड वर्क्स* के 100 खंडों में संकलित किया गया है) प्रवासी (डायस्पोरा) की उनकी निजीहैसियत की छन्नी से छन कर निकलता था। इस 'विचारधारा' का एक महत्वपूर्ण तत्व अच्छा करने की इच्छा और एक राष्ट्रीय पहचान, भले

तब तक आधिकारिक तौर पर इसका कोई अस्तित्व न हो, पर जोर देने की ज़रूरत रहा होगा।

हाल के दशकों में, भारतीय राष्ट्रवाद के इतिहास में एक स्पष्ट 'निम्नवर्गीय' (सबाल्टर्न) दृष्टिकोण का उभार हुआ है। अभिलेखों से दलित बहुमत के भीतर विद्रोह की कई कहानियाँ सामने आई हैं। इसकी जानकारी में प्रिंट रिकॉर्ड्स का काफ़ी योगदान रहा है। गाँधी के समय में भारतीय किसानों और जनजातीय लोगों की गतिविधियों के बारे में सिर्फ़ अफवाहों या गीतों या दूसरे लोकप्रिय रूपों से जाना जा सकता था। कई ऐतिहासिक वृत्तांतों का हस्तांतरण इस तरह से हुआ है (देखें, माइकल वुड एंड श्याम बेनेगल, लेकिन उनका ध्यान भी राजाओं के कारनामों की तरफ़ ही ज्यादा रहा है)। हालाँकि, एक भू–भाग के तौर पर 'भारत' (इंडिया) एक वैध इकाई थी, लेकिन 'भारतीय' लोगों को काफी चयनित तरीके से प्रदर्शित और शामिल किया जाता था।

पिछले पन्नों में मैंने यह स्थापित करने की कोशिश की है कि, यद्यपि एक सामूहिक सांस्कृतिक परंपरा का चल रहा उत्खनन और निर्माण भरपूर मात्रा में दिखाई देता है (चटर्जी 1994), लेकिन इस सामूहिकता के योग्य आधुनिक वारिस के तौर पर राष्ट्र की स्थिति आकारहीन है–इसकी रूपरेखा अभी तक धुंधली है, इसकी क्षेत्रीयता का अभी तक निर्धारण नहीं हुआ है (कविराज 1992: 1–39)।

गाँधी का राष्ट्रवाद

इस किताब की मान्यता है कि प्रवासीय गाँधी, राष्ट्रवादी गाँधी के एक महत्वपूर्ण पूर्ववर्ती हैं। इस लेख में मैं यह परिकल्पना सामने रखना चाहती हूँ कि दक्षिण अफ्रीका, कैरिबिया और दूसरी जगहों में छितराए हुए प्रवासी भारतीयों के अनुभवों ने कुछ अंशों में गाँधी के उस राष्ट्रवादी सिद्धांत का निर्माण करने में अपनी भूमिका निभाई, जिसे वे भारत लेकर आए। और प्रवासीय समूह पर गाँधी ने जो ध्यान दिया, कैरिबिया समाज पर भी उसका प्रभाव दूसरी तरफ से आनेवाले एक अन्य प्रवासी समुद्रपारीय शख़्सियत–अंग्रेज पादरी सीएफ एंड्रयूज–के कार्यों के ज़रिए पड़ा है।

मैंने यह तर्क दिया है कि 1893 से पहले के गाँधी एक ऐसे व्यक्ति थे जिनका अनुभव प्रवास से पूर्वस्पष्ट तौर पर स्थानीय था–उनके अपने ही शब्दों में–वे काठियावाड़ की 'स्थानीय और क्षुद्र राजनीति में क़ैद' थे। उनके लिए राष्ट्रीयकरण का क्षण हमेशा की तरह, जैसा कि बेनेडिक्ट एंडरसन कहते, एक शुद्ध क्रियोली (क्रियोलाइट) और 'परदेसी' परिवेश में आता है (एंडरसन 1994: 314)। 46 साल

24 अटलांटिक गाँधी

की उम्र में राष्ट्रीय आंदोलन का नेतृत्व करने और इसे नई दिशाओं में लेकर जाने के लिए वापस आने से पहले वे 20 सालों तक भारत से बाहर रहे। इस तरह, जैसा कि अक्सर उद्धृत किए जानेवाले एक्टन के स्वयंसिद्ध सत्य का कहना है, निर्वासन *राष्ट्रीयता* की नर्सरी है। प्रवासी राष्ट्रीयता को लेकर गाँधी की शुरुआती अस्थायी और अल्पकालिक समझ, जैसा कि इस आलेख का कहना है, आधुनिक 'निर्वासन की *तकनीक*' से ठोस रूप ग्रहण करती है। यह गाँधी के प्रिंट उत्पादनों की दोतरफ़ा गति द्वारा होता है, एंडरसन के शब्दों में जिसमें 'राष्ट्रीयता की अस्थिर कल्पित दुनिया' ने ठोस रूप ग्रहण किया। (एंडरसन 1994: 216)

2

समुद्री यात्रा

जहाज़

उत्तरी यूरोपीय जहाज़[1] ने अपनी कम श्रम शक्ति की ज़रूरत और उन्नत इंजीनियरिंग के बल पर आइबेरियाई/भूमध्यसागरीय *गैली* जहाज़ (पाल वाले जहाज़) की जगह ले ली थी. ऐसे ही एक जहाज़ पर गाँधी ने अपनी पहली समुद्र यात्रा की थी। अटलांटिक जहाज़ ने बागान मालिकों और समुद्री दस्युओं, पूँजी और श्रम, संभ्रांत लोगों और गुलामों, उपनिवेशियों और कुलियों का परिवहन किया था। इसके यात्रियों की द्वैधता में–जिसमें अभिजात्य और निम्नवर्गीय (सबाल्टर्न) दोनों शामिल थे–इतिहास में इसकी भूमिका निहित है। इसे '[पूँजीवाद] और वाणिज्य का इंजन', 'साम्राज्य की मशीन' (150–151) और इसके साथ ही 'मिलन स्थल' और 'बग़ावत के पनपने की जगह'–क्योंकि जात बाहर किए गये लोग, दस्यु, गुलाम और *लस्कर* (समुद्री नाविक) एक जगह से दूसरी जगह तक बग़ावत की ख़बर ('क्रांति के दिशासूचक' की तरह [241]) लेकर जाते थे और उन्होंने सामान्य और असामान्य रिश्ते बनाए[2]। यह 'महाद्वीपों के बीच संचार का एक साधन' है, 'उत्पादन के क्षेत्र–जहाज़ में सभी अन्यों को एकजुट करनेवाली उत्पादन–प्रणाली' है, एक ऐसी जगह है जहाँ कई भूमियों के लोगों ने आपस में संवाद स्थापित करने का काम किया:

> सामाजिक शत्रुता के सारे अंतर्विरोध इसके ढांचे में समाहित थे। इनमें सबसे प्रमुख था साम्राज्यवाद: यूरोपीय साम्राज्यवाद का सूरज हमेशा एक अफ्रीकी परछाईं डालता था। क्रिस्टोफर कोलंबस के पास सिर्फ अश्वेत जहाज़ी बैरा ही

शीर्ष तस्वीर: गिरमिटिया श्रमिकों को ले जाता एक जहाज़

[1] पीटर लाइनबॉ व मार्कस रेडिकर (2000: 150–1,154, 158) के मुताबिक।

[2] अफ्रीकी सांस्कृतिक जुड़ाव पर देखें लाइनबॉव रेडिकर (2000: 158, 241); और गिलरॉयी (1993). होमोइरोटिक संबंधों पर देखें ओमिस'एके नताशा टिंसले; और 'जहाज़ी' भाई और बहन पर उत्तर गिरमिटिया साहित्य (पोस्ट इंडेंचर लिटरेचर) के लिए देखें बीरबल सिंह (1989, इंट्रोडक्शन).

नहीं था, बल्कि एक अफ्रीकी पायलट *पेड्रो नीनो* भी था। जैसे ही *मेफ्लॉवर* ने तीर्थयात्रियों को उतारा, यह अफ्रीका से लोगों की खेप लेकर वेस्ट इंडीज की ओर रवाना हो गया (लाइनबॉ व रेडिकर 2000: 152)।

जहाज़ की पीड़ादायक जगह में बनाए गये कई तरह के संबंधों–जनजाति, नस्ल, राष्ट्र, लिंगों और जेंडर के भीतर और उनके पार बनाए गये संबंधों के बारे में बात करते हुए नताशा टिंसले कहती हैं:

> महासागर और समुद्र अलग–अलग तरह से अवस्थित लोगों–मूल निवासियों, मछुआरों, जहाजियों, नाविकों, पर्यटकों, कामगारों और पहलवानों, के लिए अहम स्थान हैं। महासागर और समुद्र असमानता और शोषण–संसाधन के विदोहन, प्रदूषण, सैन्यीकरण, परमाणु परीक्षण अैर जातिसंहार की जगहें हैं। लेकिन इसके साथ ही महासागर और समुद्र सुंदरता और आनंद–एकांत, एंद्रिकता, कामना और प्रतिरोध, की जगहें भी हैं। महासागरीय और समुद्री क्षेत्र समुद्रपारीय और प्रवासीय समुदायों, वैश्वीकरण के बेमेल पथों और अन्य नस्लीय, जातीय, वर्गीय और लैंगिक निर्मितियों की जगहें भी हैं। (टिंसले 2008: 192).

इसी तरह लाइनबॉ व रेडिकर का कहना है:

> नाविकों, पायलटों, गंभीर अपराधियों, प्रेमियों, अनुवादकों, संगीतकारों, सभी तरह के गतिशील कामगारों ने नए और अप्रत्याशित संपर्क बनाए, जो अक्सर दैवीय, आकस्मिक, अस्थायी और यहाँ तक कि चमत्कारिक भी प्रतीत होते थे। (लाइनबॉ व रेडिकर 2000: 6)

ये संबंध सिर्फ साझी पीड़ाओं का ही नहीं, बल्कि साझे श्रम का भी नतीजा हैं: इसके साथ ही, जिस समय मौजूदा इंसानी विभाजनों को नकारनेवाले मज़बूत भावनात्मक रिश्तों का निर्माण किया जाता है, उसी समय समुद्री जहाज़ एक नए किस्म के प्राणी, एक आधुनिक जीव को भी बढ़ावा देते हैं। जहाज़ ही वह जगह है जहाँ प्रवासीय/विस्थापित/प्रतिरोपित व्यक्ति तकनीक और पूँजी के द्वारा लाई गयी ऐतिहासिक आधुनिकता के इलाके में दाख़िल होता है। यह ऐतिहासिक आधुनिकता अपनी जड़ों से उखाड़े गये और अपनी संस्कृति से दूर किए गये मज़दूरों के श्रम पर फलती–फूलती है। वास्तव में जहाज़ को ऐसे ही लोग मिलकर चलाते हैं। लाइनबॉ वं रेडिकर के मुताबिक:

> जहाज़, जिसके कार्यकलाप के सामाजिक–सांस्कृतिक परिवेश ने इसे एक साथ सार्वभौमिक और अद्वितीय रूप देने का काम किया था, ने एक ऐसा मंच प्रदान किया जिसमें बड़ी संख्या में मज़दूरों ने जटिल और तालमेल के साथ किए जानेवाले कामों में गुलामों वाले पदानुक्रमिक अनुशासन के तहत एक–दूसरे का सहयोग किया। जिसमें सिर्फ़ मज़दूरी के लिए इंसानी इच्छा को मशीनी

> उपकरण के अधीन कर दिया गया। जहाज़ के काम, सहयोग और अनुशासन ने इसे फैक्टरी (कारख़ाना) का प्रोटोटाइप (आद्यरूप) बना दिया। (2000: 150)

वास्तव में फैक्टरी, फैक्टर शब्द से बनता है, जिसका मतलब पश्चिमी अफ्रीका में व्यापारी प्रतिनिधि होता है। यह व्यापार, उपनिवेशी गुलामी और आधुनिक औद्योगिक फैक्टरी (कारख़ाने) के बीच एक क़रीबी रिश्ते की ओर इशारा करता है।

इस तरह जहाज़ों को विरोधाभासी जगहें कहा जा सकता है। यहाँ भावनात्मक जुड़ाव का निर्माण तार्किक–उपयोगितावादी संरचनाओं के भीतर हो सकता है; अमीर और ग़रीब, भले उनके रहने की व्यवस्था असमान हो–एक डेक के ऊपर, एक डेक के नीचे–जिन पर हैजे जैसे रोगों का हमला भी असमान तरीक़े से होता हो, मगर वास्तव में ये दोनों ही समुद्र में क़ैदी होते हैं। जहाज़ ही वह इकलौती जगह है, जहाँ एक कप्तान की क्रूरता का बदला अक्सर शोषितों द्वारा बग़ावत करके लिया जा सकता है, लेकिन हक़ीक़त यह भी है कि गुलामी और शर्तबंदी (गिरमिट) की ज़ंजीरें आसानी से नहीं तोड़ी जा सकती हैं; और तब सज़ा निश्चित मौत है।

इंग्लैंड के लिए अपने समुद्री सफ़र का आगाज़ करते वक्त गाँधी को इस बात का शायद ही गुमान है कि उनकी यात्रा, समुद्रों के आरपार लोगों के हस्तांतरण के टुकड़ों–टुकड़ों में बनी एक कहीं बड़ी तस्वीर–19वीं सदी में भारत से बड़े पैमाने पर हुए प्रवास–का बस एक छोटा सा हिस्सा है। उनकी यात्रा एशियाई प्रतिरोपण की पीड़ा को याद करने का भी एक क्षण है, जिसके तहत दक्षिण एशिया और चीन से शर्तबंद/गिरमिटिया श्रमिकों ने, जिन्हें भुखमरी में धकेल दिया गया और जिन्हें विभिन्न कारकों के वशीभूत दूसरे दुर्व्यवहारों का सामना करना पड़ा, और जिन्होंने उपनिवेशी दासता के कठिन अस्थायी निवास की शुरुआत की। (एम क्लास 1961, 1965, 1991; एस क्लास 1964; टिंकर 1974, 1976; रुहोमोन 1947; वेलर 1968)।

इंग्लैंड की अपनी पहली यात्रा में गाँधी डेक के ऊपर के लोगों में से हैं। खुद गाँधी के लिए, यह एक ऐसा अनुभव था जहाँ, विलायत की यात्रा कर रहे चंद शिक्षित भारतीयों के तौर पर उनकी जो हैसियत थी, उसका लुत्फ एक छोटे शहर के गुजराती के तौर पर उन्होंने पहले नहीं उठाया होगा। जहाज़ में जिन लोगों से उनकी मुलाक़ात होती है, वे इंग्लैंड में उनके निवास को प्रभावित करनेवाले हैं; यहीं पहली बार उनका सामना दूसरी राष्ट्रीयताओं से होता है।

उनकी आत्मकथा में जहाज़ संभवतः पहली जगह है, जहाँ गाँधी एक आधुनिक व्यक्ति के तौर पर सामने आते हैं। उन्हें कुछ ही दिन पहले मोढ़ बनिया जाति से, उसके समुदाय के सदस्यों द्वारा जात बाहर किया जा चुका

है, जिन्होंने उनके 'काला पानी' पार करने पर आपत्ति जताई है। समुदाय का मुखिया/सरपंच उनसे कहता है:

> 'जाति की राय में तुम्हारा इंग्लैंड जाने का विचार उचित नहीं है। हमारे धर्म में समुद्र पार विलायत की यात्रा की मनाही है। यह भी सुना जाता है कि वहाँ अपना धर्म गँवाए बगैर रहना संभव नहीं है। वहाँ जानेवालों को यूरोपियों के साथ खाना और पीना पड़ता है! (गाँधी 1927: 34)।

इस तरह 'दुनिया से अनजान एक 18 साल के किशोर' गाँधी की लंदन यात्रा उनकी प्रवासीय (डायस्पोरिक) चेतना के एक शुरुआती चरण का प्रतिनिधित्व करती है। अपनी जाति के ख़िलाफ़ जाकर समुद्र पार करने का उनका साहस उनके भविष्य के प्रवासीय (डायस्पोरिक) व्यक्तिवाद की पहली झलक देता है। यह एक दिलचस्प तथ्य है कि अपनी पहली ही यात्रा में वे एक निजी जीवनशैली विकसित कर लेते हैं। गाँधी की आत्मकथा में जाति का नेटवर्क प्रवास में साथ नहीं चलता और उनका अपना ताल्लुक़ अंग्रेजीकृत उपनिवेशी हस्तियों से है: उच्च जातियों, पारसियों और दूसरों से। पूरी आत्मकथा में वे गुजराती हिंदू प्रवासी समूह (डायस्पोरा) के बारे में बात नहीं करते हैं, हालाँकि वे कई बार मगनलाल गाँधी जैसे पारिवारिक सदस्यों का ज़िक्र जरूर करते हैं। इसके उलट चेट्टियार जैसे प्रवासी समूह (डायस्पोरा) दक्षिण–पूर्व एशिया में जातिगत संबंध बनाए रखते हैं।

गाँधी की सबसे शुरुआती दुविधा, जिसे उन्होंने खुद दर्ज किया है, जाति के सरपंच द्वारा उन्हें मोढ़ बनिया जाति से जात बाहर किए जाने को लेकर है। गाँधी अपने *'जात बाहर'* होने की हक़ीक़त का सामना इस तरह करते हैं[3]: 'मेरे विलायत जाने को लेकर मेरी जाति में खलबली मच गयी थी। अभी तक कोई मोढ़ बनिया विलायत (इंग्लैंड) नहीं गया था। और अगर मैंने ऐसा करने का दुस्साहस किया, तो मुझसे जवाब–तलब किया जाना ज़रूरी था!' (गाँधी: 1927: 34)। जाति पंचायत में जाति के सरपंच के सामने तलब करके गाँधी से कहा जाता है कि उनके धर्म में समुद्र पार की यात्रा मनाही है। और विलायत में 'यूरोपियों के साथ खाने–पीने से' धर्म की हानि निश्चित है। (34) जब गाँधी

---

[3] संयोग से मुस्लिम गुजरातियों को भी *'जात बाहर'* का सामना करना पड़ा; तुलना के लिए देखें, मोयेज वसनजी, प्राइवेट कंवर्सेशन, टोरंटो 2006. जैड एडम्स (2010: 39) शुद्धिकरण के उन अनुष्ठानों के बारे में बताते हैं, जिनसे गांधी को अपनी उपजाति में फिर से स्वीकृत किए जाने के लिए गुज़रना पड़ता है: वे अपनी जाति के सदस्यों को कमर से ऊपर बिना वस्त्र पहने भोजन परोसते हैं। एडम्स लिखते हैं कि इसके बावजूद, कस्तूरबा गांधी के परिवार ने गांधी की अगवानी करने से इनकार कर दिया।

इंग्लैंड जाने के अपने निश्चय पर अड़े रहते हैं, तो उन्हें जाति से बाहर कर दिया जाता है: 'इस लड़के को आज से जाति से बाहर माना जाएगा। जो कोई इसकी मदद करेगा या इसे विदा करने जाएगा, पंच उससे जवाब–तलब करेंगे और उसे सवा रुपया जुर्माना भरना पड़ेगा' (35)। जात बाहर का ठप्पा कभी उनसे हटता नहीं है; उनके परिवार के नज़दीकी सदस्यों को जाति गँवाने के डर से उनसे मिलने से मना कर दिया जाता है। 'कुली' का जाति गँवाना, जिसका सामना गाँधी आगे करनेवाले हैं, गाँधी के अपने जाति बाहर होने के निजी अनुभव से मेल खाता है।

हम यह निष्कर्ष निकाल सकते हैं कि गाँधी एक ऐसी जाति चेतना का चुनाव करते हैं, जो ज्यादा घुमंतू है। गुजराती प्रवासी समूह (डायस्पोरा) पर किए गये अध्ययनों ने कुछ ख़ास तत्वों पर ज़ोर दिया है, जो गाँधी को समझने के लिहाज से बेहद अहम हैं।

बनियों और जैनियों को लेकर लोग अक्सर भ्रम में रहते थे। बनिए, मूरों के साथ कारोबार करते थे। वे हुनरमंद थे, लेकिन सामाजिक तौर पर अपने में ही रहते थे। यह कयास लगाने की चीज है कि क्या गाँधी के अपनी मोढ़ बनिया जाति से अलगाव ने उनकी राष्ट्रीयता की परिभाषा को गढ़ने में कोई भूमिका निभाई। अब जबकि वे तकनीकी तौर पर मोढ़ बनिया नहीं रह गये थे (उन्हें जाति बाहर कर दिया गया था) उन्होंने एक व्यापक चेतना को अपनाया। पहले एक अखिल गुजराती चेतना (जिसमें हिंदू और मुस्लिम दोनों को मिलाया गया था) और फिर एक सार्वभौमिक चेतना (अंग्रेज, जर्मन और अन्य यूरोपियों दोस्तों के साथ) और आख़िरकार एक अखिल भारतीय चेतना, जिसमें धनी और गरीब, उत्तर और दक्षिण, हिंदू, मुस्लिम, सिख और ईसाई सब शामिल थे।

प्रवासी समूह को लेकर इन अंतर्दृष्टियों का गाँधी को समझने के लिहाज से काफ़ी महत्व है। खुद एक कट्टर गैर–प्रवासीय उपजाति से ताल्लुक़ रखने के कारण वे एक तरह से दो ज़मीनों के बीच फंसे हुए हैं। वे न तो दक्षिण अफ्रीका में गुजराती प्रवासी समूह (डायस्पोरा) का हिस्सा हैं, जिनके सदस्यों के बीच एक राजनीतिक, सामाजिक, व्यापारिक और नैतिक एकता है (जिसका वर्णन अध्याय 1 में किया गया है), और न वे अपनी स्थानीय उपजाति मोढ़ बनिया का ही भाग हैं। उनको जो बनना है, सही मायनों में खुद से बनना है।

लंदन की समुद्री यात्रा गाँधी क पहला सार्वभौमिक (कॉस्मोपोलिटन) अनुभव है। हालाँकि, उन्हें समुद्र में होनेवाली अस्वस्थता (सी सिकनेस) की शिकायत बिल्कुल भी नहीं हुई, लेकिन जहाज़ के स्टुअर्ट तक से बात करने में उन्हें शर्म आती है (गाँधी 1927: 26)। वे दूसरे यात्रियों से छिपते हैं और अपने कपड़ों की विचित्रता ही उनको चिंतामग्न बनाए रखती है। ऐसा लगता है कि इस सफ़र

पर उनका सारा ध्यान उनके शाकाहारवाद पर है। हालाँकि एक सहृदय अंग्रेज से उनकी बातचीत ज़रूर होती है।

उन्होंने अंग्रेजी भाषा को लेकर अपनी असहजता का वर्णन किया है। वे संभवतः पहली बार किसी ऐसी जगह का सामना करते हैं, जहाँ 'दूसरे सलून' में भारतीय और अंग्रेजी मुसाफ़िर खुलकर आपस में बातचीत करते हैं। हालाँकि, हाल में आई एक फिल्म *द टाइटैनिक* ने यह दिखाया है कि जहाज़ों पर भी वर्गीय आधार पर सामाजिक पदानुक्रम का पालन किया किया जाता था, मगर हर सलून में सभी राष्ट्रीयताओं के लोग खुल कर एक दूसरे से मिला–जुला करते थे। इस तरह से भारतीय मुसाफ़िरों में से एक,

> त्र्यम्बकराय मजूमदार को कोई दिक्कत नहीं थी और वे सबके साथ घुल–मिल जाते थे। वे डेक पर भी आज़ादी से जाते थे....मजूमदार मुझसे साथी मुसाफ़िरों के साथ मिलने–जुलने और उनके साथ खुल कर बात करने का आग्रह करते रहे... उन्होंने मुझे सलाह दी कि मुझे अंग्रेजी में बात करने के हर मौके का फ़ायदा उठाना चाहिए और ग़लतियों पर ध्यान नहीं देना चाहिए क्योंकि पराई भाषा बोलने पर ग़लती करना तो स्वाभाविक है। (गाँधी 1927: 36)

जहाज ही वह जगह है, जहाँ पर उपनिवेशी मुसाफ़िर पहली बार अपने सामाजिक कौशलों और अनुकूलन की अपनी क्षमताओं की जाँच करते हैं, क्योंकि ब्रिटिश भारत, कम से कम उस दायरे में जिसमें गाँधी आया–जाया करते थे, शायद ही कभी ऐसे मेल–जोल का मौका मुहैया कराता था। गाँधी के मामले में, भाषा, आहार और बाद में कपड़े दिक्कतें खड़ी करते हैं। उनका कहना है कि उन्हें यह नहीं मालूम था कि छुरी–काँटे का इस्तेमाल किस तरह से किया जाता है और उन्हें यह पूछने में भी काफ़ी झिझक महसूस होती थी कि किस खाने में मांस नहीं है। जहाँ तक भाषा की बात है: 'जब वे मुझसे बात करने के लिए आते थे, तब मैं शायद ही कभी उनकी बात समझ पाता था और अगर समझ भी जाऊँ, तो मैं उनको जवाब नहीं दे पाता था। मुझे बोलने से पहले हर वाक्य को अपने दिमाग में जमाना पड़ता था (गाँधी: 1927: 36)।

यह कल्पना करना काफ़ी मुश्किल है कि गाँधी जैसा जबरदस्त अभिव्यक्ति क्षमता वाला व्यक्ति, जिन्होंने बड़ी संख्या में चिट्ठियाँ लिखीं और अंग्रेजी और गुजराती में अनगिनत मुकदमों की पैरवी की, कभी इस तरह भी महसूस करते होंगे। लेकिन, 1920 के दशक में लिखी गयी उनकी आत्मकथा उन वर्षों में एक नौजवान की झिझक को सामने लाने के लिहाज से अनोखी रचना है। इस शर्मीलेपन की वजह से गाँधी खुद को केबिन में ही बंद रखते थे और डेक पर कभी–कभार ही जाते थे, जब वहाँ लोग नहीं होते थे (गाँधी 1927: 36)।

बहरहाल, यह भारत से दक्षिण अफ्रीका तक की उनका दूसरा समुद्री सफ़र है, जब जहाज़ की जगह एक अद्वितीय अहमियत इख़्तियार कर लेती है। हालाँकि, उनकी आत्मकथा में इस तथ्य का ज़िक्र अलग से नहीं किया गया है, लेकिन, जहाज़ एक ऐसी जगह के तौर पर हमारे सामने आता है, जो उस उपनिवेशी पदानुक्रम और भेदभाव से मुक्त नजर आता है, जिसे गाँधी पोरबंदर में छोड़ कर आए थे।

जैसा कि मैंने पहले दिखाया है, पीटर लाइनबॉ व मार्कस रेडिकर ने जहाज़ के स्थान का सैद्धांतीकरण बेहद शानदार तरीक़े से किया है और इसे एक तरफ़ दौलत बनाने की फैक्टरी का प्रोटोटाइप (नमूना) कहा है जिसमें विभिन्न नस्लों के लोग काम पर लगे थे और जहाँ पहले कारोबारियों की तूती बोलती थी और दूसरी तरफ़ एक ऐसी जगह भी कहा है जहाँ शताब्दियों के बीतने के साथ साधारण नाविकों का नियंत्रण हो गया, जिन्होंने खुद को नीचे से संगठित किया था (लाइनबॉ व रेडिकर 2000: 154)। इस तरह से जहाज़ एक साथ 'पूँजीवाद का इंजन' भी था, तो दूसरी तरफ 'प्रतिरोध की उपजाऊ ज़मीन' भी था। (लाइनबॉ व रेडिकर 2000: 144)।

लाइनबॉ व रेडिकर का यह निष्कर्ष कि जहाज़, उस समय भी जब वे पदानुक्रम का संगठन और प्रबंधन किया करते थे, अवरोधों को तोड़ने मे कामयाब हो जाते थे, गाँधी के मामले में सही साबित होता है–एक अंग्रेज उनसे मित्रता करता है और गाँधी अपने डरों और वर्जनाओं को उसके सामने क़बूल करते हैं। लेकिन भाषा के साथ गाँधी का संघर्ष यह दिखाता है कि उपनिवेशी यात्री जहाज़ किस सीमा तक पहले के कारोबारी जहाज़ों से अलग थे। अब तक (पूर्व औपनिवेशिक काल में) जहाज़ों को एक ऐसी जगह के तौर पर जाना जाता था जहाँ मुख़्तलिफ़ भाषाएं बोलनेवाले नाविक भी आपस में संवाद करने का रास्ता निकाल लेते थे, लेकिन अब यह अंग्रेजी बैठकख़ाने की तरह ही ग़ैर–दोस्ताना हो गया था।

लंदन में समय बिताने और बार की परीक्षा उत्तीर्ण करके अपनी वापसी के सफ़र का विवरण देते हुए उन्होंने अदन के बाद पूरे रास्ते में अरब सागर के मिजाज को 'तूफ़ानी' बताया है, जो बंबई के बंदरगाह पर इतना उग्र हो गया था कि उन्हें एक नाव लेकर तट पर पहुँचना पड़ा था (गाँधी 1927: 72–73)। हमेशा की तरह इस बार भी गाँधी को कोई समुद्री अस्वस्थता (मतली वगैरह आना) नहीं है और वे तूफ़ानी मौसम में डेक से पछाड़ खाते समुद्र को देखते हैं। समुद्री अस्वस्थता और आहार के साथ इसका रिश्ता गिरमिटिया यात्रियों के वृत्तांतों में बार–बार आनेवाला तत्व है। मैं इस पर बाद में आऊंगी। यहाँ अहम बात यह है कि गाँधी अंदर के तूफ़ान को बाहर के तूफ़ान से जोड़ते हैं:

जाति 'गँवाने' की सच्चाई उनके दिमाग को मथ रही है और यह बाहरी तूफ़ान से कहीं ज़्यादा उन्हें अस्थिर बना रही है (गाँधी 1927: 73)। अपनी अनिच्छा से भारतीय भूमि से विदा लेनेवाले मजदूरों ने भी तूफ़ान के रूपक (जिसका सामना वे कलकत्ता (कोलकाता) और मद्रास (चेन्नई) से अफ्रीका या कैरिबिया की कठोर यात्रा के दौरान करते थे) का प्रयोग अक्सर अपनी मानसिक बेचैनी को बयान करने के लिए किया है, जो अचानक जाति गँवाने की हक़ीक़त का सामना होने पर उनमें पैदा होती थी। कुमार महाबीर (1991) ने 'बंधुआ बन कर आनेवालों' का मौखिक वृत्तांत दर्ज किया है। ऐसी एक आवाज़ महारानी की है, जो शर्तबंद मज़दूर (गिरमिटिया) है, मगर गरिमा से भरी हुई है। वह भोजपुरी–अंग्रेजी क्रियोल (Creol) में अपनी दुखद आपबीती बताती है। उन्होंने अपने ससुराल वालों के शोषण से छुटकारा पाने के लिए भागने का फ़ैसला किया था:

A done gone/everybody dey inside dey/ everybody/nobody cyan come out from dey again/like sammundar/moolook karta/ganga/jamuna e parr. (Mahabir 1991 : 80)

(मैं गयी। जानेवाले कभी नहीं लौटे; महासागर के पार, गंगा और जमुना के पार.)

एक उच्च जाति की महिला की आहार को लेकर सचेत दृष्टि के सहारे समुद्री अस्वस्थता को प्रकट किया गया है।

एक दूसरी जगह पर कहा गया है:

'one man jump sea/dat place taking life' (Mahabir 1991 : 69)

('एक व्यक्ति समुद्र में कूद जाता है / वह जगह जान ले लेती है')

गाँधी की अगली विदेश यात्रा में, जब वे दक्षिण अफ्रीका जाते हैं, उनके लिए चीजें अलग हैं। वे राजकोट में वकालत कर चुके हैं और इस दौरान उनका सामना ब्रिटिश उपनिवेशी घमंड और नस्लभेद से हो चुका है। एक शिपिंग कंपनी के मालिक अब्दुल्ला सेठ के अटॉर्नी के तौर पर काम करने का प्रस्ताव आने पर 'नए देश को देखने' की संभावना गाँधी को आकर्षित करती है (गाँधी: 1927: 85)। जिस जहाज़ पर उन्हें यात्रा करनी है उसका नाम *सफारी* है (आर. गाँधी 2008: 57)।

दर्जे का मुद्दा सबसे पहले सामने आता है। दादा अब्दुल्ला एंड कंपनी के एजेंट को बताया जाता है कि पहले दर्जे (फर्स्ट क्लास) की (केबिन की) सारी टिकटें बिक चुकी हैं। गाँधी अटॉर्नी होने के नाते अपनी वर्गीय हैसियत बनाए रखने के आग्रही हैं और वे साधारण यात्रियों की तरह डेक में यात्रा नहीं करना चाहते हैं, जिसमें भोजन सलून में करना होगा। इस समय तक गाँधी अपनी

पहली समुद्री यात्रा की तुलना में कहीं ज़्यादा आक्रामक हो चुके हैं और वे जहाज़ के शीर्ष अधिकारी (जो शायद एक अंग्रेज है, लेकिन आत्मकथा में इसकी स्पष्ट जानकारी नहीं दी गयी है) से जाकर इस बारे में पूछताछ करते हैं। इस बात की परवाह किए बगैर कि मोजाम्बिक के गवर्नर जनरल और उनके साथ जा रहे अमले के कारण पहला दर्जा पूरी तरह से भर गया है, गाँधी किसी भी तरह से उनके लिए जगह बनाने के लिए कहते हैं (गाँधी: 1927: 86)। वह अफसर गाँधी को ऊपर से नीचे तक देखता है और संभवतः एक ग़ैरमामूली बर्ताव करते हुए गाँधी को अपने केबिन में एक बर्थ देने की पेशकश करता है। गाँधी लिखते हैं कि (दादा अब्दुल्ला एंड को) के एजेंट ने उनके लिए टिकट का बंदोबस्त किया। इस तरह से तकनीकी दृष्टि से देखें, तो गाँधी 'भारतीय यात्री' (जो पैसे देकर अपने लिए टिकट ख़रीदते थे) नहीं थे, फिर भी वे पहले दर्जे में जगह पाने में कामयाब रहे थे! (86–87)। अटॉनी के तौर पर गाँधी के अंदर वर्गीय श्रेष्ठता की भावना एक बार फिर दक्षिण अफ्रीका में रेलगाड़ी से निकाले जाने की प्रसिद्ध घटना के समय उभरने वाली है। इससे यह मालूम पड़ता है कि रेलगाड़ियाँ, जहाज़ों की तुलना में कम समतावादी थीं।

सफारी दक्षिण अफ्रीका के बंदरगाह लामू पहुँचने में 13 दिन का वक्त लेता है। इस बीच गाँधी की दोस्ती कप्तान से हो जाती है। वे साथ में शतरंज खेलते हैं। गाँधी ने इस रिश्ते की प्रकृति के बारे में भी बताया है, जहाँ गाँधी उनसे अपेक्षित भूमिका निभाते हैं। वे अब भी काफ़ी हद तक खुशामदी उपनिवेशित हैं:

> रास्ते में कप्तान से अच्छी दोस्ती हो गयी थी। वह शतरंज खेलने का शौक़ीन था। लेकिन, चूंकि वह खुद अभी नौसिखिया ही था इसलिए उसे अपने से भी कमज़ोर साथी की ज़रूरत थी। इसलिए उसने मुझे खेलने के लिए न्योता दिया। मैंने इस खेल के बारे में काफ़ी सुना था, मगर इसमें कभी हाथ नहीं आजमाया था...कप्तान ने मुझे सिखाने का प्रस्ताव दिया। मैं हर बार हार जाता था और इससे मुझे सिखाने का उसका उत्साह और बढ़ता जाता था (गाँधी: 1927: 86)।

शतरंज में गाँधी की दिचलस्पी 'जहाज़ से नीचे नहीं उतरी'। साफ़ तौर पर यह खेल अथाह समुद्र में संस्कृतियों के आर–पार मित्रता का एक ज़रिया था।

केन्या के पोर्ट ऑफ कॉल लामू में गाँधी दूसरी बार अपनी आत्मकथा में 'भारतीय' ('इंडियन') शब्द का इस्तेमाल करते हैं (पहली बार उन्होंने लंदन में 'भारतीय' छात्रों के बारे में बात की थी)। उन्होंने लिखा है कि डाकख़ाने में 'भारतीय किरानी' को देखकर उन्हें खुशी हुई। लामू इसलिए भी महत्वपूर्ण है क्योंकि यह पहली जगह है जहाँ वे 'अफ्रीकियों' (नीग्रो/हब्शियों) से मिलते हैं और उन्होंने लिखा है कि उनके 'रहन–सहन' के तौर–तरीक़ों ने उनमें काफ़ी

दिलचस्पी पैदा की (87–88)। मोम्बासा और जंजीबार के दो पड़ावों के बाद गाँधी को समुद्री ज्वार के कारण जहाज़ और बंदरगाह के बीच फँस जाने का भी एक अनुभव होता है (इसके बारे में बाद में)। एक बार फिर जहाज़ का कप्तान गाँधी पर विशेष मेहरबानी करके उन्हें बचाता है।

गाँधी के परपोते राजमोहन गाँधी के विवरण में, कुछ अतिरिक्त जानकारियाँ मिलती हैं, मसलन, जहाज़ों के नाम–मुंबई में *सफारी* और जर्मन पूर्वी अफ्रीका लाइन में *एडमिरल*। दोनों ही नाम उपनिवेशी/नौसैनिक अर्थ देनेवाले हैं, जो गाँधी की समुद्री यात्रा का संदर्भ तैयार करते हैं। हमें अब तक की समुद्री यात्रा का तारीख़ों के बारे में भी जानकारी मिलती है: 19 अप्रैल से 14 मई 1893 तक।

इस सफ़र में गाँधी का परिचय अपने कप्तान और कुछ अन्य साथी मुसाफ़िरों की यौन आदतों से भी होता है। दोस्ती निभाते हुए ('कप्तान मुझे बहुत पसंद करता था [गाँधी 1927: 87]), कप्तान उन्हें एक 'दलाल' की मदद से नीग्रो/हब्शी औरतों की बस्ती में गया। इस आघातकारी अनुभव के बारे में गाँधी ने अपनी आत्मकथा में लिखा है (87)। हालाँकि, गाँधी नस्लीय श्रेष्ठता के उपनिवेशी रवैये के सह–अस्तित्व का कोई ज़िक्र नहीं करते हैं, जिसका अनुभव गाँधी ने प्रत्यक्ष तौर पर भारत में किया था, मगर अंतर–नस्लीय यौन–संबंधों और श्वेत पुरुषों द्वारा गैर–श्वेत स्त्रियों को रखैल बना कर रखने के व्यापक प्रचलन, जो कि दक्षिण अफ्रीका और कैरिबियाई बागानी संस्कृति की एक विशेषता थी, को देखते हुए गाँधी ने अवश्य इसे महसूस किया होगा।

हालाँकि, समुद्री सफ़र गाँधी को एक संभावित सार्वभौमिक के तौर पर चिह्नित करता है, लेकिन तथ्य यह है कि आधी सदी से भी ज़्यादा पहले, कहीं ज्यादा वंचित तबकों ने समुद्रों को पार किया था। *फैटल रोजैक* 1847 कोलकाता के आसपास के इलाकों की पहाड़ी जनजातियों–धनगरों को लादकर गयाना पहुँचा था (टिंकर 1974; लॉरेंस 1994)। गाँधी के नेटाल पहुंचने से पहले की आधी सदी में गिरमिटिया मजदूरों के न जाने कितने जत्थे मॉरिशस, फ़ीजी, दक्षिण अफ्रीका, त्रिनिदाद, गयाना और भारत के पॉन्डिचेरी (पुदुचेरी) जैसे फ्रेंचभाषी क्षेत्रों से मार्टिनिक और ग्वाडेलू ले जाए गये थे। काफ़ी हाल तक इन इन यात्रियों की समुद्रीय यात्रा की कहानियाँ सुननेवाला कोई नहीं था।[4] लेकिन अब

---

[4] कुमार महाबीर (1991: 37) लिखते हैं कि 1880 के दशक में जाकर त्रिनिदाद के मेहनतकश भारतीयों ने खुद को अंग्रेजी भाषा में व्यक्त करना शुरू किया। शुरुआती लेखक संपादक के नाम पत्र लिखनेवाले थे। हालांकि, ये अपने अनुभवों को मौखिक तौर पर सौंप कर गये और इन्हें मौखिक वृत्तांतों के तौर पर लिखित रूप दिया गया है।

'काला पानी' (अफ्रीकी गुलामों 'मिडिल पैसेज' के समतुल्य) के पार गिरमिटिया समुद्री यात्राओं पर अध्ययन हमारे पास है।

कुलियों के जहाज़

कुमार महाबीर[5] द्वारा संकलित गिरमिटियागिरी के वृत्तांतों के संग्रह में स्त्री गिरमिटिया मजदूरों का दर्दनाक स्वर गाँधी के अनुभवों में प्रतिध्वनित होता है।

> When e coming ship/Everybody gone inside/and den people watching and telling me/not to go/not to go/everybody watching in window like/me an all watching/jahaj dey far/dem saying/not to go/dey shaking hand so/not to go (Mahabir 1991 : 37–43)
>
> (जब जहाज़ आता है, सब इसके भीतर चले जाते हैं और तब वहाँ देख रहे लोग मुझसे कहते हैं, न जाओ, न जाओ / हर कोई खिड़की में देख रहा है / जहाज़ बहुत दूर है / वे कह रहे हैं न जाओ / वे हाथ हिला रहे हैं / न जाओ)

हिंदी / भोजपुरी वाक्यों की संरचनाओं और क्रियोल के प्रभाव का मिश्रण (न जाओ)[6] मोढ़ बनिया सरपंच द्वारा गाँधी को 'न जाओ' के आदेश की याद दिलाता है।

---

[5] कुमार महाबीर (1991) ने गिरमिटियागिरी के दौर में ईस्ट इंडियनों' की निजी कहानियों के अपने संग्रह में मौखिक या लिखित रूप में गिरमिटिया भारतीयों की आवाज़ के सामने आने में लगनेवाले समय का वर्णन किया है। वे बताते हैं कि 1875 में एक समाचापत्र के संपादक ने भारतीय स्वर के अभाव पर दुख जताया। 1880 के दशक के आखिरी हिस्से तक, यानी गांधी के दक्षिण अफ्रीका पहुंचने से चंद वर्ष पहले, भारतीय आवाज़ों को प्रेस में सुने जाने की शुरुआत हो गयी थी। ये आवाज़ें हालाँकि, शिक्षित आवाजें थीं, न कि किसानों की। इन तबकों के अनुभव मौखिक वृत्तांतों के रूप में सौंपे गये थे, जिन्हें एक पीढ़ी से दूसरी पीढ़ी तक कुली की भाषा में पहुँचाया गया था, जिनकी 'पहली भाषा हिंदी थी और जिनका क्रियोल पूरी तरह से क्रियात्मक था' (40)। वीएस नॉयपॉल के पिता सीपरसाद नॉयपॉल जैसी साहित्यिक शख़्सियत इस भाषा को 'हिंदी की चर्बी लगी ख़राब अंग्रेजी' (39) मानते थे। अपनी जड़ से उखाड़कर नई भूमि में रोपे गये ज्यादातर मज़दूर भोजपुरी, तमिल या तेलुगू बोलते थे, जिसका ताल्लुक़ इस बात से था कि वे किस क्षेत्र से लाए गये थे और उनका वक्तृत्व उस 'किस्सा' या 'कहानी' की लय के अनुरूप था, जिसके वे अभ्यस्त थे (महाबीर 1991) (वे सेलवन का का ज़िक्र अपनी बोली का इस्तेमाल करनेवाले कुछ लोगों में से एक के तौर पर करते हैं)।

[6] एंटोयनेट ने *वाइड सरगैसो सी*, जो किसी यूरोपीय उपन्यासकार द्वारा क्रियोल बोली (स्पीच) का दस्तावेज़ीकरण करनेवाला पहला उपन्यास है, में महारानी की ही तरह विस्थापन की पीड़ा के साथ 'नॉट टू लीव टिया / नॉट टू गो' को दर्ज किया है।

समुद्री अस्वस्थता के प्रति गाँधी की चर्चित प्रतिरोधक क्षमता, जिसका श्रेय वे अपने शाकाहारवाद को देते हैं, से मिलती–जुलती प्रतिरोधक क्षमता महारानी की भी है:[7]

> Me no vomit/but plenty a den vomit/ because me not eating all kinda ting/ I no vomit…In jahaj dey gi we rice/dahl/me no eating fish an meat an eating/ maharaj ka jat/ I no eating all kind a ting (Mahabir 1991 : 81)
>
> (मैं उल्टी नहीं करती...लेकिन कई लोग उल्टी करते हैं/क्योंकि मैं सारी तरह की चीज नहीं खाती/मैं उल्टी नहीं करती...जहाज़ में वे हमें चावल/दाल देते हैं/मैं मछली और मीट नहीं खाती/महाराज की जात/मैं सभी तरह की चीज नहीं खाती)

टिंकर इस प्रक्रिया की शुरुआत का वर्णन जीवंत भौगोलिक पदों में करते हैं। वे कहते हैं, 1820 और 1830 के दशक में भारत काफ़ी रूढ़िवादी समाज था। 1824 में लोगों के जीवन में रीति–रिवाजों का इतना असर था कि जब 24वें बंगाल इंफैंट्री को बर्मा युद्ध में जाने का आदेश दिया गया, तब रेजिमेंट ने 'समुद्र पार जाने की जगह विद्रोह कर दिया' (टिंकर 1974: 46)। गाँधी की ही तरह राममोहन राय को इंग्लैंड जाने के कारण उनकी जाति के पंचायत द्वारा जात बाहर कर दिया गया था। गिरमिटप्रथा शुरुआती वर्षों में ओराँव (जिन्हें धनगर कहा जाता था) जैसे पहाड़ी (अर्द्ध आदिवासी) लोगों की भर्ती से शुरू हुई।

टिंकर के शब्दों में:

> जहाँ आज भारत के पश्चिम बंगाल, बिहार और ओड़िशा राज्य मिलते हैं, वहाँ एक छोटानागपुर (चुटिया नागपुर) नाम का पठार है। यह महा कंटारा, पूर्वी–मध्य भारत के विशाल जंगलों का हिस्सा है, जिसमें भारतीय–आर्यों से लेकर मुग़लों तक कोई भी वास्तव में दाख़िल नहीं हो सका था। फिर भी छोटा नागपुर बिहार और बंगाल की अपेक्षाकृत ज्यादा घनी आबादी वाले इलाक़ों के क़रीब है और 19वीं सदी के शुरू में आदिम जनजातीय लोग मैदानी इलाकों के उन्नत लोगों और ब्रिटिश प्रशासन और वाणिज्यिक उद्यमों के संपर्क में लाए गये थे (टिंकर 1974: 47)।

---

[7] हालाँकि, मानवशास्त्री कुमार महाबीर मौखिक वृत्तांत का शीर्षक 'महारानी' देते हैं, जिसका आधार उस स्त्री का खुद से किया गया जाति का वर्णन है–'*महाराज की जात*, लेकिन इस बात की संभावना सबसे ज्यादा है कि उसकी सही जाति '*महाराजिन* रही होगी, क्योंकि ब्राह्मण रसोइयों को उत्तर भार तें *महाराज* कहा जाता था और उनकी जाति की औरतों को '*महाराजिन* कहा जाता था।

हालाँकि, अपनी पूर्ववर्ती समुद्री यात्राओं में गाँधी का विमर्श डेक के ऊपर का है, फिर भी वे अपनी विस्तृत होती संवेदनाओं और अनुभवों, निजी नैतिकता और सार्वजनिक अपेक्षाओं का आकलन, उनके संदर्भ में करते हैं, जो उनसे ज़्यादा ताक़तवर हैं–बड़े अधिकारी, समुद्री कप्तान, उनके साथ यात्रा कर रहे मजूमदार जैसे संभ्रांत भारतीय, मित्रवत अंग्रेज व्यक्ति और दादाभाई नौरोजी जैसे प्रभावशाली भारतीय, जो उन्हें उदार लंदन के भीतर दाख़िला दिलाते हैं। यह काफ़ी संभव है कि वहाँ जहाज़ को चलाने के लिए और लस्करों, रसोइयों और अन्य ज़रूरी कामों के लिए निम्नवर्गीय (सबाल्टर्न) भारतीय भी रहे होंगे[8]। लाइनबॉ व रेडिकर ने यूरोपियों के जहाज़ों में गैर–यूरोपीय योगदानों के बारे में बताया है। मिसाल के तौर पर हम यहां पेड्रो नीनो को याद कर सकते हैं जिसने कोलंबस का जहाज़ चलाया था। उनके मुताबिक जहाज़:

> ....एक मिलन–स्थल था, जहाँ विभिन्न परंपराएं अंतरराष्ट्रीयतावाद के एक मजबूरी के घर में ठूँस कर भरी होती थीं। हालाँकि 1651 के नेविगेशन एक्ट में यह प्रावधान किया गया था कि अंग्रेजी वस्तुओं का आयात करनेवाले जहाज़ों के चालक दल का तीन चौथाई अंग्रेज या आइरिश होना चाहिए, और ऐसा न करने वालों पर जुर्माना लगाया जा सकता है, मगर इसके बावजूद अंग्रेजी जहाज़ को अफ्रीकी, ब्रिटन, क्वाशी (वेस्ट इंडीज निवासियों) और अमेरिकी (इसके अलावा डच, पुर्तगाली और लस्कर) नाविकों द्वारा चलाया जाता रहा (लाइनबॉ व रेडिकर 2000: 151)।

इस बात का अंदाजा लगाने के लिए कि आख़िर इन कम खुशक़िस्मत लोगों के लिए समुद्री सफ़र का मतलब क्या था, हमारे पास ब्रिटिश गयाना के लिए मज़दूरों के जत्थे के साथ यात्रा करने वाले एक अंग्रेजी डॉक्टर के पहले पारगमन/समुद्री यात्रा[9] (फर्स्ट क्रॉसिंग) का एक हालिया संकलन है। यह इस तरह की शुरुआती समुद्री यात्राओं में से एक थी। 1837–38 में एक नौजवान

---

[8] लस्करों (भारत से जानेवाले जहाज़ों में जिनकी उपस्थिति सर्वव्यापी किस्म की थी) का काफी जीवंत वर्णन अमिताव घोष के *सी ऑफ पॉपीज* में मिलता है। भूतपूर्व दास–जहाज़–आइबिस, जिसका इस्तेमाल अब गिरमिटियों के लिए होता था में लस्करों का वर्णन हिंद महासागर के जहाजियों (अरबी, चीनी, मलय, गोवाई, बंगाल, तमिल और अराकानी), हिंद महासागार के वलय पर स्थित विभिन्न स्थानों से आनेवाले समुद्री ख़ानाबदोशों, के तौर पर किया गया है। हालाँकि उनका आहार और पहनावा, आदतें और शब्दभंडार दक्षिण और दक्षिण पूर्व एशिया की तरफ़–सारोंग और लंगोटी ('कच्छे'); इशारा करते हैं। करिबात और केडगेरेरे ('चावल, मसूर और अचार'); पान चबाने की आदतें ('सब्जियों से बननेवाला' 'रक्तिम लाल जूस'); शब्दभंडार: लॉन्डर ('लड़के' के लिए लौन्डा) (घोष 2008: 13, 22)।

[9] देखें, रिचमंड (2007)।

(22 वर्षीय) ब्रिटिश सर्जन भारत से गयाना भेजे गये गिरमिटिया मज़दूरों के पहले जत्थे के साथ गया था। *हसपेरस* नाम के इस जहाज़ का कुलियों के परिवहन के इतिहास में ख़ास स्थान है। पीटर रूहोमन, जो गयाना में काफ़ी प्रसिद्ध हैं और जिन्होंने गयाना में गिरमिटियों (शर्तबंदियों) के इतिहास पर काफ़ी काम किया है, वास्तविक आँकड़े देते हैं:

> *हसपेरस* पर सवार किए गये 170 लोगों में से, जिनमें 155 पुरुष, पाँच औरतें और 10 बच्चे थे, 156 यात्रा पूरी करके तट पर उतरे। 12 की मृत्यु 90 दिनों की समुद्र यात्रा के दरमियान हो गयी और 2 दुर्घटनावश डूब गये।
>
> *व्हिटबी* पर 267 लोगों को सवार किया गया। यह यात्रा 114 दिनों में पूरी हुई। इनमें से 263 ही तट पर उतर पाए। 4 की मृत्यु यात्रा के दरमियान हो गयी। (रुहोमन 1947: 26)

इस पहले जत्थे में कोलकाता के आसपास के इलाक़े से मज़दूरों की भर्ती की गयी थी; उन्हें 'पहाड़ी कुली' या 'धनगरों' के तौर पर जाना जाता था, जो 'वयस्क' के लिए ओराँव शब्द था। धनगरों को गिरमिटिया प्रथा के शुरुआती वर्षों, 1840 से 1850 के दशक के बीच, में दमेरारा (ब्रिटिश गयाना) और मॉरिशस के चीनी बागानों के लिए भर्ती किया गया था, लेकिन बाद में उनकी संख्या कम होती गयी। इसका एक कारण समुद्री यात्रा के दौरान/कारण उनमें भीषण मनोवैज्ञानिक समस्या का पैदा होना बताया गया (टिंकर 1974: 49)। थर्स्टन (1909) जैसे उपनिवेशी अध्ययनों में बंगाल और बिहार के ओराँव, संथाल और मुंडा जैसी जनजातियों का दस्तावेज़ीकरण उनके बाहरी रंग–रूप के आधार पर किया गया है; जाति–व्यवस्था से बाहर होने के कारण उनमें आहार को लेकर कोई वर्जना नहीं थी और प्राकृतिक रूप से मरनेवाली कोई भी चीज उनके लिए खाद्य थी।

हसपेरस इंग्लैंड से चलकर मॉरिशस के रास्ते कोलकाता, भारत पहुँचा था और यहाँ से दमेरारा, ब्रिटिश गयाना के लिए 'कुलियों' की इंसानी खेप एसेनसन द्वीप होते हुए ले गया था। डायरी इसी बिंदु पर समाप्त हो जाती है। जैसा कि भूमिका से पता चलता है, 23 साल के रिचमंड की मौत येलो फीवर से दमेरारा, ब्रिटिश गयाना पहुँचने के थोड़े ही दिनों के बाद हो गयी, इसलिए भारतीय मज़दूरों के पहली बार वहाँ गयाना पहुंचने पर, उसके मन पर पड़ी गयाना की छाप के बारे में कुछ पढ़ने को नहीं मिलता।

इस डायरी के आमुख के तौर पर संपादक की भूमिका इस पाठ को एक शानदार ढंग से सूचनाप्रद ऐतिहासिक संदर्भ प्रदान करता है, जिसमें गिरमिट प्रथा की शुरुआत को लेकर हुए संसदीय भाषणों, मुक़दमों, कागजातों और पत्राचारों का विस्तृत ब्यौरा मिलता है और भारतीय–कैरिबियाई अनुभव का एक

संक्षिप्त मगर विहंगम अवलोकन करने का मौका भी मिलता है। इस भूमिका में रिचमंड के काफ़ी नजदीकी ढंग से जुड़े परिवार का जीवनीपरक ब्यौरा भी मिलता है। यह गिरमिटिया काल पर सामान्य तौर काम करनेवालों शोधार्थियों के साथ ही ख़ासतौर पर उपनिवेशी बाबूशाही पर शोध करनेवालों के लिए काफ़ी काम की किताब है। ख़ास बात यह है कि इस किताब के साथ एक चुनिंदा संदर्भ ग्रंथ सूची भी दी गयी है।

इस डायरी में समुद्री यात्राओं के अनुभवों का रोज़नामचा है। साथ ही यह विभिन्न उष्णकटिबंधीय दृश्यों, समुद्री जीवन और समुद्र और नई सामना होनेवाली धरतियों पर की वनस्पति एवं जीव–जंतुओं का शानदार वर्णन करती है। महासागरीय यात्रा के रोमांच और आतंक और इसके साथ ही नई देखी गयी दुनिया के रोमांच को यहाँ अच्छे से दर्ज किया गया है। यहाँ हम समुद्री अस्वस्थता और समुद्र के पल–पल बदलनेवाले मिजाज का उसका वर्णन देख सकते हैं:

> कल किसी खौलते हुए देग की तरह, गरजते और पछाड़ खाते हुए यह गुस्से और आतंक का प्रतीक नज़र आ रहा था, जबकि आज यह बिना किसी तरंग के गतिहीन चांदी के शीशे की तरह शांति और प्रेम की छवि नज़र आ रहा है। (रिचमंड 2007: 88)

बागानी जहाज़ों का मार्ग यूरोपियों द्वार भूमि हथियाने की दास्तान कहता है: ग्रेट सैल्वेज, कैनैरी, मदीरा, पल्मा, केप वर्डे द्वीप (88)। मॉरिशस में पोर्ट लुई में जातीयताओं के जिस पंचमेल मिश्रण से सामना होता है, उसका वर्णन कुछ इस तरह से किया गया है, जिसमें साफ़तौर पर एक प्राच्यवादी सम्मोहन की झलक है:

> पहली बार हमारे जहाज़ से उतरने का प्रभाव बड़ा ज़बरदस्त था...अपनी नुकीली जूती और लंबी चोटी वाला चीनी...ऊँचे दस्तार (पगड़ी) और लटकते अंगरखे वाला अरब, कई रंगों के कपड़ोंवाला तुर्क और उसकी लटकती दाढ़ी, शॉल के कुर्ते और मलमल के लबादे वाला भारतीय, सुंदर चित्रमय पहनावे वाला यूनानी (ग्रीक) और गंभीर पारसी, काले रंगत वाला नीग्रो और उससे भी काला कैफ्रियाई (Caffree man)...सभी अपने देश की भाषा में बात कर रहे थे... (रिचमंड 2007: 96)

यह अनुच्छेद गाँधी की आत्मकथा से लिए गये मेरे शुरुआती उद्धरण, जिससे यह किताब शुरू होती है, की याद दिलाता है; दोनों ही अपने दौर के विमर्श की याद ताजा करानेवाला है, जैसे एक व्यापक (राष्ट्रीय) दृष्टि प्रवासीय बहु–जातीयता को देखती है।

उसके विवरण काफ़ी विविधताओं से भरे विषयों का वर्णन है। इसमें समुद्री यात्रा के दौरान देखे गये शार्क, कछुए और व्हेलों का वर्णन है, तो दूसरी तरफ पोर्ट लुई बाजार का भी वर्णन है, जहाँ विक्रेता हुक्का और हॉक पीते हैं:

> हर चीज जो आँखों को सुंदर लग सकती है या जिससे मुंह में पानी आ सकता है, यहाँ है, साधारण कत्थी लाली वाले स्ट्रॉबेरी से सुगंधित गुलाब तक और बेहद मीठे और रसीले चीड़ के हर तरह के फल, जिसके बारे में हमारी जलवायु में दूसरों के द्वारा ही सुना गया है या फिर किसी काँच घर में जिसकी झलक मात्र हम कभी देख पाते हैं...चटकदार पंखों वाली इंद्रधनुषी रंग वाली चिड़िया और विभिन्न रंगों की उत्कृष्ट सीपियाँ... (रिचमंड 2007: 100)।

रिचमंड का जर्नल बरगद, एलो, नारियल, कैक्टस के फल और प्लैंटेन (केले की एक प्रजाति) जैसे उष्णकटिबंधीय पेड़ों का वनस्पतीशास्त्रीय ब्यौरा देने देता है। कुछ जगहों पर इन्हें चित्र बना कर भी समझाया गया है। पहली बार नई उष्णकटिबंधीय प्रजातियों से सामना होने पर एक यूरोपीय किस तरह से चकित होता है, इसे ऐसे विवरणों में देखा जा सकता है:

> कोको एक ख़ासतौर पर सुंदर पेड़ है, जिसमें एक चिकना और ऊँचा तना होता है, जिसके ऊपर लंबे लटकते पत्तों वाला पंख के समान मुकुट होता है; इसके फलछोटे या बड़े तनों से लटकने वाली पत्तों की हर डाली के नीचे में फलते हैं। (रिचमंड 2007: 97)

इस हिस्से में रिचमंड ने एक वैज्ञानिक की तथ्यपरकता को एक कलाकार के बोध से मिला दिया है। हिंदू, 'पारसी' और 'मोहम्मडन' जैसी भिन्न–भिन्न जातीयताओं का उसके द्वारा खींचा गया स्केच, जो चित्रात्मक भी हैं और मौखिक भी, किसी यूरोपीय का असादृश्य (अपने से भिन्न) से पहली बार सामना होने की झलक पेश करने के कारण अहमियत रखता है। इस समुद्री यात्रा के दौरान उसने अपने को किस तरह से चीनी के उत्पादन में यहूदियों की विशेषज्ञता के विषय पर अनुमान लगाने और शोध करने में व्यस्त रखा, यह पढ़ना भी दिलचस्प है (रिचमंड 2007: 86)।

मिसाल के लिए, एक मौका ऐसा भी आता है, जब वह तिलचट्टों के जहर के विभिन्न प्रकारों पर प्रयोग करना चाहता है! उसके वैज्ञानिक विवरणों का चरमबिंदु दमेरारा जा रहे जहाज़ पर 'पहाड़ी कुलियो' को हुए हैजे के लक्षणों का उसके द्वारा किया गया डरावना और विस्तृत वर्णन है। इन हिस्सों में उसका चिकित्सकीय कौशल और साथ ही साथ उसकी मानवता तब सामने आती है जब वह लोगों की जान बचाने और रोग की रोकथाम करने की कोशिश करता है।

अंत में, ये डायरियाँ पहले गिरमिटिया जहाज़ पर माल के तौर पर लादे गये इंसानों का ब्यौरा देती हैं; 170 कुलियों को भेजा गया था, जिनमें महज 7

औरतें और 11 बच्चे थे। इनमें एक 15 साल का शिशु भी था। औरतों की कमी, आनेवाले समय में गिरमिटिया के लैंगिक (जेंडर्ड) इतिहास में काफ़ी अहमियत इख़्तियार करनेवाली थी। रिचमंड इन 'पहाड़ी' कुलियों के शारीरिक लक्षणों के बारे में हमें ज़्यादा नहीं बताता, लेकिन वह उनकी ख़ुराक और उनके खान–पान की आदतों का वर्णन जरूर करता हैं। हालाँकि, यह वर्णन एक उपनिवेशी अंग्रेज के अजीबोगरीब हिज्जे और उच्चारण में है: 'पुरुष लोग एक तरह का रंगीन जैकेट और लाल टोपी पहने हुए हैं और कुछ अपवादों का छोड़ दें, तो सब अच्छे डील–डौल वाले हैं और वे जितना मुमकिन है, उतने ख़ुश और संतुष्ट हैं' (रिचमंड 2007: 154)।

जहाँ तक कुलियों की ख़ुराक का सवाल है, तो जिस भोजन का वे वर्णन करते हैं वह पर्याप्त से ज्यादा नजर आता है, जो अन्य विवरणों के उलट है:

> उनका डिनर या कोना [खाना], जैसा कि इसे कहा जाता है, जब वे एक खास ढंग से दो लंबी पंगतों में बैठते हैं...सबके सामने तांबे की तश्तरी और पीने का प्याला होता है और वे सब चावल, कॉड फिश, मिर्च, मटर, हल्दी और इमली से बने विस्तृत और बेहद विशिष्ट ओला पोडरिडा (एक व्यंजन) को अपने हैरतअंगेज पेट में डालने में व्यस्त रहते हैं। (रिचमंड 2007: 154)

उसके विवरण से पता चलता है और उसकी राय भी यही है कि यात्रा के दौरान उनका अच्छे से ख़्याल रखा जाता था। लेकिन, एक अविश्वसनीय ढंग से लंबी और ख़तरनाक यात्रा की दिक्क़तों का सामना भले उसने बेहद साहसी तरीक़े से किया हो, लेकिन भारतीयों की राय उससे अलग है। हम इनमें से कुछ सवालों पर सिर्फ़ कयास ही लगा सकते हैं, लेकिन इस लेखक की युवावस्था (जैसा कि इस किताब में दिए गये उसके फ़ोटो से भी मालूम पड़ता है) उस दौर के विमर्श में उसके योगदान को और ज्यादा अहम बना देती है।

पूर्वकथित विवरण की तरह ही कई विवरण (वेल्लर 1968: 15–26; लॉरेंस 1994: 78–103), इस व्यवस्था का वर्णन उस तरह से करते हैं, जैसा इसकी योजना थी, जिसमें मज़दूरों के 'हैरतअंगेज' पेटों को पूरा खाना देना (रिचमंड, 2007), साफ़–सफ़ाई की व्यवस्था, जैसे रोज़ाना स्नान, निजता के मानक, रोज़ाना कसरत और वायु सेवन, और जरूरत पड़ने पर जहाज़ पर चिकित्सा सेवा शामिल था। तंग बैरकों के बावजूद (जो अमेरिका के दक्षिण और कैरिबिया के बागानों में ले जाए गये यूरोपीय अपहृत बच्चों और दूसरे वंचितों के अनुभवों से अलग नहीं थे; देखें लाइनबॉ वं रेडिकर [2000]), ऐसा बताया जाता है कि मज़दूरों की समस्याएँ बीमारी, जिसे शायद वे भर्ती केंद्रों से लेकर आते थे, 'कभी–कभार होनेवाला बलात्कार' (वेल्लर, 1968) और घर छोड़ने के कारण होने वाला सामान्य अवसाद थीं।

कुली जहाज़ की निर्मिति एक विशिष्ट संरचना और एक तर्कमूल श्रेणी के तौर पर की गयी है। टिंकर छोटे कुली जहाहों से, पूर्व चर्चित *व्हिट्बी* जिसका उदाहरण है, 1850 के दशक तक बड़े जहाज़ों में और 1900 के दशक से स्टीमरों में संक्रमण के बारे में बताते हैं। लॉरेंस यह जानकारी देते हैं कि डेकों पर कुलियों के आचरण को कितनी सख़्ती से नियंत्रित किया जाता था, जिसका मकसद उन्हें एक ऐसे व्यक्ति में तब्दील करना होता था, जिसका जीवन बागान में लगाए जाने के समय से पूरी तरह से कठोर नियमों से नियंत्रित होना है।

मॉरिशस और फ़ीजी जानेवाले जहाज़ों को नदियों का नाम दिया गया था और उन्हें दोंनों तरफ से रंगे गये बंदूकों से बनाया गया था, जिसका मक़सद चीनी समुद्री दस्युओं को डराना था। हो सकता है कि ये समुद्री दस्यु अटलांटिक के दस्युओं की तरह अपने बंधुआ/दास बनाए गये भाइयों और बहनों को बचाने की कोशिश कर रहे हों।[10] जैसा कि बृजलाल ने काव्यात्मक ढंग से कहा है: 'लंबी यात्रा ही अपने आप में–तीन महीने पालवाली जहाज़ से और और एक महीना भाप वाले जहाज़ (स्टीमशिप) से–कई भूमिबद्ध जीवनों को तोड़ कर रख देती थी और उनकी बनी हुई आदतों और प्राचीन ग्रामीण भारत की परंपराओं और विचारों को इस तरह से विवादित कर देती थी कि वे मरम्मत के लायक नहीं रह जाते थे' (बृजलाल 2009: 89)।[11]

लॉरेंस (1994) की विस्तृत शोध के साथ लिखी गयी किताब का ज़िक्र इस संदर्भ में किया जा सकता है। वे हमें कई जानकारियों से विस्तारपूर्वक अवगत कराते हैं। मसलन, किन नौ–परिवहन कंपनियों/कारोबारियों के पास जहाज़ों का स्वामित्व था (मसलन, 1988 में तीन फ़र्मों के बीच ज़ोरदार प्रतियागिता से

[10] रेडिकर (2004: 140–45) ने बताया है कि दस्युओं द्वारा अटलांटिक दास व्यापार में बाधा डालना, गुलामों के परिवहन के रास्ते में मुख्य अवरोध था। इस तरह से आज़ाद कराए गये कई दास दस्युओं में शामिल हो गये (53). यह भी सही है कि दस्युओं का एक अल्पसंख्यक हिस्सा भी दास व्यापार का हिस्सा था और और इसमें मदद करता था; अश्वेत लोग कई दस्यु जहाज़ों पर देखे जा सकते थे। (54)

[11] देखें, राय वरीव्स (209: 89–95)। यह लेख स्वैच्छिक मजबूरियों की बात करता है, जिसने प्रवास को प्रेरित करने का काम किया और यह तर्क देता है कि 'दासता के एक नए रूप' को लेकर टिंकर का तर्क प्रवासियों की उपलब्धियों और उद्यमशीलता को कम करके आँकता है। मैं यह कहना चाहूंगी कि ये दोनों बातों में सच्चाई है। यह सही है कि बागान प्रणाली गिरमिट प्रणाली को बनाए रखने के लिए एक निश्चित मात्रा की बलात् क्रूरता की जरूरत होती थी, लेकिन इस किस्से की इंसानी आत्माएं अपनी परिस्थितियों से ऊपर उठ जाते थे। बाद के अध्याय अटलांटिक के महान मुक्तिकामी संघर्ष के भीतर इस प्रयास और इसको लेकर गांधी की प्रतिक्रिया में संबंध जोड़ते हैं, बजाय हिंद महासागर के ज्यादा व्यापारोन्मुख गैर–राजनीतिक इतिहास के।

पहले तक जेम्स नोर्स [78–81]), उनको कहाँ ठेका दिया जाता था (लंदन और लिवरपुल), समुद्री यात्राओं को प्रभावित करनेवाली मौसमी चिंताएं और लकड़ी के जहाज़ों से स्टील के जहाज़ों तक का सफ़र। सुरक्षा नावों (लाइफबोटों) की कमी और उनको सुनिश्चित कराने के लिए नियम (जो हमें *टाइटैनिक* में गरीब तबकों की ख़राब हालत की याद दिलाता है) जैसे मसले हमें उस समय की ज़मीनी हक़ीक़तों के बारे में बताते हैं। हम यह भी देख सकते हैं कि शर्तबंदी या गिरमिटिया की पूरी परियोजना किस तरह से प्रतियोगी पूँजीवाद की उभरती शक्ति से जुड़ी हुई थी। जहाज़ों का निर्माण और इससे जुड़ी सारी साज–सज्जा के लिए कई तरह के उत्पादनों की ज़रूरत थी। वे डोलड्रम, जिसमें मौसम गर्म होता था और समुद्र शांत, जैसी जलवायविक चुनौतियों के बारे में भी बताते हैं, जो रोगों के फैलने का कारण बनता था। इस जीवंत विवरण में निस्संदेह एक प्रामाणिकता है, लेकिन ऐसी प्रामाणिकता बड़े स्पष्ट तरीक़े से इन सारे विवरणों के भीतर एक परिप्रेक्ष्य की ग़ैरहाज़िरी की ओर भी ध्यान खींचती है और यह ग़ायब परिप्रेक्ष्य है–जहाज़ों में गिरमिटिया मज़दूरों की आवाज़ों का।

जो चित्र उभर कर सामने आता है, वह है बाग़ानों के लिए, जिन्हें अब मुक्त करा लिया गया है–कभी न ख़त्म होनेवाली मज़दूरों की ज़रूरत के कारण अतार्किक माँग रखनेवाले लालची उपनिवेशियों और भारत में परेशान किये जानेवाले आव्रजन कमिश्नर के बीच टकराव का। इन अधिकारियों को ब्रिटिश सरकार द्वारा अपने देश मे विरोधों को देखते हुए एक क्रूर व्यवस्था को ज्यादा सहन करने लायक बनाने के लिए नियुक्त किया गया था। लेकिन, हमें जो आवाज़ें सुनाई देती हैं, वे क़ानून निर्माताओं और नौकरशाहों की हैं, न कि सात समंदर पार ले जाए गये किसानों की। यह स्थिति 19वीं सदी के कमज़ोर क़ानूनों के उपयोगितावादी रक्षकों के विवरणों से मिलती–जुलती है, जिन्होंने सुधारगृहों के अनाथों या चिमनी सफ़ाई करनेवालों की आवाज़ों की ओर कोई ध्यान नहीं दिया। मिसाल के लिए यहाँ, लॉरेंस गुलामों के जहाज़ पर वेस्ट इंडियन आव्रजन के नियंत्रक की भूमिका का वर्णन करते हैं:

> कमिश्नर की ड्यूटी जहाज़ों को किराए पर देने, बिलों का भुगतान करने और उनको भेजे गये सवालों का जवाब देने से ही समाप्त नहीं हो जाती थी, बल्कि इसमें जहाज़ों और इसके मुसाफ़िरों पर लागू होनेवाले आव्रजन कानूनों के कामकाज की देखरेख करना और नियमों में कोई बदलाव प्रस्तावित करना भी शामिल था.. (लॉरेंस 1994: 100)

लॉरेंस का विवरण यात्राओं पर लागू किए जानेवाले मानकों के लिहाज से दयालुतापूर्ण है। वह सजाओं के प्रचलन की ओर ध्यान दिलाते हैं (90) और इस प्रचलित नज़रिए को मज़बूती देते हैं कि 'भारतीय आप्रवासी अनभिज्ञ, असहाय

थे और उन्हें विशेष संरक्षण की ज़रूरत' थी (90)। यहाँ ध्यान पूरी व्यवस्था पर था, जो अक्षमता की स्थिति से ज्यादा से ज्यादा क्षमतावान होने की तरफ बढ़ रही थी।

कहीं जाकर टिंकर के ऐतिहासिक अध्ययन के साथ हम दक्षिण अफ्रीका और दूसरी जगहों पर (इस संदर्भ में देखें स्वान (1985), हटनबैक (1971), टिंकर व अन्य., (1974) योजना और उसके क्रियान्वयन के बीच के अंतर की हक़ीक़त देखते हैं।

वैचारिक कारक हैं: विश्व ऐतिहासिक कारणों से कुली की निर्मिति, जिस पर अगले अध्याय में चर्चा की गयी है; हैतियन क्रांति की कामयाबी के बाद दासप्रथा और गिरमिट दोनों के साथ आनेवाला नस्लीय आतंक; ईस्ट इंडिया कंपनी को क्राउन के मातहत लाने के बाद राजनीतिक विचारधारा में बदलाव; इंसानों के ऐसे अवैध कारोबार को अंजाम देने में पेश आनेवाली चुनौतियाँ; और श्रम के वैश्विक वितरण में लगनेवाली ताक़तें।

इन सारी चीजों ने योजना के घोषित मक़सदों और हक़ीक़त के बीच खाई तैयार करने का काम किया। आधुनिकता के हिसाब से, पहले (गिरमिट के घोषित मक़सद) ने गिरमिटिया, प्रतिरोपित श्रमिक को एक नई आधुनिक पहचान दी। इससे पहले तक भारतीय गाँव में उसका अस्तित्व पूर्व–आधुनिक, परंपरागत किस्म का था। लेकिन अब वह एक संसदीय वस्तु था। वह अब विमर्श और अंतहीन क़ानूनी लड़ाइयों और मानवशास्त्रीय जाँच–पड़तालों (किसी पुराकालीन नमूने के तौर पर नहीं (जैसा कि थर्स्टन 1909 में है) बल्कि एक ऐसी आकृति के तौर पर जिसे कथित 'कृषक उद्योग' के कामगार के प्रोटोटाइप में तब्दील करना था) का विषय था। उसे कारख़ाने के मज़दूर का पूर्वज होना था (जुंग 2006)। लेकिन हक़ीक़त में वह कारख़ाने में नहीं था, बल्कि एक ऐसी धरती पर था जहाँ उसे अकेले प्रकृति की अनिश्चिताओं का सामना करना था।

हिंद स्वराज

इस बात से अनजान कि कौन सा भविष्य उनका इंतज़ार कर रहा है, गाँधी अपनी यात्रा शुरू करते हैं। इस अध्याय ने गाँधी के व्यक्तिवाद को गिरमिटिया यात्रियों के निष्क्रिय विमर्श के आमने–सामने रखा है और गाँधी की समुद्री यात्रा को गिरमिटिया यात्रा की हक़ीक़तों के बरक्स रखा है। कई सालों के बाद *किलडोनन कैसल* स्टीमर पर *हिंद स्वराज* का लेखन वास्तव में गाँधी के समुद्री जीवन का एक चरम बिंदु है।

3

कुली की विरचना

> व्यक्ति की मुक्ति, श्रम की मुक्ति है और श्रम की मुक्ति उन बुनियादी बहुसंख्यक कामगारों की मुक्ति है, जो पीले, भूरे और काले हैं। (डू बॉयस 1992: 221)

अफ्रीकी–अमेरिकी दूरदृष्टा डब्ल्यू.ई.बी डू बॉयस और महात्मा गाँधी कभी आपस में नहीं मिले, लेकिन दोनों एक ही ज़ुबान बोलते थे। संयुक्त राज्य के इतिहास पर लिखते हुए डू बॉयस ने यह ज़ोर देकर कहा कि संयुक्त राज्य की नस्लीय राजनीति को (जो दासप्रथा के आधिकारिक अंत के बाद पुनर्निर्माण के धराशायी होने के साथ आई) दुनियाभर में गहरे रंग वाले सर्वहारा के 'भीषण शोषण' के वैश्विक चौखटे के भीतर रखकर देखा जाना चाहिए, जो वास्तव में 'असली आधुनिक श्रम समस्या'[1] है। एक अमेरिकी होने के नाते, डू बॉयस नस्ल और रंग के विमर्श के भीतर लिखते हैं। वैसे तो, गाँधी इस विमर्श में देर से शामिल होते हैं, लेकिन जाति की पदानुक्रमिक व्यवस्था के कई आयामों में चूँकि रंग बस एक और आयाम है, इसलिए 'कुली' से सामना होने पर गाँधी इसमें सिर के बल छलाँग लगा देते हैं.

मैंने अध्याय 2 में कहा है कि गाँधी के तुलनात्मक रूप से आरामदायक आगमन के विपरीत, उनके आरोहण का क्षण, गाँधी से आधी सदी पहले अटलांटिक और अन्य महासमुद्री तटों पर एशियाइयों के कदम रखने के जख़्मों को याद करने का क्षण भी है, जब विभिन्न कारकों के हाथों भुखमरी में धकेल दिये गये और अन्य अत्याचार झेलनेवाले मज़दूरों ने उपनिवेशी दासता का अपना सफ़र शुरू किया था (एम क्लास 1961, 1965, 1991; एस क्लास 1964; टिंकर 1974, 1976; रूहोमन 1988; वेलर 1968)। भारत के सुदूरवर्ती क्षेत्रों में भूमिहीन मज़दूरों का काम करनेवाले ये पहले पहाड़ी कुली–धनगड़, 1830 के दशक में गयाना ले जाए गये थे और इसके बाद पूरे देश के मैदानी भागों से अनुबंधित/गिरमिटिया मज़दूरों को दक्षिण अफ्रीका, मॉरिशस, फ़ीजी, ब्रिटिश

शीर्ष तस्वीर: कैदी के कपड़े में गांधी

[1] देखें, डब्ल्यू.ई.बी डू बॉयस (1935; पुनर्मुद्रण न्यूयॉर्क; ऐथेनेयम, 1992)। *ब्लैक रीकंस्ट्रक्शन इन अमेरिका*। देखें, पृष्ठ 708, 140, 240, 130।

गयाना, त्रिनिदाद और दूसरे इलाक़ों में भेजे जाने के लिए कलकत्ता और मद्रास के पत्तनों से भर्ती किया गया—ताकि ये अमेरिका और दूसरे इलाक़ों में उत्पादन की बागान प्रणाली (प्लांटेशन मोड ऑफ प्रोडक्शन) में मज़दूर बन सकें। कुछ लोग परिवारों के साथ आए; कई अकेले थे; बाद में अकेली औरतों को असंतुलित लिंगानुपात को ठीक करने के लिए कैरिबिया लाया गया।

दक्षिण अफ्रीका में क़दम रखने के बाद गाँधी की मुठभेड़ एक आकृति से हुई, जो दूर देश में एक उपमहाद्वीपीय छवि की याद दिलानेवाला था। यह आकृति थी कुली की! भारत में कुली अतीत में भी आसानी से दिख जाते थे और आज भी आम दृश्य हैं। कुली से तात्पर्य पैसे के बदले शारीरिक श्रम करने वाले—मज़दूरों से है। हालाँकि, इसका अर्थ श्रम से था, लेकिन गाँधी के दक्षिण अफ्रीका पहुँचने से पहले इस शब्द के साथ नस्लीय अपमान का जो अर्थ पेवस्त कर दिया गया, वह अर्थ भारत में इस शब्द से जुड़ा हुआ नहीं था। वैसे तो, इसका ख़ासतौर पर प्रयोग लाल शर्ट पहननेवाले रेलवे स्टेशनों पर सामान उठानेवालों/पोर्टरों के लिए होता है, मगर सभी मज़दूरी कमाने वाले; दर्जी, दिहाड़ी मज़दूर, माली, मकान बनानेवाले राज मिस्त्री, तमिल *कुली* के भीतर आते हैं। 19वीं सदी के अटलांटिक संदर्भ में, श्रम के बजाय नस्ल के साथ इस पद का जुड़ाव अटलांटिक दास—प्रथा के बाद की व्यवस्था में इसके प्रवेश की मुख्य विरासतों में से एक है, जैसा कि ऊपर डू बॉयस ने ध्यान दिलाया है। कुलियों ने मॉरिशस, दक्षिण अफ्रीका, त्रिनिदाद और गयाना से होकर हिंद महासागर के रास्ते अटलांटिक मार्ग में प्रवेश करने से पहले पूर्व की ओर मलेशिया, श्रीलंका और फ़ीजी तक का सफ़र किया था।

संयुक्त राज्य में चीनी कुलियों पर अपनी किताब में जुंग (2006: 13) कुली[2] को 'तमिल, चीनी या किसी दूसरे उद्‌भव का शब्द बताते हैं...शुरुआत में यानी 16वीं सदी में इस शब्द को पुर्तगाली नाविकों और कारोबारियों द्वारा पूरे एशिया में प्रचलित कर दिया गया। बाद में इसे अंतरराष्ट्रीय जलक्षेत्र और पत्तन शहरों

[2] 'कुली शब्द, काफी हद तक यूरोपियों के एशिया और अमेरिका में पाँव फैलाने की देन था, जो दासत्व और मुक्ति की विरोधाभासी साम्राज्यवादी ज़रूरतों को मूर्त रूप देता था। जहाँ तक तमिल, चीनी या दूसरे उद्‌भव की बात है, प्रारंभ में कुली को 16वीं सदी में पुर्तगाली नाविकों और कारोबारियों ने पूरे एशिया के आरपार प्रचलित किया और बाद में उनके साथी यूरोपीय व्यापारियों ने अंतरराष्ट्रीय जल क्षेत्र और पत्तन शहरों में इसे अपनाया। 18वीं सदी तक कुली शब्द ने एक महाद्वीपपारीय परिभाषा ग्रहण कर लिया था, जो स्थानीय स्तर पर काम पर लगाए गये या जहाज़ से विदेश भेजे गये भारतीय या चीनी श्रमिक का बोध कराता था। 19वीं सदी में इस शब्द ने एक और अर्थ ग्रहण कर लिया, जब दासता उन्मूलन की शुरूआत ने कुलियों को दुनियाभर में, खासकर कैरिबियाई उष्णकटिबंधीय उपनिवेशों में भारी माँग वाले गिरमिटिया (अनुबंधित) मजदूरों में तब्दील कर दिया' (13)।

में साथी यूरोपीय कारोबारियों द्वारा अपनाया गया। तथ्य यह है कि कुली एक तमिल शब्द है, जिसका अर्थ होता है किराए पर देना[3]। पुर्तगालियों द्वारा इसका इस्तेमाल 1498 में वास्कोडिगामा के कालिकट के तट पर उतरने के समय से यानी कैरिबियाई/अमेरिकी धरती पर कोलंबस के पाँव रखने के महज छह साल बाद से माना जा सकता है। इसका इस्तेमाल इस तरफ़ भी इशारा करता है कि पहले 'कुली' दक्षिण भारतीय, शायद तमिल या मलयालम भाषी थे। एक समरूपीकरण करनेवाले पद–'कुली' के तहत भारतीय और चीनी का सम्मिश्रण किया गया है: दो प्राचीन और विशिष्ट सभ्यताओं के लोगों को आपस में मिलाने के मसले पर मैं आगे चर्चा करूँगी। दासप्रथा की समाप्ति (इमैन्सिपेशन)[4] के बाद के दौर में 'इन्सानों का कारोबार करनेवाले' यूरोपीय जिस नस्लीय पदानुक्रम और उसके नतीजे के तौर पर जिस समरूपीकरण को निर्मित और स्थापित करना शुरू कर रहे थे, यह सब उसी का हिस्सा था। मेरा कहना है कि कैरिबियाई और अफ्रीकी/अमेरिकी बागानों या संयुक्त राज्य की खदानों और रेलवे लाइनों में नज़र आनेवाले कुली रूपी दयनीय जीव का वैश्विक संदर्भ, एक प्रवासी (डायस्पोर) के तौर पर गाँधी की वैचारिक निर्मिति का अभिन्न हिस्सा है।[5]

सवाल है, फिर कुली कौन था और पश्चिमी गोलार्द्ध में क़दम रखने पर उसका सामना किस चीज से होता था?

संसदीय काग़ज़ातों से हमें इसकी जानकारी मिलती है। दासप्रथा से संक्रमण को आसान बनानेवाली पूर्व–प्रशिक्षण (अप्रेन्टिसशिप) की व्यवस्था के निकट आ रहे अंत के मद्देनजर

> कुलियों को इसके समाधान के तौर पर देखा गया। एक ब्रिटिश फ़र्म को अपने कारोबार को मॉरिशस से वेस्ट इंडीज तक विस्तार देने में कोई दिक्कत नहीं दिखाई दी, (क्योंकि) 'आदिवासी लोग भेजे जानेवाली जगह और उनके द्वारा शुरू की जा रही समुद्री यात्रा में लगनेवाले समय के बारे में पूरी तरह से अनजान होते हैं। मई, 1838 में, यानी अप्रेन्टिसशिप के समाप्त होने से पाँच महीने पहले, 396 दक्षिण एशियाई मज़दूर ब्रिटिश गयाना पहुँचे और इस तरह से प्रवासी मजदूरों का एक प्रवाह शुरू हुआ, जो प्रथम विश्वयुद्ध तक चलता रहा।

---

[3] तमिलभाषी के तौर पर मैंने 'कुली' का इस्तेमाल सतत तरीक़े से रोज़ाना के संदर्भों में होता देखा है, जैसे, 'कुली येथानाई'–काम के बदले कितनी मज़दूरी लोगे?

[4] जुंग 'कुली' शब्द के इस्तेमाल की खोज 17वीं, 18वीं और 19वीं सदियों के आरपार करते हैं। 18वीं सदी तक इसकी एक महाद्वीपपारीय परिभाषा बन चुकी थी–और यह थी एक एक नियुक्त किए गये या विदेश भेजे गये चीनी या भारतीय श्रमिक की (जुंग 2006: 13)। नोआ वेब्सटर ने 1848 में कुली शब्द को डिक्शनरी में शामिल किया, यानी उस साल जब कलकत्ता से धनगरों की पहली खेप गयाना पहुंची, जिन्हें 'ग्लैडस्टोन के कुली' के तौर पर जाना जाता है।

[5] देखें इरिक, 1982 और विजय प्रशाद, 2001।

(टिंकर 1974: 63, जॉन ग्लैडस्टोन के साथ मेसर्स गिलैंडर आदि के पत्राचार का हवाला देते हुए, जिसे स्कोबल 1840 में दर्ज किया गया है।)

भारतीय मूल के गयाना के नौकरशाह पीटर रूहोमन ने गिरमिटिया प्रथा के अस्तित्व के दौर में लिखते हुए पहले कुली जहाज़ *हसपेरस* के आगमन का वर्णन किया है। उनका विवरण कुलियों को मिली अस्वीकृति को अच्छी तरह से प्रकट करता है। यह डर्बन बंदरगाह पर प्रकट पूर्वाग्रह को देखकर चकित गाँधी के अनुभव से ज्यादा अलग नहीं है:

> जहाज़ों ने जब नदी में लंगर डाला, तब फोर्ट विलियम फ्रेडरिक से इस महान घटना पर तोपों की कोई सलामी नहीं दी गयी। शहर के बैंड ने नवागंतुकों के स्वागत में कोई संगीत नहीं बजाया। जैसे एक मित्र दूसरे मित्र का अभिवादन करता है, कहीं वैसी खुशी का इज़हार नहीं किया गया। उनके आगमन के वक़्त वहाँ आमतौर पर एक चुप्पी पसरी हुई थी, सिवाय अफ्रीका के आज़ाद हुए बेटों के तल्ख़ उपहासों और तानों के, जो वहाँ निष्क्रिय जिज्ञासा के तहत, आँखों में हैरत भरकर नहीं, बल्कि एक तरस खाने वाले भाव के साथ पहुँचे थे। इन नए आगंतुकों को वे नई गुलामी के अभागे शिकार के अलावा किसी अन्य रोशनी में नहीं देख सकते थे। (25)

खुद 'कुलियों' के वंशज रूहोमन गिरमिटियों (शर्तबंदियों) के विस्थापन को महसूस करते हैं: और यह डॉक्टर थियोफिलस रिचमंड द्वारा उसी *हसपेरस* जहाज़ के विवरण के उलट है। जैसा कि अध्याय 2 में ज़िक्र किया गया है, ये विस्थापित लोग पूर्वी बंगाल के आसपास के मूल–निवासी पहाड़ी जनजाति–धनगर हैं। पहले रंगीन जैकेट और लाल टोपी की वर्दी वाले इन लोगों का वर्णन सुंदर और 'खुशमिजाज एवं संतुष्ट' तबीयत वाले लोगों के तौर पर कर चुकने के बाद (रिचमंड 2007: 154), रिचमंड हल्के उपहास के भाव से भोजन ग्रहण करने के बाद उनके निकले हुए तोंद के बारे में कहते हैं: '...दोपहर के भोजन से पहले और उसके बाद उनके तोंद के आकार में अंतर आ जाता है। उनकी काया मोटी है, जिसमें उनकी चर्बी और फूला हुआ बैलून साफ बाहर झाँकता है, जिसका कारण बड़ी मात्रा में उनके द्वारा भात खाया जाना है। यह देखकर आप हँसे बिना नहीं रह सकते।' (रिचमंड 2007: 154)।

अपनी खुराक और ग़रीबी के कारण जिनका मजाक उड़ाया गया, जिन्हें दासता में अपने अफ्रीकी पूर्वजों के तानों का शिकार होना पड़ा, जिन्हें गोरों/श्वेतों की झिड़की सहनी पड़ी, जो अपनी मूल जाति से बहिष्कृत किए गये, ये कुली एक सुदूर अजनबी देश में (भारतीय लोककथाओं में जिसे *टापू* कहा जाता था) भाषा, धर्म, संस्कृति और खान–पान की आदतों से और बागान प्रणाली में देरी से प्रवेश करनेवालों के तौर पर अलग किए गये। हर जगह वे पूर्व–पीड़ितों–अफ्रीकी दासों, के जूतों में पाँव रख रहे थे, जिन्होंने बैरकों और आर्क ऑफ व्हिप और

गन्नों के खेतों को ख़ाली कर दिया था। दक्षिण अफ्रीका में (पश्चिम) अफ्रीकियों क दास बनाए जान का मॉडल दक्षिण कैरिबियाई मॉडल से मिलता–जुलता था, लेकिन यहाँ स्थानीय अफ्रीकी (जुलु, खोईखोई) और कुली सब एक ही नाव में सवार थे। यह अंतर कैरिबिया और दक्षिण अफ्रीका में, अफ्रीकी लोगों के साथ उपमहाद्वीप वालों के रिश्तों को अलग–अलग ढंग से प्रभावित करेगा। इन दोनों जगहों पर तुलनात्मक रूप से बाँटो और राज करो की एक जैसी नीति होने के बावजूद, दक्षिण अफ्रीका में ये दोनों आपसी सहयोगी थे। इसकी एक हद तक वजह यह थी कि यहाँ उनके शोषण का इतिहास समानांतर चलनेवाला था, जबकि कैरिबिया में यह क्रमानुसार था।

गाँधी, दक्षिण अफ्रीकी 'भारतीय' और 'कुलियों' की अदृश्यता

कुलियों की अदृश्यता भी गाँधीवादी अध्ययनों में प्रमुख विषय है। गोखले की प्रसिद्ध पंक्तियाँ हैं–गाँधी जी ने दक्षिण अफ्रीका में 'मिट्टी से नायक तैयार किये'। मॉरीन स्वान (1985: xiv) रोमा रोलाँ लिखित महात्मा गाँधी की प्रसिद्ध जीवनी के हवाले से कहती हैं कि दक्षिण अफ्रीका में गाँधी के भारतीय अनुभव पर इतिहास लेखन का सारा ज़ोर गाँधी द्वारा दक्षिण अफ्रीका में भारतीयों को लामबंद करने पर रहा है, मानो वे इंसानों के निष्क्रिय, हताश, नेतृत्वविहीन समूह थे, जिनके पास 'न कोई ताक़त थी, न इच्छाशक्ति थी, न कोई आस्था थी'। स्वान बाद में शिकायत करती हैं, 'इस विमर्श में गाँधी के अलावा किसी अन्य के लिए जगह नहीं थी' (xv)। जिस समुदाय की पहचान गाँधी दक्षिण अफ्रीका में 'भारतीय' के तौर पर करते हैं, वह दासप्रथा के उन्मूलन के बाद शुरू हुई व्यापार और श्रम की गतिशीलता के इतिहास में असामान्य है। इस हिसाब से कि गाँधी के योगदान को लेकर दिलचस्पी ही इसके अध्ययन के केंद्र में रहा है। मॉरिशस, फ़ीजी, त्रिनिदाद और गयाना में दूसरे सभी प्रवासी मज़दूरों के प्रतिरोध/स्वतंत्रता आंदोलनों का नेतृत्व वहाँ जन्मे लोगों ने किया (गयाना में चेड्डी जगन सर्वाधिक प्रसिद्ध हैं)। दक्षिण अफ्रीका का मामला अनोखा था। दूसरे द्वीपों के नेता वहीं के धरती पर जन्मे लोग थे, जो पूरी तरह से वहाँ के 'कुलियों' के संघर्ष का हिस्सा थे, मगर दक्षिण अफ्रीका में भारत मे जन्मे गाँधी अन्य सभी पर छा गये (आगे अफ्रीका में जन्मे मंडेला ने संघर्ष का नेतृत्व किया)। इसके अलावा, दो महत्वपूर्ण समूहों–एक कारोबारियों का (जिसमें मेमन और बोहरा मुस्लिम शामिल थे, लेकिन सिर्फ वे ही नहीं थे[6]) और दूसरा

---

[6] मुस्लिम कारोबारी उपस्थिति, जिसे ईरान, तूरान और रूस में मुल्तानी पद के तहत समझा जाता है, प्रारंभिक आधुनिक काल में एक जाना–पहचाना समूह है (देखें, लेवी 2002; डेल 1994). भारत के दक्षिण अफ्रीकी कारोबारियों के विस्तृत विवरण के लिए देखें स्वान (1985: 1–27).

50 अटलांटिक गाँधी

गिरमिटिया मज़दूरों का, जिनका ज़िक्र गाँधी शुरुआती उद्धरण में करते हैं—में ज्यादा तवज्जो ज्यादा समृद्ध तबकों को दिया गया है। मॉरीन स्वान ने गाँधी के अलावा अन्य महत्वपूर्ण 'भारतीयों', जैसे थाम्बी नायडू, पी.एस अय्यर और अन्य के अहम योगदान को रेखांकित किया है। गाँधी के ध्यान देने से पहले तक गिरमिटिया मज़दूरों—कुलियों, की स्थिति क़रीब—क़रीब अदृश्य थी। (वास्तव में शुरू में व्यापारी लोग गाँधी को अपना प्रवक्ता बना कर खुद को कुलियों से अलग अलग करने के लिए आंदोलन कर रहे थे)। इस लेख में मेरा ध्यान इस बात पर है कि गाँधी ने दक्षिण अफ्रीका से, 'कुलियों' से और साथ ही ज्यादा समृद्ध भारतीय तबके से क्या सीखा?

दक्षिण अफ्रीका में कुली, कुलीगिरी की समग्र निर्मिति का हिस्सा हैं, लेकिन वे अक्सर वहाँ गाँधी के कामों और कारोबारी भारतीयों के पीछे छिप जाते हैं, जिनके साथ जोड़कर उन्हें प्रायः दक्षिण अफ्रीकी 'भारतीय' की एकल श्रेणी के तौर पर देखा जाता है। मैं अगले अध्यायों में यह स्थापित करने की कोशिश करूँगी कि गाँधी को खुद इन दोनों के बीच के अंतर और इन दोनों के विशेष हालातों का गहरा इल्म है। इस तरह से दक्षिण अफ्रीका में उनके मुश्किल कामों में से एक, भारतीय 'कुली' की श्वेत नस्लीय निर्मिति को एक अभिजन भारतीय के अपने ग़रीबों के ख़िलाफ़ पूर्वाग्रह से, अमीर मुसलमान के ग़रीब हिंदू के ख़िलाफ़ पूर्वाग्रह से, उत्तर भारतीय के दक्षिणी 'मद्रासी' के ख़िलाफ़ पूर्वाग्रह से, अलगाकर देखना और यह तफ़्तीश करना था कि घरेलू ज़मीन की तुलना में प्रवासीय ज़मीन में ये सब अलग कैसे थे? आख़िर में गाँधी को सभी दक्षिण अफ्रीकी भारतीयों, ख़ासकर गिरमिटिया मज़दूरों की 'पीड़ा' के अपने बोध को नस्लवादी टिप्पणियों का हवाला देकर और नस्लवादी कानूनों से लड़कर, सही तरह से अभिव्यक्त करना था। इसके साथ ही उन्हें अपनी चेतना को इस बात की इजाज़त भी देनी थी कि वह मज़दूरों की आश्चर्यजनक संघर्षशीलता और जिजीविषा को दर्ज कर सके। यह तथ्य भारतीय ग़रीबों को आज भी प्रभावशाली बनाता है और मेरी किताब का एक हिस्सा इस बात को समर्पित है कि आख़िर गाँधी की चेतना में (गरीबों की संघर्षशीलता और 'भारत' के प्रति उनकी वफ़ादारी की) जागरूकता किस तरह से जटिल वैचारिक बदलावों से होकर गुज़रती है। आगे मैं यह तर्क दूँगी कि ये बदलाव ही सीधे तौर पर *हिंद स्वराज* की वजह बने।

यहाँ तक पहुँचने के लिए गाँधी के कामों के निहितार्थों को पढ़ने की ज़रूरत है। ख़ासकर वैसे मौकों पर जब वे अवचेतन तरीके से वर्ग और नस्ल के पदानुक्रम और श्रेष्ठता को लेकर अपने समय की प्रचलित विचारधाराओं का अनुसरण करते हैं, जबकि उनके अनुभव उन्हें नए निष्कर्षों की ओर लेकर जाते हैं, जो उनकी प्रतिक्रिया को जगाता है। मेरा यह कहना है कि गाँधी के दिमाग में

इस एहसास का जो उफान आता है वह *हिंद स्वराज* में अपने चरम तक पहुँचता है। इन मसलों पर बाद के अध्यायों में चर्चा की गयी है। इस अध्याय में मेरे विश्लेषण के केंद्र में 'कुली' है। गाँधी के योगदान को तभी समझा जा सकता है, जब पहले हम यह जानें कि आख़िर 1893 में 'कुली' होने का क्या मतलब था?

इससे पहले मैंने एक उदाहरण का हवाला दिया था, जब गाँधी कारोबारियों के प्रति पक्षपाती हैं। उदाहरण के तौर पर, 6 जुलाई, 1894 को नेटाल विधान परिषद (लेजिसलेटिव काउंसिल) को दी गयी एक याचिका में वे शिकायत करते हैं कि मताधिकार क़ानून संशोधन विधेयक (फ्रेंचाइजी लॉ अमेंडमेंट बिल) 'व्यावहारिक तौर पर आज़ाद और गिरमिटिया/शर्तबंद भारतीयों को एक ही श्रेणी में रखता है' (गाँधी, *कलेक्टेड वर्क्स*, 2000: 157 खंड 1, 1894)। 19 सितंबर, 1893 को प्रीटोरिया में लिखे गये ख़त में गाँधी कारोबारियों के निष्कासन के ख़िलाफ़ दलील देते हैं: 'अब यह मान लेते हुए कि बहुसंख्यक एशियाई कारोबारी दिवालिया हो जाते हैं और अपने कर्जदाताओं को बहुत कम भुगतान करते हैं (जैसा कि बिल्कुल भी नहीं है), क्या यह उन्हें दक्षिण अफ्रीका कीउपनिवेशी बस्ती (कॉलोनी) से बाहर खदेड़ देने की उचित वजह है? (गाँधी, *कलेक्टेड वर्क्स*, 2000: 59 खंड 1, 1893)। उपरोक्त मामले में गाँधी कारोबारियों की आदतों का बचाव करते हैं, लेकिन समय के साथ वे कुलियों को भी शामिल करना शुरू कर देते हैं।

दक्षिण अफ्रीका के कुलियों से गाँधी की शुरुआती दूरी भाषायी (वे उनकी पहचान 'तमिल' और 'तेलुगू' के तौर पर करते हैं, अध्याय 1 का शुरूआती उद्धरण देखें); क्षेत्रीय (मुस्लिम कारोबारी उनकी ही तरह गुजराती हैं); और जाति आधारित (सभी तो नहीं, लेकिन ज़्यादातर निचली जातियों से हैं, खेती–किसानी वाले, 'परैया' या जनजाति; वैसी जातियाँ, जिनके बारे में गाँधी मोढ़ बनिया होने के नाते काफ़ी कम जानते हैं)[7]।

गिरमिटियों में से बहुसंख्यक दलित समेत गैर–कृषक जाति वाले हिंदू थे; 16 फ़ीसदी का ताल्लुक़ उच्च जातियों से था और 32 फीसदी कृषक–जातियों से थे।[8]

अलग–अलग क्षेत्रों में वितरण अलग–अलग था–दक्षिण अफ्रीका में दक्षिण भारतीय, कैरिबिया और बाकी सभी जगहों की तुलना में ज़्यादा बड़ी तादाद

---

[7] मैं 'परैया' शब्द का इस्तेमाल जाति के नाम के शाब्दिक अर्थ में करती हूं, उस अपमानजक अर्थ में नहीं, जिसमें यह अभिजनवादी विमर्शों में इस्तेमाल किया जाता है: यह शब्द 'द्रुम' से निकला है और इस जाति के पास अपने उद्भव का मिथक और अपने इतिहास की एक सामूहिक स्मृति है।

[8] देखें, पीरभाई (2009: 7); नारायण (प्रवासी/डायस्पोरा जनांकिकियों पर एक सामयिक पेपर) का हवाला देते हुए।

में थे। दक्षिण भारतीय प्रवासियों में से निचले वर्ग के लोग ज़्यादा थे, जिन्होंने अकाल और बदले हुए कारोबारी माहौल के कारण पलायन किया था।[9] दक्षिण अफ्रीका में कुलियों के प्रति अपमान का भाव एक वैश्विक प्रवृत्ति का हिस्सा था, जिसका निर्माण दासप्रथा के तुरंत बाद के हलचल भरे समय में किया गया था, जब घबराए हुए बागान मालिकों को अचानक हाथ से निकल गये मुफ़्त के मज़दूरों का जगह लेने के लिए नए मज़दूरों की ज़रूरत आ पड़ी (टिंकर 1974; लॉरेंस 1994; रूहोमन 1947 में यह विवरण देखें)। यह अपमान दक्षिण अफ्रीकी अधिकारियों, उच्च वर्ग के भारतीय व्यापारियों और खुद गाँधी के दिमाग में रिसकर पहुँचा था।

भारतीय गिरमिटियों के पूर्ववर्ती और उनके साथीः दास, लस्कर और चीनी कुली

यह विमर्श नस्ल और रंग की उस वैश्विक विचारधारा का हिस्सा होने के नाते मज़बूत हुआ, जो समुद्रों के आरपार चीनी और चाय से लदे जहाज़ों के संग–संग मजदूरों के महाद्वीपपारीय परिवहन को नियंत्रित करती थी। कुली का अपमान उसके शोषण को जायज़ ठहराने के लिए किया जाता था, ठीक उसी तरह से जैसे अफ्रीकियों को हीन और बाइबल के शापित हैम का वंशज माना जाता था। कुली खुद भी गुलाम रहे थे। 1842 से पूर्व, आधिकारिक उपनिवेशी नीति से पहले कुलियों के अनियंत्रित व्यापार में उपमहाद्वीप के उत्तरी और दक्षिणी इलाक़ों से मज़दूरों का निर्यात बिना किसी नियम क़ानून और निगरानी के होता था। मॉरिशस पहुँचे गिरमिटिया मज़दूरों का पहला जत्था दक्षिण अफ्रीकी गुलामों के एक पुराने समुदाय का हिस्सा बन गया, जिन्होंने और भी पहले 1700 के दशक में (पीरभाई 2009: 5–7) फ्रेंच बागानशाही (प्लांटोक्रेसी) में अपनी सेवाएं दी थीं। इसलिए, कुली और दास के बीच तर्कमूलक संबंध पहले से था, मगर इसने आधिकारिक ढंग से ठोस रूप 1842 के बाद लिया।

हैतियन क्रांति (हैती में फ्रेंच उपनिवेशवाद के ख़िलाफ़ अफ्रीकी दासों का सफल विद्रोह) जैसी प्रभावशाली घटना के बावजूद एक दयनीय जीव के तौर पर अफ्रीकी गुलामों की निर्मिति इस विमर्श में काफ़ी अहमियत रखता है। हैती

[9] कपड़ा व्यापार की किस्मत ने दस्तकारों को किस तरह से प्रभावित किया, यह समझने के लिए देखें डेविड वॉशब्रुक। दक्षिण भारत का भूगोल, जैसा कि तमिल कहावतों में कहा गया है, 'आकाश पर' यानी वर्षा पर निर्भर था और इसने किसानों के जीवन को और ज्यादा मुश्किलों भरा बना दिया था। बेहद ग़रीबों के भीतर और ज़्यादा ग़रीबी और प्रवास का यह कारण हो सकता था। डेविड वॉशब्रुक, 479–516।

में अफ्रीकी दासों ने दासप्रथा की बुलंदी के दौर में विद्रोह किया था, लेकिन तथ्य यह भी है कि अमेरिका और कैरिबिया में दासता के पूरे इतिहास के दौरान व्रिदोह होते रहे (देखें, लाइनबॉ वरेडिकर 2000)। इस बात को विद्वानों ने बार–बार दोहराया है कि हैतियन क्रांति, अफ्रीकी मूल के अमेरिकियों के लिए एक बड़ा मोड़ थी।[10] आइफेओमा न्वांकवो तर्क देती हैं कि हैतियन क्रांति की कामयाबी ने सशक्तीकरण करनेवाली पहचान के तौर पर जिस अखिल अफ्रीकावाद (पैन अफ्रीकनिज्म) के एक प्रारंभिक बोध को हवा दी थी, घबराए हुए बागान मालिकों ने उसे अपनी समर्थक सरकारों की मदद से व्यवस्थित तरीके से कुचलने का काम किया। इसलिए अफ्रीकी–अमेरिकी का अफ्रीकी–कैरिबियाई और अफ्रीकी से अलगाव है, जबकि सार्वभौमिकतावाद का प्रसार करने के लिए प्रणाली मौजूद थी (जैसा कि पॉल गिलरॉय द्वारा किए गये दस्तावेज़ीकरण से पता चलता है)। 1829 में डेविड वॉकर ने 'अश्वेतों की कीर्ति' पर बात करते हुए *दुनिया के गहरे रंगों वाली नस्लों से एक अपील (अपील टू द कलर्ड रेसेज ऑफ द वर्ल्ड)* (न्वांकवो 2005: 7) लिखी। संयुक्त राज्य के अफ्रीकी–अमेरिकी को अफ्रीकी–लैटिन अमेरिकी और अफ्रीकी–कैरिबियाई से अलग करनेवाली सुरक्षा दीवार बागान मालिकों के इस भय को दिखाती है कि अगर सभी अफ्रीकी मूल के लोग हैती से संकेत ग्रहण कर लेंगे, तो अखिल अफ्रीकी सार्वभौमिकता (गिलरॉय के शब्दों में ब्लैक अटलांटिक) का नतीजा हिंसा के तौर पर निकलेगा। यह एक ऐसे बेहद शक्तिशाली आंदोलन को उकसा सकता है, जो पूरी अटलांटिक दास प्रणाली को ध्वस्त कर सकता है (7)।[11]

क्रांति को टालने का एक तरीक़ा यह था कि अश्वेत लोगों को सुनियोजित तरीके से मानवता से वंचित रखा जाए। यह चाबुक और बंदूक से उसके शरीर पर अनवरत हिंसा ढाकर, उसकी गतिशीलता पर लगाम लगाकर के और उसे सिर्फ एक 'नस्लीय' अस्तित्व की इजाज़त देकर किया गया। 'अफ्रीकी मूल वाले लोगों के मानदंडों का निर्धारण नस्ल से होता था' (10)। इस तरह से कि हैतियनों द्वारा की गयी स्वतंत्रता, समानता और बंधुत्व की माँग को एक समूह के तौर पर अफ्रीकी उद्‌भव वाले लोगों के लिए नामंजूर कर दिया गया। संयुक्त राज्य में अश्वेत बुद्धिजीवियों को अपनी पहचान समुद्रपारीय की जगह स्थानीय के तौर पर बनानी पड़ी। सोच का यह तरीक़ा आज भी कई अफ्रीकी–अमेरिकियों में दिखाई देता है, जो उनके पूर्वजों की जीवित रहने की रणनीति के अनुरूप ही है।

---

[10] देखें, आइफेओमा किडो न्वांकवो (2005).

[11] न्वांकवो का तर्क हमेशा की तरह दमदार है। मगर वे सिर्फ सैन्य, राजनीतिक क्रांति के ख़तरे पर जोर देती हैं। गिलरॉय का तर्क (जिससे न्वांकवो खुद को दूर करती हैं) सांस्कृतिक सार्वभौमिकता, एक अश्वेत अटलांटिक पर टिका है, जो लेखों, ग्रंथों, गानों, कविता से जुड़ा हुआ है।

कुली दासता और आज़ादी के बीच के द्वंद्व में फँसा हुआ था। वह न ही गुलाम था, न ही आज़ाद। उसकी गतिविधि करारनामे और क़ानूनों–मिसाल के लिए दक्षिण अफ्रीका में कुलियों की गतिशीलता को कम करनेवाले क़ानून–में जकड़ी हुई थी। मुक्त किए गये मज़दूरों के लिए *खुला* शब्द चल पड़ा। उसकी (कुली की) दासता, अफ्रीकी–कैरिबियाई की आज़ादी की गवाही देती थी, जो अंग्रेजी के अपने बेहतर ज्ञान की बदौलत अब ज्यादा गतिशील बन गये थे (देखें, प्रशाद 2001: 73)।

दक्षिण अफ्रीकी कुलियों की स्थिति विशिष्ट होनी थी, क्योंकि वे अटलांटिक समुद्री रास्ते से लाए गये पश्चिम अफ्रीकी दासों और उस क्षेत्र के स्थानीय लोगों, जिनका इतिहास वहाँ डचों से पुराना था (जुलु[12], खोईखोई, और सैन) की जगह नहीं, बल्कि उनके साथ–साथ काम कर रहे थे। बेक इस ओर ध्यान दिलाते हैं कि कुछ दास सिर्फ पश्चिम अफ्रीका से ही नहीं आए, बल्कि 'बाटाविया, भारत और सिलोन' के डच उपनिवेशों से आए। इस तरह से एशियाई कुलियों ने अपनी नस्ल को गुलामी और गिरमिट दोनों से जुड़ा हुआ देखा।[13]

चीनी कुली

गाँधी के दक्षिण अफ्रीकी धरती पर क़दम रखने से कुछ दशक पहले, अमेरिकी काँग्रेस चीनी बहिष्करण अधिनियम (चाइनीज एक्सक्लूजन एक्ट) पर बहस कर रही थी, जिसका मक़सद कैलिफोर्निया की ज़मीन पर 'गुलामों के कुलबुलाते, खौलते बाड़ों' को उड़ेलने पर रोक लगाना था। हालाँकि, चीनी मज़दूरों पर की गयी कई टिप्पणियाँ समान मात्रा में भारत से गये 'कुलियों' पर भी लागू की जा सकती थीं, और इस तथ्य के बावजूद कि कैरिबिया में, जहाँ सबसे पहले कुलीगिरी की शुरुआत हुई, भारत से भी बड़ी तादाद में मज़दूर भेजे गये थे, बहस मुख्य तौर पर चीनी कुली के इर्द–गिर्द सिमटी रही है। (ब्रिटिश गयाना में 238,900 दक्षिण एशियाई [ईस्ट इंडियन] और 13,533 चीनी 1838 से 1917 के बीच पहुँचे।)

चीन और भारत से जानेवाले 'कुलियों' का सापेक्षिक इतिहास एक दिलचस्प विषय है; चीनी कुली का इतिहास, दक्षिण एशियाई कुलियों के इतिहास का एक

---

[12] देखें, बेक (2000: 25–40, ख़ासकर पृ. 28)।

[13] आख़िरकार, दक्षिण अफ्रीका में क्योंकि अफ्रीकी रंगभेद उचित ही सबसे महत्वपूर्ण राजनीतिक संघर्ष था, इसलिए 'भारतीय/इंडियंस' लोगों की तरफ़ ज़्यादा ध्यान नहीं गया, ख़ासकर गांधी के जाने के बाद सारा ध्यान भारत की ओर केंद्रित हो जाता है।

दिलचस्प प्रतिपक्ष रचता है।[14] जुंग की किताब अमेरिका में कुलियों, *एशियाटिक एक्सक्लूजन एक्ट* और अमेरिका की नस्लीय निर्मिति में एशियाई गिरमिटिया मज़दूरों की अदृश्यता, जहाँ अश्वेत, श्वेत और अमेरिकी इंडियन (अमेरिइंडियन) पहले से स्थापित श्रेणियाँ थीं, पर बात करती है। 19वीं सदी में अमेरिका में चीनी कुली ने कुछ निश्चित तर्कमूलक प्रतिरूपों का निर्माण किया, जो नस्लीय रवैयों में रिसकर शामिल हो गये। मून–हो जुंग का संसदीय दस्तावेज़ों, अख़बारों, पुरानी फ़ोटो फिल्मों और पेंटिंगों का विस्तृत अध्ययन एक मर्मस्पर्शी चित्र पेश करता है:

> कुली...सामान्य वर्गीकरणों को धता बताते रहे। एक ऐसे देश में जो दासता और आज़ादी को परिभाषित करने के लिए संघर्ष कर रहा था, कुली ऐसा लगता था कि इन दोनों में से किसी में नहीं आते थे, लेकिन फिर भी दोनों थे; उन्हें चैटल (व्यक्तिगत चल संपत्ति) दासता के स्वाभाविक विस्तार और दासता की सबसे ख़राब विशेषताओं को बरकार रखने के तरीक़े के तौर पर देखा जाता था। कुली दासता और आज़ादी, काले एवं गोरों के बीच की सरहदों में घालमेल कर देते थे, जो एक तरफ़ तो एशियाई प्रवासी मजदूरों की बड़ी माँग का कारण था, वहीं दूसरी तरफ युद्धोतर अमेरिका में उनके बहिष्कार की अपील की भी वजह था। (जुंग 2006: 6)

मून–हो जुंग अमेरिकी असाधारणवाद (एक्सेप्शनलिज्म) और एशियाई कुली की निर्मिति के बीच रिश्ते–कुली बनाम प्रवासी के झूठे द्विभाजन–की ओर इशारा करते हैं और डू बॉयस के बारे में कहते हैं:

> उनकी नज़रों में पूँजी और श्रम के बीच एक हिंसक संघर्ष मुक्ति के युग को परिभाषित करता था, जो सतत तरीक़े से श्वेतों की श्रेष्ठता की विचारधारा को सामने रखता था। उन्होंने तर्क दिया कि संयुक्त राज्य में पुनर्निर्माण (रीकंस्ट्रक्शन) का अंत 'श्रम के दक्षिणी शोषक और उत्तरी शोषक के बीच एक समझौते' और कष्टों का समाधान करने के लिए 'ग़रीब श्वेतों' द्वारा 'अमीरों के ख़िलाफ़ ग़रीबों या शोषकों के ख़िलाफ़ श्रमिकों की एकता की माँग करने के बजाय अश्वेतों के विरुद्ध श्वेतों की एकता की माँग करने के प्राणघातक फ़ैसले

[14] अमेरिका भेजे गये कुली के ख़िलाफ़ शोषण और हिंसा की व्यवस्था को नियमित करनेवाले विवरणों, संसदीय कागज़ातों के लिए देखें, इरिक एवं जुंग 1982। चीनी अनुभवों ने भारतीय गिरमिट प्रथा के एक पूर्व इतिहास का निर्माण किया, हालाँकि अध्ययनों में शायद ही कभी इन दोनों को जोड़ कर देखा गया है। ब्रिटिश बसावटों में चीनियों को काफ़ी छोटी संख्या में ले जाया गया था (जुंग 2006 में सारणियों को देखें)। प्रशाद यूरोपीय मज़दूरों की तुलना में भारतीय और चीनी कुलियों और उनके नस्लीकरण की तुलना करते हैं (2001: 72)। (इरिक, रॉबर्ट। कुली कारोबार को लेकर चिंग नीति 1847–48। कलेक्टेड पेपर्स। ताईपेई: चाइनीज मैटेरियल्स सेंटर, 1982)

के कारण हुआ।' (जुंग 2006: 221 डू बॉयस 1992: 240 से हवाला देते हुए) (जुंग, डू बॉयस 1992: 708 से हवाला देते हुए)।

मैंने...यह दिखाने की कोशिश की है कि कुलियों की नस्लीय कल्पना ने अमेरिकी संस्कृति के केंद्र में एक, एक–दूसरे पर आच्छादित होनेवाली सामाजिक और सांस्कृतिक द्वैतों–दासता और आज़ादी, काले और गोरे (अश्वेत और श्वेत), घरेलू और विदेशी, अजनबी और नागरिक, आधुनिक और पूर्व–आधुनिक–की श्रृंखला को किस तरह से झकझोरा और फिर से स्थापित किया। गृहयुद्ध (सिविल वॉर) से पहले के दशकों में, मुख्य तौर पर कैरिबिया और एशिया से आनेवाली रिपोर्टों के जरिए, कुलियों को दास बनाए गये मज़दूरों का साकार रूप माना जाने लगा। वे विदेशी अभिशाप थे, जो अमेरिकी आज़ादी और अमेरिकी दासप्रथा, दोनों के लिए ख़तरा थे।

कुल मिलाकर, कुलियों की भर्ती और उनके बहिष्कार ने ऐतिहासिक संक्रमणों–दास व्यापार क़ानूनों से नस्लीय आग्रहों से भरे आव्रजन क़ानूनों तक, दासप्रथा के देश से एक 'आव्रजकों के देश तक', और एक 'प्रकट नियति (मैनिफेस्ट डेस्टिनी)' के महाद्वीपीय साम्राज्य से समुद्रों के आरपार मुक्तिदायी साम्राज्य तक–की एक श्रृंखला को संभव बनाया और उसे जायज़ ठहराने का काम किया। एशियाई कामगारों की नस्लीय कल्पना ने मुक्ति के युग (एज ऑफ इमैन्सिपेशन) में एक 'मुक्त', 'श्वेत' और 'आधुनिक' राष्ट्र के तौर पर संयुक्त राज्य की निर्मिति में भूमिका निभाई, जो कुलियों और गन्ने की व्यापक दुनिया से नज़दीकी तौर पर जुड़ा हुआ मगर उदासीन रूप से पृथक था। जिस प्रकार की मुक्ति और लोकतंत्र की कल्पना डू बॉयस और गहरे रंगों वाले सर्वहाराओं ने की थी, वह उस देश और उस दुनिया में मुमकिन नहीं था। (जुंग 2006: 225, मून–हो जुंग का हवाला देते हुए)।

अमेरिका में चीनी कुलियों का अनुभव काफ़ी कुख्यात था–शुरुआत में, चीनी सम्राट भर्ती की रणनीतियों और बुरे बर्तावों से अनजान था। इरिक द्वारा उल्लेख किए गये एक संवाद में, सम्राट यह घोषणा करता है कि उसकी प्रजा की बड़ी संख्या, उसे विदेशी धरती पर रह रही अपनी प्रजा, 'कुछ आवारा अनाथ जो एक विदेशी धरती की ओर छिटक गये हैं', की जानकारी रखने में असमर्थ बना देती है (इरिक 1982: 63)। यहाँ यह उल्लेखनीय है कि भारतीय संस्कृति की तरह चीनी संस्कृति में भी समुद्र यात्रा के ख़िलाफ़ प्रावधान थे। 1712 के एक फ़रमान में यह कहा गया था: 'वैसे लोगों के लिए, जो विदेश जाते हैं और वहाँ लंबे समय तक रहते हैं, संबंधित गवर्नर जनरल विदेशी देशों से इस बारे में बातचीत करेंगे और उन्हें आदेश देंगे कि वहाँ रह रहे हमारे लोगों को रस्सी में बाँधकर वापस भेजा जाए ताकि उनका सिर कलम किया जा सके' (इरिक [1982: 12] में उद्धृत दिया गया चीनी स्रोत)। 1794 में उन्हें 'चीनी राष्ट का तलछट' कहा गया (इरिक 1982: 3–5)।

बुरा बर्ताव चीनी कुली विमर्श का अभिन्न हिस्सा था। 300 कुलियों के एक जहाज़ पर दम घुट कर मर जाने की घटना (49), इस व्यापार की बुराइयों को लेकर दुनिया को झकझोर रख देनेवाली ऐसी अनेक घटनाओं में से एक थी। इस व्यापार में अमेरिकी जहाज़ काफ़ी बदनाम थे (77)। चीनी मुख्यभूमि ने एमॉय प्लैकार्ड दंगे और 1852 के शंघाई दंगों जैसे कई दंगे देखे। साथ ही चीनियों को भारतीयों की तुलना में कहीं कम मात्रा में निष्क्रिय कहा जाता था।

विश्व जनमत इस सीमा तक तैयार हो गया था कि जब अंग्रेजों को उनके कैरिबियाई बागान मालिकों ने चीनी श्रम के लिए कहा, तो वे दुविधा में पड़ गये–उन्हें बेहद सस्ते श्रम का इस्तेमाल करने के लालच और ब्रिटेन के काफी मुखर जनमत के बीच तालमेल बिठाना पड़ा जो किसी तरह की पराधीनता, दासप्रथा या गिरमिट प्रथा के ख़िलाफ़ था (81)। आख़िर में जब *भारतीय* (इंडियन) श्रम एशियाई गिरमिट प्रथा का मुख्य घटक बन गया था, अंग्रेजों को एक व्यवस्था का निर्माण करना पड़ा, जिसमें कथित तौर पर कुलियों की देखरेख की बात की गयी थी। लॉरेंस आप्रवासियों के संरक्षक (प्रोटेक्टर) और जहाज़ के सर्जन के कर्तव्यों, लिंग (जेंडर) पृथक्करण के नियमों, कुली के साथ किए जानेवाले व्यवहार का नियमन करनेवाली व्यवस्था की रूपरेखा पेश करते हैं। एक तरह से शायद लोगों द्वारा किये जानेवाले हंगामे के डर से जहाज़ों पर शुरू किए गये नियम जारी रखे गये। हालाँकि, टिंकर यह दिखाते हैं कि ये नियम कारगर नहीं थे: इस प्रणाली की अमानवीयता ने कुली को एक उष्णकटिबंधीय लद्दू जानवर की जगह एक 'उत्पादक' श्रमिक में बदलने की सैद्धांतिक इच्छा को बेअसर कर दिया।[15]

एशियाई श्रमिक को इससे भी आगे यूरोपियों के संदर्भ में अलग–थलग किया गया। अमेरिकी श्वेत निर्मिति का इसमें हाथ रहा। मून हो–जुंग का कहना है:

> ये असाधारण कानूनी कार्रवाइयाँ थीं, जिन्होंने एक 'आप्रवासियों के देश' के तौर पर अमेरिका की आत्मछवि को ठोस रूप दिया और 'आप्रवासियों' को यूरोपीय और श्वेत की तरह गोलबंद किया। ये प्रक्रियाएँ बुनियादी तौर पर एशियाइयों (जो 'झुंड' में 'कुली' की तरह पहुँचे) और थोड़ी कम मात्रा में अफ़्रीकियों (जो कभी नहीं आ सकते थे) की नुमाइंदगी के ख़िलाफ़ थीं। चीनियों को देशीकरण/नागरिकता के अधिकार से वंचित रखे जाने को एक आप्रवासी–हितैषी उपाय के तौर पर विकसित किया गया था, जिसे श्वेतों, अश्वेतों और पुनर्निर्मित हो रहे राष्ट्र को बचाने का काम करना था। (जुंग 2006: 143)।

इसी के समानांतर एशियाई कुली की निर्मिति यूरोप से भर–भर कर आनेवाले उन लोगों से 'हीन'/कमतर के तौर पर की गयी, जो मिलती–जुलती

---

[15] देखें लॉरेंस (1994) और टिंकर (1974)।

दुखदायी परिस्थितियों में अमेरिका भेजे गये थे। लाइनबॉ व रेडिकर अटलांटिक उपनिवेशीकरण की शुरुआती शताब्दी में *यूरोपीय* श्रम की बेदखली की प्रक्रिया, वर्जीनिया कंपनी के बागानों के लिए किशोरों की 'चोरी' के बारे में बताते हैं। उनका विवरण सजीव और ऐतिहासिक रूप से दस्तावेज़ीकृत और पूर्णता में उद्धृत किए जाने के लायक है:

> 'कंपनी के प्रचारक बार–बार यह दोहराते हुए नहीं थकते हैं कि कंपनी इंग्लैंड में 'निठल्ले लोगों की भीड़' को हटा कर और उन्हें वर्जीनिया में काम पर लगा कर, जैसा कि अंग्रेजी उपनिवेशीकरण के मुख्य प्रचारक रिचर्ड हैकलुट (Richard Haklyut) 20 सालों से सुझाव दे रहे थे, एक ज़रूरी लोकसेवा मुहैया कराएगी। (16)
>
> 1609 में वर्जीनिया कंपनी ने मेयर, नगरपालिका के सदस्यों (ऐल्डरमेन), और कंपनीज ऑफ लंदन के सामने 'शहर और उपनगरीय हिस्सों को गैरज़रूरी निवासियों की भीड़, जो मृत्यु और अकाल का स्थायी कारण हैं और इस राज्य में होने वाली प्लेग बीमारी की भी असली वजह हैं', से मुक्त करने के लिए एक अर्जी दी। रॉबर्ट रिच नामक एक भद्रपुरुष, जिनका जहाज़ बरमूडा में टूट गया था, ने उन लोगों के बारे में लिखा, 'वे लोग, वे खानाबदोश हमारे साथ रहे' ('those men that *vagrants* liv'd with us'), जबकि एक अज्ञात लेखक, जो सर थॉमस गेट्स के क़रीबी थे (और शायद खुद गेट्स) ने भी 'उन घृणास्पद शैतानों' की शिकायत की, जिन्होंने खुद को एक जहाज़ पर सवार कर लिया था, मगर जो इंग्लैंड में रहने का सलीका नहीं जानते थे। (16)
>
> डकैती, सेंधमारी और चोरी के ख़िलाफ़ अहम कानून 16वीं और 17वीं शताब्दी की शुरुआत में लिखे गये, जब अपराध शहरी जीवन का एक स्थायी हिस्सा बन गया। इसी बीच आवारागर्दों के ख़िलाफ़ बनाए गये कानूनों ने वंचितों के ख़िलाफ़ शारीरिक हिंसा का वादा किया. (18) (लाइनबॉ वं रेडिकर 2000)

इन श्रमजीवी शुरुआतों के बावजूद, एक बार जब दास और बाद में कुली साथ में आ गये, तो चीजें काफ़ी बदलीं। प्रशाद तर्क देते हैं कि बिल्कुल शुरुआत से, 'कुली' को यूरोपीय व्यापारियों से भिन्न–हीन, के तौर पर चिह्नित किया गया था। गिरमिटिया प्रथा पर संसदीय कागज़ातों के आधार पर निष्कर्ष देते हुए वे कहते हैं:

> जहाँ, 19वीं सदी तक यूरोपीय मज़दूर वैध नागरिकों के तौर पर देखे जाने लगे थे, जो औपचारिक रूप से श्रम–शक्ति के विक्रेता के रूप में अपने अधिकारों के लिए सौदेबाजी कर सकते थे (कभी–कभी कर सकती भी थी), वहीं, कुलियों को नस्लीय रूप से उष्णकटिबंधीय परिस्थितियों में विभिन्न तरह के कठिन शारीरिक श्रम वाले काम करने के लायक माना जाता था। (प्रशाद 2001: 72)

प्रशाद का कहना है कि जहाँ यूरोपीय के श्रम का जिंसीकरण हो गया था, यानी उसके श्रम को एक निश्चित मज़दूरी के बदले में किराए पर लिया जा सकता था, वहीं अफ्रीकी और अमेरिइंडियन (अमेरिकी इंडियन) की तरह एशियाई के श्रम को पशुओं के श्रम की श्रेणी में रख दिया गया था। कुली का श्रम उसके 'बदसूरत आदिम अस्तित्व' (73) का लक्षण और नतीजा था।

इस तरह से, जब हम अपने घरेलू समाज से उनके 'निष्कासन' के बारे में सोचते हैं, तो कुली की पूर्व कल्पित निम्नता और अनुपयुक्तता को यूरोपीय प्रवासियों पर भी उसी तरह से लागू किया जा सकता है (अंग्रेजी जनसमूह की ग़रीबी, बेचैनी [ऊपर वर्णित] और ऑस्ट्रेलिया के मामले में वास्तविक आपराधिक सजा)। लेकिन आगे चलकर ये आप्रवासी अपने आव्रजन के देशों में शासकीय पदों तक पहुँच गये।

यह पता लगाना भी महत्वपूर्ण है कि समय के साथ यही भारतीय 'कुली' किस तरह सम्माननीय और उपयोगी जीवन तक पहुँचे। गाँधी निस्संदेह इस प्रक्रिया के गवाह थे, लेकिन जटिल वैचारिक कारणों से उन्होंने अपनी आँखों के सामने आकार ले रही इस प्रक्रिया को नज़रअंदाज किया, जबकि इसी दौरान उन्होंने कुलियों की लड़ाई को अपना बनाया था। यहाँ मैं, गिरमिट व्यवस्था की पहली सदी में उत्तरजीविता की सांस्कृतिक प्रक्रिया के बारे बात कर रही हूँ, न कि राजनीतिक और आर्थिक उभार की, जो काफ़ी बाद में जाकर 20वीं सदी में हुआ (मिसाल के तौर पर तेल की ज़मीनों पर भारतीय–त्रिनिदादी अवस्थिति)।

लस्कर और कुली

इस तरह से प्रताड़ित किए जानेवाले दयनीय उपमहाद्वीप वासियों की फ़ेहरिस्त में भारतीय कुली पहले नहीं थे। अगर कुली 'पृथ्वी के दुखियारे' थे, तो 'लस्कर समुद्र के दुखियारे' थे। मुख्यधारा के ब्रिटिश साहित्य में लस्कर एक अनिश्चित नस्ल और शारीरिक डील–डौल, मगर निश्चित तौर पर संदिग्ध प्रतिष्ठा वाली रहस्यमय आकृति के तौर पर जब–तब नमूदार होते रहते हैं। मेरे जैसे उपनिवेशी पाठक को पहले लस्कर का विश्वास न करना सिखाया गया होगा, जिनको वे अपने खोए हुए हमवतनों के तौर पर नहीं देखेंगे।[16] एमिली ब्रॉन्टे के उपन्यास *वुदरिंग हाइट्स* में हीथक्लिफ को *'जिप्सी'* या एक *'लस्कर'* कहकर पुकारा गया है, हालाँकि इस बारे में कहीं भी स्पष्ट नहीं किया गया है। ऐतिहासिक स्रोतों

[16] मिसाल के लिए मैंने एमिली ब्रॉन्टे की *वुदरिंग हाइट्स* में लस्करों का हावाला देखा (हीथक्लिफ को कुछ जगहों पर एक 'लस्कर' और जिप्सी (विल्की कॉलिन्स और शरलॉक होम्स की कहानियों में) भी कहा जाता है। सभी मामलों में लस्कर को बुरे, गंदे और बिखरे बालों वाले गँवार के तौर पर दिखाया गया था। साथ ही देखें, स्टैलीब्रास।)

ने अब यह साबित किया है कि लस्कर और जिप्सी, दोनों का उद्‌भव भारत से जोड़ा जा सकता है। ज्यादा हाल के 'जलावतनों' के तौर पर लस्कर, 'कुली' को एक कवच मुहैया कराते हैं। पीटर स्टैलीब्रास और एलन व्हाइट इस आकृति की साहित्यिक उपस्थिति की शिनाख़्त मध्य विक्टोरियाई आइकॉनोग्राफी में मार्क्स के 'लुम्पेन' के एक किस्म के तौर पर करते हैं, जो समाज का सबसे अव्यवस्थित और हीन हिस्सा है। बाद में 19वीं सदी में, लगभग उस समय जब गाँधी लंदन में थे, शेरलॉक होम्स के उपन्यास 'बदनाम' घरों को 'बुरे दिखनेवाले लस्करों' द्वारा संचालित बताते हैं।[17] भारतीय–ब्रिटिश पाठक, जिसका औपचारिक तरीके से खुद से अजनबीकरण हो गया है, कथावाचक की ही तरह इस आकृति को संदेह की नज़रों से देखने लगता है। वास्तव में माना जाता है कि इसी समय अंग्रेजी बोलचाल की भाषा में 'रास्कल' शब्द दाख़िल हुआ होगा, जो लस्कर शब्द का बिगड़ा रूप है।

अख़बारों, जहाज़ की कार्यपंजी (शिप लॉग), डॉक रिकॉर्डों, संसदीय दस्तावेज़ों और लस्करों का मदद करने की कोशिश करनेवाले मानवसेवी संगठनों के रिकॉर्डों के आधार पर किया गया रोज़ीना विस्राम का उत्कृष्ट अध्ययन, जिसका मक़सद लस्करों की मदद करना था, उन्हें साहित्य के हाथों बख़्शी गयी अनिश्चितता से उबारता है और इतिहास में लस्करों को हिंद महासागर के समुद्री नाविक के तौर पर स्थापित करता है, जिन्हें पहले केप ऑफ गुड होप (आशा अंतरीप) को पार करने की मनाही थी, लेकिन जिन्होंने ख़ुद को समुद्री विस्तार के महान युग में इंग्लैंड में असहाय पाया।[18] वे बागान मालिकों के हाथों किए जाने वाले बर्बर व्यवहार से बचने के लिए जहाज़ से कूद गये। ऐसा मुमकिन है कि इस बर्बरता का कारण एक जैसा रहा हो—बागान में बग़ावत का डर, समुद्र में विद्रोह के डर से मेल खाता हो। दोनों मामलों में, गोरे उच्च वर्ग तादाद में गैर–श्वेत मज़दूरों की तुलना में काफ़ी कम थे, इसलिए उनका डर वास्तविक था।[19]

---

[17] देखें, 'द मैन विद द ट्विस्टेड लिप', *स्ट्रैंड मैग्जीन*, दिसंबर, 1891।

[18] हाल ही में, अमिताव घोष के *सी ऑफ पॉपीज* में लस्करों का एक संवेदनाशील, ऐतिहासिक, भाषा वैज्ञानिक ढंग से शोधपरक और काफ़ी मनोरंजक चित्र उकेरा गया है। विस्राम के उलट, जिन्होंने लस्करों की पहचान भारतीय के तौर पर की है, घोष उन्हें 'हिंद महासागर के समुद्री नाविक' कहकर पुकारते हैं। 19वीं सदी के लंदन के मजिस्ट्रेट रिकॉर्ड में, हालाँकि, लस्करों को चीनियों से अलग किया गया है (विस्राम 1986: 47): 'विदेशी नाविक, लस्कर, चीनी, ग्रीक और उस किस्म के अन्य अपवित्र, गंदे लोग'। ऐसा लगता है कि घोष तक में, आहार (खिचड़ी) और कपड़े (धोती/वेष्टी), उनकी पहचान मुख्यतः दक्षिण एशियाई के तौर पर करते हैं। लेकिन, कुली की ही तरह, लस्कर भारतीय और चीनी था।

[19] अल्पसंख्यक भय और परपीड़क हिंसा के लिए देखें, टिंकर (1974) और लॉरेंस (1994)।

हालाँकि, लस्करों की संख्या काफ़ी कम है[20], लेकिन वे कुली के साथ एशियाई निःशक्तीकरण के विमर्श का हिस्सा हैं, जो ब्रिटिश उपनिवेशी विमर्श की पहचान होती है। ब्रिटिश लाइब्रेरी में रखा गया लस्कर का चित्र उन्हें पारंपरिक भारतीय तरीक़े का परिधान, चूरीदार, धोती या अचकन और एक कमरबंद पहने हुए दिखाता है। वे पगड़ी पहनते हैं, जैसा कि ख़ुद गाँधी ने डरबन में उतरते वक्त पहन रखा था। लस्करों से संबद्ध भारतीय पहनावे को जिस अपमान की भावना से देखा जाता था, उसका अंदाजा गाँधी को था।[21] एच.एच फ्लेयर की पेंटिंग *'लस्कर्स इन लंदन'* को देखने से जिस तरह के सम्मान और गरिमा दिए जाने का एहसास होता है, उसके उलट ख़ुद विमर्श उन्हें ख़ानाबदोशों की तरह दिखाता है। यहाँ एक प्रातिनिधिक विवरण है:

> वे [लस्कर] गूंगी मूर्तियों के मूर्ख पूजक हैं या एक झूठे पैगंबर के अनैतिक सिद्धांतों के अंध अनुयायी हैं;...वे अज्ञानी हैं...उनकी अंधभक्ति ने उनकी आँखों पर काली पट्टी बाँध दी है और उनके इसी अंधेपन ने उन्हें ठगा है...वे एक–दूसरे के शिकार हैं; और अतिलोभी ग़रीब और साथ ही हमारे देश की परित्यक्त औरतों में भी सबसे ज़्यादा परित्यक्त के. वेश्याओं के अलावा कोई ऐसा नहीं या शायद ही कोई ऐसा है, जो उनके साथ संबंध जोड़ेगा, और परित्यक्तों के घरों और सार्वजनिक गृहों के अलावा उन्हें कहीं ठिकाना नहीं मिलेगा। (विस्राम 1986: 46–47)

'झूठे पैगंबर' का संदर्भ हिंदुओं की जगह मुस्लिमों की ओर संकेत करता है, ख़ासकर अगर हम यह याद करें कि लस्कर, उर्दू शब्द लश्कर से बना है, जिसका अर्थ समुद्री नाविक होता है। ये वेश्याएं और चोर इतने दयनीय थे–जिनसे डिकेन्स के उपन्यासों के अंतःपुर का निर्माण हुआ है–कि वे लस्करों के कपड़े और उनके पैसों की छीन–झपट करके अपना गुजारा करते थे (47)।

एक ज्यादा सहानुभूतिपूर्ण ब्रिटिश आवाज़ ने वेस्टमिन्स्टर के 'भिखारियों' का वर्णन इस तरह से किया, जो मूल रूप से स्थानीय लोगों के दोस्ताना सहयोगियों, 'दुर्भाग्य की गरीब संतानों के तौर पर लाए गये थे, जो यहाँ की जलवायु से, यहाँ के तौर–तरीक़ों और इस देश के लोगों से अपरिचित थे, उन्होंने निर्वस्त्र, बिना फूटी कौड़ी के और जीविका की तलाश में भूख से क़रीब–क़रीब मरते हुए पूरे शहर का चक्कर लगाया है' (36)।

---

[20] विस्राम (1986: 50), 1813 में 1,336 लस्कर थे। 1842 तक हर साल 3,000 का आगमन हो रहा था।

[21] प्रतिष्ठित ब्रिटिश राजशाही से मुलाक़ात करने के लिए बकिंघम पैलेस की सीढ़ियों पर चढ़ते 'अधनंगे फ़कीर' गांधी के बारे में विंस्टन चर्चिल की प्रसिद्ध घृणा अप्रामाणिक है।

लंदन आनेवाले एक अन्य यात्री ने लस्करों के साथ किए जानेवाले व्यवहार की तुलना फ्रेंच हेसियनों के साथ किए जानेवाले व्यवहार से क़ी है: पहले वाले जो 'रंग, धर्म और देश में अलग हैं...अपनी उष्ण और ज्यादा आरामदायक जलवायु से हमारे लालच और महत्वाकांक्षा के कारण यहाँ घसीट लाए गये हैं' (37)।

असल में लस्कर कौन थे और किस भूमि से आए थे? ख़ानाबदोशों जैसा उनका उपरोक्त वर्णन और ज्यादा दिल दहलानेवाला है, क्योंकि उनके बाद आनेवाले कुलियों की ही तरह वे शहरी बहिष्कृत नहीं थे, बल्कि पूर्वी बंगाल, पंजाब और गुजरात के बंदरगाहों से मुंबई और गोवा से कोचिन (केरल) तक के हिस्सों के किसान थे। किसान सामान्य तौर पर परंपरावादी, ईश्वर से डरनेवाला, अंधविश्वासी और ईमानदार होता है, जो अकाल की मार खाकर और कंगाली से परेशान होकर समुद्र में जीवन को गले लगाने के लिए तैयार हो जाता है। यह भी मुमकिन है कि वे भारत के पत्तन शहरों के समृद्ध लोग रहे हों, लेकिन जिनके पास नौपरिवहन का कौशल था और समुद्र मे जीवित रहने की क्षमता थी साथ ही एक–दूसरे की मदद करने की सामूहिक एकता भी थी।[22] वे सर्वाधिक ग़रीब तबकों से आए थे और उनमें से जो अटलांटिक को पार करके और आगे गये, वे मैसाचुसेट्स समुद्री बंदरगाह में अफ्रीकी–अमेरिकी आबादी से घुल–मिल गये और उन्होंने अपना कोई जातीय सुराग पीछे नहीं छोड़ा।[23] संयुक्त राज्य के उत्तर–पूर्वी समुद्री तट पर एक समुद्री नाविक को गलती से एक भागा हुआ गुलाम समझ लिया गया और उसे दास बना लिया गया। वह ऐसा कोई कागज पेश नहीं कर पाया, जिससे वह भारत में अपना जन्म साबित कर पाता: इसके बाद उसने सरकार पर मुकदमा दायर कर दिया।[24]

उनके साथ बरती जानेवाली उपेक्षा शिष्टाचार के तकाज़े के ख़िलाफ़ थी। नाविकों के तौर पर वे वास्तव में शिष्ट व्यवहार के लायक थे, क्योंकि वे ही माल से लदे जहाज़ों का परिवहन करते थे, जिसने जहाज़ मालिकों और सौदागरों को धनवान बनाया था। इसके बावजूद सौदागरों ने अपने धन में से एक छोटा सा भी हिस्सा इन लस्करों को भुगतान करने से इनकार कर दिया। विस्राम लिखते हैं कि जिस समय लस्करों की भर्ती यूरोपीय चालक दल की जगह लेने के लिए की गयी थी (जिन्हें या तो रॉयल नेवी ने बहाल कर लिया था या जो काम छोड़कर चले गये थे), उस समय उनके नियोजन का नियमन करने के लिए पहले से तय सेवा शर्तें मौजूद थीं। वे भारत से लंदन जहाज़ चला कर जाते वक़्त मासिक मेहनताने के हकदार थे साथ ही स्वदेश वापस भेजे जाने का

[22] इसे अमिताव घोष में औपन्यासिक तरीके से दिखाया गया है (2008)।

[23] पैर्रोटा (Parrota) (2010: 1)

[24] पैर्रोटा (Parrota) (2010: 1)।

इंतज़ार करने के दौरान उन्हें इनाम और गुजारा भत्ता दिए जाने की भी व्यवस्था थी (35)। उनके लौटने के टिकट का भी भुगतान किया जाना था। लेकिन जब इन नियमों का उल्लंघन किया गया, तब लस्करों ने खुद को बेसहारा पाया और समय के साथ उनका अपराधीकरण भी कर दिया गया। यह पैटर्न एक तरह से कुलियों के भविष्य का पूर्वाभास कराता है: कागज पर नौकरशाही अपनी चिंता प्रकट करती थी। सुरक्षा प्रदान करने और शिकायतों को दूर करने की व्यवस्था करने का वादा करती थी (मिसाल के तौर पर एक 'प्रोटेक्टर ऑफ इमिग्रेंट्स' के पद की कल्पना की गयी थी, जिस पर कुलियों के अधिकारो की देखरेख करने की ज़िम्मेदारी थी); शासक वर्ग के असाधारण लोगों–डॉक्टरों, गवर्नरों या रक्षकों–ने तो कुलियों के लिए काम तक किया। लेकिन, दोनों ही मामलों में उपनिवेशी हित, बागान मालिकों के गुट और निरीक्षकों का बुरा बर्ताव अनुबंध की शर्तों के उल्लंघन और बर्बरता और वापस स्वदेश लौटने में दिक्कतों का कारण बना (लस्कर/कुली का अपने पैतृक गाँवों में स्थान गँवाना इससे कम नहीं था)।[25] लस्कर अक्सर पिटाई खाने से बचने के लिए लकड़ियों में छिप जाया करते थे (35), और इसके बाद वे खुद को लंदन में असहाय छोड़ दिया गया पाते थे।[26] कुछ विवरणों में लस्करों की पिटाई के कारण उनके आगे के दाँतों के टूट कर निकल जाने का ज़िक्र मिलता है। यह गाँधी और सी.एफ एंड्रयूज, दोनों द्वारा तमिल मजदूरों के वर्णन की याद दिलाता है।

गिरमिटिया जहाज़ों के समकालीन दशकों में क़ानूनी और वास्तविक के बीच की खाई को दिखाने के लिए, यह याद किया जा सकता है कि *नेविगेशन एक्ट* और ईस्ट इंडिया कंपनी के क़ानूनों ने कदाचित लस्करों के सूरत–ए–हाल को थोड़ा बेहतर कर दिया था। लेकिन, समितियों ने पाया था कि जिस कमरे में उन्हें रखा जाता था वह बिना फर्श वाला, गंदा और बहुत ज़्यादा भीड़ भरा था और लस्करों के पास अपने कोट या जूते नहीं थे (47–49)।

गिरमिट युग में, ज़्यादातर जहाज़ों का संचालन लस्करों के हाथों में था, जिनका निश्चित तौर पर कुलियों के साथ एक विचित्र किस्म का रिश्ता रहा होगा, जबकि ज़्यादा लोगों की स्वदेश वापसी होने से उनका संघर्ष ठंडा पड़ रहा था। अब जबकि भारत में ज्यादा जहाज़ों का निर्माण होने लगा था और भाप

[25] ईस्ट इंडिया कंपनी ने लस्करों के प्रति किसी भी प्रकार के कर्तव्य से हाथ खींच लिया, 1784, (विस्राम 1986: 36)। जनता की शिकायतों के कारण सदी के अंत तक ईस्ट इंडिया कंपनी को ज्यादा सरोकार दिखाने पर मजबूर होना पड़ा।

[26] एक दृष्टांत का ज़िक्र करते हुए विस्राम (1986: 35), एक मुस्लिम लस्करों वाले चालक दल का हवाला देते हैं, जिनके मुँह में सूअर की पूँछ ठूँस दी गयी थी अंतरियों को उनके माथे में लपेट दिया गया था!

से चलने वाले जहाज़ नियमित तौर पर महाद्वीपों का चक्कर लगाते थे, लस्करों की भर्ती बहुत बड़ी संख्या में होने लगी थी। अब उन्हें अच्छा, योग्य जहाज़ी (52) माना जाने लगा था। यह पहले के समय में उनके पूर्वजों के नकारात्मक रूढ़ीकरण (स्टीरियोटाइपिंग) से एक तरह का प्रस्थान भी है और एक तरह से उसका स्वीकार भी है। *सी ऑफ पॉपीज* में अमिताव घोष का ऑक्टोरून (एक व्यक्ति जो एक के आठवें हिस्से बराबर अश्वेत वंशज हो, यानी उसके परदादा/परदादी या परनाना/परनानी में से कोई एक अश्वेत रहा हो) अफ्रीकी–अमेरिकी चरित्र, जो एक भूतपूर्व दासों के जहाज़ पर था, जिसे अब गिरमिटिया के लिए इस्तेमाल में लाया जा रहा था, लस्कर चालक दल का सामना करता है, जो समुद्र में बचे रह गये कुछ लोगों में से एक हैं।

> उसने अब तक यह सोच रखा था कि लस्कर कोई जनजाति या कोई राष्ट्र हैं, जैसे कि चेरकी या सू: लेकिन उसे अब पता चला कि वे बहुत दूर स्थित जगहों से आए थे और जिनके बीच कुछ भी साझा नहीं था, सिवाय हिंद महासागर के; उनमें चीनी, पूर्वी अफ्रीकी, अरब और मलय, बंगाली और गोवाई, तमिल और अरकानी थे। वे दस या पंद्रह के समूह मे आते थे, जिसका एक नेता होता था, जो उनकी तरफ से बात करता था। इन समूहों को तोड़ना नामुमकिन था; उन्हें या तो एक साथ ले जाना होता था, या उनमें से कोई भी नहीं जाता था। और हालाँकि वे सस्ते में आ जाते थे, लेकिन वे कितना काम करेंगे और हर काम कितने लोग मिलकर करेंगे, इसको लेकर उनका अपना विचार होता था–जिसका मतलब शायद यह निकलता था कि जिस काम को एक अकेला सक्षम जहाज़ी कर सकता था, उसके लिए तीन–चार लस्करों की भर्ती करनी पड़ती थी। (घोष 2008: 13)

अपमान

इस तरह से एशियाई 'कुली' विमर्श लस्कर, चीनी कुली और अफ्रीकी दासों जैसे पहले के प्रकारों पर अपमान लादने के अथक, अनवरत एजेंडे पर टिका है। कुलियों के उद्भव के संबंध में वास्तविक ब्यौरा, गिरमिटिया मज़दूरों पर थोप दी गयी दयनीयता के समर्थन में जुटाए गये तथ्यों से मेल नहीं खाता। इस विमर्श ने निम्न जातियों की पहले से ही स्थापित निचले दर्जे का इस्तेमाल करने की कोशिश की है। दूसरी जगहों पर यह अध्ययन कुछ निश्चित 'निम्नवर्गीय' (सबाल्टर्न) जातियों के निचले दर्जे के अभिजन विचार के झूठ का पर्दाफ़ाश करता है। अभिजन विचार के तहत, अगर लोगों को गिरमिट प्रथा में धकेला गया था, तो इसका कारण उनका पहले से निचले दर्जे का होना था। रिकॉर्डों से पता चलता है कि सभी जातियों के लोग इसमें शामिल हुए (सारणियाँ देखें, टिंकर 1974; लॉरेंस 1994; साथ ही देखें महाबीर 1991)। अध्ययन किए गये

कुछ जिलों में अनुपात बराबर था: 1872–73 में, 2,520 उच्च जाति वाले, 4,974 कृषक जाति वाले, 1,537 दस्तकार, 5,309 निचली जाति के और 2,910 मुस्लिम लोगों ने आव्रजन किया।[27]

गिरमिट प्रथा के आँकड़ों का ह्यूटिंकर द्वारा किया गया प्रामाणिक अध्ययन कुली की निर्मिति की प्रक्रिया को उजागर करता है। ऐसा वे यह दिखा कर करते हैं कि दर्ज तथ्यों–रिकॉर्डों को उनके पुनकर्थन के दौरान किस तरह से तोड़–मरोड़ कर पेश किया जाता है। रिकॉर्डों को लेकर (आमतौर पर जिनमें सच्चाई होती थी) ब्रिटिशों में गहरी रुचि रही है, लेकिन इनसे जानबूझकर दिए गये गलत हवालों और इनकी गलत प्रस्तुति[28] ने इनके अर्थ का अनर्थ कर दिया गया। टिंकर कहते हैं, 'उत्तर भारत से होनेवाला आप्रवासन ग्रामीण भारत के एक औसत नमूने को दर्शाता था, जिसमें हक़ीक़त में कई सताए हुए, मेहतर/भंगी लोग और दलितों में सबसे निचले पायदान पर माने जानेवाले शामिल नहीं थे' (टिंकर 1974: 55; जोर लेखक का)। ऐसे में हम जिस 'कुली' विमर्श का नक्शा खींच रहे हैं, उसके संदर्भ में यह महत्वूर्ण है कि मॉरिशस, फ़ीजी, गयाना, त्रिनिदाद और दक्षिण अफ्रीका के आयातक उपनिवेशों में यह बात बार–बार ज़ोर देकर कही गयी कि वहाँ आनेवाले 'आप्रवासी भारतीय आबादी के सबसे निचले पायदान पर खड़े लोग थे, जिनको वहाँ कोई भी पसंद नहीं करता था' (55)। साम्राज्यवादी विमर्श के हित में की गयी गलतबयानी के प्रातिनिधिक दृष्टांत में यहाँ मॉरिशस के गर्वनर लियोनेल का 1840 का कथन देखा जा सकता है:

> भारत से आनेवाले ये लोग प्रत्येक प्रेसिडेंसी की आबादी की सबसे निचली जातियों से ताल्लुक़ रखते हैं, जो दुःखद ढंग से उद्दंड और लंपट हैं।' (टिंकर 1974: 56)

रूहोमन कहते हैं:

> लेकिन, मिस्टर हिल ने 'टाइमरी' में अपने दिलचस्प लेख में, जिसमें से मैं पहले ही हवाला दे चुका हूं, कहा, 'वे जातियाँ जिनसे सबसे बड़ी संख्या में लोग आए हैं, वे हैं अहीर (गाय पालनेवाले), कहार (पालकी उठानेवाले), चमार (चमड़े का काम करनेवाले), केवट (कृषक और माँझी), लोध (कृषक), जाट (कृषक) और मल्लाह (नाविक)। इसके अलावा हर खेप में पहलवानों का भी हिस्सा 20 फ़ीसदी रहता था। (रूहोमन 1947: 100)

---

[27] बिहार से ज़्यादा जातिवार आंकड़ों के लिए देखें, टिंकर 1974: 55–56। टिंकर के निष्कर्ष जहाज़ की कार्यपंजिकाओं (लॉग्स) और डॉक रिकॉर्डों के विस्तृत अध्ययन पर आधारित हैं।

[28] इसका एक दिलचस्प औपन्यासिक प्रस्तुतीकरण चार्ल्स डिकेन्स के चरित्र (मसलन, *द ओल्ड क्यूरियोसिटी शॉप* के वकील ब्रास) में हुआ है। रिकॉर्ड लेखन को लेकर उसकी सनक, उसे ही फँसा देती है। डिकेन्स ने ब्रिटिश नौकरशाही को शानदार तरीके से कथा में पिरोया है।

तीस साल बाद एक अन्य अधिकारी ने जो कहा, उसका हवाला टिंकर ने दिया है:

> कोई भी व्यक्ति (बेचैन आत्माओं के सिवाय) जो अपने देश में अच्छा कर सकता है, आव्रजन नहीं करता है...यह माना जा सकता है कि जो ज़्यादा ग़रीब तबके यहाँ काम करने के लिए आए और ईमानदार आबादी में से हमारे यहाँ आपराधिक वर्ग की ज्यादा आमद हुई (टिंकर 1974: 56)।

लेकिन, इस बात का कोई प्रमाण नहीं मिलता कि आव्रजन करने वाले समूह में ठग जैसी अपराधी जातियाँ या जनजातियाँ शामिल थीं (56)। इसके उलट शायद कम लड़ाकू, ज्यादा भोले–भाले लोगों को मूर्ख बनाया गया होगा। भर्ती करनेवाले शहरों के बीच के राजमार्ग पर स्थित या इससे मिलते–जुलते इलाकों को अपना निशाना बनाते थे। ज्यादा संभावना इस बात की है कि भर्ती करनेवाले ठगों पर हाथ डालने से काफ़ी डरते होंगे।

इस तरह से सारे 'कुलियों' को 'निचले दर्जे' का करार दिया जाता था, जबकि हकीक़त यह थी कि उनमें कई प्रकार के लोग शामिल थे। खुद गाँधी ने विभिन्न जातियों, क्षेत्रों और पूर्व हैसियतों, मसलन, गंगा के मैदान के निवासियों, या मॉरिशस के रास्ते आए आप्रवासियों, या प्रशिक्षित दस्तकारों, कुशल किसानों; प्रीटोरिया के *धोबियों* जैसी सामाजिक तौर पर उपयोगी जातियों, जो बाद में सी.एफ एंड्रयूज के 'अच्छे मित्र' बन गये, के साथ मिलकर काम किया

लेकिन, इसका एक दूसरा स्याह पहलू भी है। इन सभी को स्वस्थ बताया जाता था, जबकि इनमें से कई स्वस्थ नहीं होते थे: उनकी अस्वस्थता के प्रकट होने से पहले बेहद कम समय के लिए ही सही, श्रमिक के तौर पर उनका इस्तेमाल, उनके मानवीय जीवन से ज्यादा अहमियत रखता था। दरअसल, कुली की अस्वस्थता बागान मालिकों के लिए फ़ायदेमंद थी: जितनी जल्दी हो सके, नए मज़दूर उनकी जगह ले लेते थे और पीड़ित शहर के आवारागर्दों में शामिल हो जाता था। गाँधी अपनी *आत्मकथा* में बीमारियो का ज़िक्र बार–बार करते हैं: आमतौर पर कुलियों को रोग फैलानेवालों के तौर पर देखा जाता था। एक बार, जिस जहाज़ पर गाँधी यात्रा कर रहे थे, उसे बिना किसी आधार के जहाज़ पर प्लेग के एक मनगढंत मामले के डर से सूतक में रख दिया गया (गाँधी 1927: 157–59)। पीटर रूहोमन गिरमिट प्रथा के दौर के गवाह रहे। उन्होंने इसका एक शानदार आँखों–देखा विवरण भी लिखा है। रूहोमन का कहना है कि 'निम्नता' के तर्क का इस्तेमाल गिरमिट/अनुबंध को विस्तार देने को जायज़ ठहराने के लिए किया जाता था। रूहोमन ने सिविल सर्वेंट के अपने ऊंचे पद का इस्तेमाल गयाना में गिरमिटिया प्रथा के सौ बरस के अपने विवरण के लिए महत्पूर्ण और अज्ञात सरकारी कागजों से साक्ष्य जुटाने के लिए किया। एक मौके पर वे कहते हैं:

> संयुक्त प्रांत की सरकार के सचिव, ने प्रांत के मंत्रियों को दिए गये जवाबों का सार प्रकट करते हुए बताया कि विचारों–पूरी तरह आधिकारिक–का रुझान तर्कसंगत सुधारों के साथ गिरमिटिया मज़दूरों की व्यवस्था को कायम रखने के हक में था। इसमें इस ओर ध्यान दिलाया गया था कि उपनिवेशी बस्तियों में आव्रजन करनेवालों का एक बड़ा हिस्सा अपने जन्मस्थानों में एक ऐसे तबके से वास्ता रखता है, जो उन पर लादी गयी 'एक तरह की दासता' की स्थिति में रहता है और उनकी जाति को हर तरह अपात्र बना कर रखा गया है। आव्रजन इस दासता से बच निकलने का एक ज़रिया है। इसके बिना कुछ ही लोगों को अपनी स्थिति को सुधारने का कोई मौका मिल पाता। (रूहोमन 1947: 63)

टिंकर, लॉरेंस और रूहोमन जैसे अध्ययनों से जो एक उपविमर्श उभरता है, वह उस चयन प्रक्रिया को लेकर है, जिसने जनजाति, जाति और क्षेत्र के संबंध में उपनिवेशी रूढ़ धारणाओं (स्टीरियोटाइप्स) का इस्तेमाल किया। इस तरह सिख लड़ाके थे, बंगाली स्त्रियोचित गुण वाले थे आदि आदि (देखें सिन्हा 1995)। कुली के मामले में काफ़ी कम सकारात्मक विशेषताओं पर ज़ोर दिया गया था, कम से कम ब्रिटिश उपनिवेशों में। [हालाँकि, फ्रेंच भी कम शोषक नहीं थे, लेकिन वे ज्यादा प्रशंसात्मक थे: मैं इस पर नीचे मार्टिनिक में मद्रासी वाले हिस्से में चर्चा करूंगी] 'धनगुरों' (धनगर) की तुलना बंदरों से की गयी थी (देखें, टिंकर 1974: 63)। सरकारी दस्तावेजों को खंगालने से पता चलता है कि कैसे भारत की विविधता को सिर्फ़ एक कसौटी में महदूद कर दिया गया था–गिरमिट/अनुबंध के लिए उपलब्धता, जिसका संबंध अनिवार्य ढंग से गिरमिट/अनुबंध के लिए उपयुक्तता से नहीं था। भारत की पहले की विविधता, जिस पर प्रत्येक यात्री ने टिप्पणी की है (भले चकित भाव से ही सही), ख़त्म हो जाती है और *गिरमिटिया* (एग्रीमेंट के हिंदी रूप से) आधिकारिक पत्राचारों में एक विषय बन जाता है, जिसकी परिणति गिरमिट/अनुबंध प्रथा में होती है। इस बारे में चिट्ठी–पत्री हुई है कि कौन सी जनजातियाँ आव्रजन के लिए ज्यादा उपयुक्त हैं और क्यों?

प्रतिरोपित मज़दूरों की विविधता ने समरूपीकृत मज़दूरों के तौर पर नया अवतार लिया, जिनका विमर्श के भीतर नये सिरे से निर्माण हुआ था। अभिलेखों से उपनिवेशी भारत, ब्रिटिश संसद और अटलांटिक बागान मालिकों के बीच हुए तीन–तरफ़ा लंबे पत्राचार की तस्दीक होती है। गोरखपुर या बनारस का *ग्वाला, चमार, कुम्हार* या *जुलाहा* अचानक अंतहीन ब्रिटिश बहसों का विषय बन गया और उसके विशिष्ट इतिहास और सांस्कृतिक रीति–रिवाज को बैरकों, स्वर्ण खदानों या गन्ने के खेतों और गर्म धधकते सूरज की रौशनी में लंबे घंटों ने लील लिया। उन्होंने दासता की एक नई प्रणाली का सामना किया, जिसमें जुर्माना और सजा देने की बर्बर व्यवस्था थी और जिसका साफ़ एजेंडा उन्मूलन और

जनजातीय पहचान और संस्कृति को पूरी तरह नष्ट करना–गैरजनजातीयकरण (डिट्राइबलाइजेशन) था।

ऐसे में अगर ह्यूटिंकर यह लिखते हैं कि लोक–कलाओं में *'गिरमिटिया'* को हमेशा उसके दोनों हाथ बंधे हुए और कंधे झुके हुए रूप में दिखाया जाता था', तो इसमें कोई हैरत की बात नहीं है। उन्होंने जो चीज सबसे दर्ज करने लायक गँवायी वह थी सदियों में स्थापित की गयी *जात–बिरादरी*।

यह गैरजनजातीयकरण (डिट्राइबलाइजेशन), इन गहरे रंगों वाले सर्वहारा लोगों के, अगर डू बॉयस के प्रारंभिक वाक्य का हवाला देकर कहा जाए, पूर्व–औद्योगिक (बागान) कार्य पद्धति में शामिल किए जाने की तरफ पहला कदम था, जिसे एरिक विलियम्स और सी.एल.आर जेम्स बाद में आधुनिकता में शामिल किया जाना कहते हैं।

अध्याय 7 में मैंने कुली को अलटलांटिक आधुनिकता से जोड़ा है। बागान में धकेले जाने के साथ कुली एक नये तरह के श्रम बल में शामिल होते हैं। गिरमिटिया प्रवासीय (डायस्पोरिक) अनुभव, जो हिंसक और आघातपूर्ण था, इस तरह से आधुनिक है कि यह अचानक और बिना सूचना दिए अपने लोगों को संदर्भ के एक नए चौखटे में ले आता है और इस मामले में, जो कि काफ़ी नजदीकी ढंग से विश्व पूँजीवाद–अपने कहीं ज्याद बर्बर रूप, जिसका नाम बागान पूँजीवाद है, की प्रक्रिया से जुड़ा है। औद्योगिक/भूमंडलीय पूँजीवाद के उलट, बागान आधुनिकता के इस चरण ने अपनी उपनिवेशित प्रजा में मध्यवर्गीय मूल्य का समावेश करने का कोई प्रयास नहीं किया।

मैंने दक्षिण अफ्रीका के गिरमिटिया/अनुबंधित श्रम को समझने के लिए कैरिबिया के संबंध किए गये अध्ययनों के आधार पर भी अनुमान लगाने की भी कोशिश की है। कैरिबियाई गिरमिटिया आबादी पर नृवंशशास्त्रीय (एथनोग्राफिक) अध्ययनों की संख्या कहीं ज्यादा है, हालाँकि ऐसे अध्ययन दक्षिण अफ्रीका को लेकर भी मिलते हैं। दो उत्कृष्ट किताबें दक्षिण अफ्रीका में भारतीयों की भागीदारी का विस्तृत ब्यौरा देती हैं, लेकिन ये दोनो किताबें भी नृवंशशास्त्रीय न होकर राजनीतिक हैं। इस तरह से वे नेताओं (अदर दैन गाँधीः स्वान) और गाँधी के संघर्षों में गिरमिटियों की भागीदारी पर अपना ध्यान केंद्रित करती हैं। स्वान की किताब में 'कुली' दक्षिण अफ्रीकी गाँधी के कामों के सामान्य वर्णनों का निष्क्रिय प्यादा होने की जगह एजेंट/अभिकर्ता बन जाता है।

कुली और जाति

बंगाल की आर्य–पूर्व जनजाति संथालों का संदर्भ, जिनकी संस्कृति बंगाली संस्कृति में रिसकर मिल गयी है (उदाहरण के लिए लाल और सफ़ेद साड़ी या सांस्कृतिक कार्यक्रमों में उच्च जातीय भद्रलोक की संतानों द्वारा संथाली

नृत्य की प्रस्तुति), पदानुक्रमिक और तर्कमूलक निर्मितियों को 'कुली' के दायरे में (जिनका समरूपीकरण बागान विमर्श द्वारा हो गया है) ले आता है। ये हैं, जनजातीय, जातिक्षेत्र और धर्म। श्रमिक वर्गों में ईसाई और इस्लाम धर्म परिवर्तित लोगों में कई दलितबहुजन थे, जिन्हें पहले दलित के तौर पर जाना जाता था।[29] गाँधी जैसी शख़्सियतों, अकेले दुनिया घूमनेवालों और दुनिया को लेकर नये नज़रिए वालों का ऐसी निर्मितियों से सामना होना और प्रत्यक्ष तौर पर इनके भौतिक, क़ानूनी और जो चीज गाँधी के लिए सबसे अहम है—मानवीय परिणामों को देखना लाज़िमी था। गाँधी के लिए भारत में जातिगत असमानता एक प्रदत्त चीज थी, जिसे समय और परंपरा ने इतना सामान्य बना दिया था कि वे वहाँ किसी 'निर्मिति' को कार्यरत नहीं देख पाए होंगे। वास्तव में भारत के अनगिनत मिथक, पर्व–त्योहार, रीति–रिवाज, अंधविश्वास, पारिवारिक इतिहास आदि इन निर्मितियों को और मज़बूत बनाते थे। मिसाल के लिए, बच्चों को सुनाई गयी अनेक मिथकीय कहानियाँ यह तर्क भी देती थीं कि जाति एक नैसर्गिक अवस्था है और यह भी कि दैवत्व जाति के बिना भी काम चला सकता था अगर व्यक्तिगत योग्यता ऐसी माँग करे। एकलव्य द्रोण से धनुर्विद्या सीखता है, हालाँकि वह वह निचली जाति का है और उसे ऐसा करने के लिए अपना अंगूठा कटवाना पड़ता है; ठीक इसी के साथ राम आदिवासी सबरी द्वारा जूठा करके अपवित्र कर दिए गये (ब्राह्मण धार्मिक मान्यता के हिसाब से) बेर खाते हैं। ईश्वरीय व्यवस्था द्वारा जाति को बरकरार भी रखा गया है और उसका नकार भी किया गया है, जिससे इंसान इसका विरोध करने के मामले में असहाय हो जाता है। इसी धार्मिक कल्पना के भीतर गाँधी बड़े हुए थे। लेकिन, उनकी यह कल्पना तेजी से दरकने लगती है, जब गाँधी—द्विज (दो बार जन्म लेनेवाले), जाति से बनिया—खुद को 'कुली' के तौर पर संबोधित किए जाते हुए पाते हैं। वे अचानक एक निचली जाति के व्यक्ति बन जाते हैं, जिसके पास ईश्वर के हाथों उद्धार का कोई रास्ता नहीं है—जैसे रामायण में सबरी और दूसरों का हुआ था।

उपमहाद्वीप का पुराना नस्लीय, क्षेत्रीय और जनजातीय झगड़ा कुली राजनीति में भी दिखाई देता है। भारतीय मज़दूर का अपमान जनजातियों और 'मद्रासियों'—दक्षिण भारत के सूखाग्रस्त इलाकों के दलित और खेतिहर/कारीगर मज़दूरों के लिए इस्तेमाल में लाया जानेवाला एक साझा पद—के मामले में और

[29] दलित (हिंदी में *'अछूत'*) जातियां विभिन्न क्षेत्रों में विभिन्न तरीक़े से संदर्भित की जाती हैं और उन्हें प्रायः उनके स्थानीय नामों से जाना जाता है, जो वास्तव में उनके उत्तराधिकार में पाये गये पेशों को बताता है (भेड़ के चरवाहे, चमड़े का काम करनेवाले, आदि)। हाल के दशकों में एससी/एसटी (अनुसूचित जातियां और जनजातिया) को ओबीसी (अन्य पिछड़ा वर्ग): दस्तकार, खेतिहर मज़दूर—किसान और उनके जैसे। जब पदानुक्रमिक नियमों का उल्लंघन होता है, तब अन्य पिछड़ा वर्ग और पदानुक्रम में उनसे नीची रखी गयी जातियों के बीच दुश्मनी काफ़ी तीव्र होती है।

ज्यादा प्रकट था। ह्यूटिंकर, मद्रास के प्रोटेक्टर क्रिस्टोफर बिडेन का हवाला देते हैं, जिसमें वे कहते हैं कि भारी आबादी वाले तमिल जिलों के भूमिहीन मज़दूर, यानी इन क्षेत्रों से गिरमिटिया मज़दूर के तौर पर भर्ती किए जानेवाले, एक तरह से ऊंची जातियों–चेट्टियारों और ब्राह्मणों के चंगुल में फँसे हुए गुलाम थे। यहाँ आबादी का पाँचवाँ हिस्सा 'पल्लारों' और परैयों (Paraiyas) का था, चिंगलेपुट (Chingleput) में 27 प्रतिशत, तंजौर में और विज़ाग (Visage), गंकम और राजामुंदरी के तेलुगू जिलों में 21 प्रतिशत।[30]

आख़िर में, यहाँ तक कि तथाकथित 'दलितों', जिन्हें पहले अस्पृश्य/अछूत जातियों के तौर पर जाना जाता था ('मद्रासियों' में जिनकी बड़ी संख्या का जिक्र पहले किया गया था), के पास भी अपनी विगत भव्यता के मिथक थे और अपनी वर्तमान 'हीनता' को वे अस्थायी मानते थे। यह विडंबना ही है कि तमिल 'परैया' (Paraiya), 'परवन' (Paravan), 'पल्लन' (Pallan) और 'पुलावन/पुलायन' (Pulavan), जो दलित के लिए जातिगत पद हैं (थर्स्टन 1909: 77–155): जो ढोल बजानेवाले, मछुआरे या ताड़ी निकालनेवाले थे, का इतिहास हमें थर्स्टन जैसे ब्रिटिश मानवशास्त्रियों से मिलता है। थर्स्टन के अध्ययन का प्रकाशन 1909 में हुआ था और इसमें साथ में तस्वीरें भी दी गयी हैं। मिसाल के लिए उनके द्वारा दिया गया परैया के इतिहास को देखा जा सकता है, जिन्हें दूसरी जातियों के साथ तालाब से पानी निकालने की मनाही थी। इस इतिहास से पता चलता है कि किसी समय में वे 'एयिन' (Eyins) नामक एक ताकतवर जाति थे, जिनके पास अपने किले ओर महल थे (77–78)। भारत में आमतौर पर ऐसा माना जाता है कि आज जो निचले पायदान पर खड़े हैं, वे कभी ताक़तवर रहे होंगे, उनकी जाति जो भी हो: ऐसी मान्यताएं आप्रवासन में पूरी तरह से खो जाती हैं जब परैया 'कुली' का वर्णन पूरी तरह से बागान मालिकों की और उपनिवेशी निर्मितियों द्वारा किया जाता है।

जैसा कि मैं बाद में चर्चा करूंगी, दक्षिण अफ्रीका में मद्रासियों का एक विशिष्ट इतिहास है: हालँकि, 'कुली' विमर्श की प्रवृत्ति, और आपसी संपर्क के द्वारा जिस तरह से गिरमिटिया अपने बारे में बात करते थे, मद्रासी के सामूहिक पदों में बात करने की होती है, चाहे फ़ीजी हो, मॉरिशस, श्रीलंका और कैरिबिया या दक्षिण अफ्रीका।[31] गाँधी द्वारा असंख्य भेदों वाले दक्षिण अफ्रीकी कुलियों को गोलबंद करने को उपरोक्त संदर्भ में ही देखा जाना चाहिए। दक्षिण अफ्रीका में यह जितना 'मद्रासी' के साथ उनके व्यवहार में प्रकट है, उतना और कहीं नहीं।

---

[30] देखें, टिंकर (1976: 54–55)।

[31] श्रीलंका के तमिलों का हालिया उत्तर गिरमिटिया इतिहास सर्वज्ञात है। हालांकि, श्रीलंका और दक्षिण पूर्व एशिया में तमिलों के आव्रजन का इतिहास कहीं पुराना है।

दूसरी जगह, 'तमिल स्त्रियाँ' वाले हिस्से में, मैंने मद्रासियों के प्रति पूर्वाग्रह पर चर्चा की है, जो उत्तर के 'आर्यत्व' की निर्मिति का हिस्सा है।[32]

मोसेस नागामूटू अपने उपन्यास *'हेंड्रीज क्योर'* के आमुख में मद्रासियों के बारे में बात करते हैं:

> ब्रिटिश बागान मालिकों के लिए वे सभी आव्रजकों में सबसे कम चहेते थे। उनकी छवि का रूढ़ीकरण आलसी, आक्रामक और विद्रोही के तौर पर कर दिया गया था। निश्चित तौर पर पे बागान के कामों को करने के प्रति सबसे कम दिलचस्पी रखते थे और अपनी आजीविका बागानों के बाहर रहकर चावल की खेती और मत्स्यन से कमाना बेहतर मानते थे। भारी मद्यपान, जोर से ढोल बजाने और ख़ासकर काली पूजा, जिसमें पशु बलि दी जाती थी, के प्रति उनका झुकाव बागान मालिकों के लिए चिंता और आतंक का सतत स्रोत था।
>
> व्हिम नामक एक दलदली, मच्छरों से भरे इलाके में थोड़े तमिल और तेलुगूभाषी आप्रवासी और दक्षिण भारत के कुछ आदिवासी आ बसे। वे पड़ोस के लैंकेस्टर, लिवरपूल, मैनचेस्टर, उलवरटन और एलनेस आदि गाँवों के आजाद अफ्रीकियों के साथ सह–अस्तित्व में रहने लगे।
>
> कुछ मद्रासी अपने अफ्रीकी पड़ोसियों जितने ही गहरे रंग वाले थे और उनके बाल घुँघराले या गाँठदार थे। गयाना के सभी भारतीयों में वे कट्टर मद्रासी और पूरी निष्ठा से और कालीपूजक रहकर भी अपने अफ्रीकी पड़ोसियों के साथ सांस्कृतिक मेलजोल को लेकर संभवतः सबसे ज्यादा खुले थे।
>
> शुरुआती मद्रासियों की तीन चीजें अफ्रीकियों के समान थीं। वे सुअर का मांस खाते थे। ढोल की तेज आवाज के साथ विस्तृत समारोहों को पसंद करते थे और ईसाइयत के ख़िलाफ़ उनके मन में कोई ज्यादा शत्रुता का भाव नहीं था। इनमें से पहली और तीसरी विशेषता मध्य प्रांत और उत्तर के बहुसंख्य भारतीय प्रवासियों द्वारा साझा नहीं की जाती थी। (नागामूटू 2000: 6–7)

लेकिन, उत्तर भारतीय खेतिहर मज़दूर, मद्रासी मज़दूरों को 'भिन्न' मानते थे और आज भी खुद को दक्षिण भारत के मज़दूरों से दूरी बनाकर रखते हैं, जिन्हें वहाँ रह रहे उनके उच्च जाति के दक्षिण भारतीय भारतीयों द्वारा काम पर रखा गया है।

---

[32] इसमें कोई शक नहीं कि एक काली जमीन पर 'गोरे' शासकों के तौर पर अपने दावे को मज़बूत करने के लिए अंग्रेजों ने 'आर्य' उत्तर और 'द्रविड़' दक्षिण के बीच अंतर की पैरवी की। संस्कृतीकरण'–संस्कृति की तरह' के धीमे प्रसार की जगजाहिर हक़ीक़त कोई सदृश्य निर्णयात्मक नस्लीय सबूत मुहैया नहीं कराता है। नस्लीय इतिहास की जटिलता और जाति के साथ इसका गहरे जुड़ाव पर रोमिला थापर की किताब *'अर्ली इंडिया: फ्रॉम द ओरिजिंस टू ए.डी. 1300,* बर्कले: यूनिवर्सिटी ऑफ कैलिफोर्निया प्रेस, 2003 में विस्तार से चर्चा की गयी है।

पीटर रूहोमन गयाना के जिन अस्पतालों के रिकॉर्डों का हवाला दिया है, उनमें से एक में लोगों का वर्णन काफी डरावना है। यह संभवतः आदिवासियों के बारे में है, जिन्हें उनके प्राकृतिक निवास उष्णकटिबंधीय जंगलों से परिवहन करके लाया गया था। एक बागान मालिक और बाद में उपनिवेशी बस्ती के मजिस्ट्रेट जे.टी. थॉर्न के हवाले से (जिसे 1890 की एक प्रचार पुस्तिका में रिकॉर्ड किया गया था) लिखा गया है:

> अस्पताल लोगों के रहने की जगह से ज्यादा एक मुर्दाघर की तरह था; यहाँ रह रहे लोग जीवित कंकाल की तरह थे और कुछ मद्रासी औरतें पूरी तरह से निर्वस्त्र थीं। मैंने पहली सुबह उन घरों से इन असहाय दुखियारों में से 84 को इकट्ठा किया और उन्हें साफ़ करने और उनमें जीवन बचाए रखने के लिए यथासंभव उपाय किए। (रूहोमन 1947: 129)

इसके बावजूद रूहोमन का पर्यवेक्षण है:

> यह देखा गया कि ये मद्रासी भारत के दूसरे हिस्सों से आए आम आप्रवासियों की तुलना में कहीं ज़्यादा मेहनती थे और उनमें कारख़ाने के काम के लिए विशेष योग्यता दिखाई देती थी। और झगड़ालूपन की प्रवृत्ति को छोड़ दें, तो उनका व्यवहार बेहतर होता था और वे अनुशासन में रखे जा सकते थे। यह भी देखा गया कि वे अच्छा भोजन करते थे, जिससे उन्होंने अच्छी शारीरिक सेहत का विकास किया।

इस विमर्श का दूसरा पहलू इस बात पर जोर देता है कि कैसे कुली अभिभावकों के बच्चे उनसे बेहतर निकले।

> मेजर कॉमिन्स ने लिखा है, 'भारतीय अभिभावकों की बस्ती में जन्मे बच्चे, ऊँची किस्म की सभ्यता में चले गये लगते हैं और देखने–भालने, तौर–तरीके और बुद्धिमत्ता में अपने अभिभावकों से इतने श्रेष्ठ हैं कि यह यक़ीन कर पाना मुश्किल है कि वे एक ही परिवार से ताल्लुक रखते हैं। वे किशोर और नौजवान ज्यादा हट्टे–कट्ठे और सुंदर दिखनेवाले हैं और क्षण भर के नोटिस पर वे पूरी हाज़िरजवाबी के साथ किसी भी चीज की ओर अपना ध्यान लगा सकते हैं और वह भी दुनिया के ऐसे ज्ञान के साथ जो भारत में उनके दादा–दादियों को हद से ज्यादा चकित करेगा। लड़कियों और जवान औरतों में ऐसी सुंदरता और नफ़ासत है, जो भारत की जनता में शायद ही कभी दिखाई देती है.. कई अच्छे जन्म और अच्छे लालन–पालन के सारे लक्षणों को दिखाती हैं, जो सामान्य तौर पर सिर्फ सर्वश्रेष्ठ रक्त से संबद्ध किए जाते हैं।' (167)

हालाँकि, प्रारंभ में गाँधी इसी धारा के साथ बहते नजर आते हैं, जैसा कि नीचे के उद्धरण से प्रकट होता है, लेकिन उनका *हिंद स्वराज* गिरमिट प्रथा के हाथों सताए जाने से पहले असली कुलियों के मूल्यों की ओर लौटता है:

जो भारत माता के सबसे उच्च नैतिक मूल्य हैं। लेकिन, शुरू में, 'कुली' के पक्ष में उनके नाटकीय विचार–परिवर्तन से पहले, वे मेजर कॉमिन्स के ऊपर आए बयान को ही प्रतिध्वनित करते दिखते हैं: जुलाई, 1894 को–लॉर्ड रिपन को दी गयी चाचिका (गाँधी, *कलेक्टेड वर्क्स*, 2000: 168, खंड 1), में कहा गया है, 'आपका याचिकाकर्ता सम्मानपूर्वक यह तर्क प्रस्तुत करता है कि ये लड़के, जिनमें से कई उपनिवेशी बस्ती (कॉलोनी) में जन्मे हैं, उनका पूरी तरह से यूरोपीय ढंग से पालन–पोषण हुआ है। बाद के जीवन में वे मुख्य तौर पर यूरोपीय समुदाय के संपर्क में आते हैं औ इसलिए हर तरह से वे किसी भी यूरोपीय के बराबर ही मताधिकार के अधिकार के योग्य बन जाते हैं।

ऐसा लगता है कि यह वह क्षण है, जबकि गाँधी भले कुलियों के उपनिवेशों में जन्मी संतानों की प्रशंसा करना शुरू कर देते हैं, लेकिन वे कुलियों को भी शामिल करने लगते हैं; इसके बाद कभी भी वे आर्यवाद के नस्लीय सिद्धांतों का ज़िक्र नहीं करते हैं, जिसने प्रभावी ढंग से उपमहाद्वीप को बाँट दिया था।

25 जुलाई, 1894 को अखबार की टीप है:

> क्या **रैम्मी सैम्मी** शीर्षक गरीब भारतीयों के प्रति एक सुविचारित अवमानना को उजागर नहीं करता है? (गाँधी, *कलेक्टेड वर्क्स* 2000: 182)
>
> एक गोरे व्यक्ति ने एक भारतीय को इसलिए लात मार दी क्योंकि उसने... कोर्ट में हवा छोड़ दी थी या वह हिचकी ले रहा था। (गाँधी, *कलेक्टेड वर्क्स* 2000: 258)
>
> 'रास्ते में चल रहा आदमी उससे नफ़रत करता है, उसे बददुआ देता है, उस पर थूक देता है और अक्सर उसे फुटपाथ से बाहर धकेल देता है।' अच्छे परिधान पहने लोगों को फुटपाथ से बाहर धकेल देने का जो उदाहरण वे देते हैं, उसमें वे 'सब्जी की टोकरी सिर पर लिए डरबन जा रहे 20 भारतीयों, शुद्ध मजदूरों' को शामिल करते हैं, जिन्हें खानाबदोश क़ानून के तहत गिरफ़्तार कर लिया गया था। (गाँधी, *कलेक्टेड वर्क्स* 2000: 365)
>
> बालासुंदरम (गोरे नियोक्ता द्वारा प्रताड़ित किया गया एक कुली) की पगड़ी ख़ून से सन गयी थी (गाँधी, *कलेक्टेड वर्क्स 2000: 373)*।
>
> दक्षिण अफ्रीका में शायद आदिवासी प्रजाति से ताल्लुक़ रखनेवाला एक भी भारतीय नहीं है। असम के संथाल दक्षिण अफ्रीका में उसी तरह से बिना काम के होंगे, जैसे उस देश के मूल निवासी हैं। (गाँधी, *कलेक्टेड वर्क्स* 2000: 408)
>
> आपने कहा है कि उपनिवेशी बस्तियों के भारतीय, भारत के लोगों के समान नहीं हैं। लेकिन, महोदय, आप यह सुविधाजनक ढंग से भूल जाते हैं कि वे एक नस्ल के भाई और वंशज हैं, जिन्हें आप बुद्धिमानी से जोड़ते हैं। (गाँधी, *कलेक्टेड वर्क्स* 2000: 182)

74 अटलांटिक गाँधी

माननीय कैंपबेल और डॉन ने '...अपने साधनों से उपनिवेशी बस्तियों में आनेवाले भारतीयों के साथ किए जानेवाले अन्याय को देखा और उस पर टिप्पणी की... लेकिन, ऐसा लगता है कि वे यह सोचते हैं कि...जो लोग गिरमिट/अनुबंध के तहत आए हैं, उन्हें कभी भी मताधिकार नहीं मिलना चाहिए।' गाँधी यह तर्क देते हैं कि जो नियम के तहत यहाँ आए, जो सक्षम शरीर वाले और जवान थे; वे यूरोपीय प्रभावों के तहत आते हैं और जिस दौरान वे गिरमिट/अनुबंध के तहत रहते हैं, और खासकर जब वे मुक्त हो जाते हैं, वे काफी तेजी से यूरोपीय सभ्यता के साथ घुलना–मिलना शुरू कर देते हैं और पूर्ण उपनिवेशवादी के तौर पर उनका विकास हो जाता है।' (गाँधी, *कलेक्टेड वर्क्स* 2000: 169)।

एक दशक के बाद 1905 में, वे अभिभावकों के संघर्षों को लेकर ज्यादा प्रशंसात्मक टिप्पणी करते हैं। वे 23 सितंबर, 1905 के *इंडियन ओपिनियन* में कहते हैं:

हम मिस्टर बर्नार्ड का हार्दिक स्वागत करते हैं, जो हाल ही में इंग्लैंड से पूर्ण बैरिस्टर बनकर लौटे हैं। सामान्य हालातों में किसी युवक के बैरिस्टर बन जाने को अलग से रेखांकित करने की जरूरत नहीं होती...मिस्टर बर्नार्ड भारतीय अभिभावकों की संतान हैं जो यहाँ सबसे शुरू में आकर बसनेवालों में और गिरमिटिया वर्ग से हैं। मिस्टर बर्नार्ड ने यह दिखाया है कि ग़रीब भारतीयों के बच्चे भी ऊंची डिग्री हासिल करने में सक्षम हैं।' (गाँधी, *कलेक्टेड वर्क्स* 2000: 422)

इस तरह से गाँधी विविधता, समानता, 'कुली' की ताकत, जुझारूपन और मूलभूत बराबरी के पक्ष में तर्क देते हुए इस समरूपीकरण को निशाने पर लेना शुरू कर देते हैं। जिस क्षण वे 'भारतीय नस्ल' को संबोधित करने के लिए एक राष्ट्रीय पद 'भारतीय/इंडियन' का इस्तेमाल करते हैं: 'आपने कहा है कि उपनिवेशी बस्तियों के भारतीय, भारत के लोगों के समान नहीं हैं। लेकिन, महोदय, आप यह सुविधाजनक ढंग से भूल जाते हैं कि वे एक नस्ल के भाई और वंशज हैं, जिन्हें आप बुद्धिमानी से जोड़ते हैं" (गाँधी, *कलेक्टेड वर्क्स* 2000: 182), वह क्षण एक प्रतिमान विस्थापन (पाराडाइम शिफ्ट) को दर्ज करता है। सभी भारतीयों को एक ही नस्ल के तौर पर संबोधित करके, वे लोगों को जोड़नेवाले राष्ट्र को नस्ल की विभाजनकारी श्रेणी की जगह स्थापित कर रहे हैं। इस तरह से वे दक्षिण अफ्रीकी गोरों द्वारा श्रमिकों के एक वर्ग की जगह 'राष्ट्र' के तौर पर कुली के इस्तेमाल को ख़ारिज कर रहे हैं।

यह अध्याय चीनियों, भारतीय और किसी भी उष्णकटिबंधीय मजदूरों को संबोधित करने के लिए एक सर्वग्राही श्रेणी के तौर पर कुली की समरूपीकरण करनेवाली निर्मितियों पर केंद्रित है। यह अपमानजनक पद, कुलियों के भीतर के पदानुक्रम को ढकनेवाला था, मगर उसका दोहन भी करता था। जाति के पुनर्मूल्यांकन और उसे फिर से परिभाषित करने में गाँधी की भागीदारी का

उदाहरण पेश करने के लिए मैं आगे अब तक तिरस्कृत रहे 'मद्रासी' या 'तमिल' के मसले पर विस्तार से बात करूँगी। उस हिस्से में, मैं गाँधी की निगाह में आए पहले मद्रासी' गिरमिटिया मज़दूर बालासुंदरम पर ध्यान केंद्रित करूंगी।

'कारोबारियों' और 'मज़दूरों' को तर्कमूलक ढंग से एक साथ रखने के कारण, जिसे गाँधी ने कथित तौर पर मुक्ति दिलाई, ऐसा विरल मौकों पर ही होता है (गाँधी की आत्मकथा में, सी.एफ एंड्रूज की टीपों में, राजमोहन गाँधी की हालिया जीवनी में, स्वान और हट्टनबैक के कार्यों में), जब हमें 'कुली' की जीवनशैली और उसके जीवित रहने के संघर्षों और छोटी जीतों की झलक मिलती है। मैं उन तरीक़ों के बारे में बात करूंगी, जिनमें कुलियों ने दक्षिण अफ्रीका में अपने खुद के पदानुक्रमों और जीवित रहने की रणनीतियों का फिर से संधान किया। हालाँकि, बृजलाल का निबंध विस्थापन को स्वीकार करता है मगर यह प्रवास का कारण बनी स्वैच्छिक मजबूरियों पर भी जोर देता है।[33] इसमें यह तर्क दिया गया है कि ह्यूटिंकर द्वारा गिरमिटिया को दासता का एक नया रूप कहना प्रवासियों की उपलब्धियों और उनकी उद्यमशीलता को कमतर करके दिखाता है। मैं यह कहना चाहूँगी कि रास्ता कहीं इन दोनों के बीच से होकर जाता है। यह सही है कि बागान प्रणाली गिरमिटिया मजदूरों को हासिल करने और उन्हें बनाए रखने के लिए शारीरिक क्रूरता पर निर्भर थी, मगर इस कहानी में कुछ इंसानी आत्माएँ ऐसी भी थीं, जो अपनी परिस्थितियों से ऊपर उठ गयीं। बाद के अध्याय हिंद महासागर के मुख्यतः व्यापार केंद्रित पूर्व इतिहास की जगह अटलांटिक के महान मुक्तिकामी संघर्ष के भीतर इस प्रयास और इसको लेकर गाँधी की प्रतिक्रिया को आपस में जोड़ते हैं।[34]

Photo Above: Indentured woman in Guyana, painted at the request of the first lord mayor of Georgetown, Guyana.

[33] देखें, राय व रीव्स (2009) में बृज लाल का निबंध 'रूट्स एंड रूट्स' (Roots and Routs)। साथ ही स्थायी बंदोबस्ती, छोटी जोत का नुकसान और भारत के भीतर बलात् प्रवास के बाद औरतों का नये सिरे से होनेवाले दमन जैसे कारकों पर देखें, रेडॉक (1985: 80)।

[34] हिंद महासागर के व्यापारिक नेटवर्कों पर प्रभूत मात्रा में हुए लेखन के लिए गुडी (1996), चुधुरी (Chudhuri), गोइटेन (Goitein), ट्रेसी (Tracy) (1990, कर्टिन (Curtin) (1990), रुडनर (Rudner) (1994), मार्कोविट्ज (Markovitz) (2004) और रीव्स व राय (2009)) को देखें।

4

एक प्रवासीय राष्ट्र की नक्शानवीसी

इस अध्याय में यह दिखाया गया है कि गाँधी एक पूर्व–राष्ट्रीय, निम्नवर्गीय (सबाल्टर्न) मिश्रण से किस तरह से भौतिक भूगोल और राजनीतिक चेतना के विकास के सहारे एक प्रवासीय राष्ट्र (डायस्पोरिक नेशन) का नक्शा तैयार करते हैं। एक साथ एक राष्ट्रवादी समुदाय का निर्माण करने और कुली की निर्मिति को छिन्न–भिन्न करने की गाँधी की परियोजना, राष्ट्रीयता की उनकी परिभाषा के लिए ज़रूरी है। कुली को दृश्य में लाने और समरूप दयनीयता के इस विमर्श का पर्दाफ़ाश करने में उनका योगदान भारत के लोगों की विविधता और बहुलता को उनके द्वारा मान्यता दिए जाने में भी दोहराया जाता है। अध्याय 3 में जिन स्थिर नकारात्मक रूढ़ धारणाओं (स्टीरियोटाइप्स) का ख़ाका पेश किया गया, उन पर हमला बोलते हुए एक जगह वे कहते हैं:

> हुज़ूर, आपके याचिकाकर्ताओं में से कुछ कारोबारी हैं, जो इस उपनिवेशी बस्ती (कॉलोनी) में आए हैं और यहीं बस गये हैं। फिर कुछ उदाहरण में ऐसे भी हैं जो यहाँ गिरमिटिया प्रथा के तहत आए और अब कुछ समय से (यहाँ तक कि तीस वर्षों से) आज़ाद हो गये हैं। कुछ भारतीय गिरमिट के तहत हैं और कुछ ऐसे हैं जिनका जन्म यहीं हुआ है और जिन्होंने यहीं शिक्षा ली है और वे अटॉर्नी के किरानियों, कम्पाउंडरों, कम्पोजिटरों, फ़ोटाग्राफरों, स्कूल शिक्षकों आदि के तौर पर काम कर रहे हैं। (गाँधी, *कलेक्टेड वर्क्स:* 2000: 163)

एकता पर ज़ोर देना, प्रवासीय राष्ट्र (डायस्पोरिक नेशन) की दिशा में पहला कदम है।

बागान और राष्ट्र

सामान्य तौर पर अटलांटिक विश्व और विशेष तौर पर बागान की दुनिया का राष्ट्र के साथ एक महीन रिश्ता था। बागान, कारोबारवाद के दौर में फले–फूले

शीर्ष तस्वीर: गाँधी, 1895 में दक्षिण अफ्रीका पहुंचने के कुछ ही समय बाद

थे, जिसमें बागान मालिकों के पैसे संबंधी हितों को संबद्ध राष्ट्र राज्यों ने प्रायोजित किया था और जहाँ ये राज्य आपस में प्रतिस्पर्द्धा में नहीं थे (टिंकर 1974: 21–22)। इस तरह से गुलामी और गिरमिटियागिरी के तहत गुलामों के यातायात के लिए जहाज़ों, भोजन, नाविक और मशीनरी की आपूर्ति करने में कई देशों को मिलकर काम करना होता था (टिंकर 1974: 21–22; लाइनबॉ व रेडिकर 2000: 151–52)। बंदूक (वह मुख्य साधन जिसके बल पर पश्चिम ने बाकी दुनिया को फ़तह किया) कई औद्योगिक उत्पादनों में से बस एक था, जिसे इस यातायात ने बढ़ावा दिया (देखें लाइनबॉ व रेडिकर 2000: 151)।

इन्हें समर्थन देनेवाला शासक वर्ग[1] और कारोबारी समूह अगर 'समुद्रपारीय' था, तो प्रतिरोपित श्रमिक तबके के लोग अलग ही दुनिया के थे। वे एक नए युग में दाख़िल हो रहे थे। वे अपने उद्भव की भूमि से अलग कर दिए गये थे, जो भारत और अफ्रीका के मामले में, अभी तक आधुनिक अर्थों में राष्ट्र नहीं थी। मगर यूरोप के मामले में ऐसा नहीं कहा जा सकता। जैसा कि मैंने अध्याय 1 में चर्चा की है, लाइनबॉ व रेडिकर बताते हैं कि न जाने कितने ग़रीब यूरोपीय और उनके ही साथ–साथ अफ्रीकी और एशियाई पश्चिम के लिए कोलंबस द्वारा 'खोजी' गयी ज़मीन का स्वामी बनने या मज़दूरी करने के लिए ऐसी रफ्तार और इतनी मात्रा में हर जगह फैल गये, जिसकी इतिहास में कोई पिछली मिसाल नहीं थी। इसने इस युग को पहले वास्तविक वैश्विक प्रवासीय (डायस्पोरिक) और कुछ विद्वानों की नजर में वास्तविक आधुनिक युग का रूप दिया।

> चूँकि, पूरे इतिहास में दुनिया के लोग आजीविका के अपने साधन के स्वाामित्व से आनेवाली आर्थिक आज़ादी से ज़िदपूर्वक चिपके रहे हैं, फिर चाहे वह ज़मीन या कोई दूसरी संपत्ति हो, इसलिए यूरोपीय पूँजीवाद को उनकी बड़ी संख्या को ज़बरदस्ती उनकी मातृभूमियों से बेदख़ल करना पड़ा, ताकि उनकी श्रमशक्ति को नये भौगोलिक परिवेशों में नई आर्थिक परियोजनाओं में लगाया जा सके। लोगों की बेदख़ली और उनका स्थान परिवर्तन 500 सालों से चली आ रही विश्वव्यापी प्रक्रिया रहा है (लाइनबॉ व रेडिकर 2000: 17)।

आधुनिकता, बागान और प्रवासी समुदाय (डायस्पोरा)

कुछ विद्वानों का मत है कि इन नई भूमियों में विस्थापित विपरीत–जातीयता (transethnicity) आधुनिकता को परिभाषित करती है। आगे के एक हिस्से में इस पर तफ़सील से बात की गयी है। बागानों/खदानों के असेंबली लाइन कामगारों में बदल दिये गये लोग आद्य आधुनिक–प्रोटो मॉडर्न थे। इस लिहाज

---

[1] अधिकांशतः यूरोपीय मगर ग़ैर यूरोपीय अभिजन भी इस भूमंडलीय विश्व का हिस्सा थे।

से देखें, तो कैरिबिया दुनिया के शुरुआती आधुनिक समाजों में से एक है। सीएलआर जेम्स (त्रिनिदाद) और एरिक विलियम्स (त्रिनिदाद) और पॉल गिलरॉय (जमैका/यूनाइटेड किंगडम) इस आधुनिकता के सिद्धांतकार थे और बेकल्स और गिलरॉय ने इसका सारांश अच्छी तरह से निकाला है। बेनेडिक्ट एंडरसन जैसे अन्य लोग ऐसे बहिर्गमनों को, जिसमें लाखों दासों और गिरमिटों ने कपास की गठरियों और चीनी के साथ–साथ महासमुद्रों को पार किया, राष्ट्रवाद से जोड़ते हैं, जो उनके मुताबिक निर्वासन में जन्मी विचारधारा थी (देखें अध्याय 1)।

बागानों के साथ संबद्ध की जानेवाली आधुनिकता अपने साथ अंतर्विरोधी तत्वों को लेकर आयी। बागान, स्थानीय आबादी को अधीन बनाने या उनको पूरी तरह से नष्ट कर देने के बाद[2] चीनी के उत्पादन, अपने उत्पादों को वैश्विक बाजारों में बेचने और साथ ही साथ नई जगह की वास्तुकला और संस्कृति में 'मातृ' देश को पुनर्जीवित करने के लिए यूरोपीय पूँजी की मदद से की जानेवाली भूमंडलीय कृषकीय उद्यमशीलता के स्थल थे। इस लिहाज से दक्षिण अफ्रीका अटलांटिक परियोजना का भाग था। ठीक उसी समय, चीनी मिल एक तकनीक के तौर पर उन्नत प्रणाली थी, जिसने उस श्रमबल का अमानवीयकरण करने किया, जिसे अनुशासित करने की ज़रूरत थी। इस अनुशासन ने आधुनिक प्रजा को जन्म दिया, जो भारतीय या अफ्रीकी गाँव की ज़्यादा प्राचीन लय से शासित होने की जगह मशीन से शासित होती है: इस व्यक्ति के साथ उसके श्रम से बननेवाले उत्पाद के बराबर ही व्यवहार किया जाना, उसका अमानवीयकरण करता है, ख़ासतौर पर जब श्रम को हिंसक तरीके से और बलपूर्वक इस्तेमाल में लाया जाता है। श्रमिक की आज़ादी उससे छीन ली जाती है: उसका अपने श्रम के साथ बंधा रहना अनिवार्य होता है और सारे सांस्कृतिक उत्पादन सिर्फ खाली बचे समय में ही हो सकते हैं। किसी बुनकर या कुम्हार के लिए, जिसका श्रम ही उसकी संस्कृति और रचनात्मक अभिव्यक्ति का ज़रिया था, उसके लिए ऐसा बदलाव अमानवीयकरण करनेवाला होगा।

पहले मैंने इसका ब्यौरा दिया है कि कुली के कार्यकाल में किस तरह से हिंसक और आघातकारी गिरमिट प्रवासीय अनुभव, अचानक और अनायास ढंग से अपनी प्रजा को एक संदर्भ चौखटे या संदर्भ ढाँचे (फ्रेम ऑफ रेफरेंस) के भीतर ले आते हैं। यह इस तरह से आधुनिक है कि यह एक पूर्व–आधुनिक ग्रामीण भारतीय को विश्व पूँजीवाद की प्रक्रियाओं में डाल देता है, वह भी इसके कहीं ज्यादा बर्बर रूप बागान पूँजीवाद में। औद्योगिक/भूमंडलीय पूँजीवाद के विपरीत बागान आधुनिकता के इस चरण ने अपनी उपनिवेशित प्रजा के बुर्जुआकरण की कोई कोशिश नहीं की। बुर्जुआ, उपभोक्ता और नागरिक का

[2] देखें, हिलैरी बेकल्स (1997: 778–79)

निर्माण बागानी समाजों में नहीं हुआ, जो राष्ट्रविहीन, संस्कृतिविहीन वैतनिक मज़दूर की कल्पना पर काम करता था, जो भूमंडलीय उपभोक्ता बाजार के भी योग्य नहीं समझा जाता था। इस संदर्भ में कुलियों के पीछे आनेवाले कारोबारी, जिसके बारे में मैं अगले अध्याय में विस्तार से चर्चा करूंगी, कुलियों का परिचय एक नए प्रकार के प्रवासीय बाजार से करवा रहे थे, जो कि यूरोप और उत्तर अमेरिका के मुद्रा दलालों के द्वारा चलाए जानेवाले बाजार की उठापटक से कम प्रभावित होता था।

ठीक इसी तरह से और संबंधित तरीके से बागानी समाज की अपने मज़दूरों को एक राष्ट्र में ढालने में कोई दिलचस्पी नहीं थी।[3] लेकिन, त्रिनिदादियों, सीएलआर जेम्स और एरिक विलियम्स, जो 'कैरिबिया को अटलांटिक आधुनिकता के आद्य स्थल के तौर पर देखते हैं', के सैद्धांतीकरण के अनुसार इस संभावना से भी इनकार नहीं किया जा सकता है कि इसने सर्वहाराकरण (proletarianization) का रास्ता तैयार करने या इसकी रफ़्तार को तेज करने का काम किया हो (बेकल्स 1997: 777)।

> जेम्स के लिए, बागानी उत्पादन का एक व्यावहारिक प्रभाव दास बनाए गये मज़दूरों के सर्वहाराकरण को आगे बढ़ाना था। अलग–अलग उत्पादन इकाइयों में श्रम के विभाजन द्वारा संगठित, कुशल दस्तकारों के तौर पर परिष्कृत तरीक़े से प्रशिक्षित...और मध्यवर्गीय मैनेजरों के तौर पर (ड्राइवरों और ओवरसियरों के मामले में) बागान के गुलामों ने [जेम्स के मुताबिक] एक [लोकतांत्रिक] राजनीतिक विमर्श में योगदान दिया (782)।

इसके बावजूद कि यह नज़रिया बागानी परिसरों में ज्ञानोदयपरक मूल्यों को प्रशंसात्मक भाव से बढ़ा–चढ़ाकर पेश करता है, फिर भी यह कहा जा सकता है कि अपनी बागान प्रणाली के साथ यह समाज एक ऐसी जगह था जहाँ विस्थापित लोगों से एक विनियमित और अनुशासित श्रमबल का निर्माण किया गया। ऐसा श्रमबल, जिसे एक (आद्य औद्योगिक) कार्य पद्धति और गैरजनजातीयकृत (डीट्राइबलाइज्ड) जीवनशैली की ज़रूरत है, 'दुनिया के इतिहास में पहला आधुनिक समाज है' (777–89)। हालाँकि, चूँकि नई जीवन पद्धति अरसे से मान्य रहे ग्रामीण परंपराओं का अनुसरण नहीं करती थी और इसकी जगह गन्ना उत्पादन के वार्षिक चक्र से निर्धारित होनेवाली दिनचर्या को बागान मालिकों और ओवर्सियरों द्वारा उस पर थोप दिया गया था, इसलिए यह कहा जा सकता है कि कुछ मामलों में 'आधुनिक' भी चयनित रहा होगा। यह दावा कि गिरमिट प्रथा को जाति के कठोर नियमों से बाहर निकलने की

---

[3] बुर्जुआकरण के साथ आनेवाली हिंसा के लिए वॉल्टर बेंजामिन के शॉक/आघात के विचार को देखें (सार प्रस्तुत गांगुली 2001: 15–16)

ख्वाहिश रखनेवालों द्वारा या भूमिपतियों के अत्याचारों से बचने के लिए स्त्रियों द्वारा, दुर्व्यवहार और अन्य अत्याचारों से बचने के लिए विधवाओं द्वारा और उच्च जाति के अत्याचारपूर्ण व्यवहार से बचने के लिए दलित/दलित बहुजन[4] द्वारा आश्रय की तलाश में या पुलिसिंग या दमन से बचने की ख्वाहिश रखनेवाले लोगों द्वारा अपनाया गया होगा–अपने आप में बदलाव और आधुनिकता की इच्छा की ओर इशारा करता है। मिरियम पीरभाई फ़ीजी के संदर्भ में सुब्रमणि पीरभाई का हवाला देते हैं: गिरमिट प्रथा, सामंती भारतीय के एक व्यक्ति के तौर पर रूपांतरण की पहली अवस्था थी'[5]।

विपरीत-जातीयता (Transethnicity)

जिस समय गाँधी चहल–पहल भरे डरबन बंदरगारह पर क़दम रखते हैं, उस समय उनके द्वारा महसूस की जानेवाली शै है–विपरीत–जातीयता (ट्रांस एथनिसिटी)। नेटाल पहुँच जाने पर गाँधी (भारतीय समुदाय में) कारोबारी तबकों (नस्लवादी श्वेत और समृद्ध भारतीयः पारसी, चेट्टियार, सेठ, मुदलियार आदि) और श्रमिक तबकों (प्रतिरोपित 'किसानों', अहीरों, कुम्हारों, चमारों, ग्वालों, इल्लयों (ellayas), पुलियों (puliyas) और परैयों (pariahs); जो दक्षिण अफ्रीकी भूमि के स्थानीय अफ्रीकी निवासियों–जूलु, झोजा, खोई और सैन के बीच रखे जाते थे) के बीच आपसी संवाद के गवाह बनते हैं। जैसा कि मैं आगे दलील दूँगी, यहाँ हर तरह के तिर्यक संबंधों का वजूद है–उपमहाद्वीपीय कारोबारियों और प्रवासियों के बीच[6], श्वेत उपनिवेशियों और उपमहाद्वीपीय कारोबारियों के बीच, श्वेत उपनिवेशियों और ग़रीब श्रमिक प्रवासियों के बीच, इन सबका महाद्वीप के सबसे प्राचीन निवासियों–अफ्रीकियों के बीच आदि। इन सब में से हर के बीच संवाद का पुल बनाते और वास्तव में इन सबके बीच धकेल दिए गये गाँधी, अक्षत गाँधी हैं, जिनके लंदन में और साथ ही साथ पोरबंदर में अब तक संबंध, अगर कम से कम कहा जाए, तो कह सकते हैं, मृदु और सुरक्षित थे।

मैंने पहले के अध्यायों में यह बताने की कोशिश की है कि गाँधी अब तक अरक्षित और निर्वासजनजन्य व्यग्रता में 'भारतीयता' की बैसाखी को थामे रहे हैं। जिस दक्षिण अफ्रीका में वे कदम रख रहे हैं, वह राष्ट्र नहीं है

[4] इस पूरी किताब में मैंने परंपरागत वर्ण/जाति व्यवस्था के बाहर स्थित लोगों के लिए ज़्यादा आत्मसम्मानसूचक समकालीन पद दलित की जगह प्राथमिक तौर पर 'दलित' शब्द का इस्तेमाल उपनिवेशी/अभिजात्य विमर्श के अंदर अस्पृश्यों पर थोप दी गयी दयनीयता के भाव को प्रकट करने के लिए किया है।

[5] देखें पीरभाई (2009)।

[6] देखें स्वान (1985)।

(गाँधी 2008: 56)। नेटाल, क्राउन की (ब्रिटिश) कॉलोनी था; केप एक स्वशासी कॉलोनी था; ट्रांसवाल और ऑरेंज फ्री स्टेट बोअर/अफ्रिकानेर गणतंत्र थे। इन अलग–अलग राजनीतिक प्रणालियों में एकता लानेवाला तंत्र चीनी/गन्ना बागान है, जिनमें काम करने के लिए श्रमिक 1860 में आए। दक्षिण भारत से तमिल और तेलुगूभाषी (और जातीयता) और पूर्वी उत्तर प्रदेश और बिहार से हिंदीभाषी जहाज़ों पर आपस में एक नाजुक दोस्ती गाँठते थे, जो अक्सर ज़मीन पर टूट जाती थी और उत्तर–दक्षिण का विभाजन अपना फन उठा लेता था। कैरिबिया में इस्तेमाल किया जानेवाला पद–'जहाज़ी भाई' वैसे भी हिंदी पद है, जो चेन्नई में सवार होनेवाले ग़ैर–हिंदीभाषियों को नाममात्र के लिए अपने भीतर शामिल करता है। जल्दी ही मज़दूरों के पीछे से भारतीय कारोबारी और बनिए आए, जिनमें ज़्यादातर गुजरात के मुसलमान थे (57)। इनमें से ही एक अब्दुल्ला सेठ, जो खुद जहाज़ कंपनियों के मालिक थे, जो लगभग 'निरक्षर' थे, जिन्होंने भारत को सोना बेच कर धन कमाया था, गाँधी की सेवा लेते हैं (58)। इन दोनों ही मामलों में 'दक्षिण अफ्रीकी' 'राष्ट्रीयता', साथ ही साथ 'भारतीय' की निशानदेही राजनीतिक एकता से कम, उस व्यवस्था से होती दिखती है, जिसके दम पर खेती, विनिर्माण और उत्पादों की बिक्री संभव होती है। यह एक विचित्र संयोग है कि दक्षिण अफ्रीका में गाँधी का कार्यकाल दोनों के उभार का कारण बनने वाला है। ऐसा तब होता है जब दक्षिण अफ्रीका अतिक्रमणकारी भारतीय प्रवासियों के ख़िलाफ़ अपनी घृणा/नस्लभेद में एकजुट होने की कोशिश करता है और दूसरी तरफ़ 'भारतीय' खुद गाँधी और दक्षिण अफ्रीका में दूसरे भारतीय नेताओं के नेतृत्व में राजनीतिक राष्ट्रवाद के एक नए रूप का और साथ ही उसे अमली जामा पहनाने की रणनीति का भी विकास करते हैं।

भारतीयता

मैंने पहले इस बारे में बात की है कि किस तरह से गाँधी अपने विस्थापन के भय में एक प्रवासीय (डायस्पोरिक) राष्ट्रवाद के चौखट पर लड़खड़ाते हुए दस्तक दे रहे हैं (वही तर्क जो एंडरसन देते हैं)। उपमहाद्वीपीय आप्रवासियों में, वे 'भारतीयता' को एक ऐसी खतरनाक शै के तौर पर देखते हैं, जिस पर कोई अपना दावा नहीं जताना चाहता। इस तरह से मुस्लिम ख़ुद को 'अरब' कहते हैं, पारसी ख़ुद को 'पर्शियन' कह कर पुकारते हैं। मेरे 'कुली' की निर्मिति को लेकर पहले के अध्याय की रौशनी में, यह समझना आसान है कि आख़िर कोई 'भारतीय' कहलाना क्यों नहीं चाहता।

जैसा कि हम उनकी *आत्मकथा* में पाते हैं, गाँधी की स्थिति थोड़ी त्रिशंकु किस्म की है। वे न तो कुली *गिरमिटिया* (अनुबंध से बंधा व्यक्ति। *गिरमिट* शब्द अंग्रेजी के कॉन्ट्रैक्ट का बिगड़ा हुआ हिंदी रूप है) हैं और न ही वे 'यात्री'

भारतीय थे (कारोबारी, बनिये, सेठ, सुनार/झवेरी को जिस तरह पुकारा जाता था), जो अपने टिकट का पैसा खुद देते थे। गाँधी को एक कानूनी पेशेवर के तौर पर लाया गया था, जिनके टिकट का पैसा उनके मुवक्किल अबदुल्ला सेठ ने चुकाया था। वे अपने नौकरी के प्रस्ताव को मुँहज़बानी सुनाते हैं। निम्नलिखित अंश उनकी उपनिवेशी हैसियत को रेखांकित करता है, जो कि एक साधारण भारतीय वकील की है:

> मेरे भाई ने मेरा परिचय दिवंगत सेठ अब्दुल झवेरी से कराया था, जो कि दादा अब्दुल्ला एंड कंपनी के पार्टनर थे...सेठ ने मुझे भरोसा दिलाया कि यह कठिन काम नहीं होगा। 'हमारे मित्रों में बड़े यूरोपीय शामिल हैं, जिनसे आप जान–पहचान बनाएँगे...' (गाँधी 1927: 85)

बाद में बातचीत में गाँधी को कहा जाता है कि 'उनकी सेवा की दरकार एक साल से ज़्यादा समय के लिए नहीं होगी। [हम] आपको आने–जाने के लिए दर्जे का किराया और 105 पॉन्ड की राशि देंगे। यह सब उन्हें मिलता है' (85)। गाँधी व्यंगपूर्वक अपनी मजबूरी के बारे में कहते हैं, 'मैं वहाँ बस नाम के लिए बैरिस्टर के तौर पर जा रहा था, दरअसल मैं फ़र्म का नौकर बनकर जा रहा था' (85)।

यह त्रिशंकु वाली स्थिति–जिसमें वे एक फ़र्म के नौकर थे, मगर कुली नहीं थे–वास्तव में सबाल्टर्न प्रवासीय (डायस्पोरिक) लोगों के साथ उनकी पहली मुठभेड़ को निर्देशित करता है–गाँधी उनमें से या कहें उनका हिस्सा नहीं थे, लेकिन फिर भी वे उसी तरह के भेदभाव का सामना करते हैं और उनकी ही तरह वे भी अपनी मर्जी से वहाँ से जा सकने में असमर्थ हैं। वे खुद–कब जाएँ, इसमें कितना पैसा ख़र्च आएगा, इसका भुगतान कौन करेगा और क्या वे अपने परिवार को साथ रखने का ख़र्चा उठा सकते हैं–जैसी दुविधाओं का शिकार होते हैं और इनका ज़िक्र उनकी *आत्मकथा* में मिलता है।

इस शुरुआत से लेकर उनके पूरे प्रवासीय दौर में, गाँधी की चेतना में काफ़ी विकास होता है। अपने मुस्लिम मेज़बानों के बारे में बात करते हुए, जो उनकी ही तरह गुजराती हैं, वे अक्सर उनकी मेहमाननवाज़ी का जिक्र करते हैं और उन्हें अपने परिवार जैसा बताते हैं।[7] गाँधी के निवास के ज़्यादातर भाग में दादा अब्दुल्ला ने आर्थिक तौर पर उनकी सहायता की और उनके ज़्यादातर शुरुआती

---

[7] इस्लामी जगत में यात्रियों के विवरणों में मेहमाननवाजी का जिक्र एक अलंकार के तौर पर होता है। इसका एक मशहूर उदाहरण इब्न–बतूता का लेखन है। इस संदर्भ में दक्षिण अफ्रीका में महात्मा गांधी की यात्रा पर फैसल देवजी का पाठ मुझे रोचक लगा, जिसमें इसे हिंद महासागर में परंपरागत ('पूर्व–उपनिवेशी') मुस्लिम व्यापार मार्गों को दिखाने वाला कहा गया है।

समर्थक मुस्लिम थे। इसमें कोई शक नहीं कि गाँधी ने लोगों की सक्रियता को उभारने का काम किया, जो आज भी दक्षिण अफ्रीका में उनकी सबसे बड़ी विरासत है, लेकिन अगर संघर्ष के काल–क्रम पर निगाह डालें, तो पता चलता है कि उनके जाने के बाद इस सक्रियता में अक्सर कमी आयी। गाँधी ने शुरू में मुख्य तौर पर दक्षिण अफ्रीका के नेटाल प्रांत में गुजराती मुस्लिम संपत्तिधारकों के अधिकारों की पैरवी की, जो बाकी चीजों के अलावा, अगर निहितार्थ के हिसाब से बात करें तो, उपनिवेशियों द्वारा कारोबारी समूहों और गिरमिटिया मजदूरों के बीच कोई अंतर न किये जाने का विरोध कर रहे थे।

*****

बहरहाल, वहाँ अन्य कारोबारी समूह भी थे। पिछले अध्यायों में मैंने इस पर चर्चा की है कि किस प्रकार इन गुजराती मुस्लिम कारोबारियों[8]–जिनकी मदद गाँधी ने की–का प्रवासीय व्यापार का लंबा इतिहास था। सूरत से बाहर निकलनेवाले गुजराती प्रवासियों का कारोबार और शादी–विवाह के मक़सदों के लिए एक सुस्थापित नेटवर्क था। लेकिन उन्होंने शायद ही कभी खुद को राजनीतिक तौर पर संगठित किया था–वे अपना सिर झुका कर झंझटों से बचे रहते थे। गाँधी एक कारोबारी का हवाला अपनी आत्मकथा में देते हैंः हालिया शोध ने इन समुदायों द्वारा अदा की जानेवाली मुख्य आर्थिक भूमिका के बारे में बताया है, जिन्हें इतिहासकारों के यूरोप–केंद्रित पूर्वाग्रह के तहत हमेशा 'फेरीवाला' कहकर अवमूल्यित किया जाता रहा है।

मैंने कहा है कि दक्षिण अफ्रीका के नेटाल प्रांत में मुस्लिम संपत्तिधारकों ने उपनिवेशियों द्वारा कारोबारी समूह और गिरमिटिया मज़दूरों के बीच अंतर न किए जाने का विरोध किया। दक्षिण अफ्रीका में शुरुआती वर्षों में गाँधी के लेखन को इसी अंतर से तर्क का बल मिलता रहाः गाँधी दलील देते हैं कि कारोबारियों के साथ कुलियों जैसा व्यवहार नहीं किया जाना चाहिए।

नेटाल जनरल असेंबली को एक याचिका में वे अपने मुवक्किलों का परिचय इस तरह कराते हैंः 'आपके याचिकाकर्ता ब्रिटिश प्रजा हैं, जो भारत से आए हैं और इस कॉलोनी में आकर बस गये हैं' (गाँधी खंड 1: 144); यह जवाब इस आरोप के प्रत्युत्तर में था कि भारतीय जहाँ से आए हैं, वहाँ उन्होंने कभी वोट नहीं डाला है। ट्रांस्वाल के श्वेत निवासियों के हाथों अपमानित किए जाने के बावजूद अभी भी वे ब्रिटिश संबंधों को स्वीकार करते हैं और इस कारण से जिन नस्लवादियों से उनका अब तक सामना हुआ है, उनकी बोअर पहचान को रेखांकित करते हैं।

[8] देखें चौधरी (1978), गुडी (1996)।

'भारतीयों' की प्रशंसा करनेवाले उनके सारे शुरुआती तर्क रक्षात्मक हैः वे प्राचीन भारत के रिवाजों को स्थापित करते हैं, 'एंग्लो–सैक्सन' के साथ बराबरी दिखाते हैं और इस तरह की दूसरी चीजें करते हैं।

> जब एंग्लो–सैक्सन नस्लें नुमाइंदगी के सिद्धांत से परिचित हुईं, उससे भी पहले से भारतीय राष्ट्र को चुनावों की ताक़त का पता रहा है और उसने इसका इस्तेमाल भी किया है। (गाँधी खंड 1: 145)

सर हेनरी मैने के विलेज कम्युनिटीज से हवाला देते हुए है वे आगे कहते हैं,

> भारतीय नस्लें अनादि काल से प्रातिनिधिक संस्थाओं से परिचित रही हैं। (गाँधी खंड 1: 145)

इससे आगे वे कहते हैं:

> ...हर गाँव या शहर में हर जाति के अपने नियम–कानून हैं और वे अपने नुमाइंदों का चुनाव करते हैं और इस तरह से वे एंग्लो सैक्सन परिषद–वीटन के हूबहू आद्य रूप (प्रोटोटाइप) हैं, जिनसे वर्तमान संसदीय संस्थाओं का जन्म हुआ है। (145)

नेटाल के प्रधानमंत्री के सामने एक प्रतिनिधि–मंडल का नेतृत्व करते हुए वे दृढ़ता के साथ कहते हैं, 'एंग्लो–सैक्सन और भारतीय नस्लें, दोनों ही एक ही प्रजाति समूह (स्टॉक) से रिश्ता रखती हैं। यहाँ गाँधी उपनिवेशवादी नस्लीय सिद्धांत को मानते हुए प्रतीत होते हैं, जिसका इस्तेमाल अंग्रेजों ने भारत पर अपने शासन को जायज़ ठहराने के लिए किया। इन सिद्धांतों पर अब कोई भरोसा नहीं करता और इन्हें बस भारत पर शासन करने और उसकी लूट को वैध ठहराने की कोशिश के अलावा और कुछ नहीं माना जाता। यह मेक्सिको विजय को *क्वेटजैलक्वाटल* (एजटेक और टोलटेक संस्कृति के देवता) की वापसी के तौर पर पेश करने से अलग नहीं है। इस उपमहाद्वीप में बसनेवाले कुछ लोगों ('आर्यों') का भले जो भी काकेशाई उद्‌भव रहा हो, लेकिन इस बात का कोई सबूत नहीं मिलता कि इनका एंग्लो–सैक्सन लोगों से कोई रिश्ता था।[9] ऐसा लगता है कि गाँधी इन तुलनाओं से परोक्ष रूप से यह संकेत देना चाहते हैं कि गिरमिटियों का उद्‌भव नस्लीय तौर पर 'भारतीय' और एंग्लो–सैक्सन

---

[9] इन सिद्धांतों ने भारतीय समाज पर रंग आधारित पदानुक्रमिक विभाजनों को ऊपर से चस्पां कर दिया। भाषायी पैटर्नों को नस्लीय श्रेणियों में तब्दील कर दिया गया। संस्कृत की लैटिन से भाषायी नज़दीकी, जो भाषा के एक इंडो–यूरोपियन (भारोपीय) परिवार की तरफ़ इशारा करती थी, का इस्तेमाल यह दलील देने के लिए किया गया कि एंग्लो–सैक्सनों को इंडो–यूरोपियन की तरह भारत पर शासन करने का अधिकार था। यह एक लंबे बहस का विषय है।

दोनों से अलग (हीन) प्रजाति समूह (स्टॉक) से हुआ है। उनके ऐसा करने का मक़सद कारोबारियों और गिरमिटियों के बीच अंतर करना है। इस समय तक गाँधी की सोच में भारतीयता के एक सर्व–सवामेशी बोध का उदय नहीं हुआ है। उदाहरण के लिए, 6 जुलाई, 1894 को वे नेटाल विधान परिषद में एक याचिका में यह शिकायत करते हैं कि 'मताधिकार क़ानून संशोधन विधेयक असल में आज़ाद भारतीयों और गिरमिटिया भारतीयों, दोनों को एक साथ रखता है'। इस बिंदु पर गाँधी के विचार में कुछ 'भारतीय' दूसरों से ज्यादा विशिष्ट/विशेषाधिकार प्राप्त हैं।

वृत्त का विस्तार

लेकिन, कुछ दिन बाद ही, 14 जुलाई, 1894 वे अलग तरह से दलील देते हैं। 22 मई, 1894 को, वे 1885 ईस्वी में एलन ऑक्टेवियन ह्यूम द्वारा स्थापित इंडियन नेशनल काँग्रेस के प्रवासीय रिश्तेदार इंडियन नेटाल काँग्रेस की स्थापना कर चुके थे। जिनकी जेब इजाज़त देती थी, उनके लिए शुल्क एक और दो पॉन्ड और दूसरों के लिए कमे, 5 शिलिंग, रखा गया था। अपनी *आत्मकथा* में गाँधी उस क्षण का ज़िक्र करते हैं, जब उन्हें नेटाल इंडियन काँग्रेस (एनआईसी) की विशिष्टता का बोध होता है। उन्होंने लिखा है कि एनआईसी विशिष्ट था। गाँधी लिखते हैं कि उन्होंने देखा कि किस तरह से 'अकुशल मज़दूर' चंदे का भुगतान नहीं कर सकते थे और इस तरह से वे नेटाल इंडियन एसोसिएशन के घेरे के बाहर थे (गाँधी 1927: 127)। सिर्फ समृद्ध लोग ही इसमें शमिल हो सकते थे, जिसका मतलब राजनीतिक सक्रियता को इन्हीं वर्गों तक सीमित रखना था। इनमें से कुछ समूह सदियों से कारोबारी थे। गाँधी द्वारा गठित नेटाल इंडियन काँग्रेस की बैठकों के रिकॉर्डों से पता चलता है कि इसके सदस्यों में उत्तरी और दक्षिणी भारत दोनों जगहों से ऐसे समुदाय थे, जिनका समुद्री व्यापार, किरानीगिरी और विदेशों में बसने का लंबा इतिहास था। इन बैठकों में और कई अन्य प्रतिरोध दस्तावेज़ों में दस्तख़त करनेवालों में गुजराती मुसलमानों, पारसियों और सभी इलाक़ों के हिंदुओं (जोशी, पंडित, चेट्टी, नायडू, पिल्लई आदि) के नाम दिखाई देते हैं।[10]

लेकिन, गाँधी पहले ही अपने दायरे का विस्तार करना शुरू कर चुके हैं। सबसे पहले, वे पांच शिलिंग देनेवाले इन सदस्यों को प्रतिरोध के आधुनिक

[10] दक्षिण अफ्रीका में भारतीय सक्रियता के टाइमलाइन में दस्तखत करनेवालों की सूची देखने के लिए देखें, साउथ अफ्रीकन हिस्ट्री ऑनलाइन http://www.sahistory.org.za में 'अ हिस्ट्री ऑफ इंडियन्स इन साथ अफ्रीका'।

तरीक़ों में, जिनके ब्यौरों पर मैं बाद में लौटूँगी, प्रशिक्षित करते हैं (गाँधी 2008: 73)। साथ ही बेनेडिक्ट एंडरसन की एक बार फिर याद दिलाते हुए वे चंदा जमा करने के लिए चारों तरफ़ की यात्रा करते हैं। यह शायद इन यात्राओं के दरमियान होता है कि वे एनआईसी से छूट गये एक अन्य वर्ग से राब्ता कायम करते हैं। यह वर्ग है नेटाल में जन्मे युवा भारतीयों का; यह मुमकिन है कि इन यात्राओं ने और आबादी के दूसरे वर्गों के साथ इस दरमियान हुए संपर्क ने उनके बोध को जागृत किया, ठीक वैसे ही जैसे ट्रांस्वाल की उनकी पहली यात्रा ने मुस्लिम व्यापारियों के साथ उनके दोतरफ़ा रिश्ते की ठोस नींव रखी।

गिरमिटियों की संतान ये नौजवान, इंडियन एजुकेशन एसोसिएशन–एनआईसी की एक शाखा–में शामिल किए गये और इस एसोसिएशन के ज़रिए नेटाल में जन्मे 'भारतीय' कारोबारियों के साथ संवाद कर सकते थे। पिछले पन्नों में मैंने जिस ख़त का हवाला दिया है, जिसमें उन्होंने कारोबारियों और गिरमिटियों के बीच अंतर करने की माँग की थी, उसके लिखे जाने के चंद दिनों के बाद ही 14 जुलाई, 1894 को गाँधी एक अर्जी में लॉर्ड रिपन को लिखते हैं:

> आपका याचिकाकर्ता सम्मान के साथ यह कहना चाहता है कि ये लड़के (नेटाल में जन्मे, अक्सर ईसाई धर्म परिवर्तित), जिनमें से कई उपनिवेशी बस्ती (कॉलोनी) में जन्मे हैं, उनका लालन–पालन पूरी तरह से यूरोपीय शैली में हुआ है। वे बाद के जीवन में मुख्य तौर पर यूरोपीय समुदाय के ही संपर्क में आते हैं और इसलिए वे हर तरह से यूरोपियों की तरह मताधिकार के योग्य हैं। (गाँधी *कलेक्टेड वर्क्स* 2000: 189, खंड 1)

दूसरे क्षेत्रों को समाहित करते हुए, हाँ, मगर उपनिवेशी ढाँचे में ही विन्यस्त ये टिप्पणियाँ दोहरा अर्थ देनेवाली हैं। एक तरफ उनकी यूरोपीय शिक्षा इन युवाओं को तवज्जो के लायक बनाती है, दूसरी तरफ़ इनका उद्भव अक्सर निचली जातियों के बीच से है, जो ईसाई धर्म और यूरोपीयकरण का वरण करनेवालों में से हैं, जिसका दक्षिण अफ्रीका में काफ़ी प्रचलन था।[11] इस तरह से उन्हें शामिल करना, जाति की भावना को चुनौती देने की दिशा में एक महत्वपूर्ण क़दम है। फीनिक्स फार्म की एक काफ़ी प्रसिद्ध घटना एक मेहमान से संबंधित है, एक भूतपूर्व दलित बहुजन ईसाई धर्म–परिवर्तित जिसके पेशाब

---

[11] यह कैरिबिया से अलग है, जहाँ प्रेस्बिटेरियनिज्म ने कई तथाकथित उच्च क्षेत्रों पर अपना दावा किया था, जैसा कि शिवा नॉयपॉल ने *'इनसाइड द ड्रैगन माउथ'* में वर्णन किया है, और देश में जन्मे हिंदुओं को शिक्षा–प्रणाली से बाहर रखा था। गिरमिटिया बस्तियों में शिक्षा हासिल करने के लिए, शादी को विधिक मान्यता दिलाने और अन्य चीजों के लिए ईसाई बनाना ज़रूरी था (देखें, क्लासः वेलर, टिंकर, रूहोमन)।

करने के बर्तन को धोने से कस्तूरबा इनकार कर देती हैं; जो गाँधी के गुस्से की वजह बनता है।[12] ये ईसाई भारतीय हालाँकि अपने अभिभावकों से ज़्यादा बेहतर स्थिति में थे, जो अकुशल मज़दूर थे, और जैसा कि मैंने अध्याय 3 में चर्चा की है, 'कुली' के तौर पर जिनका तिरस्कार बागानों के सत्ता समीकरणों के हिसाब से बेहद सावधानी के साथ निर्मित किया गया था।

इस तरह से, हालाँकि एक वकील की तरह गाँधी कुलियों की हैसियत से 'चंदे' के बाहर होने के कारण होनेवाले भेदभाव से परिचित हैं, फिर भी वे ऐसे निष्कर्षों तक पहुँचते हैं, जो जातीय पूर्वाग्रह से भरे लगते हैं। 'आर्यों' के बारे में उनकी टिप्पणियाँ, नस्लीय सोच के एक ख़ासतौर पर घातक रूप को प्रदर्शित करती हैं, जिनका प्रचार सबसे पहले गोबिन्यू द्वारा किया गया था। ये और विकृत होकर बागानी और कृषक संस्कृति बनाम आदिवासियों और स्थानीय निवासियों की संस्कृति के प्रति पूर्वाग्रह भरी टिप्पणियों का रूप ले लेती हैं।

1885 के क़ानून 3, संशोधित 1886 का विरोध करते हुए वे कहते हैं:

> यह क़ानून एशिया की एक आदिवासी नस्ल के व्यक्ति पर लागू होता है, जिनमें भीतर से तथाकथित कुलियों, अरबों, मलयों और तुर्की साम्राज्य की मोहम्मडन प्रजाओं की पहचान होती है। (गाँधी, *कलेक्टेड वर्क्स* 2000: 189, खंड 1)

वे आगे यह दावा भी करते हैं कि गिरमिटिया आबादी में 'एशिया की आदिवासी नस्लों' (ब्रिटिश विद्वान हंटर के *इंडियन एम्पायर* का हवाला देते हुए, जिसने फ़र्जी नस्लीय सिद्धांतों के सहारे यह बताया कि आदिवासी कौन हैं और कौन नहीं हैं) का प्रतिनिधित्व नहीं है। गाँधी कहते हैं: दक्षिण अफ्रीका के भारतीय इंडो–जर्मनिक प्रजाति समूह (स्टॉक) से या अगर और सही तरीक़े से कहा जाए, तो आर्य परिवार से रिश्ता रखते हैं। 'आर्यों' के जर्मन नस्लों से जुड़ाव का सिद्धांत, जिसे नाज़ी जर्मनी ने खड़ा किया, पहले से ही आर्थर गोबिन्यू और दूसरों के लेखन में मौजूद था, जिसने भाषा विज्ञान और मैक्स मूलर जैसे प्राच्यवादियों का ग़लत इस्तेमाल किया था। नस्ल को सूचित करने के लिए भाषायी परिवारों का इस्तेमाल किया गया। तथ्यात्मक दृष्टि से कई गिरमिटिये वास्तव में आदिवासी लोगों से ताल्लुक़ रखते थे, जिन्हें, जैसा कि रोमिला थापर बताती हैं, आक्रमणकारी साम्राज्यों द्वारा अधीन बना लिया गया था। इन्हें गंदगी से ताल्लुक़ रखने वाले कामों को करने के लिए मजबूर किया जाता था, जो 'अछूत' के तौर पर उनकी हैसियत को निर्धारित करता था। दलित बहुजन आंदोलन ने इन लोगों की गरिमा को पुनर्स्थापित किया है और इस बात में कोई

[12] गुजरात की एक दूसरी घटना एक दलित–बहुजन डेढ़ दंपति से संबंधित है, जिनका समुदाय जानवरों के चमड़े का काम करता था (गांधी 2008: 183, 202)।

शक नहीं कि उनके नेता डॉ. बी.आर. आम्बेडकर, जिन्होंने भारत के संविधान का प्रारूप तैयार किया, के मन में ऐसे ही बयान रहे होंगे, जब उन्होंने जाति का पूरी तरह से उन्मूलन न करने के लिए गाँधी की तीखी आलोचना की थीः 'अछूतों का अस्तित्व इसलिए है, क्योंकि जातियों का अस्तित्व है' (गाँधी 2008: 55, आम्बेडकर के हवाले से)।'

गाँधी का अपना नस्लीय अज्ञान/पूर्वाग्रह लगातार प्रकट होता रहता है। बंगाल की एक जनजाति के कृषकीय कौशल पर बात करते हुए वे कहते हैं, असम के संथाल...दक्षिण अफ्रीका में उस देश के स्थानीय निवासियों की तरह ही अनुपयोगी होंगे.'[13] संथाल परंपरागत तौर पर आखेटक–संग्राहक होते हैं। ऊपर गाँधी, लाई गईं अन्य जातियों की तुलना में कृषक जातियों को विशेष स्थान देते नज़र आते हैं। अगस्त, 1896[14] में वे शिकायत करते हैं कि दक्षिण अफ्रीकी श्वेत 'हमारा दर्जा गिराकर हमें उन सबसे निचले दर्जे के असभ्य काफ़िर के बराबर कर देते हैं, शिकार करना जिनका पेशा है जिसकी एकमात्र महत्वाकांक्षा एक निश्चित संख्या में मवेशियों को जमा करना है, जिससे वे एक पत्नी ख़रीद सकें और उसके बाद अपना जीवन निष्क्रियता और नग्नता में गुजार सकें' (410)। लेकिन अपने प्रवास के अंत तक वे अपनी धारणाओं में पूरी तरह से संशोधन कर लेते हैं।

गाँधी की 'प्रवासीय' जागरूकता में आमूल सुधारवादी (रैडिकल) राजनीति का अभाव और जाति–व्यवस्था के पदानुक्रमों पर सवाल उठाने को लेकर उनकी अनिच्छा, पर काफ़ी बात होती है। कम से कम शुरुआती चरणों में गाँधी ऊपर जैसे बयान देते हैं। इसका कारण यह है कि गाँधी खाद्य उत्पादक कृषक जातियों (*किसानों* और मछुआरों) को ज़्यादा आदिम तरीक़े से रहनेवाले लोगों, जिन्हें आदिवासी कहकर पुकारा जाता है, से ज़्यादा मूल्यवान मानते हैं। यही सोच ऐसे बयानों का कारण बनती है। लेकिन, समय बीतने के साथ वे अपनी धारणाओं में संशोधन करते जाते हैं। यह सबसे ज़्यादा 'मद्रासी' के साथ उनके संपर्क में आने के बाद दिखाई देता है। चेन्नई में जहाज़ पर चढ़कर अपनी यात्रा शुरू करनेवाले सभी दक्षिण भारतीय मजदूरों को 'मद्रासी' कहकर पुकारा जाता था और वे दक्षिण अफ्रीका में बहुमत में थे (स्वान [1985] परिशिष्टः 281–82 में संलग्न सारणी को देखें)।

दक्षिण अफ्रीका के 'स्थानीय निवासियो' का संदर्भ और काफ़ी बाद में 1907 में दिए गये ऐसे बयान गाँधी के अंतर्विरोध को दर्ज करते हैं: 2 फरवरी 1907[15] को वे कहते हैं, 'एक भारतीय एक काफ़िर की तरह अनुमति पत्र (पास) लेकर

---

[13] गाँधी, *कलेक्टेड वर्क्स* 2000 [1896, खंड 1]: 408, 410 से।

[14] गाँधी, *कलेक्टेड वर्क्स* 2000 [1896, खंड 1]: 410 से।

[15] गाँधी [1907], *कलेक्टेड वर्क्स* 2000: 257 से।

एक प्रवासीय राष्ट्र की नक्शानवीसी   89

चलने की जगह जेल जाना ज़्यादा पसंद करेगा' (257)। गाँधी जिस तरह से अफ्रीकियों की दुर्दशा को नज़रअंदाज करके पूरी तरह से भारतीय समस्या पर एकाग्र दिखते हैं, वह गाँधी अध्ययन की एक बड़ी पहेली रही है।

जहाँ तक न्यायोचित दावा रखनेवाले वाले अफ्रीकियों का सवाल है, गाँधी ज़रूर उनके प्रति हमदर्दी और दिलचस्पी का प्रदर्शन करते हैं और जैसा कि मैंने *दक्षिण अफ्रीका में सत्याग्रह* वाले अपने अध्याय में दिखाया है, उनकी संस्कृति एवं मूल्यों के बारे में पर्याप्त सहानुभूति एवं समझ भी रखते हैं। साथ ही साथ वे यूरोपीय शोषण और लोभ को भी समझते हैं। वे अक्सर जुलुओं के प्रति अपने समर्थन को प्रकट करते हैं, लेकिन उन्हें अपने संघर्ष में शामिल नहीं करते हैं।

जहाज़ की कार्यपंजिकाओं (लॉग्स) में संकलित सारणियों (स्वान 1985: 281—2) से पता चलता है कि पुरुष प्रवासियों में, कम से कम दक्षिण अफ्रीका में, मद्रास क्षेत्र से 200 के क़रीब उपजातियाँ थीं। इनमें तमिल, तेलुगू और मलयालम जातीयताएँ, मोची, धोबी और मछुआरे से लेकर जिप्सी (कोरावन), नाई, कुम्हार, ताड़ी निकालनेवाले; से लेकर गौन्डेन (Gounden), (गोवेन्दर) (Govender) और खेतिहर तक शामिल थे। यह दिलचस्प है कि इन सूचियों में मोपलाओं, 'हिंदी' और 'शूद्र' का भी ज़िक्र है, जो सूक्ष्म जातीयताओं के कई स्तरों की ओर इशारा करता है, जो संभवतः ग्रामीण बनाम शहरी अवस्थितियों पर निर्भर करता था। इस तरह से चेन्नई में उत्तर भारतीय प्रवासी की पहचान 'हिंदी' के तौर पर की जा सकती है; एक निचली जाति के व्यक्ति को 'शूद्र' कहा जा सकता है, अगर वह कथित उच्च जातियों के साथ रह रहा हो, लेकिन अपने इलाक़े में उसे उसके पेशे से जाना जाएगा। इसी तरह से उत्तर भारतीय जातियों के तहत सूचीबद्ध जातियाँ हैं: ब्राह्मण, जमींदार, ग्वाला (गाय चरानेवाला), माली के साथ—साथ गोंड, आदिवासी एवं जनजातीय। दक्षिण भारतीयों (मद्रासियों) की तादाद उत्तर भारतीयों से ज़्यादा थी और दक्षिण भारतीय स्त्रियों की संख्या, उत्तर भारतीय स्त्रियों की तुलना में ज़्यादा थी। इससे यह पता चलता है कि दक्षिण अफ्रीका में मुख्यतौर पर पाया जानेवाला समूह मज़दूरों का था। हालाँकि, व्यापारी लोग गुजराती, चेट्टी और पिल्लई आदि थे।

कृषक समुदायों ने खाद्य उत्पादन का काम ले लिया, जबकि पूर्व ख़ानाबदोश/ जनजातीय जातियाँ बकरे की बलि और काली के अन्य अनुष्ठानों में लगे रहे। गाँधी की शुरुआती टिप्पणियाँ कृषकों को अन्यों के ऊपर तरजीह देनेवाली हैं। जैसा कि सारणी से पता चलता है, 'मद्रासी' किसी भी तरह से समरूप श्रेणी नहीं थी, लेकिन 'कुलियों के भीतर' के पदानुक्रम में उन्हें एक समूह, जो आदिम प्रथाओं के सबसे क़रीब है, के तहत रख दिया गया था। इसके पीछे कई कारकों का मिला—जुला हाथ हो सकता है। कुछ समूहों द्वारा कृषि व्यवहारों को न अपनाना भी इनमें से एक है। एक दक्षिणी अफ्रीकी मित्र ने अपने ननिहाल में

बकरे की कुर्बानी का विवरण देती हैं—उनका ताल्लुक़ एक समृद्ध जाति से था, यह बात अलग है कि इसने भारत में अपनी उपासना पद्धति के तत्वों को बचाए रखा, जिसमें पशु बलि भी शामिल थी।

अंत में खेतिहर भारतीय ने खुद को नए जीवन के अनुसार ढाल लियाः ऐसा करते हुए उन्होंने कामकाज की अपनी भारतीय दिनचर्या को बनाए रखा। गिरमिट प्रथा के बाद खेतिहर कृषि के दिनों में अमेरिकी भूगोलवेत्ता जे.डब्ल्यू कोल्टर का सामना फ़ीजी के कृषकीय जीवन की निम्नलिखित दिनचर्या से हुआः

भारतीय किसान...साढ़े पाँच बजे जग जाता है, अपने बैलों को तैयार करता है और छह से आठ बजे तक खेत में हल चलाता है। वह या तो घर में जलपान करता है या खेत में ही रोटी और दूध और चाय लेता है...वह फिर दस बजे तक खेत की जुताई करता है; उस समय उसके बैलों को हल से अलग कर दिया जाता है और वे दिन की गर्मी के वक्त छाया में लेट कर सुस्ताते हैं। दस बजे के ठीक बाद वह अपनी गाय को दुहता है और साढ़े दस बजे से 12 बजे तक वह या तो खुरपे से खर–पतवारों की निराई–गुड़ाई करता है या सड़क के किनारे चारा काटता है। दोपहर में वह चावल, दाल या चावल, करी और दूध का भोजन करता है। दोपहर में वह फिर निराई–गुड़ाई में लग जाता है और घास काटता है या छिटपुट काम करता है...लोग आठ बजे सोने के समय तक किरोसिन के लैंप के नीचे बैठ कर हुक्का पीते हैं और बातचीत करते हैं। शाम में भारतीयों के समूह, पूरे दिन खेतों में काम करके, झुटपुटे के वक्त भोजन का बर्तन लिए घर पहुँचते हैं। (कोल्टर 1942: 93 बृजलाल द्वारा राय व रीव्स में दिया गया हवाला)

दूसरे लेखकों के विवरण से ऐसा लगता है कि विदेशों में भारतीय मज़दूर, एक बार गिरमिट–प्रथा से आज़ाद होने के बाद, कुशल किसान थे। गिरमिटिया पूर्व के भूमि आबद्ध जीवन में भूमि की भूख उन्हें बलपूर्वक महासमुद्रों में लेकर गयी, लेकिन आख़िरकार उनके पास अपनी ज़मीन थीः एक संसाधन जिसका उन्होंने उसकी पूरी क्षमता में दोहन किया। भारतीय जॉर्ज लैमिंग द्वारा की गयी भारतीय किसानों की हृदयस्पर्शी प्रशंसा पर आगे चर्चा की गयी है। *हिंद स्वराज* गाँधी भारतीय की जो प्रशंसा करते हैं, वह वास्तव में किसानों को ध्यान में रखकर की गयी है।

गिरमिट–प्रथा के तहत दूसरी जगहों पर 'मद्रासियों' ने खुद को अफ्रीकियों की जीवन पद्धति में ज्यादा ढालाः जो सबसे ज्यादा गयाना में दिखता है। अगर मिलती–जुलती जनांकिकी की बात की जाए, तो गयान में 'मद्रासियों' की बड़ी तादाद है (मद्रासियों पर चर्चा के लिए देखें अध्याय 3, व 4)।

मैं यह दिखाऊँगी कि गाँधी के निष्कर्ष बदलावों से गुजरते हैं: सबसे पहले वे व्यापारियों और कुलियों से जन्मे दूसरी पीढ़ी के शिक्षित दक्षिण अफ्रीकियों से

आगे, खुद कुलियों को देखना शुरू करते हैं, जिनमें से कई दक्षिण भारतीय थे, इसलिए उन्हें सामी कहकर पुकारा जाता था। इससे पहले गाँधी ने यह पाया था कि व्यापारियों, किरानियों और मज़दूरों, सबको 'सामी' या 'कुली' (जो मूल रूप से किराए के लिए तमिल शब्द है) संबोधन से पुकारा जाता था। जब गाँधी के साथ ट्रेन में बुरा बर्ताव किया जाता है, उस समय 'कुली' शब्द का प्रयोग किया जाता है। गाँधी 'कुलियों' में भी भाभावादी (उत्तर–उपनिवेशवादी सिद्धांतकार होमी के. भाभा की की तरह) 'कुलियों' में भी एक शातिर शिष्टाचार देखते हैं:

> सभी भारतीयों को कुली या सामी कहा जाता था। सामी एक तमिल प्रत्यय है, जो कई तमिल नामों के बाद लगता है। सामी, संस्कृत के स्वामी से बना है। 'जब भी कोई भारतीय सामी शब्द से चिढ़ जाता और उसमें कुछ हिम्मत होती, तो वह कहता, तुम मुझे सामी कहते हो, लेकिन तुम यह भूल जाते हो कि सामी का अर्थ होता है मालिक! जिससे उसका उसका गोरा मालिक चिढ़ जाता था।' (गाँधी 1927: 90)

किसानी, खाद्य उत्पादक जातियों के प्रति अपने शुरुआती झुकाव के बावजूद, गाँधी दलित बहुजन की तरफ़ से भी बोलते हैं (जिन्हें उन्होंने 1932 से हरिजन से संबोधित करना शुरू किया) और मैला उठाने, शौचालय साफ़ करने को युवाओं की अनिवार्य शिक्षा का हिस्सा बनाते हैं, जिससे उनके बेटों को भी छूट नहीं मिलती। इसमें कोई संदेह नहीं कि एक प्रवासीके तौर पर वे अपनी चेतना की धीमी गति से विस्तार का परिचय देते हैं। नेटाल में अपने आगमन के दिन से उन्होंने कोर्ट में अपने आचरण से अपनी उपस्थिति दर्ज कराई। जब उनसे उनकी पगड़ी उतारने के लिए कहा गया, तो उन्होंने इनकार कर दिया, जिससे वे अधिकारियों की नज़रों में आ गये। उसके बाद गाँधी के असाधारण और खूब लंबे चले पत्रकारीय कॅरियर की शुरुआत होती है, जिसके कारण हम दक्षिण अफ्रीका में उनकी गतिविधियों का पता लगा पाने में समर्थ होते हैं। पहली नज़र में और सतही तौर पर उनका विमर्श साधारण, विधि अनुरूप, सपाट और कई बार उबाऊ तक है। लेकिन, जैसा कि दक्षिण अफ्रीका में उनका कार्यकाल दिखाता है, उनकी चुप्पियाँ और अनुपस्थितियाँ भी काफ़ी मानीखेज़ हैं।[16] इस अध्याय में मेरी दिलचस्पी का एक हिस्सा गाँधी के लिखित शब्दों, असमानताओं और अन्यायों के लिए उनके तरफ कोशिश किए जानेवाले क़ानूनी समाधानों का सामंजस्य उन तत्वों के साथ बैठाना है, जिस पर वे चुप रहते हैं, या जिन्हें वे छोड़ देते हैं। उनका लेखन, अख़बारों में और साथ ही साथ *आत्मकथा* में (इसमें पहले वाला क्रमबद्ध और समकालीन है जबकि बाद वाला संत–चरित्रपरक

[16] समकालीन सिद्धांत चुप्पियों को अर्थ के लिए महत्वपूर्ण मानते हैं।

92 अटलांटिक गाँधी

(हैजियोग्राफिक), तारीख़ों की गलतियाँ करनेवाला और कई साल बाद याद से लिखा गया है) हमारी मदद एक अथक तीर्थ यात्री/मुसाफ़िर/चिंतक और साथ ही साथ लेखक को देखने में हमारी मदद करता है।

प्रवासीय राष्ट्रवाद का भूगोल

भूगोल, राष्ट्रवादी चेतना का एक महत्वपूर्ण आयाम था। बेनेडिक्ट एंडरसन के इस प्रसिद्ध सूत्रीकरण को याद किया जा सकता है कि राष्ट्र का निर्माण द्विभाषी लोगों द्वारा किया जाता है, जो राष्ट्र के सभी हिस्सों को पार करते हुए यात्राएँ करते हैं।[17] राष्ट्र के संबंध में एंडरसन का पथप्रवर्तक अध्ययन मेरे तर्क के लिए इतना अहम है कि यहाँ थोड़ी रुककर उस पर चर्चा करना फ़ायदेमंद होगा।

एंडरसन आधुनिक मुद्रण (प्रिंट) राष्ट्रवाद का संबंध पूँजीवादी प्रसार और भाषायी समुदायों के उभार के साथ जोड़ते हैं, जो मध्ययुगीन जगत के पवित्र समुदायों और साथ ही धार्मिक समुदायों की गैर–मनमाने, पवित्र भाषाओं के अनुकरण में, मगर साथ ही उसकी प्रतिक्रिया में भी (20) उभरे।

प्रवासीय (डायस्पोरिक) राष्ट्रवाद, जो कि इस किताब के केंद्र में है, इसी भाँति मगर साथ ही साथ अलग तरह से भी काम करता है। पवित्र धार्मिक समुदाय (प्रतिरोपित लोक हिंदुत्व या इस्लाम), पवित्र भाषाएँ (खुद विभिन्न हालातों में प्रतिरोपित किए गये ब्राह्मण पंडितों या 'पीरों' द्वारा लायी गयी संस्कृत या उर्दू), भाषायी एकता (भोजपुरी, खड़ी बोली और तमिल के बीच), इन भाषाओं की विविधता और कई क्षेत्रीय बोलियाँ, जिन पर अंग्रेजी के वर्चस्व के कारण उत्पन्न हुई 'क्रियोल' और 'पिजिन' (एक ऐसी सरल मिश्रित भाषा जो दो समूहों के बीच संचार की भाषा के तौर पर इस्तेमाल में लायी जाती है, जिनके बीच कोई साझी भाषा न हो) की एकता (भारतीय नामों के हिज्जे और उच्चारण में जैसा इन्हें ब्रिटिश अधिकारियों द्वारा लिप्यंतरित किया गया) थोप दी जाती है सब नए कारक हैं। नाम अक्सर समरूपकारी क्रियोलाइट को उजागर करते हैं, जबकि भोजपुरी या तमिल नामों का लिप्यंतरण किया गया; इस तरह से 'द्रुपती' (द्रौपदी या द्रोपदी), नागामूटू (नागा मुथु) और सेल्वन (सेल्वान)। कभी–कभार जाति के नामों को आख़िरी नाम के तौर पर अपना लिया गया: जैसे, कृषक जाति गोवेंदर (govender), से ग़ोवेंडर (Govender) बन गया।

बिखरे हुए क्रियोलभाषियों से नए राजनीतिक समुदायों का निर्माण करने के लिए, जिसने हो सकता है गिरमिटिया मज़दूरों की अंतर्निहित भाषायी एकता की संभावना को समाप्त कर दिया हो, गाँधी द्वारा मुद्रण का इस्तेमाल ख़ासतौर पर

[17] देखें एंडरसन (1983: 55–60)।

ध्यान देने लायक है। यह एक संयोग की बात है कि गाँधी और उनके गुजराती मुवक्किल एक भाषा साझा करते थे: इंडियन ओपिनियन के गुजराती वाले भाग को लगातार छापकर उन्होंने एक वाक् समुदाय को एक पाठक समुदाय में रूपांतरित कर दिया। उनके प्रायोजक अब्दुल्ला सेठ, जो हालाँकि एक बड़े स्वर्ण व्यापारी थे, जिन्होंने नए खोजे गये अफ्रीकी सोने को भारत में बेचकर काफ़ी धन कमाया था, किसी तरह बस साक्षर थे (देखें, गाँधी 2008: 58)।

शुरू में गाँधी श्वेत दक्षिण अफ्रीकियों का ध्यान अपनी ओर खींचने के साधन के तौर पर अंग्रेजी में लिखते हैं, लेकिन वे अपनी घरेलू आबादी और साथ ही साथ गुजराती कारोबारियो तक भी पहुँचने के लिए गुजराती में लिखना शुरू कर देते हैं। मुद्रण समुदायों के निर्माण की ज़रूरत के प्रति सचेत होने के कारण वे गणेश एंड कंपनी, चेन्नई, साथ ही साथ नवजीवन अहमदाबाद से भी प्रकाशन करते हैं। हालाँकि घोषित तौर पर उनकी दिलचस्पी राष्ट्र–निर्माण न होकर, सिर्फ प्रवासी समूहों के बीच सांस्कृतिक पहचान के साझे मूल्यों का प्रसार था, लेकिन इसका प्रभाव एंडरसन के अनुसार समरूपीकरण करनेवाले 'खाली' समय (homogenizing 'empty' time) के विवरण जैसा है, जिसका निर्माण उपन्यासों और समाचारपत्रों द्वारा किया जाता है। ये दोनों, बकौल एंडरसन, आधुनिक राष्ट्र के चारों ओर एक मेड़ खड़ी करते हैं। ऐसी ही मेड़ गाँधी के लेखन द्वारा आधुनिक प्रवासीय भारत के चारों ओर खड़ी की जाती है।

उपन्यास से अपने प्राथमिक उदाहरण का इस्तेमाल करते हुए, जो एक डिनर पार्टी का चित्र है, और सह–अस्तित्वमान जगत की ओर इशारा करता है (लेकिन, बाद में कहानी के भीतर आए समाचारपत्र से आगे बढ़ते हुए, जिसे एक चरित्र पढ़ रहा है, जो एक कल्पना है, वे वास्तविक जगत के समाचारपत्रों तक आ जाते हैं), एंडरसन दिखाते हैं कि कैसे दोनों का मतलब पंचांगीय समय पर टिकटिक करती दुनिया–एक 'सोश्योस्केप' या सामाजिक दृश्यावली (किसी स्थान में सभी सामाजिक संबंधों के जिए गये अनुभवों का समुच्चय, एक ऐसी जगह जो चयनित वैकल्पिक रिश्तों के आधार पर अस्तित्व में आती है और जिस पर भौतिक दूरियों और प्रादेशिक सीमाओं का कोई असर नहीं पड़ता) से है। यह सोश्योस्केप तुलनीय संस्थाओं से भरा हुआ है, जिससे लोगों का सामना इस दुनिया का चक्कर लगाते हुए होता है। यही एक राष्ट्र को मुमकिन बनाता है। एंडरसन का कहना है कि यही वह तरीक़ा है, जिससे विद्यालयों, अस्पतालों, दुकानों आदि के बीच और प्रशासनिक इकाइयों के बीच यात्राएँ किसी राष्ट्र की काल्पनिक और प्रादेशिक भूगोल का नक्शा खींचने में मदद करती हैं।

गाँधी को पढ़ने के लिए एंडरसन का इस्तेमाल करते हुए, मैंने पहले भी दक्षिण अफ्रीका में गाँधी की ट्रेन यात्राओ, डच और अंग्रेज इलाकों के बीच, जो अभी तक एक दक्षिण अफ्रीकी राष्ट्र के तौर पर एकीकृत नहीं हैं, का जिक्र

किया है। इस गैर–राष्ट्र के भीतर गाँधी उन लोगों के लिए जगह की तलाश करने की इच्छा रखते हैं, जो अभी तक भारतीय नहीं हैं। दो क्षणिक राष्ट्र उनकी अपनी यात्राओं के ठोसपन से जुड़ी हुई हैं। विक्टर टर्नर (देखें, एंडरसन 1983: 55) समयों, हैसियतों, और जगहों के दरमियान यात्राओं को अर्थ (मीनिंग) निर्माणकारी अनुभव के तौर पर देखते हैं (55)। यात्रा, अपने आप में, मिसाल के लिए एक धार्मिक तीर्थयात्रा, अलग–अलग जगहों से एक मार्ग और एक मंजिल की तरफ़ लोगों के 'बहाव' से तीर्थयात्रियों की एकता–इस मामले में धर्म में–को स्थापित करती है। गाँधी की नेटाल से पीट्रमारिट्ज़बर्ग से होते हुए ट्रांसवाल की आघातकारी यात्रा और रास्ते में अब्दुल्ला द्वारा सभी गुजरातियों के जुटाव के उदाहरणों में, नस्लवाद का सामना करते हुए भी, निवास का एक निश्चित नक्शा तैयार करने का काम अंजाम दिया जा रहा है। गाँधी से मिलनेवाले ये कारोबारी कह रहे हैं, 'यह हमारी जगह है, जहाँ हम हमारे समूह के एक साथी यात्री की परेशानी में थोड़ी मदद कर सकते हैं'। कारोबारियों के ये नेटवर्क, जैसा कि मैंने पहले चर्चा की है, उस प्रवासीय जाल के लिए काफ़ी अहम हैं, जिसे गुजरातियों ने अपने उद्‌भव की संस्कृति से खुद को जोड़ते हुए बुना।

खुद गाँधी, पहले दक्षिण अफ्रीका में और बाद में भारत में, अपने राजनीतिक प्रभाव के दायरे की 'निशानदेही' करने लिहाज से ऐसी यात्राओं के महत्व को लेकर विशिष्ट तरीके से जागरूक थे। ट्रांसवाल के तमिलों को वर्जित क्षेत्रों में प्रवेश दिलाने के लिए चलाया गया उनका अभियान इसकी एक मिसाल है। इसी तरह से नमक मार्च (दांडी मार्च) है, जहाँ उन्होंने समुद्र तक की पैदल यात्रा करके भारत में आजादी से घूम सकने के अधिकार को स्थापित किया। इस तरह से देखें, तो दक्षिण अफ्रीकी यात्राएँ भारत की यात्राओं की पूर्वपीठिका हैं। वहाँ वे भारतीय–दक्षिण अफ्रीका की निशानदेही कर रहे थे।

मेरा कहना है कि दक्षिण अफ्रीका में, जो तब तक राष्ट्र न होकर विभिन्न क्षेत्रों का एक समूह था, की गयी यात्राएं, गाँधी को उन कार्यक्रमों के लिए तैयार करने का मौका देती हैं, जिनकी शुरुआत वे उपनिवेशी शासन के ख़िलाफ़ 'राष्ट्रीय' संघर्ष का नेतृत्व करने के लिए भारत लौटकर आने पर करते हैं। चलना (दांडी मार्च), ट्रेनों में यात्रा करना[18] (लौटकर आने पर गोखले की सलाह

[18] हिंद स्वराज पर अपनी चर्चा में मैंने रेलवे के खिलाफ़ गांधी के कटु वचनों की तरफ ध्यान दिलाया, जो मेरे एंडरसन की तर्ज पर किए गये इस दावे के विरोध में है कि उन्होंने रेलवे का इस्तेमाल राष्ट्र के भूगोल का निर्माण करने के लिए किया। उदाहरण के लिए रोगों का संक्रमण करनेवाला कहकर गांधी द्वारा रेलवे को ख़ारिज किया जाना उनके विरोधाभास को प्रकट करता है, क्योकि वे भीड़ से संवाद की वकालत करते थे। ऐसा लगता है कि मशीनों को लेकर उनका अविश्वास, उनके द्वारा रेलवे का इस्तेमाल किये जाने को नज़रअंदाज़ करने का कारण बनता है। साथ ही नीचे देखें, ट्रेनें और नस्लवाद।

पर वे पहले साल ट्रेन से देशभर में घूमते हैं), अगर एंडरसन की पदावली में कहें, तो उनके द्वारा इस देश के इस पार से उस पार तक अपने राजनीतिक इलाक़े की निशानदेही करना है। दक्षिण अफ्रीका में और बाद में भारत में, गाँधी यह महसूस करते हैं कि राष्ट्र के राजनीतिक यथार्थ बनने से पहले उसे भौगोलिक तौर पर अनुभव करना ज़रूरी है।

मैंने पहले भी कहा है कि गाँधी की त्रिशंकु स्थिति 'सबाल्टर्न' प्रवासी आबादी के साथ उनकी पहली मुठभेड़ के स्वरूप का निर्धारण करती है—वे उनका हिस्सा नहीं हैं, लेकिन फिर भी समान भेदभाव का सामना करते हैं। गतिशीलता (आवागमन) पर रोक इनमें से एक है। वे उनकी ही तरह आर्थिक तंगी की हालत में हैं और उनकी ही तरह अपनी मर्जी से रुखसती लेने में असमर्थ हैं। उनकी *आत्मकथा* में कब जाएँ, इसमें आनेवाले ख़र्च, इस ख़र्च के इंतजाम और क्या वे परिवार के साथ रहने का ख़र्च उठा सकते हैं, आदि को लेकर उनकी दुविधाओं का जिक्र मिलता है (गाँधी 1927: 137)। लेकिन उनके आवागमन पर शुरुआती पाबंदी का सामना वे ट्रेन की आघातकारी घटना में करते हैं। इससे पहले मैंने इस विचार पर कि बागान मालिकों के लिए, गुलामों के बागान छोड़ कर जाने और उनमें आज़ाद होकर घूमने पर पर रोकटोक (मनोवैज्ञानिक वर्चस्व स्थापित करने के लिए अपमानित करने की इच्छा से ही नहीं, जिस पर बागान पूँजीवाद निर्भर था) बल्कि इस व्यावहारिक भय के कारण भी लगाई गयी थी कि वे सब एकजुट होकर विद्रोह कर सकते हैं। एक प्रमुख उदाहरण के तौर पर हैतियन विद्रोह और बड़ी संख्या में अल्पज्ञात और सतत तरीके से चलनेवाले गुलामों के विद्रोहों को देखते हुए बागान मालिकों के लिए यह ख़तरा काफी वास्तविक था। गिरमिटियों के गुलामों की जगह लेने पर (ह्यू टिंकर के सूत्रीकरण के मुताबिक जो 'दासप्रथा के नए रूप' की स्थापना था) ऐसे प्रतिबंध कुलियों पर भी लगाए गये। इसमें प्राथमिक तौर पर जो चीज शामिल थी, उसे स्थान (स्पेस) की निरंकुशता कहा जा सकता है—लोगों की यात्राओं पर नियंत्रण, उदाहरण के लिए वे जब ट्रेन में हों। बाद में जिस कानून ने भारतीयों के ऑरेंज फ्री स्टेट जाने पर रोक लगा दी, वह भी इसी तरह से दमनकारी था। बाकी सारी चीजों की ही तरह ऐसे नियम एक साथ, एक ही समय में शारीरिक, सामाजिक–आर्थिक, भौगोलिक और मनोवैज्ञानिक वर्चस्व स्थापित करते हैं। प्रवासी तौर पर गाँधी की समुद्र यात्राओं और ट्रेन यात्राओं के विभिन्न विवरणों की तुलना करने से, जो आत्मकथात्मक और जीवनीपरक दोनों हैं, हम समुद्री जहाज़ों में आज़ाद दायरों (फ्री स्पेसेज) की ज्यादा गुंजाइश के पीटर लाइनबॉ और पॉल गिलरॉय के मत से इत्तेफाक रखने के लिए प्रेरित होते हैं। ऐसा लगता है कि गाँधी के अनुभव में, नस्लवाद के सवाल पर समुद्री जहाज़, ट्रेनों की तुलना में बेहतर थे। जहाज़ का कप्तान गाँधी से दोस्ती करता है, जबकि ट्रेन के गार्डों ने उन्हें धमकाया।

जहाज़ों पर पहले के एक अध्याय में शतरंज के खेल, पत्तनों की सैर, जहाज़ के सहयात्रियों के साथ दोस्ताना भाव आदि का विवरण दिया गया है; इसके विपरीत दक्षिण अफ्रीका में अपने पहले हफ़्ते में ट्रेन और कोच की यात्राएँ–पीट्रमारिट्ज़बर्ग के रास्ते ट्रांसवाल तक–बहिष्करण के कष्टदायक अनुभव देनेवाली हैं। ट्रेन पर गार्ड उनसे कहता है, जो एक अमर कहानी बन गया है, कि एक 'रंगवाले (अश्वेत) व्यक्ति' होने के नाते उन्हें पहले दर्जे वाले डिब्बे को छोड़ कर वैन कंपार्टमेंट में जाना होगा और ऐसा नहीं करने पर उसने 'एक पुलिस कॉन्सटेबल को बुलाकर तुम्हें धक्के मारकर बाहर निकालने' की धमकी दी (गाँधी 1927: 93)।

यात्रा का माध्यम और सहायक परिस्थितियों के अलावा–जहाज़, मिसाल के तौर पर एक ऐसे दायरे (स्पेस) में रहते हैं, जो जमीनी राजनीति से कटा होता है। इस तथ्य के बावजूद कि वे उन्हीं राजनीतियों के वाहक होते हैं। इसीलिए गिलरॉय ने यह तर्क दिया है कि अटलांटिकपारीय जहाज़, गुलामों का परिवहन करने के बावजूद प्रति सांस्कृतिक आंदोलनों की प्रयोगशाला बन गये। दूसरी तरफ़ रेलगाड़ियों ने शुरू में उपनिवेशी राष्ट्रीय दायरों को लांघने काम किया और इनका इस्तेमाल उन लोगों को बहिष्कृत करने के लिए किया गया, जिन्हें राष्ट्र की अवधारणा में प्रवेश नहीं दिया गया था। जिस बिंदु पर गाँधी नेटाल से पीट्रमारिट्ज़बर्ग के रास्ते ट्रांसवाल की यात्रा कर रहे हैं, उस समय वे एक ख्वाहिशमंद, लेकिन अभी तक न बने राष्ट्र के भीतर (क्राउन कॉलोनी से बोअर/अफ्रीकानेर गणराज्य तक) सफ़र कर रहे हैं। जो राष्ट्रराज्य यह बनना चाह रहा है, वह श्वेत नस्ल की श्रेष्ठता की बुनियाद पर टिका है। यानी अगर समुद्री जहाज़ समुद्रपारीय स्थान (स्पेस) हैं, तो रेलगाड़ियाँ राष्ट्रीय हैं (बेनेडिक्ट एंडरसन यात्रा और राष्ट्र निर्माण पर, पहले)।

अपनी *आत्मकथा* में गाँधी उस ऐतिहासिक रेल यात्रा का क्रमबद्ध विवरण देते हैं, जिसने उनका जीवन बदल दिया। यह यात्रा वे दो रिश्तेदारों–अब्दुल्ला और तैयब सेठ के बीच एक विवाद को कोर्ट के बाहर सुलझाने के लिए कर रहे थे। इसी मुकदमे के सिलसिले में वे दक्षिण अफ्रीका आए थे। यहाँ विडंबनाएं एकदम प्रकट हैं–लंदन में प्रशिक्षित एक बैरिस्टर एक पारिवारिक झगड़े को सुलझाने के लिए महासमुद्र को पार करता है, क्योंकि क़ानूनी कामकाज की भाषा अंग्रेजी है और सेठ अब्दुल्ला, अपनी अकूत संपत्ति के बावजूद, उसमें दक्ष नहीं हैं (गाँधी 2008: 58)।

राजमोहन गाँधी के विवरणों के मुताबिक (60–63) गाँधी 31 मई, 1893 को नेटाल के चार्ल्सटाउन से रवाना होते हैं। चूंकि दक्षिण अफ्रीका दक्षिणी गोलार्ध में है, इसलिए उस वक्त वहाँ जाड़े का मौसम है। एक घोड़ागाड़ी/सिकरम

उन्हें पूर्वी ट्रांसवाल के स्टैण्डरटन और एक रात के पड़ाव के बाद जोहानिसबर्ग और प्रीटोरिया पहुँचाती है। पीटर्‌मारिट्‌जबर्ग, जहाँ गाँधी को ट्रेन से बाहर फेंक दिया गया था, एक ठंडे पठार पर स्थित है। रेलगाड़ी से अपमानजक ढंग से नीचे उतारे जाने के बाद, गाँधी ने सेठ अब्दुल्ला को तार भेजा, जिन्होंने फ़ौरन सभी भारतीय कारोबारियों को तार भेजकर (जिनमें से ज्यादातर मुस्लिम थे) प्रीटोरिया के रास्ते में हर पड़ाव पर गाँधी से मिलने और उनकी मदद करने के लिए कहा। उनकी *आत्मकथा* (94–95) कारोबारियों से मिली सहायता का विवरण देती है, जिन्होंने उनसे मुलाक़ात की और अपने कड़वे अनुभवों के बारे में बताकर गाँधी को तसल्ली देने की कोशिश की। अब्दुल्ला सेठ (गाँधी 2008: 61) ने रेलवे मैनेजर से बात की और गाँधी को चार्ल्सटाउन जाने वाली रेलगाड़ी, जो पीटर्‌मारिट्‌जबर्ग में रुकती थी, का पहले दर्जे का टिकट देने की पेशकश की जाती है। उन्हें कहा जाता है कि चार्ल्सटन से उनका घोड़ागाड़ी का टिकट रद्द हो गया है और उन्हें अनिच्छा के साथ उसमें सवार होने दिया जाता है (95)। वे उस घोड़ागाड़ी में यात्रा करते हैं, जहाँ उनसे कंपकंपाती ठंड में बाहर कंडक्टर की सीट पर बैठने के लिए कहा जाता है, जबकि कंडक्टर समेत बाकी सारे लोग भीतर बैठते हैं। उनके साथ दूसरी तरफ कंडक्टर की ही सीट पर एक *खोई* बैठा था।

लेकिन, गाँधी के हिस्से में अभी और अपमान बदा था। पारडीकोप में गाँधी को तिरस्कार के साथ 'सामी' कहकर पुकारा जाता है और उन्हें कंडक्टर की सीट को खाली करने के लिए कहा जाता है, ताकि वह कंडक्टर सिगरेट पी सके और थोड़ी ताज़ी हवा खा सके। गाँधी के विरोध करने पर क्या होता है, इसका काफ़ी सजीव वर्णन आत्मकथा में किया गया है:

> वह व्यक्ति मुझ पर टूट पड़ा और मेरे कानों पर तमाचे मारने लगा। वह मेरी मेरी बाँह पकड़कर मुझे नीचे खींचने लगा। बैठक के पास ही पीतल के सीखचे थे। मैंने कसकर उन्हें पकड़ लिया। मैंने यह निश्चय कर लिया था कि चाहे मेरी बाँह ही न उखड़ जाए, मैं सीखचे नहीं छोड़ूँगा। (95)

ऐसे अनुभव के बाद, गाँधी स्टैण्डरटन पहुंचते हैं और 'कई भारतीय चेहरों को देखकर राहत की साँस लेते हैं' (96)। ये भारतीय दादा अब्दुल्ला के तार पर पहुंचे थे और उन्हें सेठ ईसा हाजी सुमार के पास लेकर गये। एक बार फिर मारिट्‌जबर्ग की तरह ये लोग अपने कड़वे अनुभवों को सुनाकर उन्हें ढाढ़स बंधाते हैं, जिनसे उन्हें कुछ राहत मिलती है (97)।

दो वजहों से मैं इन घटनाओं पर विस्तार से चर्चा कर रही हूँ। पहला, गाँधी जिस शारीरिक आतंक और खतरे का अनुभव करते हैं, वह गिरमिटिया मजदूरों–'सामियों' की दुनिया के साथ उनका पहला अस्तित्ववादी संपर्क है

(इसके बारे में और विस्तार से आगे चर्चा की जाएगी)। बागानी गुलामी और गिरमिटिया प्रथा शारीरिक हिंसा पर भरोसा करती थी। इसे दक्षिणी संयुक्त राज्य, फिज़ी, मॉरिशस, त्रिनिदाद, गयाना और अन्य कैरिबियाई द्वीपों के बागानी समाजों में एक नियम की तरह बना दिया गया था। ह्यू टिंकर दासप्रथा क़े संदर्भ में इसकी व्याख्या करते हुए कहते हैं कि गुलामों के ऊपर मालिकों के मनोवैज्ञानिक वर्चस्व की निर्मिति सतत मंडरानेवाले विद्रोह के भय से काफी सावधानीपूर्वक की गयी थी। शारीरिक अत्याचार और हिंसा इस नस्लीय आतंक का हिस्सा था। ज्यादातर बागानों में, गोरे अल्पसंख्यक थे और दक्षिण अफ्रीका में भी यह तेजी से हो रहा था, जैसा कि मैं इस अध्याय में आगे चर्चा करूँगी। टिंकर कहते हैं:

> बागानी दासता की सबसे महत्वपूर्ण विशेषता बागानों के भीतर गुलामों को क़ैद करके रखा जाना था, जो उन्हें बाहरी दुनिया के साथ संबंध कायम करने रोकता था। दास–व्यापार की तरह ही दासता उस विन्यास में थी, जिसमें मालिक दासों के डर से रहता था। कैरिबिया में गोरे लोग लगातार घट रहे अल्पसंख्यक थे... (टिंकर 1974: 9)।

शारीरिक हिंसा के ज़रिए मनोवैज्ञानिक वर्चस्व कायम करना और जिसे गिलरॉय 'नस्लीय आतंक' कहते हैं, उसे गहरे तक मन में बैठा देना, उनकी रणनीति का प्रमुख हिस्सा था। टिंकर के मुताबिक़, गिरमिट प्रथा 'दासप्रथा का एक नया रूप थी' आवागमन की आज़ादी पर प्रतिबंध लगाने के मामले में, जो गाँधी को नज़र आने लगता है, दक्षिण अफ्रीका पैटर्न की नकल करता है। अब तक गाँधी जितनी बार सीधे तौर पर नस्लवाद से पीड़ित हुए हैं, उनमें से अधिकतर बोअर और अफ्रीकनेर गणराज्यों, ट्रांसवाल और ऑरेंज फ्री स्टेट में थे, जहाँ सभी भारतीयों पर पाबंदी थी। गाँधी को ठंड में बाहर फेंक दिया गया है, उन्हें उनके गरम कपड़ों से वंचित रखा गया है, उनके कान पर तमाचे मारे गये हैं, उन्हें घोड़ागाड़ी में बाहर बैठने पर मजबूर किया गया है–बार–बार उनके शरीर के साथ हिंसा की गयी है।

इस यात्रा की दूसरी अहमियत राष्ट्रवादी पहचान की एक नई किस्म की धारणा है। इससे पहले, गाँधी विशेषाधिकार की स्थिति में 'भारतीयों' के साथ संपर्क में आये थे। मिसाल के तौर पर उनके लंदन के पूरे प्रवास को लिया जा सकता है। ऊपर वर्णित बुरे बर्ताव के संदर्भ में, भारतीय चेहरों को देखने पर उनकी जान में जो जान आती है और ट्रांसवाल के मुस्लिम कारोबारियों से उन्हें जो बल मिलता है, वह राष्ट्रीयता के नए बोध–सुरक्षा की भावना–का उनके द्वारा पहली बार अनुभव था। यह उनके द्वारा राष्ट्र निर्मिति का एक हिस्सा बन जाता है और मुस्लिम इसका अभिन्न हिस्सा हैं।

दूसरे भारतीयों के साथ जुड़ाव का यह बोध उन जगहों से भी निःसृत होता है, जो उन्हें नस्लवाद और हमवतनों की संगति में मिली तसल्ली, दोनों की

याद दिलाते हैं। उस समय दक्षिण अफ्रीका के अलग–अलग हिस्से, जिनमें कुछ ब्रिटिश थे, कुछ बोअर, गाँधी की ऐतिहासिक ट्रेन/घोड़ागाड़ी की यात्रा के बाद उनकी चेतना में एक नया मानचित्र बनाते हैं। मानचित्र की जगहें, अब नस्लीय वर्चस्व की उनकी जन्म लेती चेतना के बीज बिंदु हैं। उन्होंने अलग–अलग तरह के बर्तावों का सामना किया है, कुछ हिंसक तरह से शत्रुतापूर्ण थे, कुछ अपमानजनक तरीक़े से शत्रुतापूर्ण थे और कुछ पर्याप्त तरीक़े से दोस्ताना थे। जिन गैर–भारतीयों का वे सामना करते हैं, वे विभिन्न तरीक़े के हैं–ट्रांसवालर, हॉलेंडर, अफ्रीकी अमेरिकी और ब्रिटिश। इनमें से बाद वाले तीन मेहमाननवाज़ किस्म के थे, लेकिन वे बोअर राज्यों से ताल्लुक़ नहीं रखते। लेकिन, जैसे ही अब्दुल्ला सेठ के द्वारा रास्ते में उनके लिए समर्थन और मदद का इंतजाम किया जाता है, एक शत्रुतापूर्ण देश, पहचानी सी जगह लगने लगता है, जो भारतीय एकजुटता के नए नक्शे से मुमकिन होता है।

यहाँ बेनेडिक्ट एंडरसन का मॉडल में थोड़ा अंतर है। यहाँ द्विभाषी यात्राएँ अपने राष्ट्रीय दायरे (स्पेस) में नहीं, बल्कि एक प्रवासी (डायस्पोर) की हैसियत से एक शत्रुतापूर्ण दायरे में हो रही हैं–फिर भी ये उन्हें उनकी राष्ट्रीयता का मानचित्र तैयार करने में मदद करती हैं। एंडरसन उन यात्राओं के बारे में बात करते हैं, जो द्विभाषी यात्री और नौकरशाह साम्राज्य की सीमा में करते हैं–उपनिवेशी मातहती जिनकी सीमा तय करती है, जो उन्हें न सिर्फ़ अपने उपनिवेशित घरेलू दायरे के भीतर ओहदेदार के तौर पर क़ैद करके रखती है, बल्कि उपनिवेशवादी के विदेशी क्षेत्रों के भीतर भी बंदी बनाकर रखती है। उपनिवेशी मार्ग, एक मार्ग है, जिसके द्वारा गाँधी दक्षिण अफ्रीका तक पहुँचते हैं। लेकिन, अब वे एक विदेशी धरती पर अपनी क़ैद को उतार फेंकते हैं। दूसरे मार्ग की बात करें, तो यह मार्ग पूर्व–उपनिवेशी मुस्लिम व्यापार का रास्ता है, और यही वह चीज है, जो गाँधी को अपने संघर्ष को खड़ा करने में मदद करती है।

इसके बाद गाँधी की क़ागज़ी कार्रवाई शुरू होती है, जो आज सैकड़ों खंडों में संकलित हैं। बाहर फेंक दिए जाने पर गाँधी की त्वरित प्रतिक्रिया–अब्दुल्ला सेठ को तार भेजना और अधिकारियों को चिट्ठी लिखना, कलम की ताक़त में उनकी आस्था को प्रकट करता है। अपमान का सामना करने पर वे सबसे पहले अब्दुल्ला सेठ को तार भेजते हैं और सेठ दूसरे मुस्लिमों से संपर्क करते हैं और उनसे रास्ते में गाँधी से मिलने के लिए कहते हैं। मताधिकार के मसले के बारे में सुनने के बाद, वे महाद्वीप से महाद्वीप के बीच लिखते हैं।

ई–मेल और इंटरनेट से काफी पहले, प्रवासीय (डायस्पोरिक) संचार में गाँधी की सिद्धहस्तता किसी भी तरह से कम प्रभावशाली नहीं थी। दक्षिण अफ्रीका में अपने शुरुआती महीनों में उन्होंने कई तरह के संपर्कों का जाल बनाया, जिनमें रेलगाड़ी और तार ने उनकी मदद की। नेटाल से ट्रांसवाल की यात्रा के दौरान

पीट्रमारिट्ज़बर्ग में रेलगाड़ी से बाहर फेंके जाने पर वे निजी तौर पर जिस नस्लवाद का शिकार हुए, वह एक सर्वज्ञात घटना है और अक्सर इसे दक्षिण अफ्रीका में उनके राजनीतिक संघर्ष की शुरुआत का क्षण कहा जाता है। लेकिन, रेलगाड़ी से फेंके जाने के 24 घंटे के भीतर वे समर्थन और सहायता जुटा लेते हैं। उनके तार के जवाब में अब्दुल्ला सेठ ने गाँधी की सुरक्षा सुनिश्चित करने के लिए हर स्टेशन पर उनसे मिलने के लिए लोगों का इंतजाम किया (गाँधी 2008: 59–63)। अनजाने में ही गाँधी और अब्दुल्ला दोनों, दूर–दराज के भारतीयों को तब के एकीकृत दक्षिण अफ्रीका में एकजुट कर रहे थे। इसी तरह से नेटाल और ट्रांसवाल के भारतीय, गाँधी को विदा करने के लिए एक पिकनिक के लिए जमा हुए। यही वह मौका था, जब गाँधी को इस बात की जानकारी मिलती है कि भारतीयों को काम करने के अधिकार से वंचित किया जा रहा है।

कुली और गाँधी

आत्मकथा के भीतर गिरमिटिया कुली गाँधी की चेतना में परिवर्तन एक तमिल गिरमिटिया नौकर बालासुंदरम से भेंट के बाद आता है, जिसके गोरे मालिक ने उसके साथ शारीरिक हिंसा की थी। गाँधी की *आत्मकथा (1927)* और राजमोहन गाँधी के जीवनीपरक विवरणों में इस घटना का काफी सजीव वर्णन मिलता है, जो कि गाँधी के दायरे के विस्तार का एक संकेतक क्षण है।

'फटे–चिटे कपड़े में हाथ में साफा लिये एक तमिल व्यक्ति मेरे सामने खड़ा हो गया। उसके दो दाँत टूटे हुए थे और उसके मुंह से खून बह रहा था। वह थरथर काँप रहा था और रो रहा था। (गाँधी 2008: 127)। उस व्यक्ति की पगड़ी अस्मिताबोध का एक क्षण उत्पन्न करती है:

> बालासुंदरम हाथ में अपना साफा उतारकर मेरे दफ़्तर में आया था। इन परिस्थितियों में एक ख़ास किस्म की करुणा भरी है, जो हमारे अपमान को भी दिखाती थी। मैं वह किस्सा पहले ही सुना चुका हूं, जब मुझे मेरी पगड़ी उतारने के लिए कहा गया था। गिरमिटिया और दूसरे अनजान हिंदुस्तानी जब किसी यूरोपीय के घर में दाख़िल होते, तो अपनी पगड़ी–फिर वह टोपी हो या बंधी हुई पगड़ी या लपेटा हुआ साफा हो, उतार लिया करते थे। इस परंपरा को उन पर जबरन थोपा गया था। दोनों हाथों से सलाम करना काफ़ी नहीं था। (गाँधी 1927: 127)

अपने मुहर्रिर/किरानी की मदद से, जो खुद एक तमिल था, गाँधी उस मज़दूर पर ढाए गये अत्याचारों के बारे में जानते हैं और बालासुंदरम को डॉक्टर के पास भेजते हैं और रंगभेदी दक्षिण अफ्रीका में चिकित्सकीय उपेक्षा से बचने में उसकी मदद करते हैं। गाँधी ने बालासुंदरम की जो मदद की, उसका ब्यौरा राजमोहन गाँधी ने उपलब्ध कराया है (गाँधी 2008: 74)। वह मजदूर एक तमिलभाषी हिंदू

था। अनुवाद करनेवाला तमिल ईसाई था, जो शायद धर्मांतरित ईसाई रहा हो। डॉक्टर से कुली की चोट संबंधी प्रमाण–पत्र लेने के बाद, गाँधी बालासुंदरम को मजिस्ट्रेट के पास ले जाते हैं और वहाँ बालासुंदरम का हलफ़नामा पेश किया, जिसे पढ़कर मजिस्ट्रेट ने उसके मालिक के नाम समन जारी करने का आदेश दिया। मालिक को दोषी करार दिया जाता है। गाँधी उस मज़दूर को नए मालिक को हस्तांतरित करवा देते हैं। गाँधी के इस हस्तक्षेप की ख़बर दूसरे गिरमिटियों तक पहुँचती है, ख़ासकर तमिलों के बीच (गाँधी 2008: 74)।

राजमोहन गाँधी इसके बारे में बात करते हैं और यह बताते हैं कि कैसे बालासुंदरम का मामला भारत के उन हिस्सों में गाँधी की लोकप्रियता का कारण बना, जब उन्होंने बाद में देश का भ्रमण किया। राजमोहन गाँधी कहते हैं: 'मद्रास में एक जनसभा में 'उत्साह का कोई ठिकाना नहीं था' जिसमें बालासुंदरम वाले किस्से का कम हाथ नहीं था, जो तमिल देश का रहनेवाला था' (78)।

इससे यह पता चलता है कि कुली अपने गृह–देशों से उतने कटे हुए नहीं थे–अपने देश में उन्हें लोग अब भी अपने के तौर पर पहचानते थे। ऐसे में हम अविश्वसनीय आघात, जाति गँवाने आदि के साथ बचे हुए संबंध का सामंजस्य किस तरह से बिठाएँ? क्या इसकी एक व्याख्या इस रूप में हो सकती है कि दलित बहुजन जातियों ने, जिनके पास खोने के लिए कुछ भी नहीं था, उन्होंने अपने परिवारों से संपर्क बनाए रखा?

बालासुंदरम वाले वाक़ये से कई ऐसे मसले उठ खड़े होते हैं, जो विश्लेषण की माँग करते हैं। मद्रासियों का मसला; दासप्रथा की तुलना में गिरमिट में सामान्य तौर पर हिंसा का मसला (देखें ओरलैंडो पैटरसन); उपनिवेशी मर्दानगी का मसला, जो भारतीय को स्त्रियोचित और कमजोर के तौर पर देखता था; कुलियों के कष्ट (द्वारकानाथ, टिंकर से उदाहरण) और कुलियों के कष्टों को लेकर गाँधी की जागरूकता, अपने अनुभव के बाद वे जिसे अस्तित्वादी ढंग से समझ सकते थे।

यह व्यक्ति न सिर्फ एक निचले पायदान पर खड़ा कुली है, जो अब तक गाँधी के अभियान से बाहर था, साथ ही वह 'मद्रासी' भी है, जिसकी स्थिति ख़ासतौर पर काफ़ी अरक्षित, यहाँ तक कि तिरस्कृत थी। 'मद्रासी' से सामान्य तौर पर उस क्षेत्र–दक्षिणी प्रांत जिसे तब मद्रास प्रेसिडेंसी के तौर पर जाना जाता था, के सभी लोगों का बोध होता था। लेकिन तिरस्कार का भाव सलेम जैसे कुछ ख़ास जिलों से आनेवाले 'परैयों' (Paraiyas) और दलित बहुजन के बड़े हिस्से तक सीमित था–जो अक्सर अकाल से बचने के लिए गिरमिट जहाज़ों की शरण में पहुँचे थे। हक़ीक़त यह है कि मद्रासी सभी जातियों से थे, ब्राह्मण (अय्यर और आयंगर); वैश्य (चेट्टियार) और अन्य भूतपूर्व राजसी जातियाँ (क्षत्रिय)। लेकिन, गिरमिट में जानेवाले राज्य में दलित बहुजनों की बड़ी

संख्या (टिंकर यह आँकड़ा 75 फीसदी बताते हैं) का यह मतलब था कि दलित बहुजन 'मद्रासी' एक पहचान में आनेवाली आकृति बन गया।

नीचे आयी टिप्पणी में वे अब कुलियों की तरफ़ से बोल रहे हैं.

माननीय कैम्पबेल एवं डॉन:

> ने पाया और उन भारतीयों के साथ किए जानेवाले अन्याय के बारे में टिप्पणी की जो अपने साधनों से उपनिवेशी बस्ती (कॉलोनी) में आए थे... लेकिन ऐसा लगता है कि वे यह सोचते हैं कि जो यहाँ गिरमिट के तहत आए उन्हें कभी मताधिकार नहीं मिलना चाहिए। (गाँधी खंड 1: 169)
>
> उनका तर्क है कि यहाँ आए गिरमिटिया, जो नियमानुसार सक्षम शरीर वाले और जवान थे; वे यूरोपीयित के प्रभाव में आते हैं और जबकि वे गिरमिट के भीतर होते हैं और ख़ासतौर पर जब वे आज़ाद हो जाते हैं, तब वे तेजी से खुद को यूरोपीय सभ्यता के साथ एकसार करना शुरू कर देते हैं और पूरी तरह से उपनिवेशवादियों में रूपांतरित हो जाते हैं। (168–169)

25 अक्टूबर 1894 को वे लिखते हैं:

> आपने लिखा है कि कॉलोनी में बसे भारतीय, भारत में निवास करनेवाले भारतीयों के समान नहीं हैं; लेकिन, श्रीमान, आप यह सुविधाजनक ढंग से यह भूल जाते हैं कि वे उसी नस्ल के भाई और वंशज हैं, जिनके साथ आप बुद्धिमत्ता को जोड़ते हैं। (182)

इस आख़िरी टिप्पणी से उन्होंने नस्ल को भारतीय उपमहाद्वीप के लोगों के वर्णन और उनका विभाजन करने के तरीक़े के तौर पर पूरी तरह से त्याग दिया है–सभी भारतीय, कुली और कारोबारी समान नस्ल के हैं। एक प्रवासीय (डायस्पोरिक) भारतीय दक्षिण अफ़्रीकी राष्ट्र के नक्शे का निर्माण, नस्लीय सिद्धांतों पर करारा प्रहार है, जिसकी मदद से शासकों ने एक 'राष्ट्र' (नेशन) में सदस्यता से, जिसमें उनका जन्म हुआ था (नेशियो से, जिसका अर्थ होता है पैदा होना) क्षेत्रों, जातियों और जनजातियों का बँटवारा किया। इस तरह से देखें, तो उन्होंने दक्षिण अफ़्रीका में कुली के सबसे निचले दर्जे के लिए सम्मान की दिशा में काम किया[19], जिनमें से कुछ, जिसका पता वहाँ के और

[19] स्वान (1985: 4) हालांकि, इस ओर ध्यान दिलाती हैं कि वहाँ कई तमिल अभिजन भी थे (जैसे, एक तमिल ब्राह्मण, अय्यर, जो एक समाचारपत्र का मालिक था). अन्य उल्लेखनीय लोग (जिनका पता उच्च जातियों वाले नामों से चलता है, मसलन, नायडू, पांड्या और सिंह, यहाँ तक गिरमिटियों के भीतर भी)–इस तरफ इशारा करते हैं कि वहाँ अन्य नेता भी थे। स्वान का दावा है कि मुसाफिर भारतीयों द्वारा लायी गयी पूंजी के कारण, पूर्व गिरमिट दुकानदार जो अपना व्यापार खड़ा करना शुरू कर रहे थे, टिक नहीं पाए (4–5)।

एक प्रवासीय राष्ट्र की नक्शानवीसी 103

कैरिबिया के जनगणना रिकॉर्डों से चलता है, 'आदि द्रविड़' और 'दलित' थे। जिन्हें जाति समाज ने अरसा पहले अधीन बना लिया और बहिष्कृत कर दिया गया था और कुछ मामलों में सदियों की कालावधि में जाति समाज का हिस्सा बना लिया गया था (इस प्रक्रिया को तफ़सील से समझने के लिए देखें थापर 2003)। गाँधी ने उनकी कहानियाँ सुनीं, कानूनी मामलों में उनकी पैरवी की और जाति–भावना में आतंरिक सुधार लाने की कोशिश की। गाँधी की प्रवासीय (डायस्पोरिक) जागरूकता में आमूल सुधारवादी (रैडिकल) राजनीति का अभाव और जाति–व्यवस्था के पदानुक्रमों को प्रश्नांकित करने की उनकी अनिच्छा पर काफ़ी चर्चा हुई है; साथ ही अफ़्रीकियों के कष्टों से एक तरह से आँखें फेरकर वे भारतीय समस्या पर जिस तरह से अपने को केंद्रित रखते दिखते हैं, इस पर भी काफ़ी बातें हुई हैं। न्यायोचित दावा रखनेवाले अफ़्रीकियों का जहाँ तक सवाल है, तो गाँधी ज़रूर उनके प्रति एक सहानुभूति और दिलचस्पी रखते हैं, जैसे कि जुलुओं के प्रति उनके समर्थन में दिखता है, लेकिन वे उन्हें अपने संघर्ष में शामिल नहीं करते हैं।

गाँधी के योगदान की मौलिकता पर बात करते हुए, मैं उन अध्ययनों से प्रस्थान करने की इजाज़त चाहती हूं, जो दक्षिण अफ़्रीका में गाँधी की भूमिका पर से रहस्य के पर्दे को हटाना चाहते हैं और यह दावा करते हैं कि वर्गीय स्तरीकरण एक तरफ़ कारोबारियों के बीच और दूसरी तरफ गिरमिटियों और उनके वंशजों के बीच, गाँधी के बावजूद आगे बढ़ा। स्वान कारोबारियों, पेशेवरों और गिरमिटियों का ब्यौरेवार विवरण देती हैं, यहाँ तक कि वे प्रवास करनेवाले (मुसाफ़िर) ख़ास कारोबारियों के नाम भी बताती हैं, जिन्होंने मज़दूरों के लिए दुकानें खोलने का काम किया। उनका दावा है कि कारोबारियों ने कारोबार पर एकाधिकार कायम करके, साहूकारी और सामान्य तौर पर खुद को निचले तबके वालों और नये अभिजनों, दोनों से अलग करके, भूतपूर्व गिरमिटियों के उभार में बाधा डालने का काम किया। हालाँकि, जैसा कि उम्मीद की जा सकती है, दक्षिण अफ़्रीका में विभिन्न तबकों के लक्ष्य, भिन्न–भिन्न वर्गीय हितों को दिखाते थे, फिर भी वे शानदार तरीके से गोलबंद हुए। गाँधी के *कलेक्टेड वर्क्स* 2000 (संपूर्ण वाँग्मय) का गहन अध्ययन इस तथ्य को सामने लाता है कि गाँधी इन स्तरीकरणों के प्रति जागरूक थे और उन्होंने इन सबको एक 'भारतीय' चेतना में एकजुट करने के लिए काम किया।

इससे भी बढ़कर, जैसे–जैसे दक्षिण अफ़्रीकी राजनीतिक भूगोल में भारतीय कारोबारियों और मज़दूरों के अधिकारों की दावेदारी करने में उनकी सहभागिता प्रखर होती जाती है, उनके अपने अंदर के पूर्व–विद्यमान पूर्वाग्रह, जो मूलनिवासियों के ऊपर अधिवासियों के, जनजातीय पशुपालकों और आखेटक–संग्राहक संस्कृति वालों के ऊपर कृषकों के; अनुष्ठानपरक तरीक़े से या अन्यथा स्वीकार्य पेशों को

गंदगी और प्रदूषण से संबंध रखनेवाले पेशे के ऊपर, शाकाहार को मांसाहार के ऊपर, साथ ही साथ सांस्कृतिक पूँजी और मूल्यों के मालिकों (मसलन, द्विज—ऊपर की तीन जातियाँ) को दलित बहुजन के ऊपर मूल्यवान मानने के उपमहाद्वीप के अपने इतिहास को दिखाते थे, बदलने लगते हैं। भले ही वे ऐसा प्रकट तौर पर नहीं कहते हैं, लेकिन ट्रांसवाल में उनका साहसी अभियान डरावने मानवीय अपमान के सामने भारत के प्रतिरोपित निचले तबकों के बल और अपराजेय जिजीविषा का सबूत है।

5

स्थानीय विश्व नागरिक और आधुनिक प्रति–आधुनिक: *हिंद स्वराज और सत्याग्रह इन साउथ अफ्रीका*

1913 की गहरी अंधेरी रात में, खनन नगर न्यू कैसल और ट्रांसवाल के स्वशासी बोअर क्षेत्र से सटे हुए इलाक़े में एक दृश्य घटित होता है। यह दृश्य प्रतिरोधों के इतिहास के महान कूचों से अलग नहीं था। 1930 की बहुप्रसिद्ध दांडी यात्रा की पूर्वछाया इसमें दिखाई दी थी। यह दृश्य घटित हुआ था दक्षिण अफ्रीका में, जहाँ गाँधी के नेतृत्व में 5,000 (गाँधी 1928: 440) प्रवासीय (डायस्पोरिक) गिरमिटिया मज़दूरों के काफ़िले ने सरहद को पार किया था। इस कूच में न्यू कैसल के कई खनिकों के साथ कुछ सौ औरतें और बच्चे भी शामिल थे, जिन्होंने तीन पाउंड के कर (जिसे दक्षिण अफ्रीका में रह रहे मज़दूरों पर लगाया गया था) के विरोध में प्रतिबंधित सीमा को पार किया था। यह कर हिंदू शादियों को अवैध करार देनेवाले कानून की ही तरह नाजायज़ कानूनों की बस एक बानगी भर था। यह घटना दक्षिण अफ्रीका में गाँधी के अभियान का संभवतः सबसे नाटकीय क्षण था। ऐसा कहने की वजह यह है कि खुद गाँधी के शब्दों में यह अहिंसक सेना किसी 'भानुमति के कुनबे' की तरह थी। इसमें शामिल लोगों की पहचान मार्क्सवादी सैद्धांतिक शब्दावली में निश्चित तौर पर लुम्पेन सर्वहारा[1] (Lumpenproletariat) वर्ग के तौर पर की जा सकती थी (गाँधी 1928: 434–65)।

गाँधी ने दक्षिण अफ्रीका में अपने दीर्घ प्रवास पर 1928 में एक किताब लिखी थी *सत्याग्रह इन साउथ अफ्रीका* (हिंदी अनुवाद *दक्षिण अफ्रीका में सत्याग्रह का*

शीर्ष तस्वीर: गाँधी द्वारा आयोजित ट्रांसवाल विरोध जुलूस, अक्टूबर 1913

[1] इस समूह में उसी तरह की अनिश्चितता थी, सामान्य तौर पर जिसे इस पद से जोड़ा जाता है।

106 अटलांटिक गाँधी

इतिहास नाम से)। ऊपर जिस घटना का उल्लेख किया गया है वह इस किताब का चरम बिंदु है। इस किताब का प्रकाशन गणेश एंड कंपनी, चेन्नई, द्वारा किया गया था। यह किताब गाँधी के सत्याग्रह के सिद्धांत के धीरे–धीरे आकार लेने का विवरण पेश करती है, जिसका परीक्षण दक्षिण अफ्रीका में भारतीय समुदायों द्वारा सामने आई हर चुनौती का सामना करते हुए विभिन्न चरणों में किया गया। यह कहानी ब्रिटिश अधिकारियों–लॉर्ड एल्गिन और जनरल स्मट्स–द्वारा इस संघर्ष में किए गये दो बड़े विश्वासघातों के इर्द–गिर्द बुनी गयी है। ये विश्वासघात अश्वेत अधिनियम (ब्लैक एक्ट), जिसके द्वारा दक्षिण अफ्रीका में भारतीयों की गतिविधियों पर सख़्त अंकुश लगाया गया था, को वापस लेने और स्वैच्छिक पंजीकरण के मसले पर था। गाँधी ने इसका वर्णन किया है किस तरह से लॉर्ड एल्गिन लंदन में किए गये उस वादे से मुकर गये, जिसके मुताबिक बोअर गणराज्यों के लिए जिम्मेदार सरकार को शाही उपनिवेश (क्राउन कॉलोनी) के तौर पर नस्ल और रंग के आधार पर भारतीयों के साथ होनेवाले भेदभाव को समाप्त करने के अपने दायित्व का पालन करना था (गाँधी 1928: 195)।

जनरल स्मट्स के हाथों मिला एक दूसरा विश्वासघात एक दूसरे संघर्ष की ज़मीन तैयार करता है। स्मट्स गाँधी को इस बात के लिए मनाते हैं कि अगर वे भारतीयों को स्वैच्छिक तरीक़े से पंजीकरण कराने (परवाना लेने) के लिए तैयार करते हैं, तो बदले में इसे थोपने वाले अध्यादेश को वापस ले लिया जाएगा। लेकिन, एकबार जब कई लोगों ने अपने अंगूठे का ठप्पा लगा दिया, तब जनरल स्मट्स भी अपने वादे से मुकर गये और उन्होंने ट्रांसवाल आव्रजन विधेयक (ट्रांसवाल इमिग्रेशन बिल) पारित कर दिया, जिसके द्वारा आगे और आव्रजन पर रोक लगा दी गयी (304–319)। 1900 से करीब 1913 के बीच इन दो विश्वासघातों को केंद्र में रखकर गाँधी इस आंदोलन के महत्वपूर्ण बिंदुओं की पड़ताल करते हैं। यह आंदोलन प्रवासीय (डायस्पोरिक) गोलबंदी की एक अनूठी दास्तान है। समर्थकों की एक ढीली–ढाली बहुजातीय भीड़ की वे जिस सार्वभौमिक अंदाज में प्रशंसा करते हैं, वह ध्यान खींचनेवाला है। वे थाम्बी नायडू (मॉरिशस और फ़ीजी के रास्ते आएएक प्रवासी) के भाषायी कौशल (228–29); मुहम्मद काछलिया के साहस और दृढ़ता (206); पंडित रामसुंदर की विद्वता; पारसी सोराबजी की प्रतिबद्धता की तारीफ़ करते हैं। उनकी सराहना का दायरा क्षेत्रों, जातियों और धर्मों के आरपार फैला हुआ है और आंदोलन के प्रति उनकी प्रतिबद्धता के अपने आकलन में उपमहाद्वीप के सभी लोगों को एकजुट करता है। मॉरीन स्वान तर्क देती हैं कि गाँधी पूरे परिदृश्य पर छाए हुए थे: वास्तव में, उनके द्वारा दूसरों की भूमिकाओं की स्वीकारोक्ति, उनके नेतृत्व के ऊँचे कद को ही दिखाती है। लेकिन, साथ ही साथ वे उनकी गलतियों–थाम्बी नायडू के

गुस्सैल स्वभाव, रामसुंदर की बेईमानी, अपने पठान मित्र की हिंसक तरीक़े से न्याय हासिल करने की प्रवृत्ति–के बारे में भी सचेत हैं (254)।

इस सबके दरमियान उन्हें समुदाय के सदस्यों के बीच कई अंर्तसंबंधों की भी जानकारी है। उदाहरण के लिए वे यह दर्ज करते हैं किस तरह से ट्रांसवाल में पठानों ने स्ट्रॉ या क्वायर मैट्रेस (घास के या नारियल के रेशों के गद्दे) बनाने के लिए मज़दूरों को बहाल कर रखा था (257); कि व्यापारियों ने हड़ताल करनेवाले मज़दूरों को भात दाल और चटनी की आपूर्ति की (257); कि लाज़रस जैसे भूतपूर्व गिरमिटिया मज़दूरों ने अन्य गिरमिटिया हड़तालियों की मदद की और उन्हें अपने तीन कमरों के घर में ठहरायाः

> ट्रांसवाल बहनों में ज्यादातर तमिल थीं। वेन्यू कैसल में एक मध्यवर्गीय ईसाई तमिल मिस्टर डी. लाज़रस के यहां ठहरी थीं, जो एक छोटे से प्लॉट और एक दो–तीन कमरों वाले मकान के मालिक थे...ग़रीबों को किसका भय हो सकता है? मेरे मेज़बान गिरमिटिया मज़दूरों के परिवार से थे और...इसलिए उनके प्रति इनकी गहरी सहानुभूति थी। लाज़रस ने देखा कि ट्रांसवाल बहनें, जो उनकी मेहमान थीं, गिरमिटिया मज़दूरों की मदद करने गयी थीं और ऐसा करने के लिए उन्हें गिरफ़्तारी का सामना करना पड़ा था...मेरे वहां ठहरने के कारण वह घर एक धर्मशाला बन गया। हर तरह के और हर स्थिति वाले लोग हर समय उस परिसर में आते जाते रहते थे। उनके आसपास की जमीन लोगों की भीड़ से खचाखच भरी रहती थी। श्रीमती लाज़रस पूरे दिन खटती रहती थीं, लेकिन फिर भी उनके और उनके पति का चेहरा हर समय मुस्कान से दमकता रहता था, जैसे कि उन पर सूर्य की किरणें स्थायी रूप से चमक रही हों (436–37)।

गाँधी द्वारा अति निर्धन की उदारता को मान्यता देना, भारत के प्रतिरोपित लोगों को समझने की प्रक्रिया का बस एक हिस्सा है। जिस समय वे उनके ऊपर पड़नेवाली गिरमिट प्रथा की क्रूरता के आघातकारी परिणाम को समझने के लिए जद्दोजहद करते हैं, उसी दौर में वे उनके कई गुणों से भी परिचित हैं। ऊपर का विवरण इसका एक उदाहरण है।

> पाठक अंत के क़रीब यह देखेंगे कि किस तरह से गिरमिटिया मज़दूर इस आंदोलन के सबसे मूल्यवान साथी साबित हुए और आख़िरी जीत हासिल करने में उन्होंने कितना बड़ा योगदान दिया (217)।

मैं पहले ही ट्रांसवाल की स्त्रियों के बारे में बात कर चुकी हूं। आगे गाँधी मज़दूरों को बहादुर कहकर पुकारते हैं, जिन्होंने गाँधी की गिरफ़्तारी और ट्रांसवाल की ओर कूच को तितर–बितर किए जाने के बाद खदानों में काम करने से साफ़ इनकार कर दिया, जिसके कारण उन्हें कोड़ों की मार सहनी पड़ी (476)।

> जो असभ्य इनसान कुछ समय के अधिकारी थे, उन्होंने इन मज़दूरों को लातों से मारा, गालियाँ दीं और उनके साथ ऐसे अत्याचार किए, जिनका लिखित रूप में कहीं उल्लेख नहीं हुआ है। लेकिन गरीब मज़दूरों ने सारे कष्टों को धैर्य के साथ सहा। (476)

ये मज़दूर इतने धैर्यवान हैं कि इनका संदेश भारत तक पहुँचता है। सी.एफ. एंड्रयूज (अध्याय 8) की कोशिशों के कारण, जो उस समय भारत में छुट्टियाँ मना रहे थे। तत्कालीन वायसरॉय लॉर्ड हार्डिंग इस मामले में दिलचस्पी लेते हैं। कई ऐसे मौके आते हैं, जब वे उनकी दयनीयता को स्वीकार करते हैं:

> 'इन निष्क्रिय सत्याग्रहियों का बहुतायत इतना ग़रीब और पददलित था कि इनसे संभवतः कोई उम्मीद नहीं बांधी जा सकती थी' (483)। लेकिन, फिर भी गाँधी 'आत्म बल' (Soul Force) के अपने सिद्धांत के विकास और उसकी परीक्षा के क्रम में सभी भारतीयों, व्यापारियों और मज़दूरों की नैतिक भूमिका की खोज करते हैं। उनकी किताब चरणबद्ध तरीक़े से संघर्ष के भीतर निडरता, विश्वास, कृतज्ञता और क्षमाशीलता–इन जरूरी घटकों का एकीकरण करती है। इस संघर्ष में शामिल होनेवालों से इन गुणों का प्रदर्शन करने की माँग की जाती थी। विश्वास और क्षमाशीलता का उस समय परिदृश्य में आगमन होता है, जब गाँधी और समुदाय भरोसा करके अपनी उंगलियों की छाप स्वैच्छिक तरीक़े से दर्ज करवाते हैं। लेकिन पठानों का एक समूह इस कदम का विरोध करता है और मीर आलम गाँधी पर हमला करता है। मगर गाँधी सत्याग्रही की क्षमा करने की इच्छा का आह्वान करते हैं (गाँधी 1928: 258–59)।

काफ़िले के पड़ाव के दौरान मज़दूर अपनी कोठरियों को छोड़कर बड़ी संख्या में जमा होते हैं। उन्हें यह अच्छी तरह से मालूम है कि उनसे प्रतिशोध लिया जाएगा। वे खुले आसमान के नीचे सोते हैं और पैदल यात्रा करते हैं, क्योंकि उन्हें पता है कि हजारों लोगों के लिए ट्रेन का किराया गाँधी की क्षमता से बाहर है। वे एक–दूसरे की संपत्तियों को लेकर गाँधी के सख़्त नियमों का पालन करते हैं और बिना किसी शिकायत के अल्पाहार से अपना गुजारा करते हैं।

> इतने अधिक और निरंतर बढ़ते रहनेवाले मज़दूरों को एक ही स्थान पर बगैर काम–धंधे के रखना और उनकी देखरेख करना, असंभव नहीं, तो ख़तरनाक काम जरूर था। वे आमतौर पर साफ़–सफ़ाई के नियमों से अनजान थे। उनमें से कुछ हत्या, चोरी या व्यभिचार जैसे अपराधों के लिए जेल की सजा काट चुके थे... (449)।

लेकिन, इसके साथ–साथ वे यह भी दर्ज करते हैं कि अफसर लोग 'ग़रीब निरक्षर और अज्ञानी मज़दूरों द्वारा किए गये दृढ़ता का शानदार प्रदर्शन देखकर हैरान थे (444)।'

यह कूच, आनेवाले समय में होनेवाले उन कूचों का पूर्वगामी था, जो विशिष्ट तरीक़े से गाँधी से जुड़ गये हैं। यह कूच लोगों के आने–जाने और रहने की हदें तय करनेवाले एक नस्लवादी भूगोल के ख़िलाफ़ गाँधी के संघर्ष का चरमोत्कर्ष था। इसमें उन्होंने ऐसी आबादियों को गोलबंद किया था, जो काफ़ी स्थानीय थे और जिन्होंने समय के साथ और नये आव्रजनों से मिले खाद–पानी के बल पर दक्षिण अफ्रीका में ग्रामीण भारत के उसी जीवन के सांचों की नक़ल खड़ी की थी, जिसे वे भारत में अपने पीछे छोड़ आए थे।

गाँधी द्वारा भारतीय समुदाय, पहले मुस्लिम व्यापारी, फिर ईसाई नेटाल में जन्मे युवा, फिर गिरमिटिया मज़दूर, हिंदू, मुस्लिम और धर्मांतरित ईसाइयों की गोलबंदी की कहानी और उनकी तरफ़ से अथक तरीक़े से लड़ी गयी कानूनी लड़ाइयों से एक कर्मठ गाँधी की तस्वीर हमारे सामने आती है। जिनका ट्रेन के आघातकारी अनुभव के बाद पहला मकसद दक्षिण अफ्रीका में भारतीयों के हालात को बेहतर बनाना था और दूसरा, गिरमिटिया प्रथा की 'बुराई' (जिस रूप में उन्होंने इसे देखा) का अंत करना था। संपादकों, प्रधानमंत्रियों, गवर्नर जनरलों और भारतीय नेताओं को लिखीगयी शुरुआती चिट्ठियों में जिस चीज को हम अक्सर आँखों से ओझल कर देते हैं, वह यह है कि किस तरह सारी यात्राएं और हासिल किए जा रहे अनुभव गाँधी को एक इनसान के तौर पर प्रभावित कर रहे थे और वे किस तरह से एक कॉस्मोपॉलिटन (सार्वभौमिक/विश्व नागरिक) के तौर पर गढ़े जा रहे थे। *सत्याग्रह इन साउथ अफ्रीका* (*दक्षिण अफ्रीका में सत्याग्रह का इतिहास*) यह दिखाती है कि गाँधी ने अनेक जीवन–पद्धतियों, संग्रहण के तरीक़ों और आजीविका के साधनों की अहमियत समझ ली थी, जो एक–दूसरे के साथ संघर्ष करते हुए एक–दूसरे को महान मानवीय कष्टों में डालते थे। उन्हें यह बात समझ में आई कि कैसे प्रवासीय (डायस्पोरिक) विस्थापनों ने अचानक प्राचीन जुलू लड़ाकों, बांटू कृषक–चरवाहों और लौह उपयोगकर्ताओं, खोई खोई चरवाहों और पशुपालकों या सैन आखेटक–संग्राहकों[2] को नये लोगों के ख़िलाफ़ खड़ा कर दिया। इन नए लोगों में स्वतंत्र डच किसान थे जो काल्विनवादी (काल्विनवाद: जॉन काल्विन द्वारा शुरू किया गया एक पंथ, जो ईश्वर और ग्रंथों की संप्रभुता, मनुष्य की कलुषता और पहले से तय नियति के सिद्धांत में यकीन करता है) संकल्प के साथ सीमांतों को आगे धकेलते हैं, या अपने स्थापित, भले ग़रीबी से भरे, जीवन से उखाड़ फेंके गये

---

[2] मूल रूप से हिंदू जाति–समाज भी आखेटक–संग्राहक, चरवाहों, स्थानांतरित कृषकों, कृषकों और नगरवासियों के बीच ऐसे ही विभाजनों पर आधारित था (देखे थापर 2003: 55–62)। दक्षिण अफ्रीकी जनजातियों के इतिहास और खोईखोई, सैन, बांटुओं और अन्यों की जीविका के तरीकों के लिए देखें, बेक की शानदार किताब (2000: 13, 9–89)।

भारतीय 'जुलाहा' (बुनकर) या धोबी से लेकर बर्बर और एकाकी बागानों में डाल दिए गये बागान और खनन मज़दूर थे। अपनी शुरुआती चिट्ठियों में गाँधी जहां बेबुनियाद उपनिवेशी निष्कर्षों की नक़ल करते हैं और 'भारतीय' आर्यों की तुलना सैक्सन वीटनों आदि से करते हैं और इस तरह से संक्षेप में कहें तो नस्लीय विमर्श पर अंग्रेजों की ज़रूरत से ज्यादा निर्भरता को तोते की तरह रटते दिखाई देते हैं। लेकिन, उनमें आगे चलकर सभी लोगों की सारभूत एकता की एक गहरी सार्वभौमिक चेतना का विकास होता है, जिसके मुताबिक सभी लोग सिर्फ अपने आजीविका के साधनों और सहवर्ती संस्कृति से ही अलग हैं, अन्यथा वे सब सारतः एक ही हैं।

यह चेतना उन्हें सामान्य गुजरातियों से अलग करती है। देश की धरती से बाहर रहनेवाले गुजरातियों का मॉडल आम तौर पर एक आपस में नज़दीकी रूप से जुड़े हुए लेकिन अलग–थलग रहनेवाले समुदाय का था, जो अपना सिर झुका कर झंझटों से बचे रहते थे (देखें, वर्टोवेक 1997 खंड 6:3, गुजराती डायस्पोरिक नेटवर्क्स)। इसके अलावा अन्य क्षेत्रों की तुलना में गुजरात के साथ व्यापार (डेल 1994: 2–3) पर ज़्यादा ध्यान दिया जाता था। इसका कारण सूरत के साथ यूरोपीय व्यापार था। सामान्य तौर पर यूरोपीय कंपनियाँ विमर्श पर छाई हुई थीं और वे भारतीय व्यापारियों का अवमूल्यन उन्हें 'फेरीवाला' (डेल 1994: 6) कहकर करते थे। अपनी चिट्ठियों, लेखों और कानूनी अभियानों के ज़रिए लोगों की निगाहों में गाँधी की सक्रिय आमद विदेशों में भारतीय व्यापारियों के इतिहास में खासी क्रांतिकारी है।

सत्याग्रह इन साउथ अफ्रीका में हम उनकी दिलचस्पियों के विस्तृत दायरे की एक झलक पाते हैं। साथ ही दक्षिण अफ्रीका के अपने प्रवास के दौरान वे विभिन्न तरह के जिन लोगों से रूबरू होते हैं, उनके प्रति गाँधी की प्रतिक्रिया और गाँधी पर पड़े उनके प्रभाव की झलक भी हमें इसमें मिलती है। गाँधी की आलोचना अक्सर दक्षिण अफ्रीका के स्थानीय लोगों के संघर्षों के प्रति उनकी कथित उदासीनता और भारतीय मसलों के प्रति ही पूरी तरह से समर्पित होने के कारण की गयी है। लेकिन इस दोषपूर्ण धारणा के पीछे उनके प्रशंसकों का हाथ ज्यादा रहा है, जो स्वतंत्रता आंदोलन के एक प्रतीक के तौर पर गाँधी को अविभाज्य तरीक़े से सिर्फ भारतीयों के मसलों से से ही जोड़ कर देखना चाहते हैं। हालाँकि, *सत्याग्रह इन साउथ अफ्रीका* गाँधी के दक्षिण अफ्रीका छोड़ने के क़रीब एक दशक बाद लिखी गयी, लेकिन यह किताब गाँधी की विश्व–नागरिकता का सबूत है। गाँधी की विशिष्ट लेखन शैली में यह किताब दक्षिण अफ्रीका के भूगोल, विभिन्न नस्लों, स्थानीय अफ्रीकी और यूरोपीय, वहाँ की जलवायु और कृषकीय और खनिज संपदा का वर्णन करती है।

गाँधी केप के तटीय शहरों और अंदरूनी हिस्से के पठारों और पठारी उच्च भूमियों का सजीव चित्रण करते हैं। शहरी विशेषताओं का विवरण देते हुए वे नेटाल के ब्रिटिश प्रांत (गाँधी 1928: 12) में बंदरगाह शहर (डरबन) और राजधानी (पीट्रमारिट्जबर्ग, समुद्र तल से 2,000 फीट ऊपर) के बीच के अंतरों को बताते हैं। वे टेबल माउंटेन्स की तलहेटी में बसे केप टाउन की सुंदरता का नजारा भी पेश करते हैं। वे यह दर्ज करते हैं कि पानी की आपूर्ति प्रचुर मात्रा में नहीं है, कृषि अच्छी–ख़ासी होती है, मवेशी पर्याप्त संख्या में हैं।

वे सोने और हीरे की खोज के बाद ट्रांसवाल में आए बदलाव की ओर भी इशारा करते हैं। अहम बात यह है कि खनिज संसाधन की खोज के बाद शहरों का विकास शुरू ही हुआ है। इन खोजों ने दक्षिण अफ्रीका को एक मुख्य तौर पर कृषि/बागानी वाली भूमि से एक खनन पर निर्भर शहरी केंद्रों वाली धरती में तब्दील करने की प्रक्रिया को तेज कर दिया (खनिकों को अश्वेत दक्षिण अफ्रीकियों और पश्चिम अफ्रीकी अटलांटिक दास व्यापार से लाए गये गुलाम लोगों में से चुना गया था)[3]। गाँधी जोहानिसबर्ग की तेज रफ़्तार का चित्रण करते हैं, जिसके इतिहास को हीरों की खोज ने बदल डाला। उनके द्वारा क्षेत्रों के आर–पार की जानेवाली तुलनाओं में, जिसमें गाँधी दक्षिण अफ्रीका के क्षेत्रों की तुलना मुंबई जैसे शहरों या गुजरात के गांवों से करते हैं (13), हम उनकी सार्वभौमिक चेतना और चीजों को तुलनात्मक नज़रिए से देखने के लिए नक्शे पर विभिन्न बिंदुओं के बीच चहलकदमी करने की उनकी क्षमता के दर्शन करते हैं। बाद के वर्षों में जब गाँधी के दर्शन का विकास हुआ, गाँधी भारतीयता की 'सारभूत' शक्तियों को समझने के लिए अंतर्मुखी होते गये। लेकिन, हमें विभिन्न क्षेत्रों के प्रभावों की तरफ से आँखें नहीं मूँदनी चाहिए, जिन्होंने उनकी अंतिम दृष्टि को आकार दिया। इसी तरह से दक्षिण अफ्रीकी लोगों का गाँधी द्वारा वर्णन अनुभवसिद्ध है और भारतीयता की उनकी उत्तरवर्ती परिभाषाओं से अंतरंग तरीक़े से जुड़ा हुआ है। वे खोईखोई, सैन और जुलू का वर्णन करते हैं साथ ही साथ, काफ़ी दिलचस्प तरीक़े से बोअरों (डच–दक्षिण अफ्रीकी किसानों और खेतनिवासियों) के बारे में भी बताते हैं, स्थानीय अफ्रीकियों की चारागाही ज़मीनों में जिनकी सतत और लालची घुसपैठों को दक्षिण अफ्रीका में नस्लीय युद्धों की शुरुआत का कारण कहा जा सकता है (18–28)। यहाँ दो बातों का ज़िक्र किया जाना उपयोगी होगा, जिनसे पता चलता है कि गाँधी एक कच्चे कथावाचक हैं और दोषरहित नहीं हैं। मिसाल के लिए अपनी ट्रेन यात्रा के विवरण में वे समान रूप से बहिष्कृत सहयात्री का वर्णन पहले खोईखोई के तौर पर करते हैं

[3] ग्रेट ट्रेक तक के दक्षिण अफ्रीका के इतिहास के लिए देखें बेक (2009: 89), अध्याय 1–4।

112 अटलांटिक गाँधी

और कुछ पन्नों के बाद उसके लिए हॉट्टेनटॉट (एक उपनिवेशी अपमानसूचक शब्द) का इस्तेमाल करते हैं। उन्होंने उस खोईखोई व्यक्ति से संवाद करने की कोशिश की हो, इस बात का कोई सबूत नहीं मिलता है।[4] दूसरी बात, वे एक ऐसी गलती करते हैं, जिसका कोई बचाव नहीं किया जा सकता। वे एक ख़तरनाक और दोषपूर्ण धारणा को दोहराते हैं–'जब यूरोपीय दक्षिण अफ्रीका में आकर बसे, उन्होंने वहाँ नीग्रो लोगों को पाया। नीग्रो लोगों को कथित तौर पर अमेरिका के कुछ गुलामों का वंशज माना जाता है, जो अपने क्रूर बंधन से भागकर अफ्रीका आए थे (18)। यह एक हैरान कर देनेवाला दावा है कि स्थानीय अफ्रीकी, जिनके पूर्वज उस क्षेत्र में सदियों से रहते आ रहे थे[5], भागे हुए गुलाम थे। ऐसे में कोई यह सोच सकता है कि क्या गाँधी, ऊपर आए हॉट्टनटॉट के उदाहरण की तरह, अश्वेत अफ्रीकियों को बाद में आनेवाला करार देकर इस क्षेत्र पर श्वेतों के अधिकार के मिथकों को तो नहीं दोहरा रहे हैं? दक्षिण अफ्रीका के अन्य विद्वानों ने हमें दक्षिण अफ्रीका में मौजूद अश्वेत अफ्रीकियों के वास्तविक इतिहास से रूबरू कराया है। जुलुओं का उनका वर्णन–उनकी सुंदरता, उनके घर, शारीरिक झिझकों की मासूम अनुपस्थिति और बंदूक चलानेवाले गोरों से उनके बच्चों जैसे डर का वर्णन (21)–काबिलेतारीफ़ है।

निम्नलिखित परिच्छेद से उस प्रक्रिया की गहरी समझ का पता चलता है, जिससे 'सभ्यता' के नाम पर जुलुओं की स्वायत्तता धीरे–धीरे छिनती जाती है। पहले ईसाइयत आई। फिर शराब और फिर असंख्य इच्छाएं। लेकिन सबसे ख़राब है करारोपण, जो अफ्रीकियों की पूर्ण अधीनता को सुनिश्चित करता है:

> उनकी ज़रूरतों को बढ़ाने के लिए कहिए, या उन्हें श्रम का मूल्य सिखाने के लिए कहिए, उन पर मुंड–कर (पॉल टैक्स) और झोंपड़ी कर (हट टैक्स) लाद दिया गया है। अगर ये कर उन पर नहीं लगाए जाएं, तो अपने खेतों में रहनेवाली यह जाति जमीन के भीतर सैकड़ों गज गहरी खदानों में सोना या हीरे–जवाहरात निकालने के लिए न उतरें। और अगर उनकी मेहनत का लाभ खदानों को न मिले, तो सोना और हीरे पृथ्वी के गर्भ में ही पड़े रहें (गाँधी 1928: 25)।

---

[4] इस घटना का वर्णन करते हुए एरिक्सन उस नस्लीय पदानुक्रम की बात करते हैं, जिसका यहाँ पालन किया जाता है: जब गांधी सवारी डिब्बे में दाख़िल होते है, खोईखोई अपनी सीट पर चला जाता है, इस तरह से वह खुद को कुली बैरिस्टर, जिस नाम से गांधी को जाना जाता था, से थोड़ा नीचे रखता है। (देखें एरिक्सन 1969: 167)।

[5] सैन (जिन्हें उपनिवेशवादियों ने बुशमैन के नाम से पुकारा), आखेटक–संग्राहक, हल्के चमड़े के रंगवाले अफ्रीकी, जिनकी पहचान उनकी भाषा में खटखट की ध्वनि से होती थी, दक्षिण अफ्रीकी प्राचीन निवासियों के प्रत्यक्ष वंशज थे (बेक: 12–14)

घरेलू दासता के कारण कई अफ्रीकियों को कर चुकाने में अक्षम बना दिया और खदान में किए जानेवाले श्रम के कारण वे 'माइनर्स थाइसिस' और मैथुनिक रोगों के शिकार हो गये (25–26)।

यह महत्वपूर्ण है कि लंबी अवधियों तक पारिवारिक जीवन से दूर कर दिए गये खनिकों की किस्मत के प्रति सहानुभूति रखते हुए, गाँधी उनसे लैंगिक 'आत्म नियंत्रण' की माँग नहीं करते, जबकि दूसरी जगहों पर गाँधी इसको लेकर कोई समझौता नहीं करते (गाँधी 1928: 25–26)। इस नुक्ते पर फिर से चर्चा होगी, जब मैं अध्याय 6 में गाँधी के लैंगिक दर्शन को, गुलामों और कुलियों की पशुतुल्य लैंगिक परिस्थितियों के साथ उनके संपर्क के साथ जोड़ूंगी।

यहाँ हम गाँधी की कुछ उत्तरवर्ती दृढ़ विश्वासों और प्रयोगों के उद्‌भव देख सकते हैं। हो सकता है कि पुरुष–स्त्री निषेधों को लेकर उनके कुछ प्रयोगों की प्रेरणा उन्हें जुलुओं से मिली हो (21)। सत्य में उनकी दिलचस्पी भी हो सकता है उनसे आई हो: 'उन्हें सत्य और असत्य के बीच के अंतर की पूरी समझ है। 'यूरोपीय और हम लोग नीग्रो लोगों के बराबर सत्यवादिता का पालन करते हैं या नहीं, इस बात पर संदेह है' (गाँधी 1928: 23)। गाँधी के विवरण में दक्षिण अफ्रीका के दूसरे इतिहासों की ही तरह बोअरों को दक्षिण अफ्रीका पर कब्जा जमाने की इच्छा से राजनीतिक चालबाजी करनेवालों की जगह संकल्पवान किसानों के तौर पर ज़्यादा देखा गया है। इस तरह गाँधी के मुँह से बोअरों का गुणगान जरा विचित्र लगता है, ख़ासकर जब हम इस बारे में विचार करते हैं कि उन्होंने कितने मनोयोगपूर्वक उनके नस्लवाद के ख़िलाफ़ लड़ाई लड़ी। वे उनकी स्पष्टवादिता, सरलता और धर्मपरायणता की प्रशंसा करते हैं। बाद में गाँधी भारतीय के लिए इसकी वकालत करनेवाले हैं। उनकी उत्कट स्वतंत्रता प्रियता, नई भाषाओं–दक्षिण अफ्रीका मे जन्मी पटोइस–टाल के प्रति उनका समर्पण (28–30), उनके बड़े–बड़े अच्छे से संचालित खेत (सैकड़ों–हजारों एकड़ में फैले) और उनका साहसी प्रतिरोध–जो देश के भीतरी भागों में उनके प्रसार (ग्रेट ट्रेक) में, जिसने ट्रांसवाल और ऑरेंज फ्री स्टेट की नींव रखी (28) और अंग्रेज लॉर्ड किचनर के कॉन्सेंट्रेशन कैम्पों में ढाए गये अत्याचारों को (ख़ासतौर पर स्त्रियों द्वारा) साहसपूर्ण ढंग से सहने में दिखाई देता है (29); गाँधी इन सबको प्रशंसा के लायक मानते हैं: 'बोअर पुरुष की तरह ही बोअर स्त्रियाँ भी बहादुर और सरल हैं', वे निडर और हैं और भविष्य के बारे में सोचकर चिंतित नहीं होतीं' (30)। बोअरों के प्रतिरोध ने अंग्रेजों के हृदय को जिस तरह से प्रभावित किया और उनमें जिस तरह से समानुभूति पैदा की, उस पर गाँधी की टिप्पणी सत्याग्रह और बोअरों के बीच आश्चर्यजनक रिश्ते की ओर इशारा करता है। यह एक विडंबना ही है कि गाँधी का सत्याग्रह इनके ही ख़िलाफ़ था: 'इंग्लैंड की जनता... का दिल पसीजने लगा' कुछ 'महान–आत्मा'

अंग्रेजों ने इस युद्ध का विरोध करना शुरू किया और अन्यों ने सार्वजनिक तौर पर प्रार्थना शुरू कर दी:

> 'कि ईश्वर अंग्रेजों को इस युद्ध में हरा दे। यह एक चमत्कारिक दृश्य था। बहादुरी के साथ भोगा गया सच्चा कष्ट पाषाण हृदय को भी पिघला देता है। कष्टों या तपस्वियों की कुछ ऐसी ही महिमा है और इसी में सत्याग्रह की चाबी है... (गाँधी 1928: 32)

हमें शक्तिशाली सम्राट के सामने धोती पहने, छोटे कद के गाँधी के अपने प्रतिरोध की याद आती है, जब वे इस बात का वर्णन करते हैं कि किस ज़िद के साथ बोथा अपनी मातृभाषा के प्रति वफ़ादार रहे। 'कौन कह सकता है कि यह उचित नहीं है? आख़िर उन्हें अंग्रेजी के अपने ज्ञान का प्रदर्शन करने के लिए कोई गलती कर बैठने का ख़तरा क्यों मोल लेना चाहिए? उन्हें सही शब्दों की खोज में अपनी विचार–श्रृंखला को क्यों भंग करना चाहिए?' (30) हम इसके साथ ही बाद आगे चलकर भारत की क्षेत्रीय भाषाओं को गाँधी का प्रतिबद्ध समर्थन और खुद अपनी मातृभाषा गुजराती में लिखने की उनकी प्रतिज्ञा को याद कर सकते हैं। कोई चाहे तो इसे अंदर से विस्फोट करनेवाला, अंतमुर्खी, स्थानीय क़दम कह सकता है, लेकिन इसके विपरीत, इसे दुनिया के साथ उनके संपर्क और लोगों द्वारा, यहाँ तक कि बोअरों के द्वारा भी राजनीतिक तौर पर ज़्यादा शक्तिशाली समूहों के प्रभुत्वशाली वर्चस्व को चुनौती देने के हजारों तरीकों को देखने–समझने का नतीजा भी कहा जा सकता है (30)।

गाँधी द्वारा शत्रु–बोअरों–की प्रशंसा करना भी उनकी विश्व–नागरिकता/सार्वभौमिकता को आकार देता है। प्रवासियों (डायस्पोर्स) को हर मुमकिन जगह से नैतिक शिक्षा लेनी चाहिए: लेकिन, जीवनशैलियों को लेकर निर्णय की सापेक्षिकता, गाँधी के इस बोध का क्षरण नहीं करती कि दक्षिण अफ्रीका के अफ्रीकानेर अफ्रीकी ज़मीनों को चुराने की कोशिश में बहुत भीषण ढंग से 'अनैतिक' थे।

इस तरह से सार्वभौमिक चेतना सिर्फ़ गाँधी द्वारा स्थानीय गिरमिटियों की गोलबंदी में ही नहीं दिखाई देती, जिन्होंने अभी तक सिर्फ़ उन बागानों को छोड़ा था, जिसमें वे काम करते थे। जो लोग कुछ पीढ़ी पहले तक 'छोटे खेतिहर किसान', 'विद्रोही पहाड़ी (हिलमेन) या अकाल से पीड़ित कुली और चेन्नई के परैये थे, वे अचानक हड़ताल करनेवाले, जुलूस में चलनेवाले और गिरफ़्तारी देनेवाले लोगों में तब्दील हो जाते हैं। इसे ही सी.एल.आर. जेम्स अटलांटिक आधुनिकता के रास्ते में आनेवाला 'सर्वहाराकरण' कहते हैं। लेकिन गाँधी कहते हैं कि इसकी गति इतनी तेज नहीं है, क्योंकि उनकी स्थानीय विश्व–नागरिकता/सार्वभौमिकता का अपना एक जुड़वाँ है–और वह है एक गैर–आधुनिक आधुनिकता।

इसके अलावा जैसा कि दक्षिण अफ्रीका में गोलबंदी का इतिहास दिखाता है, गाँधी ने इन मज़दूरों को एक नए इतिहास में शामिल कर दिया। यह इतिहास प्रतिरोध का था। यह प्रतिरोध, जैसा कि मैंने पहले चर्चा की है, गन्ना बागानों और कोयले के खदानों की बर्बर दुनिया का नतीजा था और साथ ही उसकी प्रतिक्रिया में पैदा हुआ था। अटलांटिक के भागों में इस बर्बरता से कैरिबियाई क्रियोल (क्रियोलीकरण और क्रियोलाइट, मेटिसेज और मेस्टिज़ेज (metissage and mestisaje)[6]) क्रांतियों, हैतियन क्रांति, अन्य दास बग़ावतों, मरून बस्तियों और अटलांटिक समुद्री डकैती, तेरह कॉलोनियों (थर्टीन कॉलोनीज–उत्तरी अमेरिका के पूर्वी तट की 13 कॉलोनियाँ, जिन्होंने सम्मिलित रूप से 1776 में आजादी की घोषणा की और संयुक्त राज्य अमेरिका की स्थापना की) की बोस्टन टी पार्टी की उपनिवेशी क्रांति और लैटिन अमेरिका में क्रियोलों के स्वतंत्रता आंदोलनों का जन्म हुआ। वास्तव में *सत्याग्रह इन साउथ अफ्रीका* में एक मौका ऐसा भी आता है जब भारतीय मज़दूरों और व्यापारियों द्वारा एक परंपरागत अफ्रीकी लोहे की बड़ी कड़ाही में अपने पंजीकरण प्रमाण–पत्रों की होली जलाने की घटना की तुलना 'बोस्टन टी पार्टी' से की जाती है।

एक अन्य जगह पर गाँधी प्रत्यक्ष तौर पर अपने संघर्ष को अटलांटिक जगत की रंगभेद राजनीति से जोड़ते हैं (145)। वे बुकर टी. वाशिंग्टन और अन्य अफ्रीकी–अमेरिकियों द्वारा पश्चिमी सभ्यता की 'स्वीकृति' के बावजूद मुख्यधारा के श्वेत जगत द्वारा उनकी अस्वीकृति का भी ज़िक्र करते हैं। वे पीट–पीट कर जान लेने और अन्य नस्लवादी व्यवहारों का भी ज़िक्र करते हैं; 'उनकी त्वचा का काला रंग उनका अपराध बन जाता है.'

> हजारों यूरोपियों ने अपने लेखन में यह स्वीकार किया है कि भारतीयों द्वारा किए जानेवाले व्यापार ने छोटे अंग्रेज कारोबारियों को नुकसान पहुँचाया है और भूरी नस्लों को नापसंद करना वर्तमान में यूरोपियों की मानसिकता का अंग बन गया है। यहाँ तक कि संयुक्त राज्य अमेरिका में, जहाँ कानूनी तौर पर समानता का सिद्धांत स्थापित किया गया है, वहाँ बुकर और और टी. वाशिंग्टन जैसे व्यक्तियों को भी, जिन्होंने सर्वोत्तम पश्चिमी शिक्षा हासिल की है, और जो

---

[6] क्रियोल एक बहुअर्थी शब्द है, जो लोगों, भाषाओं, संस्कृतियों और प्रक्रियाओं का बोध कराता है: मसलन, लैटिन अमेरिका में गोरे उपनिवेशी जो खुद को प्रायद्वीप वालों से अलग करते हैं; एंग्लोफोन जमैका की अफ्रीकी–कैरिबियाई आबादी; कैरिबिया के उत्तर मुक्तिकालीन (post-Emancipation) गोरे निवासी, जो नस्ल से यूरोपीय थे, लेकिन जन्म से कैरिबियाई थे; हिस्पैनिक कैरिबिया की मिश्रित आबादी, सभी कैरिबियाई चीजो में मिश्रण की संस्कृति (क्रियोलाइट), इन मिश्रित संस्कृतियों से पैदा हुई भाषाएँ, और वे प्रक्रियाएँ, जिनसे मिश्रण की ये प्रक्रियाएँ घटित हुईं (क्रियोलीकरण)।

उच्च कोटि के ईसाई हैं और जिन्होंने खुद को पूरी तरह से पश्चिमी सभ्यता में घुला–मिला लिया है, राष्ट्रपति रूजवेल्ट के दरबार में प्रवेश करने के लायक़ नहीं माना गया, और शायद आज भी उन्हें इस लायक़ नहीं माना जाएगा। संयुक्त राज्य के नीग्रो लोगों ने ईसाई धर्म स्वीकार कर लिया है, लेकिन उनकी त्वचा का काला रंग ही उनका अपराध है और अगर उत्तरी राज्यों में उनका सामाजिक तौर पर तिरस्कार किया जाता है, तो दक्षिणी राज्यों में किसी गलत काम के छोटे से शक में भी उन्हें पीट–पीट कर मार डाला जाता है। (गाँधी 1928: 146)

गाँधी प्रवासियों की डरावनी आधुनिकता का सामना इस तरह से करते हैं: वे आधुनिक तरीक़ों का इस्तेमाल करते हैं; और वे लोगों के ग़ैर–आधुनिक तरीक़ों और बचे रहने के उनके संघर्ष और तार–तार इतिहासों से समुदायों के निर्माण का अवलोकन करते हैं। हालाँकि, वे लिखित तौर पर अंधविश्वासों पर निर्भरता की उपेक्षा करते हैं, मगर वे खुद भक्ति और प्रश्नों से परे धार्मिक आस्था के कट्टर समर्थक हैं, जो क़रीब–क़रीब अंधविश्वास की सीमा को छूने लगता है। फीनिक्स और टॉल्सटॉय फार्म में, वे एक 'आधुनिक' भारतीय का निर्माण करते हैं, लेकिन घोषणा करते हैं कि वे 'ग़ैर–आधुनिक' सबाल्टर्नों के साथ हैं।

अगला हिस्सा गाँधी की आधुनिक प्रति–आधुनिकता के कुछ घुमावों और मोड़ों को सामने लाने की कोशिश करती है। इस प्रक्रिया की खोज के लिए वृहत्तर इतिहास में जाना एक अनिवार्यता है: यह इतिहास भारत के उन विस्थापित *किसानों* का है, जो अपने परंपरागत और सदियों से भूमिबद्ध गाँवों को छोड़ कर आए थे, मगर उन्होंने खुद को एक ऐसी आधुनिकता में फेंका हुआ पाया, जो टॉनी मॉरीशन द्वारा अश्वेत महिलाओं के लिए वर्णित की गयी आधुनिकता से अलग नहीं है:

आधुनिक जीवन गुलामी से शुरू होती है...एक स्त्री के नज़रिए से, खासकर इस समस्या का सामना करने के हिसाब से कि अब दुनिया कहाँ है, अश्वेत स्त्रियों को 19वीं सदी और उससे पहले ही उत्तर–आधुनिक समस्याओं का सामना करना पड़ा। इन चीजों का जवाब अश्वेत लोगों को काफ़ी समय पहले से खोजना पड़ा: कुछ निश्चित प्रकार के विघटन, एक निश्चित तरह की स्थिरता का लोप और उसे पुनर्निर्मित करने की ज़रूरत। खास किस्म के पागलपन, व्यवस्था में जानबूझकर पागल हो जाना, जैसा कि किताब का एक चरित्र कहता है, 'व्यवस्था में अपने दिमाग को संभाल कर रखना'। उत्तरजीविता–बचे रहने की इन रणनीतियों ने सच्चे आधुनिक व्यक्ति का निर्माण किया। (गिलरॉय, ब्लैक अटलांटिक 1993, पृ. 221 से उद्धृत)

गाँधी के आधुनिक तरीक़े

गाँधी के 'आधुनिक' तरीकों के बारे में अपनी बात को आगे बढ़ाने के लिए मैं किताब के शुरुआती क्षण पर लौटती हूँ जब अटलांटिक के डरबन बंदरगाह पर गाँधी के ज़ेहन में भारतीय राष्ट्रीयता की धारणा उभरती है। निगरानी की आधुनिक प्रक्रिया के लक्षण के अनुसार यह उनकी शक्ति के नज़रिए से जुड़ा है, पाठगत दृष्टि से जिसका प्रतीक उनका अवलोकन है। उनके आगमन के क्षण पर दृश्य के रूपकों की बहुतायत हैः 'मैंने देखा', 'मैंने पर्यवेक्षण किया', 'मैं यह महसूस किए बगैर नहीं रह सका'। एक नए स्थान में आगंतुक अलग तरीक़े से देखने (या देखे जाने के) अलावा और कुछ नहीं कर सकता है। अवलोकन को परंपरागत तौर पर 'उस दृष्टि के तौर पर पढ़ा जाता है, जिसे कर्ता, यानी वह, जिसकी धारणाएँ कहानी को व्यवस्थित करती है, प्रस्तुत किए गये चरित्रों और कार्यों पर डालता है'' (न्यूमैन 1990: 1029)। *आत्मकथा* में हम दक्षिण अफ्रीका में गाँधीवादी परियोजना में तय दायरों की भूमिका के बारे में पढ़ सकते हैं। अख़बारी सामग्रियों, क़ानूनी ब्यौरों, संवैधानिक अधिकारों की बारीकियों के एक सचेत और क़ानूनी रूप से जागरूक पाठक होने के नाते गाँधी एक तरह से एक निरीक्षक की भूमिका में हैं, और इससे उन्हें उन कानूनी असमर्थताओं को समझने में मदद मिलती है, जिसके शिकार दक्षिण अफ्रीका में बसे भारतीय हैं। बाद में भारतीय राष्ट्रीय दायरे में यह गाँधीवादी अवलोकन *बापूजी,* जो पूर्व आधुनिक मददगार की पारिवारिक अभिव्यक्ति है, के हितैषी निरीक्षण का रूप ले लेता है। गाँधी के दक्षिण अफ्रीका के अस्थायी प्रवास में इस अवलोकन को–उपमहाद्वीप से विस्थापित लोगों के अपने नए समर्थक वर्ग (constituency) के हित में जेंडरीकृत, वर्गीकृत और अन्य तरीक़ों से विशेषाधिकार प्राप्त होना है।

दक्षिण अफ्रीका में 'राष्ट्रीयकरण' के एजेंट के तौर पर गाँधी की केंद्रीयता वहाँ एक बेहद असामान्य प्रतिपक्षी सार्वजनिक दायरे (स्पेस) (फ्रेजर 1990: 57–59) का कारक बनती है, जिसका वे वहाँ निर्माण करते हैं। वे कैरिबियाई गिरमिटिया 'भारतीयों' को लेकर चलनेवाली बहस पर बारीक नज़र रखते हैं और बाद में कैरिबिया के संदर्भ में 'स्त्री प्रश्न' पर ध्यान केंद्रित करते हैं। दक्षिण अफ्रीका में तीन पाउंड के कर के मसले को उठाते हैं। इकरारनामे के तहत अगर कुली गिरमिटिये, वापस घर न लौटना चाहें, तो ज़मीन के टुकड़े के हकदार थे। जब उन्हें उनका यह हक देने से इनकार कर दिया गया और इसकी जगह उन पर कर लगा दिया गया, तब गाँधी ने इसमें हस्तक्षेप किया। वे अपने लेखन में उत्तरजीविता के उनके कौशल का जिक्र करते हैं। गाँधी जो खुद एक अंग्रेजी रंगढंग में रंगे वकील हैं, उन्हें भारत के खेतिहर कृषक तबके की दृढ़ता गहराई तक प्रभावित करती है,

हालाँकि जैसा कि मैंने पहले कहा है, वे व्यावहारिक पक्ष पर ध्यान देते हैं, बजाय विघ्नहारी मान्यताओं या अंधविश्वासों पर। वे किसी धर्म के बजाय 'भारतीय' जीवन पद्धति पर एकाग्रचित्त होते हैं, हालाँकि जिन रिवाजों पर वे बल देते हैं, वे हिंदू हैं।

जब गाँधी प्रवासीय समूह (डायस्पोरा) के दायरे (स्पेस) में संगठन तैयार करना शुरू करते हैं, तब वे, अगर नैन्सी फ्रेज़र के शब्दों को उधार लेकर कहें, एक तर्कमूलक संवाद के परिदृश्य... (जो) अवधारणात्मक स्तर पर [उपनिवेशी] राज्य से अलग है' (फ्रेज़र 1990: 57–59) के केंद्र में आ जाते हैं। लेकिन वैसे प्रतिपक्षी सार्वजनिक दायरे (स्पेस) के लिए संप्रभु व्यक्ति की क्रियाशीलता पूर्वशर्त है, जिसके पास (इस अध्ययन में यह व्यक्ति गाँधी हैं) 'यथार्थ' का पूर्ण ज्ञान हो (रे 1995: 32)। लेकिन गाँधी की संप्रभु व्यक्तिपरकता, जो भारतीय प्रवासी समूह (डायस्पोरा) के क्रियोलियों (क्रियोलाइट) से उनके द्वारा 'राष्ट्रवादी' व्यक्ति के निर्माण का आधार है, सिर्फ 19वीं सदी के पश्चिमी कार्टीजियन (Cartesian) मानवतावाद की बस एक व्युत्पन्न परछाईं नहीं है। कार्टीजियन मानवतावाद और इसकी राजनीतिक निष्पत्ति–आधुनिक भारतीय राष्ट्रीय राज्य, जिसे उपनिवेशवाद की संतान के तौर पर उपनिवेशियों की जीवन–पद्धतियों में व्यापक और अभूतपूर्व बदलावों का अग्रदूत होना है, दोनों से गाँधी की दूरी की निशानदेही करना हमेशा से चुनौतीपूर्ण रहा है। भाभा ने एक सांस्कृतिक विचार के तौर पर राष्ट्र के जिस सारभूत 'द्वैधवृत्ति' (essential ambivalance) (भाभा 1990: 1) की बात की है, गाँधी राष्ट्र के नये विचार के निर्माण में उसका ही दोहन करते हैं। गाँधी द्वारा राष्ट्र को आतंक से देखना और उसे विनाशकारी आधुनिकता का अग्रदूत मानना, उनके चिंतन का एक शक्तिशाली पक्ष है।

सुदीप्त कविराज, ग्राम्शी की तर्ज पर कहते हैं कि राष्ट्र को 'अपनी डरावनी आधुनिकता का सामना करने और उसे स्वीकार करने में डर लगता है, क्योंकि आधुनिकता की स्वीकारोक्ति खुद को कमज़ोर बनाना है' (कविराज 1992: 13)। अपनी 'प्राचीनता के आवरण' में छिपकर यह अपनी 'आधुनिकता' को छिपाना चाहता है (13)। राष्ट्रीयता के एक काल्पनिक दायरे (स्पेस) में, प्रवास में, देशनिकाला या निर्वासन के खोल में छिपने और साथ ही प्रचंड आतंक, दोनों के ज़्यादा मौके होते हैं। दक्षिण अफ्रीका में गाँधी की मुलाक़ात जिन भारतीय आप्रवासियों से हुई (और उनके सहयोगी और शिष्य सी.एफ एंड्रयूज ने जिन्हें कैरिबिया में पाया), वे आधुनिक उपनिवेशी राज्य की आधुनिक संस्थाओं से घिरे हुए थे, लेकिन फिर भी उन्हें इसके भीतर शामिल नहीं किया गया था। इसकी प्रतिक्रिया में वे अपनी कल्पित, स्मृति में संचित परंपराओं की खोल में वापस चले गये, जिसका अस्तित्व *आधुनिक* के बाहर के दायरे (स्पेस) में था। गाँधी इन परंपराओं को राष्ट्रीयता की आधुनिकता–नई और पुरानी, के दोचित्तेपन में घसीट कर ले आते हैं।

अटलांटिक में प्रवासी समूह की 'डरावनी' आधुनिकता

गिरमिटिया का प्रवासीय (डायस्पोरिक) अनुभव, जो हिंसक और आघातकारी था, इस अर्थ में आधुनिक है कि यह अचानक और असमय तरीके से अपने अधीनस्थ लोगों को संदर्भ के एक नए ढाँचे में ले आता है, जो इस मामले में विश्व पूँजीवाद की प्रक्रियाओं से, वह भी इसके ज्यादा बर्बर रूप–बागान पूँजीवाद से नज़दीकी तौर पर जुड़ा हुआ है। औद्योगिक/वैश्विक पूँजीवाद के उलट बागान आधुनिकता के इस चरण ने अपनी उपनिवेशित प्रजा के बुर्जुआकरण के लिए कुछ नहीं किया। लेकिन, हो सकता है कि इसने सर्वहाराकरण के लिए रास्ता खोला हो, या उसकी रफ़्तार को तेज करने में भूमिका निभाई हो। त्रिनिदादी सी.एल.आर जेम्स और एरिक विलियम्स, जो 'कैरिबिया को अटलांटिक आधुनिकता के प्रारंभिक स्थल के तौर पर अवस्थित करते हैं' (बेकल्स 1997: 777), द्वारा किए गये अटलांटिक आधुनिकता के इस सैद्धांतीकरण के मुताबिक एक समाज जिसकी बागान प्रणाली 'गुलामों के सावधानीपूर्वक विनियमित आचरण पर आधारित है...संगठन और जीवन–पद्धतियों के हिसाब से दुनिया के इतिहास में पहला आधुनिक समाज है' (777–89)। यही बात गिरमिट से बंधे कुली पर भी लागू होती है, जो अटलांटिक आधुनिकता के कई सूत्रीकरणों में प्रायः अदृश्य ही हैं।

इन्हें आधुनिक पूर्व–औद्योगिक सर्वहारा के तौर पर देखा जा सकता है, इसका एक संकेत इनकी भर्तियों को लेकर प्रचुर मात्रा में उपलब्ध दस्तावेज़ों में मिलता है। परंपरागत तौर पर भारतीय ग्रामीण अपने साथ न जन्म प्रमाणपत्र रखता है, न वह विवाह प्रमाणपत्र लेकर चलता है। हालाँकि उसके पास एक समृद्ध एवं जटिल सांस्कृतिक जीवन है, जिसकी विशेषता मिथकीय वृत्ताँत और मजहबी/धार्मिक संस्कार हैं, लेकिन वह अपने पीछे अपना कोई दस्तावेज़ी इतिहास नहीं छोड़ जाता। लेकिन एक बार गिरमिट के तहत आने के बाद इस प्रक्रिया के हर कदम पर तीनतरफ़ा विस्तृत पत्राचार हुआ–उपनिवेशी भारत, ब्रिटिश संसद और अटलांटिक बागान मालिकों के बीच। गोरखपुर या बनारस का ग्वाला, चमार, कुम्हार या जुलाहा अचानक अंतहीन ब्रिटिश बहसों का विषय बन गया।

हालाँकि, उनका जीवन बर्बर तरीके से आदिम था, जो उस आधुनिक जीवन के ठीक उलट था, जिसके उभार में वे सहयोग देनेवाले थे। इन जगहों पर, जहाँ पूँजीवाद नग्न तरीक़े से काम कर रहा था, उन्हें बैरकों, सोने की खदानों या गन्ना के खेतों में धकेल दिया गया और चिलचिलाती धूप में लंबे घंटों मेहनत करने पर मजबूर किया गया। उनका सामना 'दासप्रथा की एक नई प्रणाली' से हुआ, जिसमें अमानवीय जुर्मानों और सजाओं का प्रावधान

था और सांस्कृतिक निर्वासन और गैरजनजातीयकरण जिसका स्पष्ट एजेंडा था। आधुनिकता की 'नई साहसी दुनिया' उनके लिए नहीं थी। ह्यू टिंकर ने लिखा है कि 'लोक–कलाओं में गिरमिटिया को हमेशा हाथ बंधे हुए और कंधे झुके हुए रूप में चित्रित किया जाता था।' उन्हें सदियों में बनाई गयी अपनी जात–बिरादरी गँवानी पड़ी, लेकिन उन्होंने धीरे–धीरे पंचायत, मौखिक धार्मिक उपासना और समय बीतने के साथ मंदिरों[7] को भी पुनर्जीवित किया।

और वे अपनी परंपराओं से चिपके रहे और जो परंपराएँ भुला दी गयी थीं, उन्हें नए आप्रवासियों की मदद से फिर से स्थापित किया गया। और चूँकि ये उनके अपने जीवन के प्रति भोगी हुई प्रतिक्रिया थी–जिसे रेमंड विलियम्स 'एहसासों/भावनाओं की संरचना' (structure of feeling) कहेंगे–न कि महासभा जैसे अनुयायी बनानेवाले समूहों द्वारा थोपे गये विचारों का अनुकरण था, इसलिए इसे सम्मान के साथ स्वीकार किए जाने की ज़रूरत है। परंपरागत पद्धतियों को पुनर्स्थापित करके वे संभवतः पुजारी या ठाकुर (भूमिपति) या बनिया (साहूकार) द्वारा ढाए जानेवाले सबसे ख़राब किस्म के ग्रामीण अत्याचारों से मुक्त हो गये होंगे। मिसाल के लिए, इन नए हालातों में, गिरमिट की शुरुआत में, भूतपूर्व शोषक ब्राह्मण भी सबाल्टर्न था। उत्तरी भारतीय पुजारी या महाराज (क्रियोल में 'महराज') जैसे ब्राह्मण रसोइयों को पुकारा जाता था, या दक्षिण भारतीय 'वटियार' या वैटिलू (Vatiloux) भी बाकी अन्यों की तरह की कुली थे और मज़दूरी ही करते थे। यहाँ वीएस नॉयपॉल द्वारा त्रिनिदाद में ब्राह्मण बिस्वास के दयनीय चित्रण का ख्याल आता है।

प्रवासीय समूह (डायस्पोरा) के एक अप्रत्याशित हिस्से से, अर्नेस्ट मौटोसैमी फ्रांसीसी उपनिवेश पॉन्डीचेरी (पुदुचेरी) से मार्टिनिक लाए गये भारतीय समुदाय के बारे में लिखते हुए कहते हैं कि भारतीयः

> आज भी अपनी परंपराओं के प्रति पूरे उत्साह के साथ, यहाँ तक कि गोपनीय तरीक़े से भी वफ़ादार बने हुए हैं, पुजारियों द्वारा इसकी गोपनीय तरीक़े से रक्षा

[7] फिजी में इस प्रक्रिया के हृदयस्पर्शी विवरण के लिए देखें, रे एवं रीव्स। यद्यपि सभी जगहों की ऐतिहासिक विशेषताएं अलग थीं, लेकिन इन सभी इतिहासों में मेरे शोध से एक चौंकानेवाली समानता सामने आती हैः समुद्री यात्राएं, जिन्होंने जहाज़ों पर मित्रताओं को जन्म दिया (जहाज़ी भाई/बहन); शुरुआती वर्षों में स्त्रियों की कमी और उसके परिणामस्वरूप स्वच्छंद संभोग और अस्थिरता, स्त्रियों को हासिल नई आजादी और इसकी प्रतिक्रिया और आखिरकार मानवीय गरिमा और कुछ मामलों में समृद्धि की ओर धीमा उत्थान। सिर्फ दक्षिण अफ्रीका में, जहां ये सारे चरण दिखाई देते हैं, एक अतिरिक्त परिघटना है गांधीवादी गोलबंदी, हालांकि, रंगभेद की सफलता ने इतिहास को अलग ही रास्ते की ओर धकेल दिया। लेकिन, वहां भी, अन्य जगहों की तरह समुदायों का अस्तित्व बचा रहा।

की गयी है...तब भी, जब वे साक्षर नहीं थे, हिंदू पुजारी अपनी धार्मिक मान्यताओं के सारतत्व को बचाए रखने के लिए मौखिक परंपराओं का इस्तेमाल करने में और पॉन्डीचेरी, कराइकल और 1873 के बाद कलकत्ता के भाइयों और ईश्वर के बीच मध्यस्थ के तौर पर काम करने में कामयाब हुए। (मौटोसैमी 1989: 25)

मोसेस नागामूटू (नागामुथू का क्रियोलीकरण) का उपन्यास *हेंड्रीज क्योर* भारतीय लोक देवताओं और अफ्रीकी–कैरिबियाई आस्था प्रणाली की एक मिली–जुली संस्कृति का ब्यौरा पेश करता है।

'रोल मेल्विन रोल': 'कुलियों' की बनाई गयी दुनिया[8]

गॉर्डन लुइस नई दुनिया के अनुभवों पर मौजूद अकादमिक अध्ययनों के पक्षपातपूर्ण होने की ओर ध्यान दिलाते हैं। इसकी वजह यह है कि उनका ज़ोर पश्चिमी प्रतिक्रिया पर है और यह भी कि उन्होंने खुद के ही अनाचारों का दस्तावेज़ीकरण किया है। हम इसे बागानी अनुभव पर भी लागू कर सकते हैं। उनके शब्दों में:

हम दास प्रथा को देखते हैं, मगर दासों को नहीं देखते हैं–इसी तरह से अकादमिक अध्ययन का एक प्रकार है, जो साम्राज्यवाद को देखता है मगर साम्राज्यवादियों को नहीं, या मज़दूर संघ को देखता है, मगर मज़दूर संघ के कार्यकर्ताओं को नहीं...प्रकट रूप से यह हमें दासों के मालिकों के अनुभवों के बारे में ज्यादा बताता है, मगर दासों की दुनिया के बारे में नहीं बताता [या बागान मालिकों के बारे में बताता है, मगर गिरमिटियों या दासों के बारे में नहीं बताता]... (लुइस 1983: 172)

वे यह तर्क देते हैं कि बागानी प्रणाली का बुद्धिजीवी विरोधी चरित्र, दासता के [और मैं इसमें गिरमिट को भी जोड़ूँगी] पैटर्नों में मौखिक की लिखित संस्कृति से भिन्नता, संपूर्ण अनुभव को भुला देने की बेचैनी, इन सबका नतीजा यही था कि उपलब्ध रिकॉर्डों में मज़दूरों का पक्ष मौजूद नहीं था। वे कहते हैं कि संयुक्त राज्य में संघीय जाँचकर्ताओं ने 200 भूतपूर्व दासों का इंटरव्यू लिया और फिर इनका संकलन किया गया। कैरिबिया में भारतीय मामले में, भारतीयों को शामिल करने के लिए लुइस अपने तर्कों का इस्तेमाल करते हैं। क्योंकि जब ऐसे दस्तावेज़ीकरणों की शुरुआत हुई, तब तक ज़्यादातगर चश्मदीद गवाहों की मृत्यु हो चुकी होगी। लुइस का दावा है कि त्रिनिदादी जाँचकर्ताओं ने 1978 में

[8] यूगेन फॉक्स जीनोवेस के *'रोल जॉर्डन रोल: द वर्ल्ड द स्लेव मेड'* को सचेत तरीके से प्रतिध्वनित करते हुए और उनके प्रति सम्मान प्रकट करने के लिए, जो युद्धपूर्व दक्षिण में दासों की आध्यात्मिक उत्तरजीविता का दस्तावेज़ीकरण करता है।

'अपने पुनर्निर्माणों को एक वृद्ध भारतीय के आधार पर खड़ा किया, जो 1917 में यानी गिरमिटिया के आख़िरी वर्ष में आया था': 'द सागा ऑफ कनियाह' *एक्सप्रेस* (वी.एस. नॉयपॉल, पोर्ट ऑफ स्पेन, 9 अगस्त, 1980) (174)। लुइस इसे बाहरी पर ज़ोर देने के लिए बागान की अंदरूनी दुनिया की उपेक्षा करार देते हैं (ब्रेथवेट के हवाले से), जो कैरिबियाई अध्ययन में असंतुलन लाता है।

दक्षिण अफ्रीका के मामले मे भी गिरमिट काल में वास्तविक अनुभवों की कहानियाँ हम तक गाँधी, एंड्रयूज और अन्यों के काग़ज़ातों में दर्ज गिरमिट प्रथा को समाप्त करने के लिए कार्यकर्ताओं के संघर्षों और अभियानों द्वारा माध्यमीकृत होकर ही पहुँचती हैं। स्त्री समूहों ने गिरमिटिया स्त्री को अपना केंद्र बनाया। 'कुलियों' की वास्तविक आवाज़ें कहीं नहीं सुनाई देतीं, सिवाय गाँधी और एंड्रयूज के मानवतावादी सरोकारों के। कैरिबिया के लिए कुमार महाबीर ने (गिरमिटियों के) वंशजों की मौखिक स्मृतियों को दर्ज किया है और उनकी प्रस्तुति कलात्मक ढंग से की है। मैंने वर्तमान समय के दक्षिण अफ्रीकियों से बात की है, लेकिन उनके विवरण पारिवारिक स्मृतियों द्वारा माध्यमीकृत हैं, जैसे, मेरे अध्ययन में माया तिवारी या बृज लाल के आए हुए हवाले। महाबीर ने इस तरफ़ ध्यान दिलाया है कि साहित्यिक विवरण तो अफ्रीकी–कैरिबियाई से भी काफ़ी कम थे (देखें, महाबीर, 1985)। दक्षिण अफ्रीका में गाँधी की उपस्थिति की वजह से एक असाधारण मात्रा में दस्तावेज़ीकरण की शुरुआत हुई। लेकिन, स्वान बताती हैं कि वे भी कभी कुली बस्तियों में नहीं गये थे। इसलिए पंक्तियों के बीच पढ़ने के लिए थोड़ी कल्पनाशीलता से काम लेने की ज़रूरत पड़ती है।

गाँधी स्थानीय लोगों के अधिकारों को समझना शुरू करते हैं:

> हमारा सोचना है कि हमारे पास ज़मीन का उतना ही अधिकार है, जितना गोरों के पास है। एक नज़रिए से हमारा अधिकार उनसे ज़्यादा है। सिर्फ नीग्रो ही इस धरती के मूल बाशिंदे हैं। हमलोगों ने उनसे बलपूर्वक जमीन नहीं छीनी है; हम यहाँ उनकी सदिच्छाओं की बदौलत रहते हैं। दूसरी तरफ गोरों ने इस देश पर बलपूर्वक कब्जा किया है और इसे अपने नाम कर लिया है। कलेक्टेड वर्क्स, 2000, खंड 11 (1910–1911), पृ. 144 (गाँधी, *इंडियन ओपिनियन* 22–10–1910)

स्मृति–संचित शुरुआती वृत्तांतों और खेतिहर अस्तित्व की आदतों, जिसका सामना संभवतः गाँधी ने किया होगा, उनमें बदलाव आया। बाद में प्रवास के इतिहास में जब स्मृतियों को जाति और जेंडर के हिसाब से पुनर्निर्मित किए जाने की शुरुआत हुई, तब उनकी परिणति उन अत्याचारों की पुनर्प्रतिष्ठा करने में हुई, जो पीछे छूट गये थे। र्‌होडा रेडॉक और पैट्रिसिया मोहम्मद ने कैरिबिया में नव–हिंदू निर्मितियों के बारे में चर्चा की है। हिंदू पुनरुत्थान के दौर में सनातनी

या हिंदू महासभा जैसे संगठनों ने अक्सर गृहभूमि (स्वदेश) से रीति–रिवाजों के पुनर्रोपण की शुरुआत की जिसे प्रवासी लहरों ने और मज़बूती देने का काम किया, जो अपने साथ रीति–रिवाजों को साथ लेकर आए (तिवारी 2000: 25–29; मौटोसैमी 1989)। दक्षिण अफ्रीकी भारतीय, घर से ज्यादा नज़दीक होने के कारण और साथ ही पूरे अफ्रीका में कारोबारी डायस्पोरा के भी क़रीब होने के कारण, कम कटे हुए रहे।

शुरू में चूंकि गाँधी आधुनिकता के दायरे मे काम कर रहे थे, जिसकी उम्मीद वे एक ब्रिटिश प्रजा के तौर पर करते हैं, वे 'अधिकारों' पर अपना ध्यान केंद्रित करते हैं: वे गिरमिटियों की सांस्कृतिक उत्तरजीविता पर चुप हैं, ख़ासतौर पर तब जब ये रीति–रिवाज और अंधविश्वास से संबंधित हैं। गॉर्डन लुइस ने उन ग्रामीण प्रथाओं और बोलियों का वर्णन किया है, जो बचे रह गये और आज भी बचे हुए हैं–प्रार्थना पताकों, गोरखपुर और पूर्वी उत्तर प्रदेश के पर्व–त्योहारों (अपमानजनक ढंग से गोबरपट्टी कहकर पुकारे जानेवाले इलाके का केंद्र) को कुली की वर्दी, 12 आना मज़दूरी या जिसे एरिक विलियम्स ने दुनिया की पहली आधुनिक प्रणाली–बागान प्रणाली–का विनियमित श्रम कहा है, मिलकर भी निगल नहीं सके।

इन परिस्थितियों में सांस्कृतिक उत्तरजीविता का उभार भौतिक संकट को चुनौती देने के लिए होता है। उत्तर भारत के अहीर, चमार और भूमिहार, और दक्षिण भारत के वेल्लल, पल्ली, गोवेंदर और कम्मार (जहाज़ की कार्यपंजिका से निकाली गयी विभिन्न जातियाँ) आदि गन्ने (अमीन 1982: 52) के इर्द–गिर्द विकसित हुए सदियों पुराने अति संरचित जीवन को, या पहाड़ी क्षेत्रों में झूम खेती, साथ ही संग्रहण (फल, गिरि या कंद–मूल) के इर्द–गिर्द विकसित जीवनशैली को (आर्नल्ड 1982 खंड 1: 95)[9] पीछे छोड़कर सुदूर धरती पर गन्ना के बागानों या खदानों में काम करने के लिए आए थे। वे अपने पीछे समुदायों को छोड़कर

---

[9] *सबाल्टर्न स्टडीज* के अंक उत्तर प्रदेश, तमिलनाडु और आंध्र प्रदेश में चरवाहों, पहाड़ी लोगों, खेतिहरों, 'कुलियों' के जीवन को लेकर विस्तृत शोधपरक ब्यौरे उपलब्ध कराते हैं। ये गिरमिट आव्रजन के ऊँचे प्रतिशत वाले इलाके थे। इन लेखों में उनके संघर्षों को तफ़सील से बताया गया है, न सिर्फ उपनिवेशी अधिकारियों के साथ, बल्कि उनके ठीक ऊपर की जाति के साथ भी। इस तरह, मिसाल के लिए शुद्ध/पवित्र शुद्र खेतिहर जातियाँ परैया का दमन करते हैं। जाति समाज के सभी स्तरों ने खुद को समुद्रों के पार विदेशी धरती पर पाया, जिसने जाति व्यवस्था को पुनर्परिभाषित करने के लिए प्रेरित किया, और जिसने धीरे–धीरे, गांधी के उदाहरण में वास्तविक स्वच्छता से (उदाहरण के लिए अपने शौचालय को खुद से साफ रखना), अनुष्ठानपरक शुद्धता को अप्रचलित कर दिया, जो अस्पृश्यों (दलितबहुजन) को अपमानजक काम करने के लिए बाध्य करता था।

124 अटलांटिक गाँधी

आए थे, जो मालगुजारी वसूली और कर्ज देने (अमीन 1982: 97) के जटिल और प्राचीन संबंधों के द्वारा उनकी आर्थिक संरचना में साझेदारी करते थे। ओराँव जैसे आदिवासी, जिनकी एक बड़ी संख्या को प्रतिरोपित किया गया था, धार्मिक समुदाय और 'मरिअम्मन' जैसी स्थानीय देवी में अपनी आस्था को उपमहाद्वीप में ऊपर से नीचे तक औरों के साथ साझा करते थे (खंड 1: 95, 96)[10]। इनमें से कई छोटे देवी–देवता या 'थाइवम' समुद्र पार दूसरे देशों तक पहुँच गये। डेविड आर्नल्ड उन क्षेत्रों में पहाड़ी पुरुषों का वर्णन करते हैं, जो गिरमिटियों की आपूर्ति करते थे:

> पहाड़ी लोगों की घरेलू उपासना में केंद्रीय महत्व मुतिएलम्मा का था, जिसमें मैदानी भागों में मिलनेवाली स्मॉल पॉक्स (छोटी माता) और हैजे की देवी की कई विशेषताएं थीं। दूसरों में, जैसे गुडेम और रोम्पा पहाड़ियों में मलवेली देवी या ममेली देवता की विशेष भक्ति की जाती थी। (आर्नल्ड 1982: 97)

और मार्टिनिक से अर्नेस्ट मौटोसैमी बताते हैं कि हिंदू देवकुल में उच्च आसन पर विराजमान देवी–देवताओं की जगह छोटे देवी–देवताओं–माल्देविलिन, मालिएमिन, काली और नागूलोऊ की उपासना ज्यादा गहन है (31)। हिंद महासागर से लेकर अलटालंटिक महासागर तक नामों की समानता उपसर्ग 'मा' को सूचित करती है–धरती माता, एक शक्ति जिसकी पूजा ज्यादातर स्थानिक/आदिवासी धर्मो में की जाती है और उनके द्वारा भी जो उपहार के लिए धरती पर आश्रित हैं।

जैसा कि डेविड आर्नल्ड ने उसी दौर के, मगर उपमहाद्वीप के भीतर ही, अकालों के अपने अध्ययन में कहा है, गिरमिटिया मज़दूरों के उद्भव के इलाक़े उपजाऊ मिट्टी वाले, लेकिन सूखे की समस्या से ग्रस्त थे, जिसने एक जादू–टोने और अंधविश्वासों की विश्वदृष्टि को प्रोत्साहित किया, लेकिन वे दरअसल सदियों के अनुभव पर आधारित सांस्कृतिक प्रतिक्रियाएँ थीं (आर्नल्ड 1984: 62–115)। सूखाग्रस्त तमिलनाडु 1876–78 में वर्षा कराने के उत्सवों की अनुगूँज दिलचस्प तरीक़े से प्रतिरोपण में अकालों में सुनाई देती है। मिसाल के लिए, गयाना के कुलियों ने 1889 के भीषण अकाल से पार पाने के लिए कैसे वर्षा करानेवाले उत्सवों की शरण ली, इसका कथात्मक विवरण धार्मिक तौर पर शमनकारक मान्यताओं को सक्रिय तरीक़े से बचाए रखने की तस्दीक करता है, जो वे अपने साथ लेकर आए थे। ज्यादातर मामलों में, उपनिवेशी प्राधिकारी इन पर ध्यान देने पर मजबूर हुए।

ऐतिहासिक और नृशास्त्रीय आँकड़ों में भारत से समूहों के आगमन का ज़िक्र 'लहरों' (वेव्स) के तौर पर किया गया है और मज़दूरों के जाति संबंधी दावे

---

[10] देखें, *सबाल्टर्न स्टडीज*, खंड.1 में, आर्नल्ड, अमीन, हार्डीमैन और पांडेय को।

को सारणीबद्ध किया गया है। विवरणों में यह दर्ज किया गया है कि कई बार जातियों का निर्माण रास्ते में किया गया, जिसका संकेत 'बोट ब्राह्मण' पद से मिलता है। लेकिन, वास्तव में निजी पारिवारिक कहानियाँ, चाहे 'तथ्यपरक' या 'मनगढंत', वे स्रोत हैं, जिनके भीतर से प्रवासीय उत्तरजीविता की जिजीविषा की पुनर्खोज की जानी चाहिए। इसलिए कथात्मक विवरण, भले ही वह संदेहास्पद हो, क्योंकि वह कई वैचारिक एजेंडों से माध्यमीकृत होता है, निश्चित तौर पर सम्मान के हकदार हैं। इस तरह से पुनर्खोज की प्रक्रिया का ब्यौरा देने के वक्त स्त्रीवादी पुनर्खोज जैसे सकारात्मक एजेंडे या 'हिंदू पुनरुत्थान' जैसे नकारात्मक एजेंडे पर ज़रूर से ध्यान दिया जाना चाहिए। नीचे उत्तर प्रदेश के एक पुजारी को 1889 में गयाना लेकर जाने का संक्षिप्त वृत्तांत है, जो उनकी परपोती द्वारा सुनाया गया था।

हिंदू आप्रवासियों के इस विश्वास के चलते कि पुजारी लोग चंडी होम–वर्षा कराने के मक़सद से कराई जानेवाली एक पूजा–कराके 1889 के भीषण अकाल को समाप्त कर सकते हैं, अंग्रेज कुछ पुजारियों को लेकर आने पर सहमत हो गये थे...हालाँकि, पुजारियों ने दो महीने तक उपवास किया और कई धार्मिक अनुष्ठान किए. मेरे दादा पोर्ट मोउरैन्ट पहुंचे..एक गड्ढे में दाख़िल हुए, जो वैदिक अग्नि संबंधी अनुष्ठान के लिए खोदा गया था, और उन्होंने दो महीने तक, तब तक उपवास रखा, जब तक बारिश नहीं होने लगी। गाँववालों ने उनके दुर्बल शरीर को गड्ढे से बाहर निकाला और उसी जगह पर गयाना के पहले मंदिर की स्थापना की गयी और उसका नाम शिवाला मंदिर रखा गया। (तिवारी 2000: 28)

यहाँ कहानी सुनानेवाली एक लेखिका तथा एक प्रसिद्ध फैशन डिजाइनर और अब एक आश्रम की संस्थापक है। वो गयाना में जातीय हिंसा के कारण संयुक्त राज्य में शरणार्थी थी, जिसमें वह परिवार की आख़िरी सदस्य है। उसकी कहानी मेरी उस राय का एक उदाहरण पेश करती है, जिसका मानना है कि पारिवारिक वृत्तांत ऐतिहासिक स्मृति या निर्मिति का ज़रिया होते हैं, जो बोलनेवाले के दृष्टिकोण को भी प्रकट कर सकते हैं, जो कि इस मामले में एक पुनर्जन्म पाई (बोर्न–अगेन) हिंदू है। गिरमिट में दूसरी जगहों में भी इससे मिलती–जुलती कहानियाँ मिल सकती हैं। जाति वृत्तांतों (हर जाति और उपजाति के पास अपनी एक कहानी है: फिर चाहे वे चमार हों, या शैव ब्राह्मण, हर समूह के पास अपने उद्भव की एक कहानी है) के अतिरिक्त यहाँ मेरी दिलचस्पी वृत्तांतों की अनेकरूपता में न होकर, इनको याद रखने के तरीक़े और इनके पाठ की संभावनाओं में है। इस वृत्तांत में जो बात दर्ज किए जाने के लायक है, वह यह कि यद्यपि वाचक की इच्छा गयाना में संरक्षित किए गये या पुनः प्रचलन में लाए गये 'प्रामाणिक' वैदिक हिंदुत्व का दस्तावेज़ीकरण करना

है, लेकिन वास्तव में यहाँ जो चीज हमारा ध्यान खींचती है, वह है खेतिहरों की सौदेबाजी की ताक़तः वे तब तक काम नहीं करेंगे, जब तक हवन नहीं किया जाता है। एक पुजारी के होने का अर्थ है कि उनके पास मिशनरियों द्वारा उनका धर्मांतरण कराने की कोशिश का प्रतिरोध करने के लिए एक धुरी है।

गाँधी का संघर्ष उत्तरजीविता के ऐसे तरीक़ों को दर्ज नहीं करता है। खेतिहरों की संकटमोचक मान्यताओं, *कवाड़ी* (तमिल ईश्वर मुरुगा की उपासना में किया जानेवाला एक आध्यात्मिक नृत्य, जिसका प्रचलन आज भी दक्षिण अफ्रीका के तमिल गिरमिटियों के आप्रवासी वंशजों में पाया जाता है) की अदायगी को पूरी तरह से नज़रअंदाज कर दिया गया है। वे उनके अधिकारों और काम की परिस्थितियों को लेकर और उन्हें 'नए' भारतीयों के तौर पर ढालने को लेकर ज़्यादा चिंतित हैं। ऐसा करते हुए वे संभवतः आर्यसमाज और अन्य सुधारवादियों के प्रभाव में हैं, जिन्होंने संकटमोचक/विघ्नहारी रीति–रिवाजों से दूरी बनाकर रखी थी।

लेकिन ऐसा लगता है कि गाँधी धीरे–धीरे, मगर निश्चित रूप से बागान पूँजीवाद और इसके द्वारा अपने शिकारों पर एक हिंसक आधुनिकता थोपने के तरीक़ों में अंतर्निहित 'नस्लीय आतंक' (पॉल गिलरॉय [1993: 36] का पद) को जड़ से मिटाने में कामयाब रहे। यह आधुनिकता अपने शिकारों के सामने, नस्लीय रूप से अधीन बनाए गये लोगों के तौर पर अपनी भूमिका के निर्वात में, अपनी पुरानी पहचान को भूल जाने की शर्त रखती है। ये अधीन बनाए गये लोग अपनी नस्लीय भिन्नता की कीमत अर्ध–गुलामी और बेगार या बेहद सस्ती मज़दूरी के हालातों में बलात् प्रवासन के तौर पर चुकाते हैं। लेकिन इस बात में शक की गुंजाइश काफ़ी कम है कि गाँधी के अपने प्रयासों ने उल्लेखनीय ढंग से प्रवासीय समूह (डायस्पोरा) की 'आधुनिक' गैर–आधुनिकता को प्रभावित किया। वे अपनी स्मृति–संचित लोक/परंपरागत पहचानों को साथ लेकर चलते रहे, लेकिन गाँधी की परियोजनाओं द्वारा स्थापित तयशुदा आधुनिक रास्तों के सहारे। हालाँकि, जैसा कि मेरा मानना है, ऐसी परियोजनाएं विरोधाभासी तरीक़े से पश्चिमी शैली की आधुनिकता को लेकर गहरे अविश्वास से भरी हुई हैं। भारत के अंदर श्रद्धा के ऊँचे आसन पर बिठाए जानेवाले एक 'खाँटी' राष्ट्रीय हीरो गाँधी एक अटलांटिक 'विश्व–नागरिक' हैं। लेकिन वे प्रतिरोध का वरण चयनित तरीक़े से स्मृति संचित लोकप्रथाओं या परंपराओं की तरफ़ पलायन या उसे बचाने के लिए नहीं करते हैं, बल्कि एक सचेत तरीक़े से चुने गये आधुनिकता विरोधी रास्ते के तौर पर करते हैं, जो खुद को आधुनिकता के संस्थानों का इस्तेमाल करते हुए परिभाषित कर सकता है (जैसे, समाचार–पत्र, पर्चे और पब्लिक स्फीयर)। यह उनकी परियोजना को परंपराओं की तरफ़ लौटने की तुलना में कहीं ज्यादा मज़बूत बनाता है।

गाँधी और गैर-आधुनिकताः हिन्द स्वराज

एक *नृशंस* बागान आधुनिकता के दायरे में देशबदर किए गये मज़दूरों के हालातों का ऐसा अनुभव दक्षिण अफ्रीका के अनुभवों के ठीक मध्याह्न में लिखे गये आधुनिकता के ख़िलाफ़ गाँधी के घोषणापत्र–*हिन्द स्वराज* के लिए एक चमकदार संदर्भ मुहैया कराता है। मैंने अब तक गाँधी की 'आधुनिकता' की चर्चा उनके द्वारा प्रवासीय (डायस्पोरिक) प्रतिरोधों की राष्ट्रवादी गोलबंदी, मगर साथ ही उनकी यह चिंता कि राष्ट्रीयता एक संस्कृतिहीन आधुनिकता का निमित्त बन सकता है, के दायरे में की है। हिन्द स्वराज को इस अंतर्विरोधी दायरे (स्पेस) में ही रखा जा सकता है।

एक मुद्रित दस्तावेज़ के तौर पर *हिन्द स्वराज* का इतिहास राष्ट्रीय छवि–कल्पनाओं और महासमुद्रपारीय मुद्रण आंदोलनों के बीच रिश्ते को दिखाता है। यह बात काफ़ी महत्वपूर्ण है कि इसका लेखन *किल्डोनन कैसल* जहाज़ पर, जहाज़ की स्टेशनरी की मदद से किया गया। इस तरह से यह एक प्रवासी मुद्रण की एक चकित कर देनेवाली छवि है। यह पहले–पहल *इंडियन ओपिनियन* के गुजराती वाले हिस्से में दो किस्तों में छपा। उसके बाद इसका प्रकाशन किताब के रूप में हुआ। पहले, गाँधी के नेटाल के अपने इंटरनेशनल प्रिंटिंग प्रेस से और बाद में गणेश एंड कंपनी., चेन्नई से। इस किताब के अंग्रेजी तर्जुमे के आमुख में गाँधी इस किताब की सेंसरशिप के बारे में बताते हैं:

> मुझे नहीं पता, हिन्द स्वराज को भारत में जब्त क्यों कर लिया गया है। मेरे लिए जब्ती ब्रिटिश सरकार का प्रतिनिधित्व करने वाली संस्कृति को और ज्यादा तिरस्कार लायक़ बना देती है...लेकिन मुझे यह ज़रूर स्पष्टता से स्वीकार करना चाहिए कि मैं साम्राज्य की अस्थिरता को लेकर ज़्यादा चिंतित नहीं हूं, क्योंकि मेरा नाता भारत की उस प्राचीन सभ्यता से है, जो दुनिया द्वारा आज तक देखे गये सर्वोत्तम का प्रतिनिधित्व करती है। (7)

थोड़ी अतिशयोक्ति का सहारा लेते हुए वे ब्रिटेन को आधुनिकता के साथ जोड़ते हैं और दोनों को शैतान के बराबर बताते हैं; भारत को 'प्राचीन' के साथ जोड़ते हैं और इन दोनों को ईश्वर के बराबर बताते हैं (7)।

इसके बावजूद, जिन परिस्थितियों में यह किताब लिखी गयी, वे परिस्थितियाँ *हिन्द स्वराज* को आधुनिक बनाती हैं। इस पाठ का इतिहास ही अपने आप में मुद्रण माध्यम की महाद्वीपपारीय गतिशीलता की गवाही देता है। एंडरसन, इसके बावजूद कि उनका साक्षरों को निरक्षरों के ऊपर विशेषाधिकार देना समस्यात्मक है, कहते हैं, 'लंबी दूरी के परिवहन और मुद्रण पूँजीवाद के बीच अनिवार्य गठजोड़ ने वह ज़मीन तैयार की, जिस पर पहला राष्ट्रवादी आंदोलन परवान चढ़ा' (एंडरसन 1994: 316)।' इस लिहाज से गाँधी का समुद्री लेखन,

अटलांटिक को लेकर गिलरॉय के विचारों में राष्ट्रीय दायरे (स्पेस) के विपरीत 'जड़नुमा' आकृति वाले, संस्कृतिपारीय, अंतरराष्ट्रीय दायरे (स्पेस) में (गिलरॉय 1993: 4) विचारों और कार्यकताओं के प्रसार के साथ–साथ अहम सांस्कृतिक और राजनीतिक कलाकृतियों: ग्रंथों, किताबों, ग्रामोफोन रिकॉर्डों और गायन मंडलियों की गतिशीलता का हिस्सा है। गिलरॉय के निदर्शन (पैराडाइम) की ही तरह, गाँधी का महासमुद्रपारीय लेखन नई तकनीकों का इस्तेमाल करके निर्वासित भारतीयों को भारतीय भूमि और भूमंडलीय व्यापार और साथ ही साथ जहाज़रानी नेटवर्कों से जोड़ता है।

लेकिन, अगर *हिन्द स्वराज* एक तरफ़ समुद्री मुद्रण पूँजीवाद और राष्ट्र की एक 'आधुनिक' कल्पना के बीच रिश्ते को प्रकट करता है, तो यह डंके की चोट पर भारतीय राष्ट्र की कल्पना एक गैर–आधुनिक शै के तौर पर भी करता है। क़रीब एक दशक पहले, पार्थ चटर्जी ने उत्तर–उपनिवेशवादी राष्ट्रवाद की व्युत्पन्न प्रकृति को लेकर एंडरसन के विवरण को लेकर अपने ऐतराज को प्रकट किया। 'अगर बाकी दुनिया में राष्ट्रवादों को अपने कल्पित समुदायों को उन्हें पहले ही यूरोप और अमेरिका द्वारा मुहैया करा दिए तयशुदा रूपों में से ही चुनना है, तो फिर उनके पास कल्पना करने के लिए क्या बचता है?' (चटर्जी 1994: 5)। मगर, गाँधी द्वारा मुद्रण से सुदृढ़ किए गये राष्ट्रवाद में से तकनीक को बाहर करना, इसके बावजूद यह साबित करता है कि छवि–कल्पना की विषय–वस्तु क्रांतिकारी तरीक़े से गैर–यूरोपीय हो सकती है। *हिन्द स्वराज* ने वास्तव में इस बात का ऐलान किया कि गाँधी आधुनिक राष्ट्रीय राज्य–विज्ञान और मेडिसिन के संस्थान, कानून, संचार, तर्कवाद, भौतिकतावाद और उपभोक्तावाद (चटर्जी 1994: 153) द्वारा माध्यमीकृत और निर्देशित यूरोपीय उत्तर–ज्ञानोदयी आधुनिकता के पक्के तौर पर ख़िलाफ़ हैं। *हिन्द स्वराज* को राष्ट्रवाद की आधुनिकता के आतंककारी परिणामों के जवाब के तौर पर समझा जा सकता है, जो काम यह ठीक–ठीक भारतीयता का अर्थांतरण 'गैर–आधुनिक' के तौर पर करके करती है।

मिसाल के तौर पर रेलवे के मसले पर वे पश्चिमी रेलवे की निंदा करते हैं और बैलगाड़ी की प्रशंसा करते हैं।

> यह बात आपकी समझ में जरूर आनी चाहिए कि रेलवे के बिना अंग्रेज भारत को इस तरह काबू में नहीं रख सकते थे। रेलवे ने भी ब्यूबॉनिक प्लेग फैलाया है। रेलगाड़ियों के बिना लोग एक जगह से दूसरी जगह बड़ी संख्या में नहीं आ जा सकते थे। वे ही प्लेग रोग के कीटाणुओं के वाहक बने हैं। पहले हमारे पार कुदरती 'सेग्रेगेशन' (सूतक) की व्यवस्था थी। रेलवे के कारण अकालों की बारंबारता बढ़ी है। रेलगाड़ी की सुविधा के कारण लोग अपना अनाज बेच डालते हैं और जहाँ सबसे ज्यादा कीमत मिले, वहाँ अनाज को भेज दिया जाता है। लोग लापरवाह बन गये और इसी कारण से अकाल का दबाव बढ़ गया।

रेल लोगों की दुष्टता को उभारने का काम करती है। बुरे लोग अपनी शैतानी चालों को ज़्यादा तेजी से अंजाम दे देते हैं। भारत के पवित्र स्थल अपवित्र बन गये हैं। पहले लोग इन जगहों तक काफ़ी मुश्किलों का सामना करके जाते थे। सामान्य तौर पर इसलिए सच्चे भक्त ही इन जगहों तक जा पाते थे। अब तो कपटी लोग अपने कपट का अभ्यास करने के लिए वहाँ जाते हैं। (47)

भारत के पवित्र भूगोल का इस्तेमाल राष्ट्र का आह्वान करने के लिए किया जाता है:

मेरे कहने का मतलब यह नहीं है कि चूँकि हम एक राष्ट्र थे, इसलिए हमारे बीच कोई मतभेद नहीं था। लेकिन, यह एक तथ्य है कि हमारे प्रमुख लोग या तो पैदल या बैलगाड़ियों पर बैठ कर पूरे देश की यात्रा करते थे। उन्होंने एक–दूसरे की भाषा सीखी और उनके बीच किसी तरह का अलगाव नहीं था। आपका क्या ख़याल है कि हमारे उन दूरदर्शी पूर्वजों ने दक्षिण में सेतु बंधु रामेश्वर, दक्षिण पूर्व में जगन्नाथ और उत्तर में हरिद्वार की स्थापना तीर्थ स्थलों के तौर पर क्यों की? (48)

लेकिन, उन्होंने देखा कि भारत कुदरती तौर पर एक अविभाजित भूमि है। इसलिए उन्होंने यह तर्क दिया कि इसे एक राष्ट्र होना चाहिए। इसी तर्क से उन्होंने भारत के विभिन्न भागों में पवित्र स्थलों की स्थापना की और लोगों के मन में राष्ट्रीयता की ज्वाला इस तरह से भड़काई, जिसकी कोई मिसाल दुनिया के किसी हिस्से में नहीं मिलती। दो भारतीय जितने एक हैं, जितने एक दो अंग्रेज कभी नहीं हो सकते। केवल हम और आप जो खुद को सभ्य और दूसरों से श्रेष्ठ मानते हैं, उन्हीं को यह लगता है कि हम कई राष्ट्र हैं। रेलवे के आगमन के बाद ही हम अपने को अलग–अलग मानने लगे और आपको ऐसा कहने की छूट है कि रेलवे के माध्यम से ही हम इन अंतरों को मिटाकर एक हो रहे हैं। एक अफीमची यह कह सकता है कि अफीम खाने का फ़ायदा यह हुआ कि उसे अफीम खाने की आदत के नुकसानों का पता, इसे खाने के बाद ही चला। मैं आपसे कहूँगा कि आप उन बातों पर विचार कीजिए, जो मैंने आपको रेलवे के बारे में कही हैं। (49)

इस तरह से प्रकट तरीक़े से भारत से दक्षिण अफ़्रीका में बसनेवालों का चित्रण गाँधी गैर–आधुनिक के तौर पर करते हैं। निम्न वर्गीय (सबाल्टर्न), प्रवासीय (डायस्पोरिक) अनुभव, जिसे पूँजीवादी आधुनिकता के आतंकों, 'निर्वस्त्र पूँजीवाद' के सामने खुला छोड़ दिया गया, का अपने खेतिहर मूल्यों के सहारे चुनौती पेश करना, गाँधी को नीचे आए बयान से दूरी बनाकर रखने की इजाज़त देता है:

दक्षिण अफ़्रीका में उपनिवेशी समुदाय इस बात पर यकीन करता था कि वे पश्चिमी सभ्यता के नुमाइंदे हैं और भारत प्राच्य सभ्यता की नुमाइंदगी करता है। अगर ऐसे प्रतिस्पर्द्धी सभ्यताओं के लोग मिलते हैं, जो इसका नतीजा

130 अटलांटिक गाँधी

> विस्फोट के तौर पर आएगा। किसी दूरदर्शी राजनेता का काम इन सभ्यताओं के सापेक्षिक गुणों के बारे में फ़ैसला सुनाना नहीं है। उसका काम अपनी सभ्यता को संरक्षित रखने की कोशिश करना है। भारतीयों को उनके बुरे चाल–चलन के कारण नापसंद नहीं किया जाता, बल्कि उन्हें उनके गुणों–सरलता, कर्मठता, धैर्य, किफ़ायती प्रवृत्ति और पारलौकिकता के कारण नापसंद किया जाता है। पश्चिमी लोग उद्यमशील, उतावले, अपनी भौतिक इच्छाओं को बहुगुनित करने और उन्हें पूरा करने में ही डूबे हुए रहते हैं। उन्हें इस बात का डर है कि भारतीयों को दक्षिण अफ्रीका में आप्रवासियों के तौर पर बसने की इजाजत देना सांस्कृतिक आत्महत्या के बराबर होगा। (परेल 1997, इंट्रोडक्शन xxiii)

गाँधी की घाघ गैर–आधुनिकता, जिसका चयन भारतीय की वास्तविक शक्ति के उद्‌घोष के लिए किया गया था, का समर्थन एक बेहद दिलचस्प समकालीन ग्रंथ भी करता है। इसमें बागान की प्रकट विचारधारा में दयनीय कुली को सिर के बल पलट कर ईष्या की वस्तु बना दिया गया। यूरोपीय के औद्योगीकरण के आधुनिक रास्ते का अनुकरण के बजाय भारतीय को अपने गाँव और अपने मूल्यों की ओर वापस लौटना चाहिए, जहाँ इसकी वास्तविक शक्ति है।

गाँधी की टिप्पणियाँ अपना काफ़ी महत्व खो देती हैं, अगर हम इस बात को लेकर सचेत नहीं रहते हैं कि उन्होंने वास्तव में अपने समय की भावनाओं को सटीक तरीके से समझा था। उस काल की दूसरी रचनाएँ, भारतीय और यूरोपीय दोनों, दक्षिणी अफ्रीका पर कब्जे के लिए पूरब औ पश्चिम के बीच प्रतिस्पर्द्धा के सवाल पर बहस करते हैं। झगड़े का बिंदु यही था, क्योंकि इस भूमि के वास्तविक अफ्रीकी रहवासियो को तो पहले हाशिये पर धकेला जा चुका था। *द एशियाटिक डैन्जर इन द कॉलोनीज* में एल.ई नीमे कहते हैं, गिरमिटिये यहाँ 'लकड़हारे और भिश्तियों के तौर पर आते होंगे', लेकिन 'भारतीय के भीतर बसने वाली ज़मीन की भूख, उन्हें खेती के लिए जमीन हासिल करने के लिए प्रेरित करती है, या कारोबारी का जज़्बा उन्हें फेरवाले की टोकरी में निवेश करने की ओर धकेलता है और वह अपनी किफ़ायती कठिन मशक्कत से भरी जिंदगी तब तक जीता रहता है, जब तक कि वह खुद को एक छोटे दुकानदार या यहाँ तक कि बड़े बनिए के तौर पर स्थापित नहीं कर लेता है' (25)। ट्रांसवाल के लेफ्टिनेंट गवर्नर सर ऑर्थर लॉली 'इन आधे आबाद, आधे खाली क्षेत्रों के उत्तराधिकार के लिए पूरब और पश्चिम के बीच के संघर्ष की बात करते हैं'। नेमे की किताब इस बात को साफ़ कर देती है कि नस्लवाद के पीछे इस काफ़ी वास्तविक डर का हाथ था कि ये समशीतोष्ण भूमियाँ, जो उष्णटिबंधीय इलाकों के विपरीत यूरोपियों के स्थायी निवास के लिए मुफ़ीद हैं, भारतीयों द्वारा कब्जा कर ला जाएँगी, क्योंकि कठोर मेहनती भारतीय नेटाल में उतनी समृद्धि हासिल कर सकता है जितना वह कभी भी मद्रास या बंगाल में नहीं कर सकता' (28)।

स्थानीय विश्व नागरिक और आधुनिक प्रति–आधुनिक 131

'गोरे आबादियों के लिए जलवायविक रूप से अनुकूल' (25) समशीतोष्ण इलाकों में,

> सबसे अच्छा उदाहरण नेटाल का है। हालाँकि तटीय पट्टी को उष्णकटिबंधीय, और इसलिए मज़दूरों के तौर पर एशियाइयों के लिए बेहतर माना जा सकता है, लेकिन इस उपनिवेश का बड़ा हिस्सा उत्कृष्ट तरीक़े से गोरे उपनिवेशियों के अनुकुल है। मिस्टर मॉरिस लिखते हैं, तट की ही तरह देहातों के खेतों में भी शारीरिक श्रम के सारे काम स्थानीय लोगों या भारतीयों द्वारा किए जाते हैं। लेकिन ऐसा किसी जलवायविक या शारीरिक कारणों से नहीं किया जाता। नेटाल के देहात की जलवायु यूरोपियों के लिए शानदार है। यहाँ वयस्क स्थायी सेहत का आनंद ले सकते हैं और यहाँ पाले–पोसे गये बच्चे उत्तरी यूरोप के गाँव के बच्चों के ही बराबर स्वस्थ और मजबूत होते हैं। यूरोपियों भी खेतों में अच्छी तरह से शारीरिक श्रम कर सकते हैं और यह उनकी सेहत या स्थिति को नुकसान नहीं पहुंचाएगा। यह नहीं किए जाने का कारण सामाजिक और नस्लीय है। अगर नेटाल दक्षिणी गोलार्ध में 30 अंश अक्षांश पर होने की जगह 50 उत्तरी गोलार्ध में 50 अंश अक्षांश पर होता, तो ऐसा करना नियम होता। गोरे व्यक्ति स्थानीय निवासियों या भारतीयों के साथ काम नहीं करेंगे..यहाँ तक कि उनके साथ कोई मेलजोल भी नहीं रखते हैं। (26)

नीमे यह स्वीकार करते हैं कि भारतीय अपने 'ईमानदार लेन–देन' के लिए विख्यात हैं। इस तथ्य को प्रीटोरिया और डरबन दोनों द्वारा सार्वजनिक तौर पर स्वीकार किया गया है कि भारतीय थोक फ़र्मों से कर्ज पा सकते हैं, लेकिन गोरे व्यापारियों को मना कर दिया जाता है। स्वाभाविक है कि इससे गोरे व्यापारियों का प्यार अपने एशियाइयों के प्रति बढ़ता नहीं है...' (51–52)। नीमे जोहानिसबर्ग शहर का वर्णन करते हैं, जहाँ यूरोपीय जीवन स्तर असाधारण ढंग से उच्च श्रेणी का है, जिसके सामने भारतीय बेहद मामूली बन जाते हैं।

> लेकिन, पीट्रमारिट्ज़बर्ग जैसे सुदूर समुदाय में, मामला काफ़ी अलग है। जबकि शहर कुछ बड़े थोक कारोबारियों को समर्थन देता है, लेकिन सारा का सारा खुदरा व्यापार भारतीयों के हाथों में है। कुछ बड़ी दुकानें हैं, जो यूरोपीय कारोबारियों की हैं, जो कि थोक–प्रतिष्ठानों के खुदरा केंद्र हैं। इनके अलावा, एक खुदरा दुकान एक अकेले अंग्रेज कारोबारी के हाथ में है। इन अपवादों को छोड़ कर, और अगर हज्जामों, केमिस्टों और विशेष प्रकृति की दुकानों को छोड़ दें, तो चारों तरफ खुदरा व्यापार भारतीयों के हाथों में है। (154)

इसका मतलब यह हुआ कि गाँधी जिन विचारों को वाणी दे रहे हैं, वे उस समय पर्याप्त तरीक़े से सार्वजनिक दायरे में मौजूद थे। वे उन कारकों का विश्लेषण करते हैं, जो दक्षिण अफ्रीका में भारतीयों के ख़िलाफ़ ईर्ष्यापूर्ण हिंसक पलटवार

की वजह बना। एक बार जब भारतीय गिरमिट से बचकर निकल गये और उन्हें अपनी ज़मीन का टुकड़ा मिल गयाः

> भारतीयों ने उम्मीद से ज्यादा दिया। उन्होंने बड़ी मात्रा में सब्जियाँ उगाईं। उन्होंने कई भारतीय किस्मों की खेती की शुरुआत की और स्थानीय किस्मों को सस्ते में उपजाना संभव बनाया। उन्होंने वहाँ आम के पेड़ लगाए। वे व्यापार में शामिल हुए। उन्होंने घरों के लिए जमीनें खरीदीं और कई ने खुद को मज़दूरों की हैसियत से ऊपर उठा लिया। (गाँधी 1997ः 130)

दक्षिण अफ्रीका में एक तमिल ब्राह्मण प्रवासी और अफ्रीकन क्रॉनिकल ऑफ डरबन, नेटाल के संपादक पी.एस. अय्यर, जिन्होंने दक्षिण अफ्रीकी तमिलों के भीतर एक महत्वपूर्ण नेतृत्वकारी भूमिका निभाई, के अनुसारः

> मुक्त भारतीयों ने नेटाल में अच्छी तरक़्क़ी की। उनकी मेहनती आदतों ने उन्हें लगभग उन सभी धन्धों में कामयाबी दिलाई, जिसमें उन्होंने हाथ लगाया। वे मत्स्यन और मछली में प्रशंसा के योग्य उद्यमशीलता का प्रदर्शन करते हैं...तटीय जिलों में वे कृषकों के तौर पर भी अच्छा करते हैं... उनके द्वारा मक्के की खेती के कारण बाजार मूल्य में कमी आ गयी है। उन्होंने बेकार और अनुत्पादक जमीन को सुव्यवस्थित बागों में बदल दिया है, जिनमें सब्जियों, तंबाकू, गन्ने और फलों के पेड़ हैं। वे डरबन और पीट्रमारिट्ज़बर्ग के स्थानीय बाजारों में सब्जियों की आपूर्ति करते हैं। (अय्यर 1925ः 108)

अन्यों ने भी गिरमिटियों के बारे में ऐसा कहा है। मौटोसैमी कहते हैं कि मर्टिनिक और ग्वाडेलू में 'भारतीय आप्रवासियों ने प्रकृति के मानवीयकरण में अपनी भूमिका निभाई, उपजाऊ जमीन पर खेती करने में मदद की, पवित्र गाय की मदद से पशुपालन को आगे बढ़ाया...' (27) बारबाडोस के उपन्यासकार जॉर्ज लैमिंग घोषणा करते हैं कि वे बाजार की सुबह से पहले तक कैरिबिया में भारतीय मौजूदगी के बारे में नाममात्र को जानते थेः

> मैं शायद ही कभी किसी भारतीय लोकसेवक से मिलता हूँ और मेरे पास किसी भारतीय पुलिसकर्मी को देखने की भी कोई स्मृति नहीं है। लेकिन, उस दुनिया की हक़ीक़त से मेरा सामना सुबह होने से पहले के घंटों में हुआ जब जॉर्ज स्ट्रीट मार्केट के बाहर का फुटपाथ मानवीय आकृतियों और डब्बों, जूट के बोरों और धरती पर पैदा हो सकने वाली हर किस्म फल–सब्जियों से भर जाता था। वे सभी भारतीय किसान और कारोबारी थे और मैं यह कल्पना करता था कि वे कितनी दूर यात्रा करके आए हैं। (लैमिंग 47, बीरबल सिंह 1989 में)

वे उन्हें कैरिबिया का पेट भरनेवाले 'अदृश्य हाथों' की संज्ञा देते हैं। गाँधी भारतीय पशुपालन की तारीफ़ करते हैंः

गाय भारत की रक्षक है। चूंकि भारत एक कृषिप्रधान देश है, इसलिए यह गाय की संतति पर निर्भर है। वह सैकड़ों तरीक़े से सबसे उपयोगी जानवर है। हमारे मुसलमान दोस्त यह बात स्वीकार करेंगे। (गाँधी 1997: 54)

गाँधी द्वारा भारतीय की निर्मिति

दक्षिण अफ्रीका में लंबी अवधि के दौरान, जिसे भारत की उनकी यात्राओं से खाद–पानी मिलता रहा, गाँधी प्रणालीबद्ध तरीक़े से 'भारतीयता' की रचना की शुरुआत भिन्न–भिन्न समूहों को आपस में जोड़नेवाले एक मंच के तौर पर इस तरह से करते हैं ताकि राष्ट्रीयता के 'नएपन' को दूरी पर रखा जा सके। इस तरह से हालाँकि, आप्रवासियों के पास ख़ुद अपने घरों को जाने और लौट कर आने की विलासिता न हो, लेकिन यह काम उनके लिए गाँधी ने किया, जिनका ख़र्चा उनके व्यापारी सहयोगियों ने उठाया था। उनकी 'जनता' में उनके सभी राजनीतिक समर्थक समुदायों के प्रतिनिधि शामिल थे। यह मुस्लिम कारोबारियों से शुरू हुआ था, मगर विस्तृत होकर इसने ट्रांसवाल और ऑरेंज फ्री स्टेट के कुलियों, नेटाल में जन्मे ईसाई भारतीयों, जो पहले बाकियों से कटे हुए रहते थे और नस्लीय क़ानूनों से बेदख़ल की गयी औरतों, सबको शामिल कर लिया।

'भारतीय' की उनकी निर्मिति को अनिवार्य तौर पर उस समय की नस्लवादी सोच में एक महत्वपूर्ण हस्तक्षेप के तौर पर देखा जाना चाहिए। गाँधी 1890 के दशक में दक्षिण अफ्रीका पहुँचे थे, जब, जैसा कि कई विवरणों से पता चलता है, भारतीय निवासियों की उपनिवेशी निर्मिति, उपनिवेशी धारणा को प्रदर्शित करती थी। यह (कई जातीय प्रकारों के) वर्गीकरण संबंधी (विवरण) से सामाजिक डार्विनवाद ('आदिम' से 'सभ्य' के पैमाने पर इन्हें श्रेणीबद्ध करते हुए) से भिन्नता (जो हिंदूपन को भारतीयता के बराबर दिखाने में प्रदर्शित होता है) के एक सुसंगत विमर्श तक बदलती रही है (34)। इसी के साथ–साथ यह दौर, कविराज के शब्दों में–19वीं सदी की उपनिवेशवाद विरोधी सांस्कृतिक विचारधाराओं और एक व्यवहार्य परियोजना के तौर पर राजनीतिक अनौपनिवेशीकरण (डिकोलोनाइजेशन) के उत्तर–गाँधी कार्यक्रम के बीच यानी सांस्कृतिक और राजनीतिक राष्ट्रवाद के बीच संक्रमण को दर्ज करता है। गाँधी इस संक्रमण से दक्षिण अफ्रीका में सीधे टकराते हैं। ऐसा वे क्षेत्रीय, राजनीतिक दावों–मताधिकार, संपत्ति, नागरिकता के अधिकार–को सांस्कृतिक, मुख्यतः धार्मिक परिभाषाओं के साथ मिलाकर करते हैं।

इसलिए उनके क्षेत्रीय, नागरिक संघर्ष हमेशा सांस्कृतिक प्रयोगशीलता में खुराक, स्वच्छता, सत्याग्रह और अहिंसा की मदद लेते हैं। अपने लेखन में वे नई 'भारतीयता' के तत्वों का नाम बताते हैं: एक अखिल भारतीय चेतना, जो विभिन्न धर्मों से अपना जीवन–रस प्राप्त करती हो, मगर जो 'आधुनिक सभ्यता' का विरोधी होने का गुण साझा करती हो और अनुचित क्षेत्रवाद, धार्मिक और जाति

कट्टरता से मुक्त हो (खंड 23)। यहाँ, हमें भारत के सभी धर्मों को समझने के लिए गाँधी की लंबी तैयारी को भी ध्यान में रखना चाहिए। ध्यान देने लायक़ यह भी है कि कैसे गाँधी द्वारा दक्षिण अफ्रीका में 'भारतीय' राष्ट्रीयता की निर्मिति की कोशिश में दक्षिण अफ्रीकी निवासी हाशिए पर चले जाते हैं। मैं आगे इस बिंदु पर वापस आऊँगी।

उनके दो आश्रम, फीनिक्स आश्रम और टॉल्सटॉय फार्म, ये दोनों जुलू गाँवों के करीब हैं, 'भारतीयता' की निर्मिति के लिए मेल्टिंग पॉट की तरह हैं।

फीनिक्स के पीछे विचार यह है कि यह सही पुरुष (और स्त्री) और सही भारतीयों के निर्माण की पौधशालाके तौर पर काम करे ... (विचार यह है कि) यह 'प्रयोग करने के लिए और मुनासिब ट्रेनिंग हासिल करने के लिए उपयुक्त जगह' बने (गाँधी 1997: खंड 22–23; गाँधी खंड 9: 382 से दिया गया हवाला)।

यह काफ़ी दिलचस्प है कि ग़ैर–आधुनिक को लेकर अपने प्रयोगों के लिए गाँधी तर्कमूलक तरीक़े से यथासंभव यूरोपीय पुस्तकों की मदद लेते हैं (सुकरात, थोरो, टॉल्सटॉय, रस्किन)। जैसा कि पैट्रिक ब्रैन्टलिंगर ने दर्ज किया है, ये पुस्तकें अपने आप में उत्तर–पुनर्जागरण को प्रदर्शित करती हैं, न कि उत्तर–ज्ञानोदयी भूमंडलीय संस्कृति–पारीय आधुनिकता को, जिसे मुद्रण ने संभव बनाया। मेरे उद्देश्यों के लिए, कोई चाहे तो सामाजिक और नागरिक अनुशासन में दिलचस्पी को देख सकता है, जो अपने में सारवादी (essentialist) 'भारतीयता' को समाहित किए हुए है, लेकिन है उससे ज्यादा, जिसकी प्रशंसा वे पूर्व में उद्धृत अनुच्छेद में करते हैं।

'भारतीयता' का गाँधीवादी संस्करण उन लोगों को शामिल करता था, जो फीनिक्स आश्रम और टॉल्सटॉय फार्म में उनके सख़्त, यहाँ तक कि कई बार क्रूर नियमों का पालन करते थे और उन्हें बाहर कर देता था, जो पश्चिमी सभ्यता को दूसरे साधनों से चुनौती देने की इच्छा रखते थे। उनकी 'भारतीयता' में विदेशों में रह रहे निर्वासितों के एक ख़ास तबके से सचेत तरीक़े से दूरी बनाना शामिल था–ये थे आमूल परिवर्तनवादी आतंकवादी, जो ब्रिटिश शासन का अंत हिंसक तरीक़े से करने की पैरोकारी करते थे (गाँधी 1997, खंड. 23)। लेकिन, सबसे महत्वपूर्ण यह है कि उनके द्वारा 'आधुनिकता' का रणनीतिक इस्तेमाल, नागरिक समाज के सिद्धांतों को नकार कर काम नहीं करता है, बल्कि एक ऐसे नागरिक ढाँचे के निर्माण पर आधारित है, जो उनके निजी दृष्टिकोण को सार्वजनिक वृत्त (पब्लिक स्फीयर) पर अधिरोपित करता है। आगे के एक अध्याय में मैं यह बताने की कोशिश करूँगी कि इस तरीक़े को प्रवास (डायस्पोरा) की स्थिति में ही साधा जा सकता है।

6

ट्रांसवाल की तमिल स्त्रियाँ

'... 9 से 10 पुरुषों पर खाना बनाने और कपड़े धोने के लिए एक स्त्री काफ़ी है।' गयाना भेजे गये पहले पहाड़ी कुलियों को लेकर ब्रिटिश प्रधानमंत्री के पिता ग्लैडस्टोन के साथ एक कंपनी के पत्राचार का हवाला देते हुए। (टिंकर [1974: 63][1])

भारत में जो स्त्रियाँ कभी शराब को हाथ भी नहीं लगाएंगी, वे कभी–कभी सड़क पर नशे में धुत्त पड़ी पाई जाती हैं। (गाँधी 2000, खंड 15: 75)

हम पति–पत्नी (वे और कस्तूरबा) अकेले नहीं हैं, जो दक्षिण अफ्रीका में जेल गये हैं। 17 साल की एक युवती, जो अभी–अभी वनीथा विश्राम से आयी थी, वह और उसका पति भी बंदीगृह गये। (गाँधी *गुजरात मित्र अने गुजराती दर्पण, 7–1–1916 में*)

ये तीन हवाले गिरमिटिया स्त्रियों के उतार–चढ़ाव वाले इतिहास की तरफ़ इशारा करते हैं। गाँधी इसके गवाह भी थे और उन्होंने इसे बदला भी। पहला हवाला गिरमिटिया स्त्री के इतिहास के पहले क्षण की तरफ़ संकेत करता है। दूसरा हवाला गाँधी के एक भाषण का है, जो कि गिरमिट प्रथा को समाप्त करने के उनके अभियान के दरमियान दिया गया था। और तीसरे में गाँधी वलियम्मा मुदलियार जैसी दक्षिण अफ्रीकी तमिल स्त्री कार्यकर्ता की तारीफ़ कर रहे हैं।

जबकि गाँधी झुंड में दिखनेवाली वेश्याओं (आगे दिये गये एक हवाले को देखें) और नशे में चूर स्त्रियों की बात कर रहे थे, उनके समकालीनों को 1914 में अख़बारों में छाई रहनेवाली एक स्त्री की तस्वीर भूली नहीं होगी। वह तस्वीर जिसे गोखले समेत कई लोगों ने देखा, एक 'मासूम और सम्माननीय' युवती

शीर्ष तस्वीरः दक्षिण अफ्रीकी तमिल स्त्री कार्यकर्ता वलियम्मा मुदलियार

[1] जब तक कि अलग से उल्लेख न किया जाए, टिंकर के सारे हवाले *अ न्यू सिस्टम ऑफ स्लेवरी* से हैं।

वलियम्मा मुन्नूस्वामी मुदलियार की थी, जिसकी मृत्यु 22 फरवरी, 1914 को यानी दक्षिण अफ़्रीका के पीट्रमारिट्ज़बर्ग जेल से छूटने के चंद दिनों के भीतर हो गयी थी (देखें गाँधी 2008: 161–62)। एक तरफ़ सड़क पर नशे में धुत्त पड़ी वेश्या और दूसरी तरफ वह तमिल महिला, जो एक मक़सद के लिए अपने प्राणों की आहुति दे देती है, अपने आप में एक विरोधाभास छिपाए हुए है, जिसकी पड़ताल इस अध्याय में की जाएगी।

भारतीय स्त्रियों को कार्यकर्ता के रूप में सार्वजनिक जीवन में लेकर आना, उनके हक में गाँधी का सबसे बड़ा योगदान था और वलियम्मा इस तथ्य का उदाहरण बन गयीं। गाँधी के दर्शन का स्त्रियों के सामाजिक भविष्य पर पड़नेवाले प्रभाव को लेकर भले दोराय हो[2], लेकिन इस बात में कोई संदेह नहीं है कि वे राजनीतिक और नागरिक संघर्षों में स्त्रियों की भागीदारी को लेकर हमेशा प्रतिबद्ध थे। उनका संग्रह *टू द वुमेन* इस तथ्य को बार–बार दोहराता है। यह अध्याय गाँधी की इस विरासत की पड़ताल इसे अटलांटिक प्रवासीय ढांचे के भीतर रखकर करेगा।

गिरमिट प्रथा ने स्त्रियों के साथ क्या किया, इसको लेकर उनकी नाराज़गी उनके कई भाषणों में प्रकट होती है। उनके शब्दों का सीधे हवाला देना सबसे अच्छा होगा, क्योंकि वे गिरमिट प्रथा के कारण निम्नीकृत स्त्रीत्व की एक सशक्त तस्वीर पेश करते हैं। विभिन्न मौकों पर वे नेटाल समेत गिरमिट की सभी भूमियों का ज़िक्र करते हैं। प्राथमिक मुद्दा एक प्रवासीय (डायस्पोरिक) चौखटे में स्त्री की यौनिकता का है:

पहले वे यौनिक अराजकता के बारे मे बात करते हैं। उनकी दृष्टि में समुद्री यात्राओं के दौरान:

> स्त्रियों से जुड़ा मामला इस बुराई का सबसे कमज़ोर और लाइलाज पहलू है... ज़रूरी नहीं है कि ये स्त्रियाँ पत्नियाँ ही हों। समुद्री यात्रा के दौरान पुरुषों और स्त्रियों को एक साथ रखा जाता है। शादी एक झूठा नाटक है। जहाज़ से उतरते वक्त आप्रवासियों के संरक्षक (प्रोटेक्टर ऑफ इमिग्रेंट्स) के सामने सिर्फ़ यह घोषणा कर देना कि वे पति–पत्नी हैं, वैध शादी का दर्जा दिला देता है। ऐसे में स्वाभाविक तौर पर तलाक़ भी आम है। बाकी बातों की कल्पना पाठक स्वयं कर सकते हैं। (गाँधी खंड. 15)[3]

---

[2] संभवतः इस विषय पर सबसे विस्तृत और संतुलित अध्ययन मधु किश्वर (1986) का है। साथ ही देखें, गांधी (*टू द वुमेन*)। हालांकि, दोनों ही गिरमिट और इस क्षेत्र में गांधी के स्त्रियों के लिए काम का ज़िक्र नहीं करते हैं।

[3] इस खंड में सारे संदर्भ *समालोचक* (गांधी, *कलेक्टेड वर्क्स,* 2000, खंड 15: 74 और खंड 15: 21 मई, 1915–31 अगस्त 1917, पृ. 190 से लिए गये हैं) में छपे लेखों 'इंडेंचर ऑर स्लेवरी' और 'इंडेंचर्ड लेबर' से हैं।

लिंग–अनुपात के बारे में बात करते हुए, वे एक रिपोर्ट के हवाले से यह बताते हैं कि 'कुलियों' और अनेक 'वेश्याओं' के बीच गैर–वैवाहिक संबंधों के कारण भारतीयों को कितने तिरस्कार की भावना के साथ देखा जाता थाः

> यह साठ पुरुषों के लिए 40 औरतों की स्थिति नहीं थी, लेकिन बयान दिया गया कि ये पुरुष (कुलीजन) इन औरतों से शादी करने के बजाय, उन्हें रखैल बनाकर रखते थे और इन औरतों में से कई वेश्याएँ थीं... (57)... नेटाल में घृणा की उँगली इन लोगों की तरफ़ उठी हुई थी। (58) (खंड 15ः 21 मई, 1915–31 अगस्त 1917 पृ. 55, 1915 में बॉम्बे क्रॉनिकल में छपी एक रिपोर्ट से)। (यह भाषण 28 अक्टूबर, 1915 को दिया गया था) जिला काँग्रेस समिति के तत्वाधान में बॉम्बे के एम्पायर थियेटर में गिरमिटिया मज़दूरों पर गाँधी के भाषण से जिसकी अध्यक्षता सर इब्राहिम रहीमतुल्ला कर रहे थे।)

1915 में, गिरमिटिया मज़दूरी पर अपने भाषण में, जो बुनियादी तौर पर मेसर्स चिमनलाल एवं मैक नील द्वारा जिला काँग्रेस के तत्वाधान में तैयार की गयी रिपोर्ट थी, वे पुरुषों की अनैतिकता का दोष औरतों को देते हैं:

> कमिश्नरों ने बागानों में व्याप्त अनैतिकता पर कई पन्ने खर्च किए हैं।[4] गिरमिटिया मज़दूरों के बारे में निम्नलिखित तथ्य स्थापित किए जा चुके हैं। वे जिन देशों में आव्रजन करते हैं, वहां वे कोई नैतिक या धार्मिक शिक्षा ग्रहण नहीं करते हैं। उनमें से ज्यादातर अविवाहित हैं। गिरमिटिया मज़दूर का परिवहन करनेवाले हर जहाज़ पर 40 फ़ीसदी तक औरतों को लेकर जाने का प्रावधान है। इनमें से कुछ औरतें बदनाम हैं। वे किसी नियम की तरह शादी के रिश्ते में दाख़िल नहीं होती हैं। इन स्थितियों में अगर 20 फीसदी पुरुष भी शादी करना चाहते हैं, तो वे ऐसा नहीं कर सकते हैं। इतनी दूर की भूमि पर जाने के कारण उन्हें शराब पीने की लत पड़ जाती है। भारत में जो औरतें कभी शराब को नहीं छुएंगी, वे कभी–कभी नशे में धुत्त हालत में सड़कों पर पड़ी मिलती हैं। (गाँधी, *कलेक्टेड वर्क्स* 2000, खंड. 15ः 75)।

वैसी औरतों का संदर्भ, जो 'एक निमय की तरह' वैवाहि बंधन में दाख़िल नहीं होतीं, भारत में व्यापक तौर पर अनुमोदित रही देवदासी व्यवस्था की याद दिलाता है, जिसका विकास मंदिर परिसरों के इर्द–गिर्द हुआ था। 1880 के दशक में नाच–विरोधी आंदोलन द्वारा देवदासी प्रथा को ग़ैरक़ानूनी घोषित कर दिया गया। चूंकि गाँधी इसके बाद विदेश जाते हैं, इसलिए देवदासी का संदर्भ इस चर्चा के लिए प्रासंगिक है। देवदासी प्रथा भारत के कई भागों में प्रचलित थीः जिसके तहत नवयुवतियों को कला और संगीत में प्रशिक्षित किया जाता

[4] ए एफ.एन, कमेटी की कार्यवाही में जमैका, त्रिनिदाद, ब्रिटिश गयाना और फ़ीजी का ज़िक्र करते हैं (28 अक्टूबर, 1915) (गांधी, *कलेक्टेड वर्क्स* 2000, खंड. 15)

था और उनका 'विवाह' भगवान के साथ करा दिया जाता था और उनके भरण–पोषण और कलात्मक विकास का ख़र्चा (अनन्य तौर पर यौन संबंध के बदले में) किसी ब्राह्मण या अन्य उच्च जाति के पुरुष द्वारा उठाया जाता था (देखें नटराजन 2002 में श्रीनिवासन 1985: *'जेंडर एंड कास्ट मॉडर्निटी'*)।

देवदासी, तवायफ़ और गिरमिटिया वेश्या की निर्मिति

निस्संदेह यह व्यवस्था उच्च जाति के पुरुषों की निचली जातियों की स्त्रियों के साथ यौन–संबंध कायम करने इच्छा को पूरा करने का एक ज़रिया थी, लेकिन श्रीनिवासन इस ओर ध्यान दिलाते हैं कि स्त्रियाँ किस तरह से इस व्यवस्था को नियंत्रित करती थीं। यह नियंत्रण माताओं या दादियों द्वारा आश्रयदाताओं को चुनने के तरीके, देवदासी के कलात्मक आत्मविकास और अपनी संपत्ति पर स्त्रियों के नियंत्रण के रूप में काम करता था। एक बार, धर्मप्रचारकों की गतिविधियों, नाच विरोधी विक्टोरिया पाखंड और ब्रिटिश क़ानून निर्माताओं और अपनी छवि को 'आधुनिक रूप देने' के लिए प्रतिबद्ध उच्च जातियों के एक साथ आ जाने से देवदासी व्यवस्था का नाश हो गया और देवदासी की पदावनति महज यौन व्यापार करनेवाली वेश्या के तौर पर कर दी गयी। इस बारे में अपर्याप्त शोध हुए हैं कि क्या कुछ गिरमिटिया 'वेश्याएँ' वास्तव में देवदासियाँ थीं या वे उत्तर भारतीय दरबारी नाचनेवालियाँ, जो तवायफ़ या गणिकाओं के समकक्ष थीं, जो उनकी ही तरह शास्त्रीय नृत्य में प्रशिक्षित होती थीं। लेकिन, गिरमिट प्रथा को लेकर अध्ययनों में कुली औरतों के साथ किसी तरह के कलात्मक कौशल के जुड़े होने का कोई सबूत नहीं मिलता है। यह निश्चित है कि वेश्याओं से अपने नफ़रत के कारण, ऐसा लगता है कि गाँधी को देवदासी व्यवस्था और इसमें स्त्रियों को दिए जानेवाले सम्मान की याद नहीं आती है।

ऊपर आए सारे हवाले, 1915/16 के दरमियान दिए गये उनके भाषणों से लिये गये हैं। यानी गाँधी द्वारा दक्षिण अफ्रीका में अपना काम पूरा कर चुकने और वहां स्त्रियों को गोलबंद करने के बाद। इसलिए हमारे यह मानने में कोई हर्ज नहीं है कि गाँधी यहाँ गिरमिट प्रथा को सामान्य तौर पर स्त्रियों का दर्जा घटानेवाली प्रथा के तौर पर देख रहे हैं। ऐसा इस तथ्य के बावजूद है कि गाँधी तब तक दक्षिण अफ्रीका में स्त्रियों के साथ एक दशक तक काम कर चुके थे। सवाल है कि आख़िर सड़क पर नशे में धुत्त पड़ी हुई स्त्री की तस्वीर वलियम्मा मुदलियार के बलिदान और सत्यपरायणता की तस्वीर में कैसे बदल जाती है?

मैं यहां गाँधी के लेखन में मौजूद उस संघर्ष की तरफ ध्यान दिलाना चाहूँगी जो 'वेश्याओं' की श्रेणियों: 'पत्नी और माँ' और 'सत्याग्रही' के बीच दिखाई देती है। जैसा कि ऊपर के उद्धरणों से स्पष्ट है, वे सार्वजनिक तौर पर इस

विचार से इत्तेफ़ाक़ प्रकट करते हैं कि समुद्री सफ़र के हालात, औरतों की कम संख्या, मद्यपान का प्रचलन, ये सब स्त्रियों का निम्नीकरण करनेवाले थे और इनसे ऐसा हुआ भी।[5]

स्त्री संबंधी गाँधी के विचारों का संदर्भीकरण

1880 से पहलेः गिरमिट की दुनिया में निजी संपत्ति (चैटल) और वेश्या

बागान मालिक रहे और ब्रिटिश प्रधानमंत्री के पिता ग्लैडस्टोन को पहले पहाड़ी कुलियों को भेजे जाने के संदर्भ में पत्र प्राप्त हुआ। इन पहाड़ी कुलियों को वे तिरस्कारपूर्ण तरीके से 'धंगूर' (उष्णकटिबंधीय बंदर की एक प्रजाति 'लंगूर' से तुक मिलाकर और मेरा यकीन है कि ऐसा उन्होंने संयोगवश नहीं किया) कहकर पुकारते हैं। इनके बारे में उनका पर्यवेक्षण हैः 9 से 10 पुरुषों पर खाना पकाने और साफ़–सफ़ाई के लिए एक औरत काफ़ी है' (टिंकर 1974: 63)।

धनगरों का अपना कोई परिवार भी हो सकता है, इस संभावना के बारे में दूर–दूर तक नहीं सोचा गया था, जबकि दूरी को देखते हुए यह तय था कि वे अपने घर नहीं आ जा सकेंगे। भारत के मैदानी लोगों के लिए 'बेगार' व्यवस्था और पहाड़ी लोगों के लिए 'झूम खेती' पुरुषों के मौसमी प्रवास पर निर्भर थी (देखें, टिंकर 1974); लेकिन वे हमेशा भी अपने परिवारों में लौटते थे और गाँवों के सामाजिक ताने–बाने का हिस्सा बने रहते थे।

गिरमिट के अंतर्गत जानेवाली औरतों को लेकर चलनेवाली बहस में निम्नीकरण और बदनामी का सवाल प्रमुख था। सत्याग्रहियों के तौर पर उनका उत्थान करने से पहले गाँधी को भी इस विरासत का सामना करना पड़ा होगा। गिरमिट के सामाजिक इतिहास की तरफ एक सरसरी सी नजर डालने पर भी एक साफ़ नज़र आनेवाला और बार–बार दोहराया जानेवाला मसला सामने आए बिना नहीं रहेगा–गिरमिट से पूर्व की आबादियों में स्त्री–पुरुष संबंधों की 'समस्या' (निरंजना 2006; रेडॉक 1985; मोहम्मद 1995; पुरी 1997 व 2004 और रूहोमन 1947)। समस्या के निर्माण में खुद स्त्रियों की क्या भूमिका थी? उपनिवेशी परियोजना को हमेशा एक तरफ़ स्त्रियों को लेकर एशियाई पुरुषों के ख़राब ट्रैक रिकॉर्ड के रूढ़ीकरण के आधार पर; और दूसरी तरफ़ उन्हें

---

[5] अन्य जगहों पर गांधी वेश्यावृत्ति की निंदा करने के मामले में कोई समझौता नहीं करते हैं। बालसर में वे वेश्याओं द्वारा किए गये चैरिटी के कामों को उन्होंने यह कहकर स्वीकार करने से इनकार कर दिया था कि वे अशुद्ध हैं।

'सभ्य बनाकर' उपनिवेशी क़ानूनों को माननेवाले लचीले व्यक्ति में ढालने के नाम पर जायज़ ठहराया जाता था। गायत्री स्पीवाक ने कहा है कि उपनिवेशी प्राधिकारियों और अभिजन जाति की आवाज़ों के बीच में 'सबाल्टर्न' औरत की आवाज़ को चुप करा दिया गया है। गिरमिटिया स्त्रियों के मामले में भी यह अंतर्दृष्टि हमारी मदद कर सकती है।

'कुली स्त्री समस्या' के कई आयाम हैं। यह जितना यथार्थ है, उतना ही एक विमर्श है जो कि बागान मालिकों की माँग के हिसाब से स्त्री और पुरुष के अक्सर हिंसक, बलपूर्वक और धोखाधड़ी से किए जानेवाले परिवहन की ऐतिहासिक सच्चाइओं; उपनिवेशी नस्लवाद; भारतीय लैंगिक भेदभाव; पुरातनपंथी हिंदू धर्म की पुनर्निर्मिति, जिसने खुद को मज़बूत करने के लिए गिरमिट इतिहास का सहारा लिया; और अन्य ऐसे ही कारकों को छूता है।[6] मिसाल के लिए पुरातनपंथी हिंदू धर्म की पुनर्निर्मिति प्रथागत स्त्री–द्वेष, इस्लाम को लेकर प्रतिक्रिया और पितृसत्ता की उत्तर औपनिवेशिक पुनर्खोजों जैसे विभिन्न किस्म के कारकों से रगड़–घिस का सामना करती है।[7] गिरमिट के लिए प्रासंगिक तथ्य यह है गिरमिटिया स्त्रियाँ संभवतः समाज के जिन क्षेत्रों से आयी थीं, उन्हें जाति आधारित समाज का त्याग करने से ज्यादा कुछ गँवाने का डर नहीं थाः ये विधवाएँ, वेश्याएँ, पारिवारिक अत्याचारों का सामना करनेवाली, एकल और किसी तरह से जातिबाहर कर दी गयीं या कलंकित करार दी गयीं स्त्रियाँ थीं। जातिगत समाज के भीतर की अधिकांश श्रमिक स्त्रियाँ अपने पतियों के साथ नहीं गयीं। गिरमिट प्रदेशों के उपन्यासकार लगभग निरपवाद रूप से 'काला पानी' पार करनेवाली असली पूर्वज स्त्री की कहानी सुनाते हैं।

---

[6] कैरिबियी गिरमिट व्यवस्था में स्त्रियों के वास्तविक हालात के विस्तृत इतिहास के लिए देखें कन्हाई (1998), निरंजना (2006), रेडॉक (1985) और मोहम्मद (1995)। अन्य विस्तृत इतिहासों के लिए जो स्त्री को भी चर्चा में शामिल करते हैं, देखें, रूहोमन (1947), टिंकर (1974), बीरबल सिंह (1989), द्वारकानाथ (1950), मलिक (1971), क्लास (1961, 1964, 1965, 1991) और वेल्लर (1968)। दक्षिण अफ्रीका में स्त्री के विशेष प्रश्न पर मेरा मुख्य स्रोत गांधी की लिखी हुई किताब *'सत्याग्रह इन साउथ अफ्रीका'* और राजमोहन गांधी द्वारा अपने दादा की संवेदनशील और प्रामाणिक जीवनी था। स्पष्ट तौर पर दक्षिण अफ्रीका में 'स्त्री' का सवाल गिरमिट के दौरान और उसके खात्मे के बाद भी उस तरह से केंद्रीय सवाल नहीं बन पाया, जैसे यह कैरिबिया में हुआ। गिरमिट प्रथा की समाप्ति के बाद और ज्यादा हाल के समय में कैरिबियाई सार्वजनिक स्पेस में स्त्री की खुली भागीदारी के कारण उनकी 'नैतिक' निंदा का रवैया का बना रहना और पुनर्स्थापित हिंदू धार्मिकता का प्रभाव संगीत और नृत्य, खासतौर पर चटनी, सोका जैसे रूपों को लेकर हाल के अध्ययनों में दिखाई देता है। (देखें निरंजना 2006 और पुरी 1997)।

[7] मिसाल के लिए देखें संगारी और वैद, 1990, नटराजन, *साइनपोस्ट्स* का विशेषांक जिसका संपादन राजेश्वरी सुंदरराजन ने किया है।

दूसरी तरफ़ यह तथ्य भारत में स्त्रियों की राष्ट्रवादी आत्म–छवि को चोट पहुँचाने वाला है। चूंकि स्त्री की आध्यात्मिकता और पवित्रता दुनियावी पश्चिमी के बरक्स राष्ट्रवादी पुरुष की शरणस्थली थी (चटर्जी 1994), ऐसे में जैसा कि निरंजना कहती हैं, विधवाएँ (रांड़ कहकर पुकारी जानेवाली) या वेश्याएँ या किसी अन्य तरह से ख़ारिज कर दी गयीं स्त्रियाँ, विजेता मध्यवर्गीय सम्माननीय स्त्रियों की–जिन्हें एक नया राष्ट्र विरासत में मिलनेवाला था–'अन्य' थीं। निरंजना के मुताबिक़, भारतीय स्त्रियों के राष्ट्रवादी इतिहास ने कुली स्त्री के इतिहास की इजाज़त नहीं दी: अगर भारतीय स्त्री की छवि की पुनर्स्थापना करनी थी, तो उसके लिए पहले गिरमिट प्रथा का अंत ज़रूरी था। रंजना ख़ासतौर पर ख़ानाबदोश स्त्रियों की तरफ़ संकेत करती हैं, जो मुमकिन है, जहाज़ों तक पहुँच गयी होंगी, जिसका औपन्यासिक ब्यौरा रमाबाई एस्पीनेट *द स्विंगिंग ब्रिज* में देती हैं। निरंजना कहती हैं:

> जीवन शैली की जिन विशेषताओं से शिक्षित भद्रलोक को परहेज करना था, उनमें से एक था, मध्यवर्गीय स्त्रियों और निचली जातियों की स्त्री कलाकारों से–जो आँगनों की भीतरी दुनिया में क़ैद रहनेवालियों के लिए मनोरंजन और शिक्षा का माध्ययम थीं–दूरी बनाकर रखना...[19वीं सदी के आख़िरी हिस्से में] स्त्रियों के अंदरमहल या उनके निवास स्थलों से पंचालियों या लोकगीतों को ख़त्म करने की (कोशिश की गयी), जिन्हें धर्मप्रचारकों ने अश्लील और गंदगी फैलानेवाला करार दिया था। (निरंजना 2006: 75)

उनका कहना है कि इसी वजह से इन आकृतियों की गिरमिटिया अवतारों, 'सबाल्टर्न स्त्री प्रवासियों', निचले तबकों से आनेवाली यौनिक रूप से ज्यादा मुखर 'कुली' स्त्री को भारतीय राष्ट्रवादी स्त्री प्रश्न से बाहर कर दिया गया (22)। इस अध्याय में मेरा तर्क है कि कम से कम दक्षिण अफ्रीका में प्रवासीय स्त्री ने न सिर्फ़ गिरमिट प्रथा को बल्कि, राष्ट्रवाद को भी आकार देने का काम किया। आख़िरकार, जिस शुद्धता और आध्यात्मिकता के मॉडल की पैरोकारी गाँधी ने भारत में की, उसका पहला परीक्षण ट्रांसवाल की स्त्रियों पर ही तो किया गया था।

गिरमिटिया वेश्याएँ

गयाना जानेवाले शुरुआती जहाज़ों में असंतुलित लिंगानुपात का मामला काफ़ी अहम था, जिनमें पहाड़ी जनजातियाँ–धनगर और मैदानी भागों के कोलकाता से आनेवाले लोगों में पुरुष बहुतायत थे और स्त्रियों की संख्या काफ़ी कम थी (*हसपेरस* पर सवार लोगों की गिनती की गयी थी)। गिरमिट प्रथा के अंत तक विभिन्न क्षेत्रों में यह पैटर्न थोड़े–बहुत अंतर के साथ बना रहा। कुलियों की

माँग करनेवाले बागान मालिक, ख़ासतौर पर थोड़ी संख्या में स्त्रियों की माँग करते थे: वे समुदायों के निर्माण को रोकना चाहते थे, 'यह एक ऐसी संभावना थी, जिसे आर्थिक दृष्टि से हानिकारक होने के साथ–साथ ख़तरनाक भी माना जाता था'। लेकिन, समय के साथ जब स्त्रियों की कमी रखैल रखने, कौटुम्बिक व्यभिचार (इनसेस्ट) और पत्नी–हत्या का कारण बनने लगी–जैसा कि लैंगिक इतिहास का एक संस्करण कहता है–प्राधिकारियों ने स्त्रियों की संख्या बढ़ाने के लिए जल्दबाजी में कदम उठाए। शुरुआती जहाज़ों में 100 पुरुषों पर मात्र 3 स्त्रियाँ थीं (नाथ 1950: 125)। द्वारकानाथ ने बागान मालिकों द्वारा पहले किए गये करारों में संशोधन के बाद साल–दर–साल स्त्रियों के आगमन को सारणीबद्ध किया है। 1900 तक प्रत्येक 100 पुरुष पर 50 स्त्रियाँ तक होने लगी थीं। स्त्रियों की संख्या में उतार–चढ़ाव 'सही किस्म की औरत' के अनुमान पर निर्भर था (निरंजना 2006: 58–59)। दक्षिण अफ्रीका में यह अनुपात थोड़ा बेहतर था। गाँधी अपने भाषण में 60 पुरुषों पर 40 स्त्रियों का ज़िक्र करते हैं।

कलकत्ता के वेश्यालयों और बाजारों से वेश्याओं को 'जमा करने' के विवरण सामूहिक वृत्तांत का हिस्सा हैं और इसने गिरमिटिया स्त्रियों की रूढ़ छवि गढ़ने का काम किया। ऐसा करते हुए उनकी वास्तविक स्थिति या अपने जीवन को बेहतर बनाने के लिए उनके द्वारा किए गये उद्यम को नज़रअंदाज कर दिया गया।[8] इस छवि को बाकी सारी चीजों के ऊपर रेखांकित किया गया। वेश्याओं का प्रतिशत कभी भी एक छोटे से अंश से ज्यादा नहीं था। बाकी स्त्रियाँ भागी हुई पत्नियाँ, विधवाएँ थीं और 25 प्रतिशत उन स्त्रियों का था, जो अपने पतियों और परिवारों के साथ आयी थीं। लेकिन, सभी भारतीय स्त्रियों के लिए वेश्या का इस्तेमाल किया जाने लगा। ऐसे वृत्तांत जहाज़ों के मार्फ़त दक्षिण अफ्रीका भी पहुँचे, जो डरबन में पानी के लिए रुकते थे। जैसा कि एक मौखिक वृत्तांत में कहा गया है, 'हम नेटाल में रुकते थे/यह एक जगह का नाम है/हम वहां से पानी लेते थे/उसके बाद देमरा आता था (we stopNatal/e have a place name so/we take water dey/den a come demra) (महावीर 1985: 52)।

स्त्रियों की संख्या में उतार–चढ़ाव, वेश्याओं का अनुपात और ऐसे अन्य कारक आगे जाकर गाँधी द्वारा 'पत्नी' और बाद में 'सत्याग्रही' पर ध्यान देने के क्रम में अहम होकर उभरे, जिस पर मैं आगे चर्चा करूँगी। उनके इतिहास में बदलाव होने के साथ–साथ, पुरुषों के लिए यह महत्वपूर्ण हो गया कि वे स्त्रियों

[8] कुछ साल पहले एक एफ्रो–कैरिबियाई स्त्री विद्वान से बातचीत के दौरान उन्होंने कहा कि त्रिनिदादी इतिहास के एक खास दौर में जब आप 'भारतीय स्त्री' कहेंगे, तो इसका अर्थ खुद–ब–खुद वेश्या माना जाएगा।

को सिर्फ नौकरानी, वेश्या या पथभ्रष्ट पत्नी के तौर पर न देखकर [जिसकी इजाज़त उन्हें पहले बागान मालिकों और बाद में उपनिवेशी सरकार द्वारा मिली हुई थी।] बल्कि उन्हें ईमानदार, सम्मानित स्त्री के तौर पर देखें। इस प्रक्रिया में गाँधी की भूमिका महत्वपूर्ण है।

सम्मानित कामगारों के तौर पर स्त्रियाँः स्त्रीवादी पुनरुत्थानवादी विवरण

कैरिबिया के विवरण में हमारा सामना स्त्रियों के विरुद्ध हत्याओं और हिंसा की बढ़ती संख्या की कहानियों से होता है (कन्हाई 1998)। इसके पीछे वजह स्त्रियों द्वारा भारी माँग में होने के तथ्य का दोहन करना हो सकता है। स्त्रीवादी संशोधनवादी इतिहासकारों (रेडॉक 1985 और मोहम्मद 1995) के मुताबिक़ इन औरतों ने प्रवास का इस्तेमाल उस आज़ादी को हासिल करने के साधन के तौर पर किया, जिसे वे एक ब्राह्मण विधवा, प्रताड़ित बहू या गरीब महिला के तौर पर कभी हासिल नहीं कर सकती थीं। मेहनतकश स्त्रियों के तौर पर उनमें एक नई चेतना भी आयी (देखें रेडॉक 1985)। इसकी तरक़्क़ी का चाहे जो भी विशेष पक्ष रहा हो, लेकिन इस बात को लेकर संदेह कम ही है कि गिरमिट प्रथा ने भारतीय स्त्री–पुरुष संबंधों को ख़तरनाक ढंग से चोट पहुँचाई। दासप्रथा के साथ भी इसने ऐसा ही किया।

इस तरह से स्त्रीवादी अध्ययनों ने गिरमिट में अनैतिक स्त्री की छवि को दुरुस्त करने का काम किया। ऐसा इसने यह दलील देकर किया कि शुरुआती प्रवासी एक दमनकारी समाज के चंगुल से भागनेवाली स्त्री भी हो सकती है–जैसे, बनारस की ब्राह्मण विधवाएँ या अन्य उद्यमशील स्त्रियाँ जो बेहतर जीवन की ख्वाहिश रखती थीं। रेडॉक के हवाले से निरंजना कहती हैं कि आनेवाली औरतों में से 25 फ़ीसदी विवाहित थीं, इनमें वेश्याओं का हिस्सा बहुत ही कम था और बाकी भागी हुई पत्नियाँ या विधवाएँ थीं। कुमार महाबीर ने मौखिक वृत्तांतों का जो टेप किया हुआ संकलन तैयार किया है, उसमें एक ऐसी ही स्त्री 'महारानी' के स्वर को रिकॉर्ड किया गया है। यह विवरण इस बात का सबूत पेश करता है कि प्रवास के पीछे ससुराल वालों के हाथों भावनात्मक और सामाजिक प्रताड़ना जैसे कारकों का हाथ था; यह विवरण स्त्री की पूरी दृढ़ता से पालन की जानेवाली आदतों को भी दर्ज करता है, जिसे पूरे गिरमिट काल के दौरान देखा जा सकता है। साथ ही यह उसकी शक्ति और उत्तरजीविता के कौशल को भी दर्ज करता है। मिश्रित/क्रियोली (Creole) लहजे के ज़रिए, जिसने उसकी मातृभाषा भोजपुरी की जगह ले ली थी, लेकिन जिसमें उसकी

वाक्य–रचना और यहाँ तक कि कुछ शब्द–संपदा भी बची रह गयी थी, हम यह देख सकते हैं कि इन स्त्रियों पर 'अनैतिकता' की तोहमत लगाना कितना सतही होगा। जैसा कि ऊपर दर्ज किया गया है, 20वीं सदी की शुरुआत में, गाँधी के अभियान की अवधि में दोनों संस्कृतियों (उपमहाद्वीप और गिरमिट भूमियों का) का समानांतर ढंग से अध्ययन करते हुए हम पाते हैं कि आधिकारिक विक्टोरियाई मिशनरियों (धर्म–प्रचारकों) ने भारतीय स्त्रीवादियों की मदद से देवदासी प्रथा को प्रश्नांकित किया और इसे समाप्त किया[9] (देखें, श्रीनिवासन 1985)। स्वाभाविक तौर पर इसका विस्तार गिरमिट की 'अनैतिक' स्त्रियों तक भी कर दिया गया होगा।

र्‌होडा रेडॉक और पैट्रिसिया मोहम्मद जैसी कैरिबियाई स्त्रीवादियों ने गिरमिट के इतिहास पर विचार किया और यह तर्क दिया कि नए हालातों ने स्त्रियों को कमाई करनेवालियों, मज़दूरों और यौनिक एवं वैवाहिक दृष्टि से मुक्त एजेंट के तौर पर नए अधिकार दिए–ये वे संभावनाएँ थीं, जिनके दरवाजे उस समय भारत में किसी भी तबके या जाति की स्त्रियों के लिए खुले हुए नहीं थे (सिवाय संभवतः विडंबनापूर्ण ढंग से देवदासियों के)। संयुक्त परिवारों की दमनकारी संरचनाओं से रिहाई ने स्त्रियों को आज़ाद कर दिया। इधर हाल के स्त्रीवादियों ने इस बात का ब्यौरा दिया है कि किस तरह से गिरमिट प्रथा के अंत के बाद इंडो–कैरिबियाई (भारतीय–कैरिबियाई) संस्कृति को हिंदू महासभा और अन्य हिंदू दक्षिणपंथी संगठनों के पितृसत्तात्मक निर्देशों के अनुसार पुनर्स्थापित किया गया और स्त्रियों को एक बार फिर पितृसत्ता के भीतर ले आया गया। स्त्रीवादियों के हिसाब से इसका अर्थ यह हुआ कि वृहत्तर संस्कृति में ज़्यादा व्यापक शारीरिक और यौनिक स्वतंत्रता की दिशा में भारतीय स्त्री के क्रियोलीकरण (पश्चिमी और अफ्रीकी–कैरिबियाई संस्कृति, दोनों के द्वारा) पर त्रिनिदाद में पुनर्जीवित होनेवाली पुरुष पितृसत्ता द्वारा न सिर्फ रोक लगा दी गयी, बल्कि इसने इसे अपनी निगरानी के भीतर भी ले लिया और इसे दंडित भी किया।

हमने देखा है कि गिरमिट प्रथा के ख़िलाफ़ अपने अभियान के दरमियान गाँधी काफ़ी प्रकट तौर पर यह यह कहते हैं कि लैंगिक असंतुलन स्त्रियों के बीच अनैतिकता को जन्म देनेवाला कारण है। उन्हें शायद एंड्रयूज से ख़बर मिल रही होगी, जिन्हें भारतीय–कैरिबियाई क्षेत्र में मद्यपान और पत्नी को पीटने की

---

[9] श्रीनिवासन कहते हैं कि देवदासी के नृत्य को 'अनाधिकारिक' अंग्रेज और भारतीय ब्रह्मविद्यावादियों ने मिलकर पवित्र करके भारतनाट्यम के तौर प्रतिष्ठापित किया: इसने देवदासी की चौखट को छोड़ दिया और इसे मध्यवर्गीय ब्राह्मण स्त्री द्वारा हस्तगत कर लिया गया (श्रीनिवासन, 1985)।

आदतों के बारे में काफ़ी जानकारी थी। ट्रांसवाल कूच के दौरान, गाँधी लिखते हैं, स्त्री और पुरुष की बड़ी भीड़ 'अनैतिकता' का कारण थी और व्यभिचार के मामलों से उन्हें निपटना पड़ा था (गाँधी 1928: 449)।

1880 के बाद

1890 के आसपास, यानी लगभग उस समय जब गाँधी दक्षिण अफ्रीका पहुँचे थे, गिरमिट के अधीन स्त्रियों की प्रतिष्ठा, जो प्राथमिक तौर पर दूसरे क्षेत्रों में पहले से ही बहुत भयावह थी, में सुधार आना शुरू हो चुका था। शुद्धि की प्रक्रिया शुरू हो गयी थी। निरंजना लिखती हैं कि 1868 के आसपास मिशनरियों के हवालों में इस बात का ज़िक्र मिलने लगता है कि कई स्त्रियाँ 'सुंदर, प्रेम करने योग्य और...भरोसेमंद थीं', बाकी 'जनाना' श्रेणी (अलग–थलग) वाली नहीं थीं और अपना प्रदर्शन करती थीं (निरंजना 2006: 58)। 1891 में कॉमिंस (जिसने बाद में भारतीय विवाहों को ग़ैरक़ानूनी करार देनेवाली रिपोर्ट लिखी) पत्नी हत्याओं के बारे में लिख रहे थे, जिसका पाठ प्राच्य ईर्ष्या और एशियाई सनक़ीपन को उजागर करनेवाले दृष्टांत के तौर पर किया जा रहा था। निरंजना बताती हैं कि संस्कृति, भौतिकतावाद, मनोविज्ञान और जनांकिकी से पैदा होनेवाली नैतिक चरित्रहीनता को स्त्रियों के ख़िलाफ़ पुरुषों की हिंसा का कारण माना जाता था (69)। संबंधों में स्त्रियों की अविश्वसनीयता और पुरुषों द्वारा उनकी बिक्री तस्वीर को और भयानक बनाती है। कथात्मक स्रोत हमें पत्नी हत्या की कहानी सुनाते हैं, लेकिन निरंजना वेल्लर (70) के हवाले से कहती हैं कि कोर्ट में इसे साबित करना अक्सर मुश्किल होता था। इसमें ज्यादा हैरत नहीं होनी चाहिए, क्योंकि हिंदू शादियों को मान्यता प्राप्त नहीं थी। इसलिए अगर कोई व्यक्ति किसी पत्नी को उसके पति से (जो क़ानूनी तौर पर पति नहीं होता थ) चुरा लेता था, तो कोर्ट में मुकदमा करने की कोई संभावना नहीं बनती थी। इसलिए पुरुष क़ानून को अपने हाथ में ले लिया करते थे। समस्या के मूल बिंदु को समझ लिया गया था, जैसा कि 1881 में 274 भारतीयों द्वारा दस्तख़त की गयी एक याचिका में उजागर होता है (69) और जैसा कि गोविंदराजन ***साउथ अफ्रीका*** (75) में रेखांकित करते हैं, कि चूँकि स्त्रियों की हत्या होती थी, इसलिए वे अपना बचाव करने के लिए मौजूद नहीं होती थीं, इसलिए उन्हें ही कसूरवार ठहराया जाता था। सच्चाई क्या थी, यह कभी सामने नहीं आएगा। इसलिए यह विचार आया कि शादियों को मान्यता दी जानी चाहिए ताकि व्यभिचारी संबंधों में मुकदमा चलाने का क़ानूनी आधार हो। इस संदर्भ में यह महत्वपूर्ण है कि शादी को 1881 में पंजीकृत तक किया गया, या शादी और तलाक़ के लिए नियम भी बनाए गये (71)। स्त्रियों द्वारा तेजी से संबंध बनाने, स्त्रियों द्वारा अपने पतियों को छोड़ने और स्त्रियों की बिक्री आदि ने इन उपायों के लिए प्रेरित किया (58)।

कुली स्त्रियों में 'सुधार'

1879 में त्रिनिदाद के कार्यकारी गवर्नर विलियम यंग ने 'कुली स्त्रियों की स्थिति में सुधार के उपायों' के बारे में बात की और कहा कि उसे किफ़ायत, उद्यमशीलता का उदाहरण बनाया जाना चाहिए। भारतीय स्त्रियों को सभ्यताकारी प्रभाव के तौर पर काम करना चाहिए। कोई चाहे तो यहाँ स्त्री की निर्मिति को एक पथ–प्रदर्शक और बागानी समाज के संदर्भ में देख सकता है। निरंजना कैरिबिया में भारतीय स्त्री के इतिहास और मुद्दों का जो ब्यौरा पेश करती हैं, वह वास्तव में भारतीय–कैरिबियाई स्त्री की बदलती हुई गतिशील प्रकृति पर ज़ोर देने के लिए है; न कि उन्हें अपरिवर्तनशील परंपराओं में फँसी आकृति के तौर पर दिखाने के लिए (क्लास), और न ही उभर रहे संभावनाशील कामगार के तौर पर दिखाने के लिए जिसे पुनर्स्थापित पितृसत्ता फिर से पीछे धकेल देती है।

तेजस्विनी निरंजना बताती हैं कि किस तरह से गाँधी (और उनके गुरु गोखले और उनके शिष्य सी.एफ. एंड्रयूज, पोलॉक और अन्य) ने मुख्य तौर पर फ़ीजी और दक्षिण अफ्रीका पर ध्यान दिया और वेस्टइंडीज को 'नज़रअंदाज़' कर दिया। इससे पहले इस किताब में मैंने इसके उलट तर्क देते हुए कहा था कि गाँधी और उनके सहयोगी दक्षिण अफ्रीकी मसले पर इस तरह छाये हुए थे कि वहां मज़दूर उतने साफ़ तौर पर उभर कर नहीं आते, जितने वे कैरिबिया में आते हैं। वास्तव में एंड्रयूज ने जरूर कैरिबिया की यात्रा की थी और इस किताब के आगे के एक हिस्से में मैं खुद को गयाना में एंड्रयूज के कामों पर केंद्रित करूँगी। लेकिन, मैं यहां उन लाक्षणिक क्रियाकलापों की ओर ध्यान दिलाना चाहती हूं, जिसकी ओर निरंजना की टिप्पणियाँ संकेत करती हैं, कि गिरमिटिया प्रथा को समाप्त करने के लिए राष्ट्रवादियों ने सभी क्षेत्रों का वर्णन कुछ क्षेत्रों के आधार पर अनुमान लगाकर किया।

इस तरह से फ़ीजी, मॉरिशस, दक्षिण अफ्रीका, त्रिनिदाद, गयाना और गिरमिट के कई अन्य स्थलों पर जेंडर मसलों के मिलते–जुलते मगर मुख़्तलिफ़ मामले सामने निकल कर आते हैं। गाँधी को दक्षिण अफ्रीका का प्रत्यक्ष अनुभव था, लेकिन दक्षिण अफ्रीका संबंधी अपने लेखन में वे शायद ही कभी उस स्थिति का ज़िक्र करते हैं, जिसका विवरण उन्होंने शुरुआती हवाले में दिया है। राजनीतिक कारणों से गाँधी द्वारा सभी मामलों को ऊपर आयी टिप्पणी ('ये स्त्रियाँ') के भीतर समाहित कर लेना यूँ तो रणनीतिक था, लेकिन यह वास्तव में सही नहीं था। कम से कम कैरिबिया में, हाल के दशकों में, र्‌होडा रेडॉक, प्रैट्रिसिया मोहम्मद, शालिनी पुरी और तेजस्विनी निरंजना आदि तथा रमाबाई एस्पीनेट और शानी मूटू के औपन्यासिक कामों के ज़रिए कैरिबियाई गिरमिटिया प्रथा के भीतर स्त्री की बेहद जटिल तस्वीर उभरने लगती है, जो कि इस अध्याय के शुरू में आए गाँधी के वाक्‌पटु संदेश में बयान की गयी तस्वीर से कहीं ज्यादा जटिल है।

लेकिन, गाँधी के लेखन में ही नहीं, गिरमिटिया प्रथा को लेकर उनसे पहले के वर्णनों में भी जेंडर संबंधों के निम्नीकरण के लिए स्त्रियों को जिम्मेदार ठहराया गया था (स्त्री के नशे में धुत्त होने, वेश्याओं द्वारा शादी से दूर रहने और स्त्री–पुरुष का साथ रहने को लेकर गाँधी की टिप्पणी को याद करें)। यह विमर्श, जो वास्तविकता नहीं है, यह अर्थ देता हुआ प्रतीत होता है कि गिरमिट के तहत आनेवाली औरतें संभवतः वेश्याएँ थीं, कि वे लैंगिक अनुपात का बेजा इस्तेमाल करके पुरुषों को चिढ़ाती थीं और एक पुरुष से दूसरे पुरुष के पास भाग जाती थीं, जो दिल टूटने, ईर्ष्या और प्राणघाती बदले का कारण बनता था, जिसे अक्सर तलवार से अंजाम दिया जाता था। स्त्रियों के उपन्यास, जैसे, शानी मूटू का *सीरियस ब्लूम एट नाइट*, जिसमें बेटियों को लेकर ऐसी प्राणघाती एकाधिकार की भावना बर्बर कौटुंबिक व्यभिचार या रक्त संबंधों के भीतर व्यभिचार (इनसेस्ट) जैसी अकथ्य स्थितियों को जन्म देती है और रमाबाई एस्पीनेट के *द स्विंगिंग ब्रिज* में आयीं कथाएँ इसकी व्याप्ति का चित्रण करती हैं। गाँधी द्वारा इस समस्या का जिक्र करने से उपमहाद्वीपीय भारतीय स्त्रीवादियों ने इसे अपना मुद्दा बना लिया और यह गिरमिट प्रथा के ख़ात्मे का प्राथमिक कारक था।

वेश्या से ज्यादा 'पत्नी': दक्षिण अफ्रीकी भारतीय स्त्रियाँ

शुरुआती उद्धरण में गिरमिट के तहत जानेवाली स्त्रियों में 'अनैतिकता' पर गाँधी का ध्यान क़ाबिलेग़ौर है, ख़ासकर दक्षिण अफ्रीका में उनकी अवस्थिति को देखते हुए। क्योंकि सभी विवरणों से (स्वान एवं हट्टनबैक में जहाज़ की कार्य–पंजिकाएँ देखें) यह पता चलता है कि भारत से दक्षिण अफ्रीका भेजे जानेवाले मज़दूर, बिल्कुल शुरुआती वर्षों को छोड़कर अपने परिवारों के साथ ले जाए गये थे। चूँकि दक्षिण अफ्रीका के लिए प्रवास कैरिबिया और कुछ दूसरे क्षेत्रों की तुलना में ज़्यादा बाद में शुरू हुआ, इसलिए तब तक इस तथ्य की जानकारी हो चुकी थी कि स्त्रियों की कम संख्या सामाजिक समस्याओं को जन्म देती है। इसलिए स्त्रियों और पुरुषों को बिना परिवार के जाने से हतोत्साहित किया जाता था (देखें, स्वान 1985; हट्टनबैक 1971)। चूँकि दक्षिण अफ्रीका ज्यादा नज़दीक था, इसलिए यह यात्रा कम जोखिमवाली थी। जब दक्षिण अफ्रीका के लिए आव्रजन की शुरुआत हुई (टिंकर 1974; गाँधी 2008), उस समय तक व्यवस्था की गड़बड़ियों को सैद्धांतिक तौर पर सुधारा जा चुका था, लेकिन फिर भी मानवीय त्रासदी बदस्तूर जारी रही।

नेटाल जानेवाले पहले जहाज़ में, दूसरे सभी मामलों की तरह पुरुष बहुसंख्यक थे। हालाँकि, जेंडर के मुद्दे पर उतने प्रकट तौर पर चर्चा नहीं हुई है, जिस तरह से त्रिनिदाद और गयाना में हुई थी, लेकिन यहां भी अनुपात

पुरुषों की तरफ झुका हुआ था। चूँकि नेटाल में बसनेवाले वेस्टइंडीज के बागान मालिक थे, जिन्हें चीनी की क़ीमतों में होनेवाला उतार–चढ़ाव यहां लेकर आया था, इसलिए उन्होंने स्त्रियों के प्रवास को लेकर उसी विचारधारा का अनुसरण किया।

जैसा कि रंगभेद–पूर्व क्षेत्रों, जिन्हें बाद में दक्षिण अफ्रीका बनना था, के बाद का इतिहास दिखाता है और जैसा कि मैंने अगले अध्याय में चर्चा की है, भूतपूर्व भारतीय गिरमिटियों ने वास्तव में उत्पादक समुदायों का गठन किया और परिवार बसाने में सफल रहे।[10] स्वान और हट्टनबैक, दोनों ने ही भूतपूर्व गिरमिटियों द्वारा अपनाए जानेवाले भिन्न–भिन्न तरह के उत्पादक और फ़ायदेमंद पेशों की सूची दी है। कैरिबिया में त्रिनिदादी भारतीय उस क्षेत्र के सबसे समृद्ध लोगों में से हैं।

दक्षिण अफ्रीका और कैरिबिया (वेस्ट इंडीज) के बीच कुछ महत्वपूर्ण अंतर थे। पहला, ऐसा लगता है कि शुरू से ही लैंगिक असंतुलन उतना ज़्यादा नहीं था। ऐसा लगता है कि यह तथ्य कि नेटाल की तरफ़ हुआ प्रवास सदी के बाद के वर्षों में हुआ, इसका मतलब यह था कि अब सरकार, भर्ती करनेवाली एजेंसियों और बागान मालिकों की रणनीति में बदलाव आया था। जैसे ही नेटाल में चीनी उत्पादन में उतार–चढ़ाव आता रहा, उसी तरह से लैंगिक संबंधों में भी उतार–चढ़ाव आता रहा।

नेटाल में हुए शुरुआती प्रवासों ने सिर्फ 'मज़दूरों की एक रुक–रुक कर पहुंचने वाली धारा उपलब्ध कराई (हट्टनबैक 1971: 38)। जब समय कठिन था–मसलन, शुरुआती वर्षों में जब नेटाल चीनी के धंधे में सबसे बाद में दाखि़ल हो रहा था, तब पुरुष अकेले ही काम करने के लिए पहुँचे। हट्टनबैक यह दर्ज करते हैं (39) कि कई पुरुषों ने प्रवास के वक्त अपनी पत्नियों को पीछे अपने घरों में छोड़ दिया। वे जानकारी देते हैं कि 'अगस्त 1863 से 1864 के बीच 14 जहाज़ों में भरकर 2,814 वयस्क पुरुष डरबन की धरती पर उतरे' (हट्टनबैक 1971: 7)। एक साथ प्रभावी दो क़ानूनों ने–एक नेटाल में और दूसरे भारत में–इन मुश्किलों को गढ़ा। नेटाल के क़ानून ने 'कुलियों' के काम की मियाद को तीन साल से बढ़ाकर पाँच साल कर दिया। भारतीय क़ानून–इंडियन लॉ XIII- ने भर्ती की पूरी कवायद को ज़्यादा सख़्त बना दिया। इससे भी ज़्यादा दमेरारा

---

[10] ब्रिंसले समारू और अन्य भी इसी तरह की सफलताओं के बारे में बात करते हैं–भारतीये–कैरिबियाई स्त्री की कठिन मेहनत, धैर्य, जीवट, यू–ट्यूब पर देखें, *'स्टोरी ऑफ ऑवर एनसेस्टर्स'*। लेकिन डांस हॉल और कैलिप्सो की लैंगिक राजनीति के भीतर उनकी कहानी का सन्निवेश का यह मतलब निकला है कि पुरी जैसे आलोचकों में लैंगिकता को–भारतीय–त्रिनिदारी स्त्रियों में–कैलिप्सो या कार्निवल में–भारतीय–त्रिनिदादी पितृसत्ता द्वारा लैंगिकता और प्रदर्शन पर नियंत्रण को–ग़ैरअनुपातिक ढंग से तवज्जो दिया गया है।

और गयाना आदि जैसी पुरानी उपनिवेशी बस्तियों (कॉलोनियों) ने पहले ही 'कुलियों' के लिए बाजार पर अपना कब्जा कर लिया था और 1860 के दशक में दो सालों के लिए बागान मालिकों को उतने पुरुष नहीं मिल सके, जितने की उन्हें ज़रूरत थी। 1859 में एक स्थानीय अख़बार ने लिखा था 'कॉलोनी का भविष्य एक डोर पर टिका हुआ है और यह डोर है मज़दूर।'

भारत से दक्षिण अफ्रीका के बीच अपेक्षाकृत कम दूरी के कारण पुरुषों का अपने परिवारों के बिना आने की संभावना ज्यादा व्यावहारिक बन गयी। लेकिन, जैसा कि हट्टनबैक बताते हैं, कई पुरुषों ने पुनर्विवाह कर लिया और वे कभी अपने घरों को नहीं लौटे। हट्टनबैक के मुताबिक़ उन्होंने 'शायद ही कभी उनके लिए (वे पत्नियाँ जिन्हें वे पीछे छोड़ आये थे) भेजा...और उन्होंने नेटाल के भारतीय समुदाय के भीतर फिर से शादी कर ली' (हट्टनबैक 1971: 39)। वेस्ट इंडीज के विपरीत, जहाँ वास्तव में बहुत से लोगों ने गिरमिट के समाप्त होने पर वापसी के टिकट का इस्तेमाल करने की कोशिश की, नेटाल में भारतीय बस रहे थे। यह एक ऐसा तथ्य था, जिसने गोरे अधिवासियों को चिंता में डाल दिया। दक्षिण अफ्रीका, तुलनात्मक रूप से भारत से ज्यादा करीब था: इससे कैरिबिया की यात्रा से जुड़ा जो सबसे मुश्किल हिस्सा था, वह यहाँ नहीं रहा होगा। औरतें इस यात्रा को सह सकती थीं। पुरुष ज्यादा आसानी से अपनी पत्नियों तक लौट सकते थे (यह अलग बात है कि उन्होंने ऐसा नहीं किया)। 1863 से 1864 के बीच आप्रवासियों की संख्या बढ़कर 1,00,000 हो गयी। कैरिबिया में लगाई गयी इस शर्त के मद्देनजर कि आनेवाले गिरमिटियों में कम से कम 25 फ़ीसदी स्त्रियाँ होनी ही चाहिए, साथ ही गिरमिटिया आबादी में एक विनम्र, पालतू और 'भगवान का ख़ौफ़ खानेवाली' संस्कृति को प्रोत्साहित करने के लिए 'विधवाओं' और भागी हुई दुल्हनों की सक्रिय तरीके से भर्ती करने के कारण (देखें, निरंजना 2006: 60–62), दक्षिण अफ्रीकी प्रवासी अब अपनी पत्नियों के साथ आने लगे।[11] एक समुदाय के तौर पर उन्हें अब भी मुख्य तौर पर श्वेत समाज के द्वारा, साथ ही शुरुआती चरणों में, जब तक गाँधी ने उनका हृदय परिवर्तन नहीं किया था, अभिजन कारोबारी समुदाय के द्वारा भी, उन पर लाद दी गयी बदनामी और निम्नीकरण से संघर्ष करना पड़ता था (स्वान के अपने अध्याय का उचित नामकरण **'मर्चेंट्स एंड माइग्रेंट्स'** किया है)।

सच्चाई यह है कि पत्नी हो या वेश्या–स्त्री एक निर्मिति थी, जिसे पुरुष के बंधुआ गिरमिट से आज़ाद मज़दूर और उससे ख्वाहिशमंद–हालाँकि नकार

---

[11] भारतीय दक्षिण अफ्रीकियों के साथ बातचीत में उनके द्वारा इस बात की पुष्टि हुई कि उनके समुदाय की उनकी आत्मछवि मुख्यतौर पर उन परिवारों की थी, जो शुरुआती प्रवासी थे। कुछ जहाज़ में दोस्त बननेवालों की बेटियाँ थीं।

दी गयी–नागरिकता, तक के संक्रमण की सेवा में लगा दिया गया था। गाँधी का विमर्श तब समझ में आने लगता है, जब हम उन्हें विभिन्न हित समूहों के साथ संवाद करते हुए देखते हैं, जिन्होंने एक स्वर में कभी गिरमिट के अधीन रही स्त्री के इर्द–गिर्द खड़ी की गयी बदनामी भरी चर्चाओं के कारण उनके गरिमापूर्ण जीवन जी सकने के विकल्प को प्रतिबंधित कर दिया था। वहाँ पहले एक बागानी संस्कृति थी, जिसे सिर्फ कुली श्रम की ज़रूरत थी और जो स्त्रियों को 'व्यभिचारिनी और ख़तरनाक' बताकर अपराधी करार देना चाहती थी (देखें, अलेक्जेंडर 1994: 13)। इससे बेहतर यह माना गया कि 'व्हाइट मडोना' (कुँवारी मैरी की श्वेत मूर्ति) और धर्मपरायण यूरोपीय को उभारा जाए और 'असभ्य' स्वेच्छाचारी भारतीय को और ज़्यादा कलंकित किया जाए।

जैकी अलेक्जेंडर यह दिखाती हैं कि किस तरह से गिरमिट विचार प्रणालियों में, स्त्रियों और पुरुषों की निर्मिति आपस में संबद्ध थी और कैसे दोनों ही आम उपनिवेशी लैंगिक विचारधारा से जुड़ी हुई थीं:

> गिरमिट के अधीन भारतीय स्त्रीत्व का सूत्रीकरण भय और वासना, रहस्यमय ढंग से स्वेच्छाचारी, मृत्यु और विनाश को बुलावा देनेवाले शै के तौर पर किया गया, हालाँकि इसे पालतू भी बनाया जा सकता था। भारतीय मर्दानगी अनियंत्रित, हिंसक और उभयलिंगी थी। बाद वाली निर्मिति को भारत में ब्रिटेन के उपनिवेशी अनुभव के आधार पर गढ़ा गया है। (अलेक्जेंडर 1994: 12–13)

दूसरी बात, वहाँ भारतीय राष्ट्रवादी पुरुष और स्त्रियाँ थीं–गाँधी जिसका हिस्सा थे–जिन्होंने 'अमर्यादित' स्त्रियों को (ख़ासकर जब देवदासी का स्थान महज वेश्या ने ले लिया) को आपत्तिजनक पाया।

तीसरी बात उपनिवेशी दक्षिण अफ्रीकी सरकार का भी प्रभाव पड़ा, जिसने भारतीय पत्नीत्व की उपेक्षा करने की कोशिश की जिसका मक़सद आज़ाद भारतीयों को परिवार बसाने के मौके से वंचित करना था। इसने ऐसा भारत में निकाह करके किए गये मुस्लिमों के बहुविवाह को ग़ैरक़ानूनी करार देकर किया, जिससे कई मुस्लिम पत्नियाँ बेसहारा हो गयीं। ऐसा हिंदू, मुस्लिम और अन्य शादियों को गैरक़ानूनी घोषित करके भी किया गया।

चौथी बात, वहाँ एक क़ानूनी प्रणाली की भी ताक़त थी, जिसने उचित ही स्त्रियों के ख़िलाफ़ पुरुषों की हिंसा का अंत करने की कोशिश की, लेकिन वास्तव में जिसने अपनी कार्य–प्रणाली से इसे प्रोत्साहन देने का ही काम किया। उदाहरण के लिए वैसी स्त्रियाँ जिनकी मृत्यु हो गयी थी, वे अपनी हत्या के मामले में अपना बचाव नहीं कर सकती थीं: इसका नतीजा यह होता था कि स्त्रियों पर हमेशा स्वेच्छाचारी होने का आरोप लगाया जाता था जिसे त्रासदी का कारण बताया जाता था। अपराधिता के संदर्भ में पहले इसका उल्लेख किया

गया गया था कि भारतीय स्त्रियों को क़ानून की नजरों में कोई तवज्जो शायद ही (या नहीं) दी जाती थी।

पाँचवीं बात, इनमें से शायद सबसे ज़्यादा ख़राब थे मिशनरी। अपने इज्ज़तदार जीवन के बावजूद, जिसका ख़र्च वे उठा सकते थे, कई धर्मांतरित लोगों ने अन्यों की स्थिति को और ख़राब कर दिया। उन्होंने वेश्याओं और उनकी नई हासिल की गयी आज़ादी (जो कमाने की क्षमता और उनके पक्ष में जानेवाले लिंगानुपात के बल पर हासिल की गयी थी) के ख़िलाफ़ तिरस्कारपूर्ण रवैये का नेतृत्व किया। उन्होंने भारतीय स्त्री के गुणों को उनके धर्मांतरण से जोड़ दिया। गिरमिट की समाप्ति के बाद एक तमिल परिवार के जीवन को सजीव तरीक़े से चित्रित करते हुए गोविंदराजन अपनी तमिल परदादी की ईमानदारी और विशेषताओं और शताब्दी के शुरुआती दशकों में समुदाय की नेत्री के तौर पर उनके रुतबे का वर्णन करती हैं। परिवार के दोनों पक्षों के सदस्य अकाल और सूखाग्रस्त तमिलनाडु की खेतिहर पृष्ठभूमि से आए थे।

ये स्त्री पुरखिनें गिरमिट में बची रह गयीं और उन्होंने समुदायों का निर्माण किया। ये अपने गिरिजाघरों की कद्दावर शख़्सियतें थीं और उन्होंने न सिर्फ खुद को बचाए रखा, बल्कि वे अपने सुनाम को भी कायम रखने में कामयाब रहीं। लेकिन, हमें यह याद रखना चाहिए कि गाँधी के आगमन से पहले ऐसी छवि सिर्फ धर्मांतरित ईसाई स्त्रियों के लिए ही मुमकिन थी। गोविंदरंजन का विमर्श 'अच्छी' ईसाई तमिल स्त्री और अन्यों, जिनमें से कई हिंदू और मुस्लिम बहुविवाही पत्नियाँ थीं, जिनका शादियों को मान्यता नहीं दी गयी थी, के बीच के द्विभाजन की ओर संकेत करता है। वे बताती हैं कि 1872 के कुली आयोग ने वेश्यावृत्ति को ग़रीब आर्थिक स्थिति से जोड़ा और गाँधी के दक्षिण अफ़्रीका में क़दम रखने से आठ साल पहले 1885 के रैग कमीशन ने 'सारी भारतीय स्त्रियों को स्वेच्छाचारी और स्वाभाविक रूप से स्वच्छंद तरीक़े से संभोग करनेवाली' बताया (75)। ऐसा लगता है कि ऐसी निंदा बलात्कार पीड़िताओं और वेश्याओं पर केंद्रित थी (75)।

गाँधी के अभियान ने 'स्वेच्छाचारी' कुली स्त्रियों की राख से सत्याग्रहियों को खड़ा कर दिया, जो कि दक्षिण अफ़्रीका में नस्लीय भेदभाव के ख़िलाफ़ मुहिम का नैतिक मेरुदंड थीं। लेकिन इससे पहले तर्कमूलक ढंग से 'पत्नियों' को मान्यता देने की माँग की गयी।

गाँधीवादी परियोजनाः पत्नियों की निर्मिति

जिस समय गाँधी का आगमन हुआ, उस समय तक बंधुआ स्त्रियों (चैटल) और वेश्याओं की संख्या में कमी आ रही थी, हालाँकि, एक सामान्य अनुपात अभी भी बना हुआ था। गाँधी की दिलचस्पी वेश्या में न होकर 'पत्नी' में थी। सामान्य

तौर पर स्त्रीवादियों ने कभी गिरमिट के अधीन रहे समुदायों की पुनर्रचना को 'कभी स्वेच्छाचारी रही' स्त्रियों को फिर से पितृसत्ता के अधीन लाने के तौर पर देखा है। हालाँकि ब्रिंसले सेमारू और अन्यों की एक हाल की फिल्म में माँओं और पत्नियों के तौर पर समुदाय के पुनर्निमाण में स्त्रियों के योगदान को सही तरह से स्वीकार भी किया गया है। दक्षिण अफ्रीका में गाँधी स्त्री को 'पत्नी' का दर्जा हासिल करने में मदद करने का जो बीड़ा उठाते हैं, उसका संदर्भीकरण दक्षिण अफ्रीका के विभेदकारी क़ानूनों के भीतर किए जाने की जरूरत है।

भारतीय गिरमिट व्यवस्था की समाप्ति के बाद समाजों के पुनर्निमाण पर बात करते हुए पैट्रिसिया मोहम्मद, त्रिनिदाद में जेरार्ड टीकासिंह के शोध के बारे में बात करती हैं, जिससे यह बात सामने निकल कर आती है कि 1870–90 का दौर 'भारतीयों के... एक समुदाय में रूपांतरण' (मोहम्मद 1995: 34) का गवाह बना। वे वैतनिक मज़दूरों से ज़मीन वाले किसान हो गये और बागानों से गाँवों में आ गये, जहाँ उन्होंने भारतीय गाँवों को पुनर्स्थापित करने की कोशिश की। इसके अपने सबल पक्ष, सहनशक्ति और ग्रामीण मूल्य थे, जिसे बाद में खुद गाँधी ने अपनाया। लेकिन स्त्रियों के मामले में, जैसा कि मोहम्मद कहते हैं, 'भारतीय पितृसत्ता को जीवन के विभिन्न क्षेत्रों में अपनी स्त्रियों के ऊपर नियंत्रण की ज़रूरत थी' (मोहम्मद 1995: 35)।

दक्षिण अफ्रीका में स्थिति अलग थी, क्योंकि गिरमिट व्यवस्था के समाप्त होने के बाद, पुरुषों और स्त्रियों को गतिशीलता और निवास का अधिकार देने से इनकार कर दिया गया और अधिकारियों द्वारा स्त्रियों का इस्तेमाल उनके साथ भेदभाव को और मज़बूत करने के लिए किया गया। 'मुस्लिम पत्नियों' को उनके पतियों से मिलाने की लड़ाई लड़ते हुए गाँधी कजिन्स के एक सर्कुलर का हवाला देते हैं, जिसने वेश्या के तौर पर स्त्री की छवि का सहारा लिया था:

कजिन्स के 'कुख्यात सर्कुलर में यह कहा गया है कि नेटाल के भारतीय आदतन स्त्रियों को अनैतिक मक़सदों से प्रांत में लेकर आते हैं, मगर ऐसा कोई भी प्रमाण समुदाय के पिछले इतिहास में खोजने से नहीं मिलता है' (गाँधी, *कलेक्टेड वर्क्स* 2000, खंड 12: 261 खंड 12: 15 जुलाई 1911–8 मार्च 1913)। 1859 के भारतीय पर्सनल लॉ का हवाला देते हुए वे दक्षिण अफ्रीकी प्राधिकारियों की नज़र में मुस्लिम बहुविवाह को वेश्यावृत्ति के कलंक से बचाने की कोशिश करते हैं। वे इसे भारतीय स्त्रीत्व का प्रचंड अपमान बताते हैं (208)। 1913 में वे पूछते हैं, 'क्या जब देश के क़ानून द्वारा हमारी पत्नियों के साथ 'रखैलों' (उप–पत्नियों) जैसा व्यवहार किया जाएगा, तब हम चुपचाप देखते रहेंगे?' (गाँधी, *कलेक्टेड वर्क्स* 2000 खंड 13: 61)।

ऊपर के उद्धरण दिलचस्प हैं क्योंकि गाँधी अपने विरोध को पत्नी–वेश्या के युग्मक में बयान करते हैं, जानबूझकर एक पहले के विमर्श का हवाला देते हुए,

जब भारतीय स्त्री पर वेश्या की छवि का कलंक लगाया गया था। मैंने पहले ही यह दिखाया है कि 1915–16 में वेश्या को लेकर कितने उद्धरण दिए गये थे, यानी ऊपर वाले उद्धरण से दो साल बाद, जब गाँधी ने गिरमिट प्रथा के ख़िलाफ़ मुहिम चलाई।

तथ्य यह है कि 1906, 1907 के आसपास से गाँधी पतियों के साथ जानेवाली पत्नियों और स्त्रियों के अधिकारों के पक्ष में दलील देना शुरू कर देते हैं। 1906 में (गाँधी 2000, खंड 5: 127)। भारतीय स्त्रियों के लिए अलग परमिट का विरोध करते हुए वे कहते हैं: 'वे सब यहाँ अपने पुरुषों के साथ हैं' (127)। वे स्त्रियों को लेकर काफ़ी रक्षात्मक हैं। वे उनके बारे में बात करते हुए उन्हें 'असहाय' (460) बताते हैं, जिनका ध्यान दिए जाने की ज़रूरत है (460)।

इस सवाल पर कि क्या भारतीय स्त्रियों को अलग परमिट रखना चाहिए (गाँधी, *कलेक्टेड वर्क्स* 2000 (1906: 69)) वे कहते हैं:

> 17–3–1906 में वे लिखते हैं, 'स्त्रियों के लिए परमिट अनिवार्य नहीं होना चाहिए, क्योंकि किसी भी लिहाज से वे गोरों के साथ प्रतिस्पर्द्धा में नहीं हैं। स्त्रियों की जाँच–पड़ताल करना काफ़ी अपमानजनक है। ट्रांसवाल मे भारतीय स्त्रियों की संख्या काफ़ी कम है। और वे अपने परिवार के पुरुषों के साथ हैं। इसलिए उनकी पहचान पर संदेह करने की कोई वजह नहीं है। (127)

पृष्ठ 202 पर 'इंडियन परमिट' (इंडियन ओपिनियन 12–5–1906) शीर्षक के तहत वे कहते हैं:

> लेकिन जहाँ भारतीयों की भावनाओं का सम्मान करने की अतिशय ज़रूरत दिखाई दी है, वह अपने पतियों के साथ आनेवाली पत्नियों के लिए अलग से परमिट की ज़रूरत के संबंध में है। यह एक नई खोज है जिसका किसी भी तरह से कोई औचित्य नहीं है। एशिया विरोधी पार्टी ने कभी भी भारतीय स्त्रियों के आने पर कभी एक शब्द भी नहीं कहा है। जैसा कि सबको अच्छी तरह से पता है ट्रांसवाल में काफ़ी कम भारतीय स्त्रियाँ हैं और वे किसी भी तरह से व्यापार में प्रतिस्पर्द्धा नहीं करती हैं। उनका काम अपनी गृहस्थी को देखने मात्र तक सीमित है। (212)

1910 में वे स्त्रियों के खेतों में काम करके आजीविका कमाने के बारे में बात करते हैं (गाँधी *कलेक्टेड वर्क्स* 2000) और वे यह शिकायत करते हैं कि स्त्रियों को सीमा पार करके नेटाल से ट्रांसवाल आने दिया जाता है (जबकि पुरुषों को ऐसी इजाज़त नहीं मिलती), उसके बाद वे शिकायत करते हैं कि उन्हें इजाज़त नहीं मिलती (11: 156)। 1911 में किसी बिंदु पर वे मुस्लिम पुरुषों का बचाव करना शुरू कर देते हैं, जिनकी दूसरी पत्नियों को इजाज़त नहीं मिलती (464)। यहाँ गाँधी भारतीय स्त्री को उनकी स्थिति की क़ानूनी अनिश्चितता से बचाने

154 अटलांटिक गाँधी

की कोशिश कर रहे हैं और उनके पत्नीत्व के क़ानूनी तौर पर वैध होने पर ज़ोर दे रहे हैं, जो उन्हें देशों और सीमाओं के आरपार अपने पतियों के साथ रहने का हक देता है। वास्तव में उनके एक लेख का शीर्षक है–*'व्हाट इज वाइफ'* (पत्नी क्या है?) (खंड 12: 143)।

श्रीमती सोधा नाम की एक स्त्री, जो एक निष्क्रिय सत्याग्रही (पैसिव रेसिस्टर) की पत्नी और ट्रांसवाल की एक युद्ध–पूर्व निवासी है जिस पर बंदी बनाए जाने और देश–निकाला की तलवार लटक रही है (*कलेक्टेड वर्क्स*, 2000 [1906, खंड 11], पृ. 156, 158), से जुड़े एक दूसरे मामले में, गाँधी पति के साथ रहने के उसके अधिकार के पक्ष में दलील देते हैं। गाँधी 'भारतीय स्त्री के साथ किए जानेवाले अत्याचार' की निंदा करते हैं और उनके साथ किए होनेवाले व्यवहार को स्त्रीत्व पर अभद्र हमला करार देते हैं। वे श्रीमती सोधा के बारे में कहते हैं, 'उनका चरित्र निश्चित तौर पर तिरस्कार से ऊपर है। इतनी विनम्र स्त्री पूरे दक्षिण अफ़्रीका में खोजना मुश्किल है (158)।'

1912 में वे 'दुर्भावनापूर्ण तरीके से भारतीय स्त्रीत्व का अपमान करने के लिए' श्री कजिन्स की निंदा करते हैं (208)। 1912 में वे *इंडियन ओपिनियन* में यह घोषणा करते हैं कि 'जब तब भारतीय क़ानूनों के द्वारा मान्यता प्राप्त पत्नियों को स्वीकार नहीं किया जाता है, तब तक कोई शांति नहीं हो सकती है' (27–7–192)।'

हमलोग यहाँ तर्कमूलक तरीके से उन्हें वेश्याओं से दूरी बनाते हुए और पत्नियों का अनुमोदन करते हुए पाते हैं। एक तरफ क़ानून द्वारा पत्नी होने/सुहाग को मान्यता नहीं दिए जाने का विरोध और दूसरी तरफ गिरमिट की राख से एक 'समुदाय' की निर्मिति के मद्देनजर मध्यवर्ग की प्रतिष्ठा पत्नियों के लिए सम्मान की माँग करती थी। मैं यह दलील देना चाहती हूँ कि चल संपत्ति (चैटल) से, ख्वाहिश की जानेवाली अमर्यादित स्त्री तक और उसके आगे पत्नियों और बेटियों तक का सफ़र गिरमिट से नागरिक समाज की तरफ संक्रमण के समानांतर चलता है। जब 'कुली' की तरक़्क़ी मज़दूर के तौर पर हुई और उससे आगे वे भले नागरिक न सही, कम से कम सम्भाव्य सभ्य निवासी बनने की दिशा में आगे बढे, तब उनकी स्त्रियाँ भी बदलीं। कपड़े धोने वाली 10 स्त्रियों से वेश्याओं तक, जिन्हें असंतुष्ट श्रमशक्ति की यौन ज़रूरतों को पूरा करने के लिए बुलाया गया था, से क़ानून–व्यवस्था की समस्या से निपटने के लिए, जब ईर्ष्यालू मजदूर पथभ्रष्ट संगिनी की हत्या कर देता था, आबादी में बढ़ाए गये अनुपात तक, से एक 'समुदाय' के सम्मान तक, जिसके अधिकारों की लड़ाई लड़ी जा रही थी, स्त्रियों की दशा, पुरुषों की जरूरतों को परिलक्षित करती है।

लेकिन यह सिर्फ बतौर कार्यकर्ता (एक्टिविस्ट) होता है कि स्त्रियाँ एक निजी हैसियत हासिल करती हैं, जो पुरुषों से स्वतंत्र है। 1909 में, तमिल स्त्रियों

के एक समूह ने *इंडियन वुमेन्स एसोसिएशन* की स्थापना की। उस समय से ट्रांसवाली स्त्रियों के मार्च का नेतृत्व करने के लिए गाँधी द्वारा उनकी भर्ती तक के सफ़र को देखते हुए यह कहा जा सकता है कि ये स्त्रियाँ, स्त्रियों की भागीदारी में अग्रणी थीं, जिसका चरम बिंदु दांडी मार्च था।[12] वे हिंदू और मुस्लिम विवाह के मसले पर उसे वैधता दिलाने–गिरमिट के शुरुआती वर्षों में जिस तथ्य को चुनौती दी गयी थी, के संघर्ष में शामिल हुई थीं।

1911 के आसपास से गाँधी *इंडियन ओपिनियन* में आप्रवासियों के मसले को ज्यादा स्थान देना शुरू करते हैं। आव्रजन विनियमन अधिनियम (इमिग्रेशन रेगुलेशन एक्ट) (भाना 2005: 117), जो अगस्त 1913 में प्रभाव में आया, को पाँच आधारों पर चुनौती दी गयी–पहला, 1895 के बाद के गिरमिट पृष्ठभूमि वाले लोगों से दक्षिण अफ्रीका में बसने का अधिकार छीन लिया गया; दूसरा, दक्षिण अफ्रीका में जन्मे भारतीयों के केप टाउन में प्रवेश को सीमित कर दिया गया; तीसरा, हिंदू और इस्लामी रीतियों से की गयी शादियों को अमान्य कर दिया गया और एक पत्नी विवाह की परिभाषा को इतना संकीर्ण बना दिया गया कि भारत में रहनेवाली कोई पत्नी अपने क़ानूनी पति के साथ दक्षिण अफ्रीका में नहीं रह सकती थी; चौथा, यह प्रावधान कर दिया गया कि ऑरेंज फ्री स्टेट से होकर यात्रा करनेवाले भारतीय को इस घोषणा पर दस्तख़त करना होगा कि वे इस प्रांत में नहीं बसेंगे (भाना 117)।

मार्च, 1913 में सुप्रीम कोर्ट के जस्टिस मैल्कम सर्ल ने यह फैसला सुनाया कि सिर्फ ईसाई विधि से किए गये विवाहों को ही क़ानूनसम्मत माना जाएगा (त्रिनिदाद के क़ानून से तुलना कीजिए)। राजमोहन गाँधी लिखते हैं कि 'कलम की एक लिखावट' से इस फ़ैसले ने हिंदू, मुस्लिम, पारसी आदि धर्मों की विधियों से हुए विवाहों को रद्द कर दिया। इसने भारतीयों में काफ़ी खलबली मचा दी। शादियों को रद करना सिर्फ क़ानूनी मामला नहीं था: यह गिरमिट समाज की जड़ पर कुठाराघात था। जैसा कि पूर्वपीठिका के रूप में कैरिबिया को लेकर की गयी चर्चा में दिखाया गया है, जो कई मायनों में दक्षिण अफ्रीका संबंधी बहसों का पूर्वाभास कराता है, ट्रांसवाल की तमिल स्त्रियों ने कहा कि वे जेल जाएंगी। उन्होंने यह ऐलान किया कि अगर फ़ैसले को वापस नहीं लिया जाता, तो वे अपनी गिरफ़्तारी की माँग करेंगी। कस्तूरबा के नेतृत्व में गुजराती स्त्रियों ने भी यही कहा।

---

[12] यूं तो सुरेंद्र बाना की किताब (गांधी: द मेकिंग ऑफ अ पॉलिटिकल रिफॉर्मर: 1893–1914) (2005) काफी विस्तृत और सूचनाप्रद है, लेकिन इसमें स्त्रियों का ज़िक्र चलते–फिरते ही किया गया है–हड़ताल करनेवालों में एक तिहाई स्त्री और बच्चे थे 123; 118 वे शेख मेहताब की पत्नी का ज़िक्र करते हैं...राजमोहन गांधी की गांधी की शानदार जीवनी तमिल स्त्रियों की भूमिका को प्रधानता देती है, जो स्वान की प्रेरणा हैं।

नेटाल के भारतीय अभिजन जेल नहीं जाना चाहते थे, फिर भी ट्रांसवाल की स्त्रियाँ इसके लिए तैयार थीं (*गाँधी* 2008: 161)। उन्होंने आगे आकर कहा कि, 'वे जेल जाने की इच्छुक हैं और उन्होंने फैसला वापस नहीं लेने की सूरत में अपनी गिरफ़्तारी देने की मंशा सार्वजनिक तौर पर ज़ाहिर की' (160)। फीनिक्स की गुजराती स्त्रियों और शेख़ मेहताब की बीवी जैसी मुस्लिम स्त्रियों ने भी ऐसा किया। लेकिन, ट्रांसवाल की तमिल स्त्रियों का अपना ख़ास महत्व है, क्योंकि पूरे गिरमिट के इतिहास में 'मद्रासी' स्त्रियाँ सबसे ज्यादा प्रताड़ितों में से एक थीं। नेटाल की एक जनसभा में अभिजन तबके ने ख़ुद को गाँधी से अलग कर लिया। तब उन्होंने गिरमिटियों और भूतपूर्व गिरमिटियों की ओर देखा, जो उत्तरी नेटाल के कोयले की खदानों में काम करते थे, जो कि ट्रांसवाल सीमा से ज़्यादा दूर नहीं था।

गाँधी के पास, उनके ही शब्दों में 'एक रणनीति तैयार थी, जिसे उन्होंने ट्रांसवाल बहनों के सामने रखा' (गाँधी 1928: 254)। 'गाँधी ने ट्रांसवाल की तमिलभाषी स्त्रियों से नेटाल में प्रवेश करके क़ानून तोड़ने के लिए कहा' (गाँधी 2008: 161)। गिरफ़्तार नहीं किए जाने की सूरत में उन्हें सीमा के दक्षिण की ओर न्यूकैसल की तरफ 'आगे बढ़ना था और वहाँ छावनी डालकर भारतीय गिरमिटिया मज़दूरों से हड़ताल पर जाने के लिए तैयार करना था' (161)। 'अगर मज़दूर इन ट्रांसवाल बहनों की अपील पर हड़ताल कर देते, तो सरकार के पास मज़दूरों के साथ उन्हें भी गिरफ्तार करने के अलावा कोई चारा नहीं बच जाता। इन बहनों की गिरफ़्तारी से इन मज़दूरों का उत्साह और बढ़ने की संभावना थी' (गाँधी 1928: 253–54)। एरिक्सन यह दर्ज करते हैं (211) कि टॉल्सटॉय बहनें–जिस नाम से तमिल स्त्रियों को पुकारा जाता था, जो सब मद्रास की थीं–अपनी गोद में शिशुओं को लिए हुए थीं। इनमें से दो शिशु खो गये और नदी में बह गये' (213–14), जो एक भयावह क्षति थी।

एक बेहद कुशल व्यूह रचना के तहत मध्यवर्ग की चार स्त्रियों को, जिनमें कस्तूरबा, काशी (गाँधी के भतीजे मगनलाल गाँधी की पत्नी), जयाकुँवर डॉक्टर (प्राणजीवन मेहता की पत्नी) शामिल थीं, ठीक उल्टे रास्ते से नेटाल से ट्रांसवाल में प्रवेश करना था और इस तरह से अपनी गिरफ़्तारी देनी थी। हम देखते हैं कि गतिशीलता, यानी आज़ादी के साथ एक जगह से दूसरी जगह जाने की शक्ति, का गाँधी के लिए कितना महान सांकेतिक मूल्य है। वे आगे इसका इस्तेमाल बेहद लाभकारी तरीके से भारत में करनेवाले हैं। ट्रांसवाल की तमिल स्त्रियाँ गिरफ़्तारी का प्रतिरोध करने में कामयाब हुईं और साथ ही साथ उन्होंने अपने सामानों की फेरी भी लगाई और तीन पाउंड के कर की ख़बर का भी प्रचार किया। फीनिक्स की गुजराती स्त्रियों को गिरफ़्तार कर लिया गया और

उन्हें तीन महीने की जेल की सजा हुई (गाँधी 2008: 162)। ट्रांसवाल की स्त्रियाँ कोयले खदान के मज़दूरों की हड़ताल कराने में कामयाब हुईं, लेकिन आखिर उन्हें भी गिरफ्तार कर लिया गया और उन्हें भी उसी जेल में डाल दिया गया जहाँ फीनिक्स वाले दल को रखा गया था। कस्तूरबा और 'दूसरी इज्ज़तदार, निर्दोष' स्त्रियों की तस्वीर का प्रचार हुआ और यह ख़बर भारत तक पहुंची, जिसने हर किसी को क्रोधित कर दिया। फ़िरोजशाह मेहता ने कहा, 'उनका ख़ून खौल उठा' (गाँधी 2008: 258)। वलियम्मा के रोगग्रस्त चेहरे वाली तस्वीर और उसके बदिलान ने लाखों लोगों की शांति भंग दी और यह ख़बर भारत में सुर्ख़ियों में आ गयी।

इस तरह से सार्वजनिक दायरे में स्त्रियों की भूमिका पर गाँधी द्वारा दिया गया ज़ोर, प्रवासी समूह (डायस्पोरा), बागानी और सबसे महत्वपूर्ण तौर पर इसके भीतर अपने इतिहास के साथ जुड़ी अपकीर्ति के बावजूद कुली स्त्री के जीवट से निकलनेवाला एक और तत्व तो था ही, इससे बेहद नज़दीकी तौर पर जुड़ा हुआ भी था। मेरा दावा है कि 'कुली' स्त्री भारत में स्त्रियों के लिए गाँधीवादी परियोजना का *पूर्व–परीक्षण–ट्रायल रन* थीं।

तमिल स्त्रियों ने अब तक निचले दर्जे पर माने जानेवाले 'मद्रासी' (एक तिरस्कृत आकृति जिस पर उत्तर भारत के आप्रवासियों की कई प्रवासीय (डायस्पोरिक) चिंताओं को प्रक्षेपित किया जाता था[13]) के काफ़ी सम्माननीय और एक प्राचीन सभ्यता के उत्तराधिकारी 'तमिल' के तौर पर काफी मंद रूपांतरण का नेतृत्व भी किया। गाँधी ने तमिलों को राष्ट्रीय आंदोलन के साथ काफ़ी मजबूती के साथ जोड़ा और इसकी शुरुआत संभवतः दक्षिण अफ्रीका में हुई।

गाँधी नारायणसामी और नागप्पन नामक सत्याग्रहियों की प्रशंसा करते हैं (142):

> 'तमिल समुदाय अन्य भारतीयों को बढ़ते जा रहे बड़े ऋण के बोझ के नीचे दबा रहा है।' (गाँधी, *कलेक्टेड वर्क्स,* 2000, खंड 2: 1910–11)
>
> 'तमिल नाम वाले सारे लोग सत्याग्रही हैं। इस तरह से तमिल जन सत्याग्रह के झंठे को थामे हुए हैं।' (1)

14 अप्रैल, 1910 को वे इंडियन ओपिनियन में लिखते हैं:

> तमिल सोसाइटी के 55 वर्षीय अध्यक्ष्य श्री चेट्टियार की गिरफ़्तारी, ट्रांसवाल में तमिलों द्वारा, न सिर्फ़ उनकी तरफ़ से बल्कि दक्षिण अफ्रीका भर में पूरी भारतीय आबादी की तरफ़ से किए जा रहे शानदार काम को अंतिम रूप (फिनिशिंग टच) देती है (9)।

[13] देखें, मोसेस नागामूटू (2000) और ब्रिंदा मेहता (2004)।

> ट्रांसवाल में एक भी तमिल नहीं बचा है, जिसने जेल का सामना नहीं किया हो (9)।
>
> इन साहसी पुरुषों ने ग़रीबी का वरण किया है और उनके पास जो कुछ भी था, सबका बलिदान राष्ट्रीय सम्मान के लिए कर दिया है। (9)

मद्रासी मज़दूर

यह उल्लेखनीय है कि जिन क्षेत्रों से दक्षिण अफ़्रीका में सबसे ज़्यादा प्रवास हुआ उनमें से ज़्यादातर मद्रास प्रेसिडेंसी के तहत आते थे। ख़ासकर बोअर युद्ध के बाद के समय में। टिंकर के मुताबिक 'नेटाल से भारी माँग थी....जिसकी आपूर्ति पूरी तरह से मद्रासियों द्वारा की गयी' (1895 में 968 आए; 1900 में 10,231 आए) (टिंकर 1974: 57)।

इस तरफ गाँधी का ध्यान डरबन में जहाज़ से उतरते हुए ही जाता है, जब वे 'तमिल और तेलुगू गिरमिटिया मज़दूरों' को देखते हैं। कई कारणों से इस इलाके की स्त्रियाँ, अपनी उत्तरी भारतीय बहनों की तुलना में प्रवास करने के लिए ज़्यादा इच्छुक थीं। यह अनुमान लगाया जा सकता है कि कैरिबिया में हर इलाके से मज़दूर आबादी की जो उपस्थिति थी (पूर्वी उत्तर प्रदेश और बिहार गंगा के मैदान से मज़दूर और साथ ही साथ पहाड़ी जनजातियाँ), वह गंगा की सहायिकाओं और गंगा की मुख्य धारा से कोलकाता के पत्तन तक पहुँची होगी; जबकि मद्रासी मजदूर मद्रास के पत्तन से आए होंगे। इसका मतलब यह हुआ कि निचली जाति वाले दक्षिण भारतीयों के ख़िलाफ़ उत्तर भारत का पूर्वाग्रह (टिंकर 1974: 55) कैरिबिया में बना रहा (नागामूटू 2000; नाथ 1950, रूहोमन 1947; टिंकर 1974; वेल्लर 1968)।

मुमकिन है कि यह क्षेत्रीय पूर्वाग्रह हो, क्योंकि गंगा के मैदान के निवासी, यहाँ तक कि इसके सीमावर्ती क्षेत्रों, मसलन, पूर्वी उत्तर प्रदेश और बिहार–गिरमिट प्रदेश–(वास्तव में, हो सकता है इसके ही कारण) अपने को आर्य विजेताओं का वंशज समझते थे और दक्षिण के लोगों को (और वे ख़ुद भी) गैर–आर्य मानते थे (इस मिथक को ब्रिटिश नस्लीय सिद्धांतों ने और मज़बूत करने का काम किया, जो बहुत हद तक भाषायी और नृजातीय–नस्लीय इतिहास के बीच भ्रम पर आधारित था)।[14] स्त्रियों के लिए क्षेत्रीय कारक अहम हो जाता है, क्योंकि उत्तरी भारत (कैरिबियाई प्रवासी) दक्षिण भारत की तुलना में कहीं ज्यादा पितृसत्तात्मक है, जिसने अपनी कुछ मातृसत्तात्मक परंपराओं को बचाए रखा है, हालाँकि यहाँ भी स्त्री–विद्वेषी प्रथाओं की अनुपस्थिति नहीं है, जिनमें से कई ब्राह्मणवादी रीति–रिवाजों के पालन से उपजी हैं।

---

[14] नस्लीय सबूत की जगह भाषायी सबूत पर, अध्याय 3 में थापर पर फुटनोट देखें,

दलित (पहले 'अछूत', अब 'दलितबहुजन'), जो कि प्रथागत तौर पर उनके द्वारा किए जानेवाले वंशानुगत कामों के कारण अस्वच्छ माने जाते थे, भारत की कुल आबादी का पाँचवाँ भाग थे। यह अनुपात गिरमिट में भी दिखाई देता था। चेन्नई में दलितों की बड़ी संख्या ने आव्रजन किया। टिंकर बताते हैं कि चिंगलेपुट जैसे कुछ स्थानों में यह 27 प्रतिशत और तंजौर में 21 प्रतिशत तक था। कई उच्च जातियों ने भी प्रवास किया, क्योंकि इस क्षेत्र में अकाल बड़े भाग में आता था (आर्नल्ड 1984)

गिरमिटिया मद्रासियों पर विमर्श उनकी निशानदेही विशिष्ट के तौर पर, कभी तन्य तो कभी उद्दंड के तौर पर करता है: पीटर रूहोमन लिखते हैं:

> यह देखा गया कि ये मद्रासी भारत के दूसरे हिस्सों से आए आम आप्रवासियों की तुलना में कहीं ज्यादा मेहनती थे और वे कारख़ाने के काम के लिए विशेष योग्यता प्रदर्शित करते थे। झगड़ालूपन की प्रवृत्ति को छोड़ दें, तो उनका व्यवहार बेहतर होता था और वे अनुशासन में रखे जा सकते थे। यह भी देखा गया कि वे अच्छा भोजन करते थे, जिससे उन्होंने अच्छी शारीरिक सेहत का विकास किया। (रूहोमन 1947: 100) (साथ ही देखें, रूहोमन 1947: 8; टिंकर 1974: 57)

जैसा कि नागामूटू के एक पहले आए उद्धरण से पता चलता है, वे अपने अफ्रीकी पड़ोसियों के साथ भी ज्यादा आसानी से सांस्कृतिक तौर पर घुल–मिल गये। नागामूटू कैरिबियाई 'मद्रासियों' और अफ्रीकियों के बीच के लगाव की ओर इशारा करते हैं (देखें अध्याय 3)।

इतिहासकार के.ओ लॉरेंस बागान मालिकों और सरकार के बीच हुए पत्राचार की जाँच करते हुए कहते हैं:

> लेकिन मद्रास को हमेशा आप्रवासियों का पूरक स्रोत ही माना जाता था। और वेस्ट इंडियन बागान मालिकों द्वारा मद्रासियों को किसी से भी बेहतर तो नहीं ही माना जाता था, उन्हें निश्चित तौर पर उत्तर भारतीयों से कमतर ज़रूर माना जाता था (सी.ओ. 323/704: क्लेमेंटी द्वारा बोनार लॉ को प्रेषित, 17 नवंबर 1916, नं. 393)। फ़ीजी में भी मद्रासियों को उत्तर भारतीयों से हीन माना जाता था, क्योंकि इसके बावजूद कि वे विनम्र समझे जाते थे, इस बात की आशंका बनी रहती थी कि उन्हें घर की याद सताने लगेगी और वे पलायन कर जाएंगे। साथ ही उनके साथ भाषा की भी दिक्क़त थी (गिलियन, पृ. 51, 127–128)। मद्रासियों में आव्रजन के ख़िलाफ़ सांस्कृतिक पूर्वाग्रह कम दिखाई देता था और नेटाल और मॉरिशस ने बड़ी संख्या में इन्हें बुलाया (सैंडर्सन रिपोर्ट, पृ. 19)। लेकिन वेस्ट इंडीज में मद्रासियों को इतनी कम सफलता क्यों मिली यह 1916 में भी, 1848 की तुलना में ज्यादा स्पष्ट नहीं था, हालाँकि इस बात में कोई शक नहीं है कि उत्तर भारत से बड़े पैमाने के प्रवास के पहले स्थापित हो जाने का मतलब यह जरूर था कि बाद के वर्षों में मद्रासियों को पुनर्सामंजस्य में काफ़ी मुश्किलों का सामना करना पड़ा (105)।

ट्रांसवाल की तमिल स्त्रियाँ

दक्षिण अफ्रीका में 'मद्रासी' का एक विशिष्ट इतिहास है, जिसके बारे में हमने पहले के अध्यायों में चर्चा की है। हालाँकि, 'कुली' विमर्श में और नज़दीकी संपर्क के कारण समावेशन की प्रकिया के द्वारा, गिरमिटिया लोग अपने बारे में भी जिस तरह से बात करते थे, उसमें सबको समान तरीके से 'मद्रासी' कहकर पुकारने की प्रवृत्ति दिखती है, फिर चाहे वह फ़ीजी में हो या मॉरिशस में, श्रीलंका में, कैरिबिया में या दक्षिण अफ्रीका में।[15] गाँधी द्वारा असंख्य प्रकार वाले दक्षिण अफ्रीकी कुलियों की गोलबंदी को उपरोक्त संदर्भ के भीतर ही रखकर देखा जाना चाहिए। दक्षिण अफ्रीका में, यह 'मद्रासी' को लेकर उनके बर्ताव में जितना स्पष्ट है, उतना और कहीं नहीं है: गाँधी का विमर्श धीरे–धीरे मद्रासी को तमिल से प्रतिस्थापित कर देता है।

यह तथ्य, मेरे शीर्षक में आयी तमिल स्त्री, जो धर्मपरायण और असहाय है, को काबिलेग़ौर बना देता है। दक्षिण अफ्रीका में श्रमिक तबकों ने, जिनमें से कई दक्षिण भारत से थे (हालाँकि, शुरू में बोहरा मुस्लिम कारोबारी–गाँधी के मुवक्किल–इन्हें समान रूप से हिक़ारत की भावना से देखते थे, मगर बाद में इन्हें आंदोलन के हिस्से के तौर पर स्वीकार कर लिया गया) कम मात्रा में अंतःवर्गीय पूर्वाग्रह का सामना किया। गाँधी की *आत्मकथा* और *कलेक्टेड वर्क्स* (*संपूर्ण वाँग्मय*) में आए कई दृष्टांत इस तथ्य की गवाही देते हैं। लेकिन दक्षिण अफ्रीका में धर्मांतरित 'दलित' ईसाइयों के ख़िलाफ़ पूर्वाग्रह जरूर था। कस्तूरबा द्वारा एक धर्मांतरित ईसाई व्यक्ति, जो पहले दलित था, के निजी शौचालय को साफ़ करने से इनकार करने की घटना मशहूर है और इसका अक्सर हवाला दिया जाता है।

जैसा कि स्वान बताती हैं, दक्षिण अफ्रीका में भी नस्लवाद विरोधी आंदोलन के नेतृत्व पर गाँधी का वर्चस्व नहीं था। कई नाम, जिनकी पहचान तमिल के तौर पर की जा सकती है–अय्यर, पिल्लई, चेट्टियार और नायडू घटनाक्रम में और अन्य रिकॉडों में आते जाते हैं (देखें स्वान)। ये नेता, मसलन, थाम्बी नायडू संभवतः मजदूरों को अपनी भाषा में संबोधित करते थे और पी.एस अय्यर नेटाल में एक पत्रिका का संपादन करते थे।

निष्कर्ष के तौर पर कहा जाए, तो तमिल कुली बालासुंदरम, जिसकी 'पगड़ी ख़ून से सन गयी थी' (गाँधी 1896, खंड 1:373) और जिसे गाँधी ने सांत्वना

---

[15] श्रीलंका के तमिलों का हालिया उत्तर–गिरमिट इतिहास प्रसिद्ध है। लेकिन श्रीलंका और दक्षिण पूर्व एशिया में तमिल आप्रवासन का इतिहास काफी पहले से मिलता है। देखें, थापर 2003।

दी, जो एक प्रताड़ित 'सामी' था और बहादुर वलियम्मा और ट्रांसवाल की अन्य तमिल स्त्रियों के बीच दयनीय 'मद्रासी' की छवि का कायांतरण तमिल के तौर पर हो गया, जिनमें से कई सत्याग्रहियों के तौर पर प्रशंसित हुए। गाँधी ट्रांसवाल में 'तमिल समुदाय द्वारा, न सिर्फ़ उनकी तरफ़ से बल्कि दक्षिण अफ्रीका भर के भारतीयों की तरफ़ से किए जा रहे शानदार कार्य' की प्रशंसा करते हैं (9)। वे दावा करते हैं कि 'ट्रांसवाल में शायद ही कोई ऐसा तमिल छूटा हो जो जेल न गया हो' (9)। वे आगे कहते हैं, 'इन साहसी पुरुषों ने गरीबी का वरण किया है और राष्ट्रीय सम्मान के लिए अपना सर्वस्व कुर्बान कर दिया है' (9)।

गाँधी *सत्याग्रह इन साउथ अफ्रीका* में स्त्रियों का ज़िक्र करते हैं: दक्षिण अफ्रीका में मुस्लिम स्त्रियाँ या निचली जाति की (अक्सर दलित) दक्षिण भारतीय स्त्रियाँ। इनमें से कोई भी अपने पतियों की क्रूरता का शिकार नजर नहीं आईं।[16] ऐसा उन क्षेत्रों/जातियों के कारण था, जिनसे वे आई थीं (निचली जाति की स्त्रियों के पास उच्च जाति की स्त्रियों की तुलना में ज़्यादा दैहिक और यौन स्वतंत्रता थी) (तेलुगू दलित बहुजन पर देखें, कांचा इलैय्या)। यह उनके सुहागन दर्जे के कारण था, यह तो नहीं कहा जा सकता, लेकिन यह सच है कि दक्षिण अफ्रीका में गाँधी के अभियान के एक हिस्से में स्त्रियों को शामिल किया गया था।

भारतीय स्त्री की गाँधी की निर्मिति और बागानी लैंगिकता

प्रवासीय भारतीय स्त्री की कार्यकर्ताओं के तौर पर निर्मिति का अर्थ गाँधी के लिए सार्वजनिक दायरे में जेंडर (लैंगिक) संबंधों का रूपांतरण था। स्त्रियों को लेकर एक पूर्ववर्ती घटना पर एरिक एरिक्सन ने विस्तार से चर्चा की है। स्त्री की यौनिकता और इसका प्रभाव, गाँधी के दो आश्रमों—फ़ीनिक्स आश्रम और टॉल्सटॉय फार्म (दोनों जुलू बसावटों के नज़दीक थे) में गाँधी द्वारा किए जानेवाले प्रयोगों में से एक है। ये दोनों आश्रम गाँधी द्वारा 'भारतीयता' की निर्मिति की प्रयोगशाला हैं (देखें, अध्याय 5)।

टॉल्सटॉय फार्म का एक वाकया गाँधी के प्रयोगों की फिसलन/अस्थिरता को दिखाता है। सामाजिक प्रयोगों द्वारा लैंगिक रूप से नियंत्रित भारतीयों की अपनी निर्मिति के लिए गाँधी नवयुवकों और नवयुवतियों को एक साथ फार्म के

---

[16] जैसा कि मैंने पहले के अध्यायों में तर्क दिया है, दयनीय के तौर पर 'कुली' की निर्मिति को, उसकी स्त्री के प्रति उसकी कल्पित बर्बरता द्वारा और मज़बूती मिली। भारतीय पुरुष का यह चित्रण सती को लेकर चली बहस में उसकी छवि का विस्तार था, जबकि स्पीवाक और मणि ने यह कहा कि 'श्वेत पुरुषों ने भूरी स्त्रियों को भूरे पुरुषों से बचाया'।

162 अटलांटिक गाँधी

तालाब में एक साथ नहाने के लिए कहते हैं।[17] गाँधी योजना की निगरानी माँ के समान मुस्तैदी के साथ करने का दावा करते हैं (ऐसा कोई प्रयोग भारत में करना लगभग असंभव होता)। एक मौके पर जब लड़कों ने जवान लड़कियों को छेड़ना शुरू कर दिया, तो चिंता से जागते हुए गाँधी समझ नहीं पाते हैं कि क्या किया जाए। गाँधी की इच्छा थी कि लड़कियाँ अपने साथ एक निशान (ताबीज) रखें, जो 'पापी की आँखों की कलुषता को एक बार में ही मिटा देगा' (एरिक्सन 1969: 238)। उन्होंने आदेश दिया था कि लड़कियों के बाल काट दिए जाएँ, ताकि वे अपने अपमान की निशानी साथ लेकर चल सकें। जो भविष्य में किसी को नियम तोड़ने से हतोत्साहित करेगा। शुरू में समुदाय की कई स्त्रियों द्वारा इस दंड का विरोध किया गया और यह आज भी गाँधी के स्त्री संबंधी विचारों की एक अबूझ पहेली है। बाद में भारत में गाँधी की पहचान स्त्रियों के लिए आज़ादी की जगह के तौर पर सार्वजनिक दायरे की पैरोकारी करनेवाले के रूप में और इसके लिए स्त्रियों को आंदोलन के भीतर लाने वाले के तौर पर हुई। गाँधी ने अथक तरीके से विधवा पुनर्विवाह, दहेज–प्रथा की समाप्ति और बालिका विवाह के ख़िलाफ़ अभियान चलाया। इसके साथ ही बराबर मात्रा में वे सख़्ती से स्त्रियों द्वारा गहनों और अन्य प्रदर्शनमूलक अभ्यासों के त्याग के पक्ष में थे।[18] मैं यह कहना चाहती हूँ कि उनके द्वारा इस बात पर ज़ोर दिया जाने को कि स्त्रियाँ अपने काम–उद्दीपक क्षमताओं और यौनिकता के लिए खुद को सजा दें, बागानी लैंगिकता से गाँधी के संपर्क में आने के भीतर संदर्भीकृत किए जाने की ज़रूरत है।

उपमहाद्वीपीय स्त्री के परिप्रेक्ष्य से, जो लंबे समय से सांस्कृतिक सत्यपरायणता और पवित्रता का बोझ उठा रही थीं, गाँधी द्वारा लड़कियों को दी जानेवाली सजा विधवाओं के बाल काट देने के दमनकारी रिवाजों की याद दिलानेवाला है। लेकिन, जैसा कि मैंने पहले चर्चा की है, 20वीं सदी के शुरुआती वर्षों में विदेशी मुल्कों में प्रवासीय (डायस्पोरिक) भारतीय एक भिन्न हमले का सामना कर रहे थे: प्रशासनिक रिपोर्टों, अख़बारों, कानाफूसियों, यात्रियों के विवरणों में बार–बार दोहराया जानेवाला संदेश भारतीय स्त्री की अलग ही कहानी कहता है। 'कुली' स्त्रियों का, यूँ तो ख़ासतौर पर कैरिबिया में, मगर दक्षिण अफ्रीका में भी, रखैलपन (उपपत्नीत्व), वेश्यावृत्ति, पत्नी–हत्या पीड़िताओं के तौर पर और सामान्य अनैतिकताओं का आधी सदी पुराना इतिहास था।[19] 'भारतीय स्त्री'

---

[17] मैं मीना अलेक्जेंडर को धन्यवाद देना चाहूंगी, जिन्होंने मेरा ध्यान इस घटना की ओर दिलाया। उनकी किताब *शॉक ऑफ अराइवल* (1996) में टॉल्सटाय फॉर्म पर उनका लेख देखें।

[18] देखें, गांधी, *टू द वुमेन*. कराची: आनंद हिंगोरानी 1943।

[19] गिरमिट के अध्ययन में इसे इतनी बार दोहराया गया है कि यह काफी आम हो गया है। विद्वतापूर्ण आलोचना के लिए देखें, टिंकर (1974), मोहम्मद (1995), रेडॉक (1985) और निरंजना (2006)।

संबोधन 'वेश्या' संबोधन के बराबर था। यह तथ्य कि यह यौन स्वच्छंदता की एक लाद दी गयी छवि थी, न कि एक ऐसी छवि जिसे उन्होंने चुना था–जिसकी मिसाल आज की महिला कैलिप्सो (एफ्रो–कैरिबियाई संगीत की एक शैली) और चटनी (कैरिबिया और अन्य गिरमिट प्रदेशों में भोजपुरी के फ्यूजन से जन्मी संगीत की एक शैली) की प्रस्तुति देनेवाली स्त्रियों को कहा जा सकता है[20]–इस बात की व्याख्या कर सकता कि आख़िर भारतीय समुदाय द्रुपति रामगुनई जैसी चटनी गायिका की छवि का इस कदर विरोध क्यो करता है (चटनी स्त्रियों पर विस्तार से जानने के लिए देखें, निरंजना 2006 व पुरी 1997)।

एरिक एरिक्सन के अध्ययन से लेकर हाल के जैड एडम्स के अध्ययन और जोसेफ लेलीवेल्ड की नई विवादास्पद किताब तक में गाँधी का लैंगिक दर्शन, उनके विचारों में सर्वाधिक बहसतलब रहा है। यहाँ एरिक्सन की टिप्पणी पर गौर किया जा सकता है, जिसमें वे एक जल्दबाजी भरा फ़ैसला सुनाते से दिखते हैं: 'काफ़ी कम उम्र में शादी होने जाने के कारण वे कामेच्छा से चालित थे, जो उन्हें और उनकी पत्नी को न सिर्फ दुर्बल बना सकता था बल्कि दोनों की जान भी ले सकता था, अगर दोनों लंबी अवधियों तक अलग नहीं रहते' (एरिक्सन 1969: 99)। इस पर्यवेक्षण को हालाँकि, गाँधी खुद भी कई बार दोहराते हैं, जब वे यौन–क्रिया (सेक्स) के प्रलोभन को सतत तरीके से सहने की जरूरत के बारे में बात करते हैं।

मेरे हिसाब से गाँधी के लैंगिकता संबंधी दृष्टिकोण का सबसे विश्वसनीय विश्लेषण रिचर्ड लैनॉय ने किया है। अनेक विद्वानों ने गाँधी (के लैंगिकता संबंधी विचारों) का अध्ययन (कामेच्छा के) दमन के साँचे में किया है, लेकिन लैनॉय इसे 'एब्स्टिनेंस' (संयम) के साँचे में देखते की वकालत करते हैं। लेनॉय गाँधी में नकार और प्रदर्शनमूलक यौन–व्यवहार के अजीब मिश्रण की चर्चा करते हैं, जिसमें जवान स्त्रियों के साहचर्य में सोना और अन्य ऐसे ही व्यवहार शामिल हैं। एक वैष्णव होने के नाते, यौनिकता के प्रति उनका रवैया ब्राह्मणवादी आत्म–नकार का न होकर गैरपरंपरावादी रहा होगा। उनका सार्वजनिक तौर पर स्त्रियों के साथ शारीरिक संपर्क रखते था, जो कि उनके साथ भक्षक/हिंसक पुरुष की बजाय इनसान की तरह जुड़ने के लिए था। उन्होंने युद्ध के दौरान एक स्त्री के पुरुष नर्स (परिचारिका) के तौर पर काम करने का चुनाव किया (लेनॉय 1971: 388) और उन्हें एक मध्यवय स्त्री नहलाया करती थी। उनके

[20] त्रिनिदाद में भारतीय स्त्री की सती–सावित्रीः एक कुँवारी, आत्म बलिदानी स्त्री, की स्वीकृत छवि जैसी बनने के पितृसत्तात्मक दबाव से टकराने के 'भारतीय' स्त्री के संघर्ष के अध्ययन के लिए देखें, तेजस्विनी निरंजना (2006)। निरंजना का अध्ययन एक साझे एफ्रो–एशियाई प्रदर्शनमूलक संस्कृति के निर्माण के हिस्से के तौर पर स्त्री कलाकारों के उद्भव का दस्तावेजीकरण करता है।

ऐसे व्यवहार ब्राह्मणवादी परिहार (अवॉयडेंस) और अशुद्ध स्त्री से शारीरिक दूरी बनाने के विचार से काफ़ी अलग थे। लेनॉय इस स्त्रियों की संगति के रास्ते 'उदात्तीकरण' पर विचार करते हैं।

ऐसा लगता है कि गाँधी पुरुष की भक्षक/हिंसक लैंगिकता को लेकर काफ़ी चौकन्ने थे मगर पुरुष–स्त्री संपर्क को लेकर ऐसा नहीं था। सवाल है कि आख़िर पुरुष की भक्षक लैंगिकता को लेकर उनकी इस दृढ़ विश्वास का स्रोत क्या था? मैं यह तर्क देना चाहूँगी कि चूंकि वे अपनी 'कामेच्छा' को स्वीकार करते थे, जैसा कि उन्होंने बयान भी किया है, बागान व्यवस्था, जो 'पूँजीवाद का नग्न रूप' है, में लैंगिकता के दमनकारी और निम्नीकरण करने वाले पहलू से उनके संपर्क ने संभवतः उनके संकल्प को और पक्का कर दिया होगा। हालाँकि, गाँधी की विक्टोरियाई नैतिक झिझक ने उन्हें उनके देखे हुए का वर्णन करने से रोक दिया, लेकिन अन्य अटलांटिक इतिहासकारों, समाज–वैज्ञानिकों, सिद्धांतकारों, दक्षिण अफ्रीका के इतिहासकारों में यह वर्णन मिलता है। साथ ही साथ गोरे बागान मालिकों के स्पष्ट साक्ष्यों में उनके द्वारा दास बनाए गये, गिरमिट के अधीन लाये गये और जिन्हें वे कथित तौर पर अवमानना के भाव से देखते थे, उनके प्रति उनकी लैंगिक हिंसा बिल्कुल ज़ाहिर थी। खुद गाँधी का परिचय मूल्य चुकाकर या चुकाए बिना चलते–फिरते यौन–सबंधों से (हालाँकि, उन्होंने खुद बताया है कि उन्होंने इनका प्रतिरोध किया) से कराया गया, जिनका घटनाकाल दक्षिण अफ्रीका में उनके कदम रखने से पहले का है। हमें पता है कि अपनी दक्षिण अफ्रीका यात्रा के दरमियान उन्हें एक अनिर्दिष्ट बंदरगाह पर एक वेश्यालय में एक अनिर्दिष्ट नस्ल की स्त्री के पास ले जाया गया था। वे और वह 'गरीब औरत' बराबर अपमानित हुए थेः जहाज़ का कप्तान उन्हें एक दलाल की मदद से 'नीग्रो औरतों की बस्ती' में लेकर जाता है (87)।

एक बार फिर हमें पंक्तियों के बीच पढ़ने की जरूरत है। बागानी लैंगिकता पर चर्चा हमें समकालीन–1960 के विवरणों में मिलती है, जब इस व्यवस्था के अंत हुए काफ़ी वक़्त बीत चुका था। दक्षिण अफ्रीका के अपने रंगभेद के लंबे इतिहास ने नस्लों के अपने ख़याली विभाजन से कहानी को दूसरा रंग दे दिया था। लेकिन दक्षिण अफ्रीका का कोई भी इतिहास अलग–अलग आबादियों के अस्तित्व को दर्ज करता है, जैसे केप कलरड्र्स (केप रंगीन), जो कि खोइसान, यूरोपीय, अफ्रीकी और दक्षिण–पूर्व एशियाई मूल के लोगों का मिश्रित समूह (बेक 2000: 15), या वास्तव में इस क्षेत्र में अपना नस्लीय निशान छोड़नेवाले कई नस्लों का सम्मिश्रण है। बाकी अन्य जगहों की ही तरह बागान मालिक द्वारा दास स्त्री के शोषण की व्याप्तता के बावजूद दक्षिण अफ्रीका के सिरफिरे क़ानून अलग–अलग स्तरों पर हो रही चीजों को ही नकार देते थे (काफ़ी हद तक दक्षिण संयुक्त राज्य में लिंचिंग की तरह)। वर्गीकरण काफ़ी अशिष्ट तरीके

से त्वचा के रंग पर आधारित और असंतुलित था: मिसाल के लिए, सारे यूरोपीय श्वेत थे, लेकिन सारे बांटूभाषी–जिनमें यूरोपीयों की आपस में समानता की तुलना में कहीं ज्यादा समानता थी–को 10 या उससे ज्यादा उपवर्गों में बाँटा गया था। भारतीयों को दूसरी दुनिया का, बाहरी माना जाता था, जबकि इनमें से कई यूरोपियों के साथ ही वहाँ पहुँचे थे (बेक 2000: 126)।

मिसाल के लिए काफ़ी बाद तक (1960 तक) हर साल, सैकड़ों ऐसे बच्चे, जिनमें इस मिश्रण का निशान दिखाई देता था और जो अपने स्कूल के साथियों की नज़रों में 'अश्वेत' दिखते थे, उन्हें उनके परिवारों और स्कूलों से दूर कर दिया जाता था, उन्हें अश्वेतों द्वारा बहिष्कृत कर दिया था और उनका पुनवर्गीकरण 'अश्वेत' के तौर पर कर दिया जाता था (127)।

बागानी लैंगिकता के यथार्थ को लैटिन अमेरिकी समाजों में खुल कर स्वीकार भी किया जाता रहा है और यहाँ इसका उत्सव भी मनाया जाता रहा है। यहाँ नस्लों के मिश्रण (मेस्टिजेज़) ने राष्ट्रीय आत्मपरिभाषा के सिद्धांत का निर्माण किया। दक्षिणी संयुक्त राष्ट्र (यूएस साउथ) में रहनेवाले लोगों के शारीरिक लक्षण (फेनोटाइप) में यह मिश्रण दिखाई देता है। हाल के समय में थॉमस जेफसरन और उनकी दास सैली हेमिंग्स (जो खुद उनके बागान मालिक ससुर की बेटी थी) और उनके दास संतानों की कहानी को काफ़ी प्रसिद्धि मिली है। जेफरसन के आलीशान घर मोंटिसेलो के बारे में, जहाँ उनके अपने ही बच्चे (हेमिंग्स से हुए बच्चे) घरेलू नौकर थे, हेलेना शॉर्टर (इसफहानी–हैमंड 2005: 63) जेफरसन के क़ानूनी पोते के उस क्षण के स्वप्न सरीखे अनुभव का हवाला देती हैं, जब एक मेहमान जेफरसन और उसके नौकर बेटे के बीच, जो ठीक उसके पीछे खड़ा है, उल्लेखनीय पारिवारिक समानता को देखने के लिए ऊपर निहार रहा होता है। हालाँकि स्पैनिश अमेरिका और हिस्पैनिक कैरिबिया में इन संतानों को बागान मालिकों के नाम और उसकी संपत्ति के एक हिस्से, दोनों का अधिकार था (हालाँकि, वे अपनी माँ की नस्ल को उत्तराधिकार में हस्तगत करते थे), मगर दक्षिण अफ्रीका और संयुक्त राज्य दोनों ही लैंगिक पाखंड के कीचड़ में धँसे हुए थे।

लैंगिक भेदभाव और नस्लवाद का संयोग गोबिन्यू जैसे दार्शनिकों में साकार रूप में दिखता है, जिसने बागान मालिकों द्वारा बंधुआ और दास स्त्रियों के यौन शोषण को जायज़ ठहराने के लिए एक विस्तृत सिद्धांत ही गढ़ डाला।[21] रॉबर्ट यंग का कहना है, 'नस्लीय श्रेष्ठता बाध्यकारी लैंगिक आकर्षण / विकर्षण पर आधारित थी' (यंग 2001: 149), जिसने इन स्त्रियों के इस्तेमाल और उसके साथ दुर्व्यवहार की इजाज़त दी।

[21] रॉबर्ट यंग (1995: 137) नस्लवाद में अंतर्निहित लैंगिक पाखंड पर चर्चा करते हैं।

दासप्रथा पर अपने विस्तारपूर्वक किए गये अध्ययन *'स्लेवरी एंड सोशल डेथ'* में ओरलैंडो पैटरसन कहते हैं कि 'कोई ऐसा दास–समाज नहीं है, जिसमें महिला दासों का उसके मालिक के हाथों शोषण नहीं होता है' (173) और कैरिबियाई सिद्धांतकार गॉर्डन लुइस सेक्स (यौन क्रिया) और स्लेवरी (दासप्रथा) के सह–अस्तित्व की बात करते हैं (8)। बेनिटेज़–रोजो बागानी व्यवस्था का लैंगीकरण अटलांटिक जगत के यूरोप द्वारा बलात्कार से करते हैं (5), जिसने उन जगहों पर बहुरंगी आबादी का निर्माण किया जो अपने नस्लीय मिश्रण (मेस्टिज़ेज) का उत्सव मनाते हैं। लेकिन, इस इतिहास के द्वारा त्वचा के रंग पर आधारित जिस व्यवस्था (पिगमेंटोक्रेसी) का विकास हुआ, उसके बारे में बात करते हुए, क्यूबाई इतिहासकार बेनिटेज़–रोजो निमनिलिखित पर्यवेक्षण करते हैं: 'त्वचा का रंग, न बहुसंख्यक को दिखाता है, न अल्पसंख्यक को; यह इससे कहीं ज्यादा का प्रतिनिधित्व करता है: विजय और उपनिवेशीकरण की हिंसा द्वारा और ख़ासतौर पर बागानी व्यवस्था द्वारा थोपे गये रंग का।'

ह्यू टिंकर दास स्त्री के बारे में कहते हैं:

> हर किसी के हाथों–पहले मैनेजर और ओवर्सियर और उसके बाद गुलामों के द्वारा–यौन शोषण के लिए स्त्रियाँ उपलब्ध थीं। सिर्फ एक अप्रकट वेश्यावृत्ति के दौर से गुजरने के बाद ही, या सबसे बेहतर स्थिति में अल्पकालिक और अस्थायी संबंधों की एक श्रृंखला से गुजरने के बाद ही स्त्रियाँ अर्ध–स्थायी साथियों के साथ घर बसाना शुरू करती थीं। (टिंकर 1974: 11)

हालाँकि, जिस इतिहास की मैंने चर्चा की है और जिसकी तर्कमूलक प्रस्तुति गिरमिटिया पुरुषों द्वारा स्त्रियों के ख़िलाफ़ दिखाई जाने वाली हिंसा पर ज़ोर देती है, उसमें बागानी परिसर के भीतर 'कुली' स्त्री के साथ किए जानेवाले अत्याचार के बारे में काफ़ी कम कहा गया है। मैंने जिन इतिहासकारों को पढ़ा है, उनमें ह्यू टिंकर अकेले हैं, जिन्होंने इसके बारे में लिखा है। अन्य (गॉर्डन लुइस) 'ईस्ट इंडियन' के बारे में इस तरह से बात करते हैं कि ये इतने पृथक थे कि उन्हें बागानी लैंगिक अर्थव्यवस्था के पचड़े में नहीं डालना ही बेहतर है। यह मुमकिन है कि एक उच्च धार्मिक हिंदू संस्कृति (मिसाल के लिए देखें, महाविष्णु नायडू द्वारा लिखे गये एक दक्षिण अफ्रीकी नाटक *'अ मैन कॉल्ड हिंदू'* में समकालीन संदर्भों में रवि वर्मा द्वारा बनाए गये हिंदू भगवानों के चित्रों से युक्त पर्चे)[22] का प्रसार करने और उसकी स्थापना करने के लिए

[22] सभी दक्षिण अफ्रीकी हिंदुओं को वितरित किया गया एक पैम्फलेट, जो हिंदुओं के लिए काफी सरल, मगर काफी प्रभावशाली निर्देशिका है, कहता है: मेरी माँ के दादा–दादी मॉरिशस से आए और उन्होंने उमंगी रोड में एक मंदिर दान दिया।

ट्रांसवाल की तमिल स्त्रियाँ 167

हिंदू महासभा की 'शुद्धिकरण' सुधार गतिविधियाँ इतनी सफल रहीं कि पहले के धुंधले इतिहास को या तो भुला दिया गया है या उनका नए सिरे से संधान किया गया है। अब स्त्री पूर्वजों की पसंदीदा छवि किसी वेश्या की न होकर एक ब्राह्मण विधवा की है।

इतिहासकारों में से एक ह्यूयू टिंकर, जो इस मसले को संबोधित करते हैं, पूर्णता में उद्धृत किए जाने की माँग करते हैं:

> यूरोपीय बागान मालिकों और भारतीयों के बीच संबंधों को लेकर सबसे अंधेरा कोना उनके द्वारा यौन मक़सदों के लिए भारतीय स्त्रियों का इस्तेमाल करने के सवाल से जुड़ा है। यह विषय शायद पहली बार ब्रिटिश गयाना में 1871 के आयोग के बाद सामने आया, जिसने टिप्पणी की थी: 'कुली स्त्रियों के साथ अस्थायी रिश्ता बना लेना ओवर्सियरों के लिए और यहाँ तक कि मैनेजरों के लिए कोई असामान्य बात नहीं है और ऐसे हर मामले में बागानों की सुव्यवस्था और सद्भाव पर इसका अधिकतम बुरा प्रभाव पड़ा है। कुछ और कई मामलों में बागान मालिकों/व्यवस्थापकों को अपने ऊँचे आसन के अकेलेपन में भारतीय स्त्रियों के साथ स्थिर और दीर्घजीवी संबंधों में सच्चा प्यार मिला है। लेकिन दूसरे मामलों में यूरोपीय लापरवाह तरीक़े से भारतीय स्त्रियों को कब्जे में लेकर सिर्फ भारतीयों के प्रति अपनी अवमानना भावना का प्रदर्शन करते थे; जबकि कई बागान परिसरों (एस्टेटों) में वे ऐसा *डॉइट दि सिग्नियर (droit de seigneur)*—अधीनस्थ स्त्रियों के साथ यौन संबंध बनाने के अधिकार की भावना—के तहत करते थे। इसविषय को सुविचारित ढंग से सभी समकालीन दस्तावेज़ों में उपेक्षित रखा गया है, लेकिन कभी–कभार घटनाएँ इस सवाल को खुले में ले आती थीं। इस तरह से 1903–04 के लिए ब्रिटिश गयाना के लिए वार्षिक रिपोर्ट में यह बताया गया कि *प्लांटेशन फ्रेंड्स* पर मैनेजर और ओवर्सियरों द्वारा कुली स्त्रियों के साथ 'अनैतिक संबंध' रखने के कारण फैले असंतोष ने एक बड़ी हड़ताल को जन्म दिया। फ्रेंड्स के मैनेजर को हटा दिया गया और सरकार ने गिरमिटिया लोगों को उस बागान परिसर (एस्टेट) से दूसरे एस्टेट में भेजने की कवायद शुरू कर दी, लेकिन 'इस मामले को ठंडा पड़ जाने दिया गया'। इस रिपोर्ट ने नियंत्रक कंपनी की इस बात के लिए आलोचना की, जिसके दूसरे एस्टेट के मैनेजर ने अपने एक अंग्रेज ओवर्सियर को बागान कुली की क्रियोल पत्नी के साथ खुले तौर पर रहने की इजाज़त दी थी। इसे देखते हुए ब्रिटिश गयाना के गवर्नर सर अलेक्जेंडर स्वेत्तेनहम ने विधायी सदस्यों के सामने एक संस्कारपूर्ण मगर, टाल–मटोल वाला भाषण दिया। (30 जुलाई, 1904)
>
> 'अनैतिकता के बारे में काफ़ी कुछ कहा गया है...पूरी ईमानदारी के साथ मैं यह चाहता हूँ कि काश सरकार और आव्रजन विभाग के पास [एस्टेटों में] चल रही इस अनैतिकता से अपनी आँखें मूँद लेने का विकल्प होता और वे कह सकते

कि यह उनसे संबंधित मामला नहीं है...मगर दुर्भाग्यपूर्ण तरीके से इस मामले में सरकार पर और आव्रजन विभाग पर एक बोझ डाल दिया गया है, जिसे वे टाल नहीं सकते हैं। ऐसा लगता है कि निर्णय करने के योग्य लोगों से यह अपेक्षा की गयी है और हम अपनी जिम्मेदारी से मुँह नहीं चुरा सकते हैं।'

अगर इस टिप्पणी का कोई मतलब निकलता है, तो यही कि संभवतः गवर्नर इस बात को लेकर शर्मिंदा थे कि जिस चीज के बारे में हर किसी को यह मालूम था कि यह एक आम बात है, उसे उन नैतिक मानकों के हिसाब से जाँचना होगा, जिन्हें सैद्धांतिक तौर पर हर कोई स्वीकार तो करता है, मगर यह यक़ीन करता है कि इन सिद्धांतों को व्यवहार में उतारने की कभी ज़रूरत नहीं पड़ेगी।' (टिंकर 1974: 222)

निरंजना इस तरफ़ ध्यान दिलाती हैं कि तथ्य यह था कि गोरे ओवर्सियर अक्सर भारतीय स्त्रियों को अपनी रखैल बना कर रख लेते थे, लेकिन रिपोर्टों में इसके लिए कुली स्त्रियों की चरित्रहीनता को दोष दिया जाता था। ऐसी रिपोर्ट न सिर्फ ओवर्सियरों को उनके अपराध से बरी कर देती थीं बल्कि वे समस्या के असली कारणों, लायी गयी स्त्रियों की काफ़ी कम संख्या के कारण उनकी अपर्याप्तता, को भी नज़रअंदाज़ करती थीं (67–69)। जवान लड़कियों के साथ छेड़खानी पर गाँधी की प्रतिक्रिया और उनका लैंगिक दर्शन, दक्षिण अफ्रीका में उनके द्वारा एक दशक गुजार देने के बाद आता है, जब बागानी जेंडर मसले गाँधी के पर्यवेक्षण की ज़द में आ चुके थे।

निष्कर्ष के तौर पर यह अध्याय दलील देता है कि बागानों और खदानों के भीतर स्त्रियों के साथ गाँधी के प्रवासीय (डायस्पोरिक) संपर्क ने लैंगिकता को लेकर उनके दृष्टिकोण को प्रभावित किया, जिसे वे हिंसक और पतनकारी के तौर पर देखते हैं। इसके साथ ही भूतपूर्व 'कुली' स्त्री के निम्नीकरण, जिस बागान मालिकों और अपने देशवासियों, दोनों के संदर्भ में पुरुष लोभी होने का कलंक लाद दिया गया, ने भी स्त्री को लेकर उनके उच्च मानकों को रूपाकार देने में भूमिका निभाई होगी। यह अध्याय ट्रांसवाल स्त्रियों की संघर्षशीलता को दर्ज करता है, हालाँकि इन्हें अभी तक दूसरे क्षेत्रों की तरह क्रियोलाइटों (Creolites) को लेकर चलनेवाली बहसों में शामिल नहीं किया गया है। आखिर में यह प्रवासीय (डायस्पोरिक) भारतीय राष्ट्रवाद के भीतर 'मद्रासी' को शामिल कराने में ट्रांसवाल स्त्रियों की भूमिका की ओर भी इशारा करता है।

7

गाँधी और अटलांटिक आधुनिकता

यह अध्याय इस विचार को सामने रखता है कि भारत–दक्षिण अफ्रीका (इंडो–साउथ अफ्रीका) में गाँधी जो रास्ता इख़्तियार करते हैं, वह तकनीकी दृष्टि से भले हिंद महासागर के तट पर हो, लेकिन उसका एक अटलांटिक आयाम है। प्रवासी आबादी से उनका सामना; उसे एक 'प्रवासीय (डायस्पोरिक) राष्ट्रवादी' पूर्णता में ढालना; और संघर्ष में निचले तबकों, गिरमिटियों और पूर्व गिरमिटियों की विशिष्ट भूमिका, में अटलांटिक मुद्दों की अनुगूँज सुनाई देती है।[1] अटलांटिक महासागर से लगे हुए तटीय क्षेत्र 16वीं सदी से ही प्रवासी श्रमिक समूहों (डायस्पोराओं) के गवाह रहे हैं, जबकि भारत से हिंद महासागर के क्षेत्रों में जानेवाले प्रवासीय (डायस्पोरिक) समूह, ज़्यादातर कारोबारी समूह थे।[2] अटलांटिक क्षेत्रों में यूरोप, अफ्रीका और बाद में एशिया से भारी मात्रा में आबादी का विस्थापन और इसके परिणामस्वरूप नस्लों और संस्कृतियों का अभूतपूर्व ढंग से मिश्रण हुआ। इसका एक प्रभाव पुरानी अस्मिताओं के धराशायी होने तथा नई अस्मिताओं व संस्कृतियों के पुनराविष्कार और इस 'साहसी नई दुनिया' में बदलाव की संभावनाओं के तौर पर दिखाई देता है। दूसरा प्रभाव पहले उपनिवेशी और बाद में कुलीनतंत्री अभिजनों द्वारा, शुरुआत में नस्लीय आतंक के द्वारा और बाद में बहुसंख्यकवादी राष्ट्र–राज्य द्वारा क्रांति के 'अनेक सिर वाले हाइड्रा' को कुचलने की कोशिश था। पूर्ववर्ती अध्यायों में मैंने अप्रकट तरीके से गाँधी द्वारा अपने प्रवासीय (डायस्पोर) कॅरियर में इन तत्वों के साथ

शीर्ष तस्वीर: गाँधी एवं अटलांटिक आधुनिकता

[1] अफ्रीकी अटलांटिक के लिए पॉल गिलरॉय (1993) के काम से विकसित होनेवाला अटलांटिक अध्ययन; श्रमिक एवं क्रांतिकारी अटलांटिक के लिए पीटर लाइनबॉ और मार्कस रेडिकर (2000) और कैरिबियाई धाराओं के लिए गॉर्डन लुइस के शुरुआती कामों ने मुझे इस ओर ध्यान देने के लिए प्रेरित किया है। 'भारतीय अटलांटिक' पर किया गया यह अब तक का पहला काम है।

[2] देखें फिलिप कर्टिन (1984), खासकर काराबारी प्रवासीय समूहों पर आखिरी अध्याय।

मुठभेड़ का नक्शा तैयार किया है। केप ऑफ अफ्रीका या अफ्रीकी अंतरीप, जहाँ वे अवस्थित थे, उनके आंदोलन की केंद्रीय धुरी थी। यूरोप और एशिया से आनेवाले जहाज़ यहाँ से गुजरा करते थे औंर विभिन्न दिशाओं में आगे बढ़ जाते थे। डरबन, नेटाल, पीट्रमारिट्ज़बर्ग और ट्रांसवाल में भारतीय प्रवासियों को गोलबंद करते हुए गाँधी 'अटलांटिक' इतिहास में शामिल हो जाते हैं।

ह्यू टिंकर, राजमोहन गाँधी और के.ओ लॉरेंस के जहाजरानी कंपनियों के विवरण के (अध्याय 2) मुताबिक़ एक बार यूरोपीय नौसैनिक श्रेष्ठता के स्थापित हो जाने के बाद अंतरराष्ट्रीय जलक्षेत्र के आरपार आवागमन ने वैश्विक तौर पर भले ही शोषणपरक किन्तु परस्पर जुड़ी हुई दुनिया के निर्माण में अपनी भूमिका निभाई। गाँधी के नियोजक एवं प्रायोजक अब्दुल्ला सेठ भी ऐसे ही एक जहाज़ के मालिक थे। यह वैश्विक जुड़ाव अटलांटिक अभिजनों के स्तर पर था। शोषित ग़रीब लोगों को, हालाँकि वे समुद्रों के आरपार हाँक दिए गये थे, (इस परिस्थिति ने दासों के और कुलियों के बीच आपस में अंतर्संबंधों को जन्म दिया), मगर फिर भी उनकी गतिशीलता पर अंकुश लगाकर उन्हें आपस में मेल–जोल करने से रोक कर रखा गया था (बागान परिसरों के भीतर और उसके बाहर भी, देखें न्वान्कवो (Nwankwo) 2005, अध्याय 3)। इन सीमाओं के बावजूद, पीटर लाइनबॉ एवं मार्कस रेडिकर ने दिखाया है कि किस तरह से समुद्री नाविक क्रांतियों और प्रतिरोध की ख़बरों का आपस में आदान–प्रदान किया करते थे, जो कि सदियों पुरानी परंपरा है। हालाँकि, दोनों रुझान एक–दूसरे के विरोधी थे। पहला, क्रांति के जरिए यथास्थिति को उखाड़ फेंकने की प्रवृत्ति और दूसरा, जो कि थोड़ी–बहुत मात्रा में इस प्रक्रिया से जुड़ा हुआ भी था–अंतर्विरोधी ढंग से आधुनिकता का बचाव और उसके प्रति आकर्षण। गाँधी को इस द्वंद्वात्मकता, जो अटलांटिक आधुनिकता का अनिवार्य पहलू है, के भीतर ही रखा जाना चाहिए।

वाणिज्यवाद (Mercantilism), जो बड़े पैमाने पर जहाज़रानी उपक्रमों, खोजों, उपनिवेशीकरण, वाणिज्य, मिसाल के लिए ईस्ट इंडिया कंपनी, और आखिरकार दासप्रथा और गिरमिट प्रथा के विकास का कारण बना, ऐसी आधुनिकता की एक मिलीजुली सौगात था।[3] दूसरी तरफ व्यापार करने के इसके अधिकार, जिसकी हिफ़ाज़त में यूरोपीय राष्ट्र–राज्य खड़े थे, आधुनिकीकरण की कोशिशों में काफी मददगार हो सकते थे और इस तरह अब तक ग़रीब रहे लोगों को नए मौके दे सकते थे। तादाद में बढ़ रहे पूँजीपति जहाज़ मालिकों और ईस्ट इंडिया ट्रेडिंग कंपनी जैसी व्यापारिक कंपनियों द्वारा वित्तपोषित समुद्री नाविक, कंपनियों के प्रक्षेत्रों की रक्षा करनेवाले सैनिक, समुद्र पार विदेश जानेवाले अन्य

[3] देखें, हिलैरी बेकल्स (1997: 777–89) का लेख, वाणिज्यवाद और 'आधुनिकता' पर उनके प्रभावशली तर्क के लिए। वे तर्क देते हैं कि बागान मालिक प्राथमिक पूँजीपति थे।

पेशेवर, व्यापारिक मुनाफ़े के निवेश के साथ बुनियादी ढाँचे का निर्माण करनेवाले इंजीनियर, आर्किटेक्ट और भाषावैज्ञानिक–यानी पूरा पेशेवर तबका इसमें शामिल था। दूसरी तरफ व्यावसायिक मुनाफ़ा कमाने की इसकी अबाध इच्छा ने जहाँ एक तरफ दासप्रथा और गिरमिट प्रथा जैसी ज़्यादतियों को जन्म दिया, वहीं इसने नकदी फसलों के उत्पादन के लिए कृषि भूमि का भी विनाश किया, जबकि ये ज़मीनें लोगों का पेट भरने के काम आ सकती थीं। गिरमिट प्रथा के दूसरे स्थलों में (संयुक्त राज्य में श्वेत गिरमिटिए; कैरिबियाई गिरमिटिए, अटलांटिक वलय के ऊपर और नीचे दासप्रथा के समर्थन और विरोध में खड़ी विचारधाराएं) आधुनिकता की महीन विचार प्रणालियों का अध्ययन करते हुए हम यह समझ सकते हैं कि इस विशेषता से गाँधी की अपनी मुठभेड़, एशिया से कितनी अलग है। *अटलांटिक आधुनिकता* के समावेशी पद से मेरा इशारा इसी तरफ़ होता है।

इस अध्याय में मैंने काफ़ी संक्षेप में और सतही तरीके से इस बारे में अनुमान लगाया है कि अटलांटिक आधुनिकता किस तरह से एशियाई/भारतीय आधुनिकता से अलग है? और इसी को विस्तार देते हुए मैंने यह समझने की भी कोशिश की है कि दूसरे क्षेत्रों में, मसलन, लैटिन अमेरिका, कैरिबिया और उत्तरी अमेरिका में जहाँ 'अन्यों' यानी गैर–यूरोपीय लोगों की जनसंख्या काफ़ी है, इसका सैद्धांतीकरण कैसे अलग तरीके से किया गया है[4]? इसमें नस्ल किस तरह से भूमिका निभाता है? अटलांटिक आधुनिकता में 'अन्य' किस तरह से शामिल या बाहर हैं? ये बहुत व्यापक सवाल हैं और मेरा इरादा सिर्फ़ इस तरफ़ संकेत करने का है कि गाँधी इन सवालों से किस तरह जुड़े हैं, मुख्यतौर पर भारतीय प्रवास बेहद विशिष्ट मुद्दे के द्वारा: उपनिवेशी वाणिज्य (व्यापारियों) और गिरमिट के मार्फ़त। इस अध्याय के बाकी के हिस्से में मेरी चर्चा निम्नलिखित धुरियों पर घूमती है: आबादी की गतिशीलता; संस्कृति के वाहक के तौर पर राष्ट्र, उपनिवेशी अभिजन, क्रियोल और मेस्टिज़ो और निचले तबके (दास)।

अटलांटिक धाराएं, हिंद महासागर

दक्षिण अफ्रीका में गाँधी की अवस्थिति जिस केप ऑफ गुड होप (आशा अंतरीप) के नज़दीक है, वह हिंद महासागर और अटलांटिक महासागर का संधिस्थल है। ये दोनों भारतीय प्रवासीय समूह (डायस्पोरा) का विशिष्ट इतिहास रखते

---

[4] 19वीं सदी की अटलांटिक आधुनिकता के किसी भी विवरण के लिए जरूरी है कि वह खुद को सर्वोच्च आधुनिक शक्ति संयुक्त राज्य और गांधी से आधी सदी पहले इसके प्रमुख प्रवक्ता–अब्राहम लिंकन से संदर्भित करे। यही वह जगह थी, जहां इसके गर्वोक्तिपूर्ण आदर्शों के मुताबिक कोई भी व्यक्ति, जैसा कि लिंकन ने किया, लॉग केबिन से व्हाइट हाउस तक पहुंच सकता था।

हैं। लेकिन गाँधी के प्रवासीय (डायस्पोरिक) जीवन में हिंद महासागर की जगह अटलांटिक महासागर की धाराओं के उतार–चढ़ाव की अनुगूँज सुनाई देती है।

हाल के अध्ययनों ने कारोबारी नेटवर्कों पर मौजूद विस्तृत सूचनाओं की तरफ अपना ध्यान केंद्रित किया है। ये कारोबारी नेटवर्क यूँ तो मुख्य तौर पर गुजरात से थे, मगर इनमें हिंद महासागर क्षेत्र में सदियों से व्यापार करनेवाले और अन्य लोग भी शामिल हैं।[5] हालाँकि, समुद्री नेटवर्क, तूरान और रूस जैसी जगहों में अस्तित्व में रहे स्थल नेटवर्कों से अलग थे, लेकिन राजनीतिक सत्ता–संघर्षों से दूरी को संभवतः दोनों की विशेषता कहा जा सकता है। ज़्यादातर कारोबारी व्यवसाय के प्रति समर्पित समाजों से आए थे और वे अपनी गृहभूमियों से संबंध बनाकर रखने में कामयाब हुए थे। सार्वजनिक राजनीतिक जीवन में भले न सही, उन्होंने अपनी एक महत्वपूर्ण जगह ज़रूर बना रखी थी।

लेकिन, हिंद महासागर के ये और अन्य कारोबारी तथा समुद्री नाविक प्रवासीय समूह (डायस्पोरा) राजनीतिक रंगमंच और संघर्षों से दूर रहे। ऐसा क्यों था, इसकी जानकारी इन स्थापित परंपराओं से गाँधी के प्रस्थान को समझने के लिहाज से (जो इस कारोबारी डायस्पोरा के ही सदस्य थे, हालाँकि वकील के तौर पर) प्रासंगिक है।

ऐसा नहीं है कि हिंद महासागर हिंसक इतिहास से मुक्त था–बात बस इतनी है कि यह हिंसा औद्योगीकृत होते अटलांटिक वलय के स्तर पर नहीं पहुँची। 'कारोबारी प्रवासीय समूहों' (डायस्पोराओं) पर अपने शानदार अध्ययन में फिलिप कर्टिन एक टिप्पणी करते हैं, जो हालाँकि की तो दूसरे संदर्भ में गयी है, लेकिन उन आयामों पर रोशनी डालती है, जिसे मेरे हिसाब से 19वीं सदी से पूर्व के भारतीय मूल के हिंद महासागरीय भारतीय प्रवासीय समूह (डायस्पोरा) की विशेषता कहा जा सकता है। प्रवासीय समूहों (डायस्पोराओं) की विरल राजनीतिक सक्रियता और उनके कभी 'लड़ाकू शक्ति' नहीं बन पाने के तथ्य का आकलन करते हुए फिलिप कर्टिन स्पाइस द्वीप में 17वीं शताब्दी की शुरुआत में एक प्रवासीय समूह बुगियों (Bugis) का हवाला देते हैं और बताते हैं किस तरह से:

> ...[वे] बड़ी संख्याओं में सफ़र करते थे, जो परिवार के आकार के समूह से लेकर उससे बड़ा हो सकता था। इसका नेतृत्व अक्सर उनके अपने देश में उच्च तबके के किसी व्यक्ति के पास होता था। नए प्रवासी सामान्य कारोबारी

---

[5] तूरान, रूस और हिंद महासागर के चारों ओर के इलाके में भारतीय व्यापार के इतिहास के संदर्भों के लिए देखें अध्याय 2 और 3। साथ ही देखें, डेल (1994), फ्रैंक (1998), गुडी (1996) और कर्टिन (1984)।

नहीं थे, बल्कि अपने परिवारों और दूसरों के साथ आए लड़ाकू शक्ति बनने में सक्षम कारोबारी थे, जिनकी ताक़त उस समुद्री संस्कृति में निहित होती है, जिनसे 'वे वास्ता रखते थे'। (कर्टिन 1984: 163)

कारोबारी प्रवासीय समूह (डायस्पोरा) पर कर्टिन की विश्वकोशीय और प्रामाणिक किताब 'सैन्यीकृत व्यापारिक प्रवासीय समूहों' का एकमात्र यही उदाहरण देती है (कर्टिन 1984: 163)।

इससे पहले के अध्यायों ने उस संघर्ष का संक्षेप में वर्णन किया है, जो गिरमिटियों को बागान भूमियों में परिवार बसाने के लिए करना पड़ता था। उन्हें अपनी संस्कृति और नस्ल वाली औरतों की कमी से जूझना पड़ता था; बाद के समय में उन्हें लाई जानेवाली औरतों की संदिग्ध प्रतिष्ठा और आखिरकार हिंदू विवाहों को कानूनी मान्यता नहीं मिलने का भी सामना करना पड़ता था। अंततः जब लैंगिक अनुपात स्थिर हो गया, गिरमिट से आज़ाद होनेवाले समुदायों ने स्वदेश वापस लौटने के विचार का त्याग कर दिया और उन्होंने कृषक समुदायों की स्थापना की और कुछ तबके तो शहरीकृत भी हो गये। इससे चीजों में बदलाव आया। कर्टिन की ऊपर आयी टिप्पणी से यह पता चलता है कि बड़ी संख्या में लोगों को लाए जाने ने आख़िरकार एक विरोधाभासी तरीक़े से उनके राजनीतिकरण और गोलबंदी में योगदान दिया। ऐसा इस तथ्य के बावजूद हुआ कि बड़ी संख्याओं को पहले के अधिवासियों और भूतपूर्व दासों के शत्रुतापूर्ण रवैये का भी सामना करना पड़ा।

जैक गुडी ने भी इस बारे में चर्चा की है कि कैसे यूरोपियों द्वारा एशियाई कारोबारियों के कौशल और विशेषज्ञता की उपेक्षा की गयी (गुडी 1996: 49–56)। वे कहते हैं कि व्यापार नेटवर्कों या जैसा कि इन्हें पुकारा जाता है, 'कारोबारी प्रवासीय समूहों (डायस्पोराज)' के उच्च कौशल स्तर को सबसे पहले राष्ट्रवादी लेखकों ने स्वीकार किया।[6] भारतीय अर्थशास्त्री दत्त का हवाला देते हुए गुडी ऐसे प्रवासीय समूहों को इस हक़ीक़त से जोड़ते हैं कि:

> औद्योगिक क्रांति से पहले भारत... विश्व वाणिज्य का केंद्र था। इसके शिल्प उत्पाद और अन्य व्यापारिक माल बड़ी मात्रा में उस सोने और चाँदी को आकर्षित करते थे, जिसकी लूट स्पेनी और अन्य यूरोपीय शक्तियों ने लैटिन अमेरिका से की थी। इससे अंदाज लगाया जा सकता है कि इसके शिल्पकारों की श्रेष्ठता किस स्तर की थी। (गुडी 1996: 111)

यह 18वीं सदी के मध्य के बाद बढ़ते यूरोपीय वर्चस्व की वैचारिक अनुगूँज के साथ बदल गया, जो गुंडर फ्रैंक के हिसाब से मुख्य तौर पर 'यूरोपीय

[6] साथ ही देखें ट्रेसी 1990।

तोपखाने और शस्त्रों' का परिणाम था (234)।[7] ठीक वैसे ही जैसे पश्चिम की ओर यात्रा कर रहे भारतीय नौचालकों को तिरस्कारपूर्ण तरीके से *'लस्कर'* की संज्ञा से नवाजा गया, कारोबारियों को अनादर के साथ *'फेरीवाला'* कहकर पुकारा गया। इन दोनों की पहचान यह थी कि इन्होंने ख़ुद को जिन इलाकों में पाया, वहाँ इनके पास राजनीतिक रसूख का अभाव था, हालाँकि उनके पास अपने मददगार संगठन थे।[8]

चूँकि इन व्यापार किए जानेवाले शिल्प उत्पादों में से ज़्यादातर का उत्पादन एक जातिगत समाज के भीतर किया जाता था, जिसमें कारोबारी बनिए बुनकरों (जुलाहों) को क़र्ज़ दिया करते थे या 'बिना करघा वाले बुनकरों' को नौकरी पर रखते थे (गुडी 1996: 111), इसलिए यह प्रचलित समझ अपने आप में संदेहास्पद है कि जातिगत समाज ने भारत को एक पूर्व–औद्योगिक अर्थव्यवस्था के बजाय एक उत्तरवर्ती सामंती अर्थव्यवस्था बनाए रखा। सच यह है कि जाति आधारित समाज ने वैश्विक वाणिज्य की माँगों के हिसाब से ख़ुद को अच्छी तरह से अनुकूलित किया और उसे प्रतिबिंबित भी किया।

अटलांटिक श्रम के इतिहास में गाँधी के हस्तक्षेप का प्रभाव दो स्तरों पर पड़ा: पहला, भारतीय राष्ट्रत्व की उनकी निर्मिति प्रवासीय समूह (डायस्पोरा), जिसमें कारोबारी और प्रवासी दोनों शामिल थे, के लिए सांस्कृतिक स्वीकृति की परियोजना से आगे बढ़ गयी और दूसरा, जिसे एक विडंबनापूर्ण समानांतर प्रभाव कहा जा सकता है, उनके द्वारा अटलांटिक में भारतीय आमूल सुधारवाद (रेडिकलिज्म) की लहर पर लगाम लगाना। जिसे 'क्रांतिकारी अटलांटिक' सर्वहारा (लाइनबॉ व रेडिकर 2000) कहा गया है, दुर्भाग्य से उसका निर्माण गाँधी के प्रतिरोध का हिस्सा नहीं था, जबकि इसके तहत भारतीय अन्य शोषित नस्लों के साथ जातीय और राष्ट्रीय विभाजनों के परे एक सैन्य चेतना में साझेदारी कायम कर सकते थे। निश्चित तौर पर यह अनजाने में हुआ, जिस पर मैं आगे चर्चा करूँगी। इस तथ्य के बावजूद कि उनकी कुछ परियोजनाओं का अटलांटिक हलचलों के साथ न झुठलाया जा सकनेवाला रिश्ता और निरंतरता है, गाँधी अटलांटिक क्रांतिकारी विचार और कार्रवाई का हवाला बहुत कम देते

---

[7] देखें एंड्रे गुंडर फ्रैंक (1998) की यादगार किताब 'रीओरिएंट', जिसमें वे यूरोपीय के ऊपर एशियाई युग की प्रशंसा करते हैं; फ्रैंक प्लासी के युद्ध को महज बंदूक की प्रदर्शनी करार देते हैं। लिनबॉ और रेडिकर (2000) भी बंदूकों को पहला बड़े पैमाने का औद्योगिक उत्पादन बताते हैं।

[8] मिसाल के लिए देखें, अमिताव घोष का *सर्कल ऑफ रीजन्स* (1986), जिसमें हिंद महासागर के अफ्रीकी तट पर ऊपर–नीचे एक सकिय सामाजिक नेटवर्क द्वारा शादियाँ कैसे तय होती थीं, इसका जीवंत विवरण देनेवाला एक अनुच्छेद है, या लस्कर मददगार प्रणाली पर उनकी चर्चा के लिए देखें *सी ऑफ पॉपीज* (2008)।

हैं। मिसाल के लिए पहले की सदियों की समुद्री डकैती या दासों का भाग जाना या भागे हुए दासों द्वारा स्वतंत्र समुदायों का निर्माण, अटलांटिक के दोनों ओर के तटों पर विकसित दासप्रथा विरोधी विचारधारा या उदाहरण के लिए दास बग़ावतों का इतिहास (लुइस 1983: 230–33; 171–238), इन सबका संदर्भ उनके यहाँ बहुत कम आता है।। इन दो महासागरों के सांकेतिक महत्व के अंतर में, जहाँ तक भारत का सवाल है, तीन प्रकट कारकों का हाथ है:

जनसंख्या गतिशीलता

पहला, औद्योगिक पूँजीवाद के पहले चरण बागान पूँजीवाद (plantation capitalism) का विस्तार करने लिए बागान मालिकों को श्रम की तत्काल जरूरत थी। सी.एल.आर जेम्स के शब्दों में इस तथ्य ने इन क्षेत्रों को दुनिया के इतिहास में पहले आधुनिक समाजों में तब्दील कर दिया और बड़ी तादाद में गैर–यूरोपीय आबादियों को उस दुनिया में भेजने का काम किया, जहाँ उनकी संस्कृति और धर्म अदृश्य थे। इससे पहले के दौर में हिंद महासागर के आरपार इंडोनेशिया की ओर की गतिशीलताओं में हिंदू संस्कृति को राजाओं द्वारा काफ़ी उत्सुकतापूर्वक तरीके से स्वीकार किया गया था। मसलन, कंबोडियाई या बाली के राजाओं द्वारा, जिन्होंने जनतातीय संस्कृति से राजशाही की ओर संक्रमण के लिए हिंदू प्रतीकवाद का इस्तेमाल किया। उस समय हिंदू संस्कृति एक अभिजात्य प्रवासीय (डायस्पोरिक) निर्मिति के तौर पर उभरी। मुस्लिम काल में, जैसा कि मैंने पहले चर्चा की है, हिंद महासागरीय व्यापार में प्रवासीय नेटवर्कों ने अपना सिर झुका कर रखा। लेकिन, उपनिवेशी/बागान काल में, इन विस्थापित लोगों का अनादर एक योजना का हिस्सा था, जिस पर मैंने कुली से संबंधित अध्याय में चर्चा की है। इन विस्थापित लोगों की हालत में एक दिखाई देनेवाला राजनीतिक अंतर अटलांटिक क्षेत्र के राजनीतिकरण में अपना योगदान देता है। गाँधी की परियोजना का सरोकार इस तरह से विस्थापित किए गये लोगों से है।

दूसरा, हिंद महासागर के विपरीत, स्थानीय अमेरिकी इंडियनों (अमेरिंडियस) के अलावा अटलांटिक की ज़्यादातर आबादी बाहर से लायी गयी थी; जबकि उन क्षेत्रों के पास अपनी पहचान के सदियों पुराने वृत्तांत हो सकते थे, मगर अमेरिकी–उत्तर, दक्षिण और द्वीपीय (कैरिबिया के द्वीप) लोग अपनी पहचान को निर्मित और पुनर्निर्मित करने की प्रक्रिया में थे। यूरोपियों, एशियाइयों और अफ़्रीकियों के लिए यह एक बिल्कुल नया महाद्वीप था, जहाँ नए व्यक्तियों का निर्माण किया जा सकता था। यह अटलांटिक आधुनिकता के संबंध में सी.एल. आर. जेम्स का विचार है। यही बात दक्षिण अफ़्रीका में भारतीयों पर भी लागू होती है: वे भी एक ऐसे स्थान में थे, जहाँ नई संभावनाओं का निर्माण किया

जा सकता था। क्रियोलीकरण के नए संस्करणों का विकास किया जा सकता था। राष्ट्र की नई विचारधाराओं का निर्माण किया गया, जिनके लिए सबसे पहले बागान के नस्लीय आतंक और राष्ट्र की यूरोपीय प्रभुत्वशाली संरचनाओं से पार पाना ज़रूरी था।

जैसा कि नीचे आए अंश से पता चलता है जाति के दर्जे को लेकर जागरूकता हमेशा क्रियोलीकरण को प्रभावित करती थी। हालाँकि, प्रवास में जाति–प्रथा में विघ्न पड़ता था, लेकिन जाति की जागरूकता अफ्रीकी लोगों से खुलकर घुलने–मिलने में दीवार खड़ी करती थी। नीचे आए टिंकर के कथन पर ध्यान दीजिए, जो भेजी गयी अनेक जातियों को एक पदानुक्रमिक रिकॉर्ड में दर्ज करते हैं। उपनिवेशी रिकॉर्डों ने जाति की जागरूकता को फिर से मजबूत करने का काम किया, जबकि उनका दावा एक जातिविहीन श्रमबल को लाने का था:

> कलकत्ता से होनेवाले आव्रजन के सामाजिक और जातिगत संघटन के बारे में मद्रास से होनेवाले आव्रजन की तुलना में ज्यादा पूर्णतर सूचना उपलब्ध है। प्रोटेक्टर ऑफ इमिग्रेंट्स ने अपनी सभी वार्षिक रिपोर्टों में आप्रवासियों की रैंकिंग के विश्लेषण को शामिल करना शुरू कर दिया था: 1872–73 के लिए हमें यह जानकारी मिलती है कि कुल आव्रजकों में से 2,521 उच्च जातियों के थे, 4,971 कृषक जातियों से थे, 1,537 दस्तकार थे और 5,309 निचली जातियों से आनेवाले लोग थे। साथ में 2,910 मुस्लिम भी थे। उत्तर भारत से होनेवाला आव्रजन ग्रामीण आबादी के एक औसत नमूने का प्रतिनिधित्व करता था, जिसमें कारोबारी, लिखा–पढ़ी वाली और पूजा–पाठ करानेवाली पुरोहिती जातियाँ शामिल नहीं थीं। इसी तरह से वास्तव में पददलित जातियाँ, जैसे मेहतर और दलितों में सबसे निचले पायदान पर खड़े लोग भी इसमें शामिल नहीं थे। (टिंकर 1974: 55)[9]

वैसे यह तथ्य है कि इन श्रमिक तबकों की सांस्कृति शून्यता या विविधता को दिखाने की चाहे जो भी नीति रही हो, लेकिन नस्लीय आतंक इन सबकी प्रतीक्षा करता था।

नस्ल, उपनिवेशी अभिजन, क्रियोल, मेस्टिज़ेज (नस्लीय मिश्रण) और अटलांटिक राष्ट्र: नस्लीय आतंक

यूँ तो कैरिबिया, लैटिन अमेरिका और अमेरिकी दक्षिण की अटलांटिक संस्कृति में सैन्यीकरण प्राथमिक तौर पर आज़ाद जन्मी श्वेत आबादियों के हितों के अनुसार था–पहले अंग्रेज या स्पेनी अधिवासी, उसके बाद उनके क्रियोल (अमेरिका में

[9] जति व्यवहारों में स्पष्ट बदलावों और प्रवासीय प्रयासों पर देखें अध्याय 9।

जन्मे)[10] वंशज–हिंसा की संस्कृति शुरू से ही अटलांटिक में प्रवासीय अनुभव से जुड़ी हुई थी। इसे अमेरिकी इंडियनों के जातीय नरसंहार और आव्रजक गिरोहों की लड़ाइयों, दासों और गिरमिटों के जहाज़ों, चाबुक की मार और बागानों में लिंचिंग (पीट–पीट कर मार देना), इन सबने मिलकर रूपाकार दिया और इस तरह से सदियों तक चलनेवाले 'नस्लीय आतंक' के लिए मंच तैयार हो गया। वर्ष 2000 की हॉलीवुड की एक फिल्म *'द गैंग्स ऑफ न्यूयॉर्क'* ने अमेरिकी उत्तर–पूर्व में श्वेत बसावटों की रक्तरंजित कहानी का चित्रण किया। इसके साथ ही अमेरिकी इंडियन जनजातियों का जातीय संहार भी अटलांटिक कथा का अनिवार्य हिस्सा है।[11] इसी तरह से दक्षिण अमेरिका में स्पेनी विजेताओं (16वीं सदी में मेक्सिको और पेरू पर नियंत्रण करनेवाले स्पेनी विजेता) और अमेरिकी–इंडियनों के बीच मुठभेड़ का इतिहास भी है, जिसका ब्यौरा बारतोलमे लास कासा (Bartolme Las Casa) के विवरणों में दर्ज है।[12] इससे भी आगे अटलांटिक दासप्रथा के विशालकाय उपक्रम के भीतर नस्लीय आतंक को (पॉल गिलरॉय द्वारा सैद्धांतीकरण किया गया पद) संस्थानीकृत कर दिया गया। इसके तहत ज़्यादातर यूरोपीय कारोबारी प्रतिष्ठानों और अपने–अपने देशों द्वारा समर्थित बागान मालिकों ने दासों को हासिल करने में एक दूसरे की मदद करने के लिए जहाज़ों, बंदूकों, समुद्री उपकरणों के निर्माताओं के साथ साथ साँठ–गाँठ की, जिसका मक़सद बागानों से होने वाले मुनाफ़े को ज़्यादा से ज़्यादा बढ़ाना था।

गाँधी दो महासागरों के संधिस्थल पर अवस्थित जिस दक्षिण अफ्रीका में दाख़िल हुए थे, उसके दो मुँह थे। एक तरफ़ यह अटलांटिक की ओर देखता था। हालाँकि, सबसे शुरुआती डच अधिवासी यहाँ मलय दासों के साथ आए थे (गाँधी: 1928: 26), लेकिन बाद की सदियों में बड़े अफ्रीकानेर किसानों (बोअरों) ने पश्चिमी अफ्रीकी दासों का अधिग्रहण करना शुरू कर दिया था और उनकी इच्छा अमेरिकी मॉडल पर बागानों का विकास करने की थी[13] (बेक 2000: 26–32)।

---

[10] क्रियोल एक बहुस्तरीय शब्द है, जो विभिन्न समयों में भाषा के रूपों, संस्कृति, दार्शनिक और खानपान के मिलावट को प्रकट करता है। साथ ही देखें, बेनेडिक्ट एंडरसन द्वारा अपने पितृदेश के अलावा किसी देश में जन्मी और पाली–पोसी गयी सभी नई पीढ़ियों का वर्णन करने के लिए क्रियोल का इस्तेमाल। क्रियोलो (crillo) का मूल शब्दकोषीय अर्थ देखें, जो एंडरसन से मिलता है (एंडरसन 1994)।

[11] देखें, होवार्ड ज़िन्न (2003)।

[12] देखें स्वेटन टोडोरोव (1984)।

[13] बेक (2000: 28) लिखते हैं कि 1648 के आसपास, खोईखोइयों द्वारा शारीरिक कार्य करने से इनकार कर देने के कारण और चूंकि स्थानीय दास–व्यापार प्रतिबंधित था, वैन रीबेक ने 'पश्चिमी अफ्रीकी दास–व्यापार का फायदा उठाया'।

डच सरकार ने स्थानीय ज़ुलुओं और खोईखोइयों को गुलाम बनाने पर तो प्रतिबंध लगा दिया था, लेकिन अफ्रीका के दूरस्थ इलाक़ों से दास लेकर आने की इजाज़त दे रखी थी।[14] दूसरी तरफ यह वास्तव में हिंद महासागर पर अवस्थित था और भारत की ओर जानेवाले जहाज़ों को, जो प्राथमिक तौर पर व्यापारिक जहाज़ थे, एक सुरक्षित ठिकाना उपलब्ध कराता था। इन जहाज़ों से छिटक जानेवालों ने कुछ शताब्दियों पहले, शुरुआती बोअरों का गठन किया जिन्होंने खेतों पर कब्जा जमाकर ज़ुलुओं, खोईखोई और अन्यों को विस्थापित कर दिया था।[15]

स्थानीय पशुचारक अफ्रीकी इन प्रचंड तरीके से स्वतंत्र डच कृषकों का सामना नहीं कर पाए जिन्होंने उनकी परंपरागत चारागाही जमीन पर कब्जा कर लिया था। यह अमेरिकी–इंडियनों की जमीन पर श्वेतों के कब्जा जमाने के पैटर्न से ज्यादा अलग नहीं था। इस मिलती–जुलती स्थिति ने एक मिलती–जुलती विचारधारा को जन्म दिया। यह नस्ल को लेकर एक ध्रुवीकृत किस्म की दृष्टि (अश्वेत/स्थानीय बनाम श्वेत) है, जो दक्षिणी संयुक्त राज्य और एंग्लोफोन (अंग्रेजीभाषी) और फ्रैंकोफोन (फ्रेंचभाषी) कैरिबिया में भी प्रचलन में रही। कहा जा सकता है कि संयुक्त राज्य की तुलना में कैरिबिया में ध्रुवीकृत नस्लीय अनुक्रम नहीं था, लेकिन यहाँ एक क्रियोल पिग्मेंटोक्रेसी (रंग आधारित व्यवस्था) थी।[16] एक गहरी विडंबना यह है कि सभी जगहों पर जमीन की छीना–झपटी में अतिक्रमणकारियों द्वारा स्थानीय मूल निवासियों की उपेक्षा की गयी या जिन्हें विजेता क्रियोलों द्वारा आनुवांशिक तरीक़े से हथिया लिया गया। क्यूबाई रॉबर्टो फर्नांडीज़ रेटमर पूछते हैं:

> लेकिन यह पूछना सही और जायज़ है कि इस अमेरिका के हम वर्तमान निवासियों का, जिनकी जैव–वैज्ञानिक और सांस्कृतिक विरासत में यूरोप ने एक अप्रश्नीय भूमिका निभाई है, इसी अमेरिका के आदिम निवासियों के साथ क्या रिश्ता है–वे लोग जिन्होंने काबिलेतारीफ़ संस्कृतियों का निर्माण किया, या निर्माण करने की प्रक्रिया में थे। जिनका सफ़ाया कर दिया गया, या बलि चढ़ा दी गयी विभिन्न देशों के यूरोपियों द्वारा, जिनके बारे श्वेत या अश्वेत अश्वेत किसी दंतकथा (लिजेंड) का निर्माण नहीं किया जा सकता है। सिर्फ रक्त की एक घिनौनी सच्चाई, जो अफ्रीकियों को दास बनाने जैसे कृत्यों के

---

[14] देखें बेक (2000), लिओनार्ड थॉगसन (1990) और विल्सन व थॉमसन (1971)।

[15] देखें बेक (2000) के अध्याय 1–4।

[16] देखें, गॉर्डन लुइस (1983), रॉबर्टो रेटमर (1989), बेनिटेज़–रोजो (1992), फ्रांत्ज फेनन (1967), एरिक विलियम्स (1962) व सी.एल.आर. जेम्स (1938)। एंग्लोफोन (अंग्रेजीभाषी) कैरिबिया में अनौपचारिक नातेदारी के उपनिवेशी कानून के साथ संवाद पर देखें मिंडी लाज़ेरस–ब्लैक (1992 खंड 1 26: 26.4 [1992]: 863–899)।

> साथ मिलकर उनके शाश्वत कलंक का निर्माण करती है। मार्ती... ने भी भी यह सवाल पूछा था। उन्होंने इसका जवाब इस तरह से दियाः हम वैलेंसियन पिता और कैनेरी द्वीप की माँ के वंशज हैं और अपनी धमनियों में टैमानैको और पैरामोकोनी के गर्म ख़ून को बहता हुआ महसूस करते हैं; हमें माउंट कैवेलरी की कंटीली झाड़ियों के बीच गिरे रक्त के छींटे अपने मालूम पड़ते हैं, जिसके साथ नंगे और बहादुर कैराकसियों का खून भी मिला हुआ है, जिन्होंने लोहे के बख़्तरबंद पहने गोंजालोओं के साथ दुर्धर्ष लड़ाई लड़ी।' (रेटमर 1989: 19)

मेस्टिज़ेज (नस्लीय मिश्रण) और अटलांटिक राष्ट्र का गठन

तीसरा, इन क्रियोल देशों के निर्माण के लिए जिनकी पहचान कम या ज़्यादा मात्रा के मेस्टिज़ेज (नस्लीय मिश्रण) की उपस्थिति और इसकी स्वीकृति, यूरोपीय–अमेरिकी, अफ्रीकी–अमेरिकी और अमेरिकी–इंडियन/क्रियोलोस और इंडियोस और हब्शियों (Negros) से होती है, शोषक और शोषित के बीच की नस्लीय और सांस्कृतिक एकता के मसले को सुलझाना ज़रूरी था। जेम्स के मुताबिक़, हर गुज़रती पीढ़ी के साथ नए नागरिक अपने मालिकों के गुणों को आत्मसात करते गये। 'श्रमिक आबादी ने अपने मालिकों की भाषा, रीति–रिवाजों, लक्ष्यों और नज़रिए को अपना लिया' (ब्रेट सेंट लुईस 2007: 240 में सी.एल.आर जेम्स)।

कैरिबियाई द्वीप हैती में श्रमिकों ने क्रांतिकारी तरीक़ों से नियंत्रण स्थापित कर लिया, जिसने बाकी की बागानशाही में डर का संचार कर दिया। लेकिन फिर भी, हैतियन क्रांति को प्रेरित करनेवाली विचारधारा फ्रांसीसी क्रांति की विचारधारा थी। दूसरे शब्दों में उपनिवेशी राष्ट्रों से आनेवाले विचार ने ही उसे प्रेरित किया था, हालाँकि, इस पर वूडू जैसे परिवर्तनकारी अफ्रीकी धार्मिक विश्वासों का भी मुलम्मा चढ़ा हुआ था।

'कालिबैन' में रॉबर्टो फर्नांडीज रेटमर हिस्पैनिक अमेरिका के मिश्रित निवासियों के अंतर पर जोर देते हैं:

> लेकिन, उपनिवेशी जगत के भीतर एक ऐसा मामला है, जो पूरी पृथ्वी में अनोखा हैः एक बड़ा इलाक़ा जिसके लिए मेस्टिज़ेज कोई दुर्घटना न होकर जीवन का सार है, केंद्रीय रेखा है। यह है 'हमारा मेस्टिज़ो (नस्लसंकर) अमेरिका।' (रेटमर 1989: 4)

वे कहते हैं कि 'क्रियोल कुलीनों' और उपनिवेशवादियों की संस्कृतियों से भिन्न, 'हमारी संस्कृति,

> सतत तरीके से निर्माण की प्रक्रिया में रही हैः हमारी प्रामाणिक संस्कृति, मेस्टिज़ो आबादी द्वारा तैयार की गयी संस्कृति, जो कि इंडियनों और अश्वेतों और यूरोपियों के वंशज हैं, जिनका बोलिवार और आर्टिगस ने इतने अच्छे

ढंग से नेतृत्व किया; शोषित तबकों की संस्कृति, जोस मार्ती के दुबले–पतले रेडिकल बुर्जुआ की संस्कृति, एमिली ज़पाटा के ग़रीब किसानों की संस्कृति. ..उन लोगों की संस्कृति जिसके परिवार के सदस्यों की संख्या आज 200 मिलियन (20 करोड़) है और जिसने कह दिया है: बहुत हुआ! और उन्होंने आगे बढ़ना शुरू कर दिया है। (36)

जबकि संयुक्त राज्य उस नस्लीय मिश्रण को लेकर पाखंडपूर्ण तरीक़े से आलोचनात्मक रहा, जिसे किसी ने स्वीकार नहीं किया।[17], लैटिन अमेरिकी जोस मार्ती ने रॉबर्टो रेटमर की शब्दावली में यह ऐलान किया कि 'यह विशिष्ट विशेषण [मेस्टिज़ेज] हमारी संस्कृति की अलग से पहचान करानेवाली निशानी है–जो कि जातीय और सांस्कृतिक दोनों ही तरीक़े से मूल निवासियों, अफ्रीकियों और यूरोपियों के वंशजों की संस्कृति है' (4)।[18]

रेटमर 1819 में एंगोस्टुरा काँग्रेस में साइमन बोलिवार द्वारा दिए गये भाषण का भी हवाला देते हैं:

हमें यह बात अपने दिमाग में रखनी चाहिए कि हमारे लोग न यूरोपीय हैं और न उत्तर अमेरिकी, बल्कि अफ्रीका और अमेरिका के मिश्रण हैं। वे यूरोप से निकले हुए नहीं हैं; यहाँ तक कि स्पेन भी अपने अफ्रीकी रक्त और अपनी संस्थाओं के कारण यूरोपीय होने की कसौटी पर खरा नहीं उतरता। (5)

द रिपीटिंग आइलैंड में क्यूबाई आलोचक एंटोनियो बेनिटेज़–रोजो अंग्रेज अटलांटिक बनाम स्पेनी अटलांटिक पर टिप्पणी करते हुए कहते हैं:

कैरिबियाई कॉलोनियों में जो भिन्नताएं मौजूद थीं, और यहाँ तक कि वे भिन्नताएं जिनके बारे में हम अब सोचते हैं, वे काफ़ी हद तक उस युग में निर्मिति थीं, जब बागान ने सब पर कब्जा जमा लिया। इस तरह से फ्राउडे के समय में कोई ब्रिटिश कॉलोनियों में स्पेनी कॉलोनी के जवाब में एक कम मात्रा की आर्थिक विविधता, छोटे जोतदारों और दस्तकारों की छोटी संख्या, ज़्यादा नियंत्रित घरेलू बाजार, परिवहन और संचार की एक अपेक्षाकृत कमज़ोर व्यवस्था, ज्यादा संकुचित मध्यवर्ग, एक कमज़ोर सांस्थानिक जीवन, कमियों से भरी शिक्षा–व्यवस्था, मातृदेश की भाषा के साथ संघर्ष और धीमी गति से कला तथा साहित्य के प्रकटीकरण को देख सकता था। (बेनिटेज़–रोजो 1992: 63)

बेनिटेज़–रोजो, रेटमर की ही तरह मेस्टिज़ेज के हिस्पैनिक दावे को, खासतौर पर संयुक्त राज्य के संदर्भ में आदर्श मानते हुए प्रतीत होते हैं। उनके द्वारा की जानेवाली तुलना नस्लीय पाखंड/ईमानदारी के मुद्दे को वास्तविक

---

[17] देखें हेलेना शॉर्टर (2005: 51–66)।

[18] देखें रॉबर्टो फर्नांडिस रेटमर 1989।

समानता और अधिकारों से मिला देती है। मेस्टिज़ेज की शब्दाडंबरपूर्ण और जैव–वैज्ञानिक स्वीकृति न तो जमीन पर नस्लीय समानता की गारंटी लेती है और न अश्वेत या स्थानीय लोगों के लिए समान अधिकार को सुनिश्चित करती है। संस्कृतियाँ यूरोप केंद्रित ही रहती है। यह तर्क दिया जा सकता है कि जबकि हिस्पैनिक कैरिबिया मेस्टिज़ेज (नस्लीय मिश्रण) को लेकर ज्यादा ईमानदार था और अलंकार के स्तर पर इसे स्वीकृति देता था, मगर स्थानीय और 'अफ्रीकी–अटलांटिक' लोगों के लिए स्थिति अधिकारविहीन वाली ही रही:

> आप कहेंगे कि यह बहुनस्लीय संकेंद्रण अनोखा नहीं है, क्योंकि उदाहरण के लिए संयुक्त राज्य जैसे देश हैं, जिनकी आबादियों को दुनिया के राष्ट्रों की एक सच्ची झाँकी के तौर पर लिया जा सकता है। निस्संदेह यह सवालों से परे है। अंतर का स्रोत यह है कि संयुक्त राज्य अपने उपनिवेशी इतिहास से निकलकर उल्लेखनीय ढंग से 'श्वेत', एंग्लो–सैक्सन, प्रोटेस्टेंट देश के तौर पर उभर चुका है। मेरे ऐसा कहने का मतलब यह है कि स्वतंत्रता की घोषणा के तहत ऐसा कोई दस्तख़त नहीं है, जो हमें अफ्रीका, एशिया या इंडो–अमेरिका का सुराग देता है; न ही संघीय सेना में चीनी घुड़सवार दस्ते (कैवेलरी) की कोई टुकड़ी थी, या अश्वेत ग्रेनेडियरों (हथगोला फेंकनेवालों) का कोई रेजिमेंट था; न ही जॉर्ज वाशिंग्टन के सामान्य स्टाफ में कोई इस्लाम परिवर्तित पश्चिमी अफ्रीकी कर्नल था या हिंदू था, न बौद्ध था और न ऊपरी हडसन नदी घाटी के अमेरिकी–इंडियन लोग थे, जो अपने पूर्वजों की आत्माओं का आह्वान कर सकते थे। (बेनिटेज़–रोजो 1992: 201)

अटलांटिक दासप्रथा के उत्कर्ष पर जब इसका पतन भी होना शुरू हो रहा था अफ्रीकी, स्थानीय और यूरोपीय लोगों की एकता की घोषणा दूरदृष्टिपूर्ण है। बोलिवार के ऐलान में जोस वासकोनसेलोस जैसे अन्यों की पूर्व परछाई दिखाई देती है, जो इस मिश्रण में एक 'ब्रह्मांडीय नस्ल' गैर को देखते हैं। लेकिन, नए–नए आज़ाद हुए लैटिन अमेरिकी देशों की जमीनी हकीक़त एक अलग मसला था। हो सकता है कि नस्लों का आलंकारिक और रूमानी[19] मिलन हुआ हो, और जैसा कि डोरिस सोमर ने तर्क दिया, वृत्तांतों ने निजी और राजनीतिक वृत्तांतों के बीच एक रूपक रचने की कोशिश की (सोमर 1991: 41)। मिसाल के लिए, राष्ट्र–निर्माण संबंधी कई लैटिन अमेरिकी उपन्यासों में स्पेनी/पुर्तगाली क्रियोल एक मेस्टिज़ो या मुलाटा स्त्री से शादी करते दिखते हैं। लेकिन कुछ आलोचकों का कहना है कि यह स्त्रीलिंगी और स्थानीय[20] अन्य पर अधिकार

---

[19] देखें डोरिस सोमर (1991)।

[20] वेरा कुत्जिंस्की 1993, मेस्टिज़ा/मेस्टिज़ो की भूमिका की पड़ताल करती हैं, जिन्हें ऐतिहासिक रूप से 'मेस्टिज़ेज के विमर्श के भीतर जगह दी जाती रही है' (6–7)।

जमाने का बस एक और तरीक़ा थाः 'नस्ल, जेंडर और लैंगिकता कैसे सत्ता संबंधों को तोड़–मरोड़ देते हैं', इस बाबत पूछे जानेवाले पेचीदा सवालों को मेस्टिज़ेज की आड़ में दूसरी ओर घुमाने के लिए 'प्रतिष्ठित मुलाटा' का प्रयोग एक प्रतीक के तौर पर किया जाता है (कुत्जिंस्की, 1993: 7)। मेस्टिज़ेज के आधिकारिक विमर्श के बावजूद, श्वेत वर्चस्व इतना प्रभुत्वशाली था कि पेर्टो रीको में, मिसाल के लिए, 19वीं सदी के आख़िरी वर्षों में हल्के रंग वाले व्यक्ति से विवाह करके 'मेजोरर ला राज़ा' (**mejorar la raza**)–नस्ल को बेहतर बनाना–एक वैवाहिक हुक्म था।

अगर रोमांस और विवाह अधीनीकरण का एक तरीका था, तो गैर–यूरोपीय 'प्रथाओं' का लोक–कथात्मक उत्सव मनाना दूसरा तरीक़ा था। गाँधी के समकालीन ब्राजीली लेखक गिलबर्टो फ्रेयर इसका जीता–जाता उदाहरण हैं। अपने महान ग्रंथ *कासा–ग्रेड–ए–सेंज़ाला* (बागानी जागीर और दासों के बैरक, 1933) की रचना के दौरान उनका परिप्रेक्ष्य एक बागानी जागीर में जन्मे सामंती तबके के व्यक्ति के तौर पर उभर कर सामने आता है।[21] इस किताब में वे दावा करते हैं कि उन्हें दासों के जीवन के बारे में उनके नौकर से पता चला, जो एक बागान के 'साये' में रहा था। वे पुर्तगाली उपनिवेशियों का वर्णन करते हुए उन्हें अनोखी क्षमता वाला बताते हैं। उनके अनुसार उनमें गिरगिट जैसी शासकीय क्षमता है। वे अपने 'अस्थिर' दासों और इंडियोस के गुणों को ग्रहण कर लेते हैं और इस तरह से एक गोरी चमड़ी वाले और काले बालों वाले व्यक्ति का रूप धारण कर लेते हैं। सिर्फ सामंती वर्ग को ही सबाल्टर्न को जज़्ब कर लेने और दुनिया में उनका प्रतिनिधित्व करने का निजी विवेक दिया जाता है। यह यूरोपीय मानकीकरण की अभिव्यक्ति है, और इसमें सईद की उपनिवेशवाद संबंधी उक्ति का पूर्वाभास देखा जा सकता हैः 'वे खुद से अपना प्रतिनिधित्व नहीं कर सकतेः उनका प्रतिनिधित्व किया जाना चाहिए।'

इस स्थिति का भारतीय समाज में जरूर एक समकक्ष है, जहाँ उच्च जाति की आनुवांशिक पवित्रता के बढ़ा–चढ़ाकर किए गये मूल्य–निर्धारण के बावजूद सबको यह पता था कि उच्च जाति के पुरुष, खासतौर पर पुरोहित या जमींदारी तबका, अक्सर निचली जाति की स्त्रियों के साथ सहवास करते थे (जिसका सबूत सामाजिक तौर पर स्वीकृत देवदासी प्रथा से मिलता है)। लेकिन कैरिबिया के विपरीत इनसे उत्पन्न संतानों को पिता के नाम से वंचित रखा जाता था और वे अपनी माँ की जाति की पहचान ग्रहण करते थे, जैरा कि कर्नाटिक संगीत की प्रसिद्ध गायिका एम.एस. सुब्बुलक्ष्मी के साथ था।[22]

---

[21] देखें अलेक्जेंडरा इसफहानी–हेमंड (2005: 39–42)।

[22] उदाहरण के लिए देखें नटराजन (2002: 53) और अमृत श्रीनिवासन के (1985, खंड 20: 1869–75)। देखें टीजेएस जॉर्ज (2004)।

रेटमर अटलांटिक प्रवासीय मध्यवर्ग द्वारा निम्न वर्ग के साथ की जानेवाली बर्बरता पर दुख प्रकट करते हैं। 'यूरोपीय अमेरिका, जिसका पूँजीवाद सामंती व्यवस्था की अड़चनों के मौजूद न होने के कारण शानदार तरीक़े से प्रसार करने में कामयाब रहा, ने इंग्लैंड की उपलब्धियों में नरक के नए वृत्त जोड़ दिए: नीग्रो लोगों को दास बनाना और अदम्य इंडियनों का सफ़ाया' (27)। वे 'एक तथाकथित 'सभ्यता' से हमारा परिचय कराने वाली क्रियोलों की शोषक कक्षाओं की निंदा करते हैं, जो यूरोपीय विजेताओं की साजिशों का दोहराव है' (36)।

> अमेरिका–विरोध की संस्कृति, यानी उन शोषकों की, जिन्होंने इन भूमियों पर महानगरीय (मेट्रोपॉलिटन) योजनाओं को लादने की कोशिश की (या कोशिश कर रहे हैं), या आसान शब्दों में कहें, तो बंधे–बंधाए ढंग से संकीर्णता के साथ उस चीज का पुनर्निर्माण करने की कोशिश की, जिसकी प्रामाणिकता दूसरे देशों में हो सकती है। (38)

क्रियोल कुलीनों और यूरोपीय–अमेरिकी प्रभुवत्व के ख़िलाफ़ रेटमर के आरोप की जाँच अमेरिकी उपनिवेशियों के अपने मातृ–राष्ट्र से संबंध विच्छेद करने के संघर्ष में होती है। दक्षिण अफ्रीका में गाँधी एक अनोखी स्थिति में हैं: गिरमिटिया लोगों के हित में[23] और उपनिवेशी ताक़तों के ख़िलाफ़ श्वेत राष्ट्रीयता के ज्वार को रोकने की कोशिश करते हुए वे समानांतर तरीक़े से एक प्रवासीय राष्ट्रवाद (डायस्पोरिक नेशनलिज्म) का भी निर्माण कर रहे हैं।

यह किताब इस तरह से एक 'अटलांटिक' गाँधी को अटलांटिक की बागानी दुनिया के पूर्व–राष्ट्रीय इतिहास और बागान के अस्तित्व वाले नए अटलांटिक राष्ट्रों के निर्माण के बीच छलांग लगाते हुए अवस्थित करती है। राजनीतिक राष्ट्र–संयुक्त राज्य, लैटिन अमेरिकी राष्ट्र या (शुरू में) यूरोपीय–कैरिबियाई और उसके बाद अफ्रीकी–कैरिबियाई राज्यों ने पहले की शताब्दियों के स्वतंत्र उपनिवेशियों और बाद में स्वतंत्र तरीक़े से काम कर रहे बागान मालिकों, जो सामंती प्रभुओं से अलग नहीं थे, का स्थान ले लिया (देखें कर्टिन 1990:

---

[23] भारतीय कुली की स्थित थोड़ी असामान्य है। न ही वे स्थानीय मूल निवासी अफ्रीकी हैं (रेटमर के इंडियोस के समकक्ष), न ही वे श्वेत उपनिवेशी राष्ट्रवादी हैं, मिसाल के लिए बोअर (रेटमर के क्रियोल कुलीन/संयुक्त राज्य के दास स्वामी के समकक्ष), वे एक साथ एक भारतीय राष्ट्र के निर्माण कर रहे हैं और श्वेत 'रंगभेदी' दक्षिण अफ्रीकी को उखाड़ फेंक रहे हैं साथ ही एक समतावादी दक्षिण अफ्रीका में एक विधिसम्मत स्थान की माँग कर रहे हैं। यह कहने की ज़रूरत नहीं है कि मेस्टिज़ेज (नस्लीय मिश्रण) का मसला दक्षिण अफ्रीका के रंगभेद पूर्व नस्लीय बँटवारे पर लागू नहीं होता है (हालाँकि जैसा कि केप कलर्ड का साक्ष्य बताता है 'अनधिकृत मेस्टिज़ेज' का अस्तित्व था)। गांधी ने संभवतः भारतीय समुदायों के बीच अंतरजातीय मिश्रण देखा होगा और वे जीवनपर्यंत इसके पैरोकार रहे।

58)। लेकिन, यथार्थ में अटलांटिक दुनिया ने इन नए राष्ट्रों से कई लोगों को बहिष्कृत कर दिया था। सामान्य तौर पर दक्षिण अमेरिकी और कैरिबियाई राष्ट्र ख़ुद को ज्यादा समताकारी ढंग से बहुनस्लीय मानते हैं।

ये बहिष्कृत किए गये लोग, भूतपूर्व दास, चीनी और भारतीय 'कुली' और हर तबके के आप्रवासी, इस तथ्य को रेखांकित करते हैं कि अटलांटिक राष्ट्रों को काफ़ी हद तक एक निर्माणाधीन परियोजना के तौर पर देखा जा सकता था। पूर्व–राज्य या पूर्व–राष्ट्रीय से तात्पर्य ऐसे तमाम व्यक्तियों और समुदायों से है, जिन्होंने ज़मीन के अधिग्रहण, श्रम और क़ानून को अपने हाथों में ले लिया, भले वे दासप्रथा के समर्थक या विरोधी रहे हों।

इस तरह से ब्राजील में बागान स्थापित करनेवाले स्वतंत्र पुर्तगाली अतिक्रमणकारी (एडवेंचरर), कनाडा के फ्रेंच फर व्यापारी, कैरिबिया में जलदस्यु (buccaneers) और स्पेनी विजेता (conquistadors) आदि जितना संभव हो सका अपनी–अपनी मातृ सरकारों के हस्तक्षेपों से दूर हो गये। मिश्रित आबादियाँ, जैसे, फ्रेंच कनाडा के 'मेटिस' (Metis) या दक्षिण अफ्रीका में मिश्रित वंश परंपरा वाली 'ग्रिका' (Griqua) (मिश्रित ट्रेकबोअर और अफ्रीकी लोग) आबादियाँ, बकैनी (Buccaneers), सिमेरॉन या मरून लोग (भागे हुए स्थानीय, अफ्रीकी और यूरोपीय भगोड़े समुदाय), जलदस्यु आदि राष्ट्र राज्य के मज़बूत होने से पहले के समय में और छिटपुट मामलों में उसके बाद भी, व्यक्तिवादी अमेरिकी राष्ट्र राज्य से अलग रहे।

दक्षिणी अफ्रीका में गाँधी का आगमन संयोग से बहिष्करण की इस अटलांटिक प्रक्रिया के साथ–साथ हुआ। यह दक्षिण अफ्रीका में ठीक उस घड़ी हो रहा था जब करारोपण, निवास और बोअर क्षेत्र पर नियंत्रण संबंधी उपायों के द्वारा इसे वैधता प्रदान की जा रही थी। आंग्ल–बोअर युद्ध में अंग्रेजों की जीत हुई और यूनाइटेड किंगडम में स्थित सरकार ने अपनी ब्रिटिश भारतीय प्रजा के लिए ज्यादा समताकारी व्यवहार की माँग की, लेकिन जैसा कि गाँधी ने निराशा से भरकर देखा जनरल स्मट जैसे दक्षिण अफ्रीकी अंग्रेज ने माथे पर एक भी बल पड़े बिना इन क़ानूनों का उल्लंघन किया। इस तरह से दक्षिण अफ्रीकी भारतीय नए राष्ट्र से बहिष्कृत कर दिए गये, ठीक वैसे ही, जैसे अमेरिकी अश्वेतों को नागरिकता के अधिकार से बाहर कर दिया गया था।

लेकिन, अपने मातृ–देश से आज़ाद होने की इच्छा के साथ अटलांटिक अधिवासियों ने ख़ुद को उन सांस्कृतिक और धार्मिक पहचानों पर ज़ोर देता हुआ पाया, जो उनके मातृ–राष्ट्र से निःसृत हुई थीं, जबकि वे उनसे ही राजनीतिक स्वतंत्रता के लिए लड़ रहे थे। बेनेडिक्ट एंडरसन इस नई 'अंग्रेजियत और स्पेनियत' को ठीक इसी महान अटलांटिक प्रवासीय (डायस्पोरिक) अनुभव से जोड़ते हैं। *'एक्सोडस'* में वे कहते हैं:

> लेकिन इस परिवहन के भौतिक आधार–जहाज़, बंदूकें और नौ–संचालन संबंधी उपकरण' मर्केटर के गणित–प्रेरित नक्शे ओर मुद्रित सामग्रियों में जमा और उससे फैलनेवाले विस्तृत, संचित ज्ञान द्वारा निर्देशित थे। छपी सामग्री की महासमुद्रों के आरपार आवाजाही के कारण भी अंग्रेजियत और स्पेनियत के काल्पनिक जगतों का निर्माण हुआ...
>
> लंबी दूरी के परिवहन और मुद्रण पूँजीवादी (print capitalist) संचारों के बीच के अनिवार्य गठजोड़ ने वह ज़मीन तैयार की, जिस पर 18वीं सदी के अंत तक पहले राष्ट्रवादी आंदोलनों का अंकुर फूटा। यह बात ध्यान खींचनेवाली है कि यह अंकुरण सबसे पहले उत्तर अमेरिका में हुआ और बाद में दक्षिण की कैथोलिक, आइबेरियाई कॉलोनियों में, जिनमें से सबकी अर्थव्यवस्था पूर्व–औद्योगिक थी (एंडरसन 1994: 316)।

फ़िलिप कर्टिन के मुताबिक़ ये स्वतंत्र अतिक्रमणकारी अपने राज्य से दूरी बनाना चाहते थे, मगर साथ ही अपने उद्‌भव के राष्ट्र से मिलनेवाली पहचान की भी ख्वाहिश रखते थे, ताकि वे इस बड़े महाद्वीप में ख़ुद को परिभाषित कर सकें।

स्वाभाविक तौर पर जमीनों पर कब्जा जमानेवाले और अफ्रीकियों और अमेरिकी–इंडियनों को दास बनानेवाले यूरोपीय अतिक्रमणकारियों ने यूरोप से अलग होने की कोशिश की, लेकिन उन्होंने इस तथ्य की पुनर्खोज की कि उनकी राष्ट्रीय सांस्कृतिक अस्मिता–अटलांटिक क्षेत्र में *दास बनाए गये* और *जबरन* श्रम में लगाए गये लोगों से अलग ही वर्ग में है। ये अधिकारवंचित समूह और वे जिन्होंने मिश्रित जनसंख्या का निर्माण करके इन नस्लीय चारदीवारियों का उल्लंघन किया था, और वे भी जिन्होंने मरून (भागे हुए दास) और दस्यु समुदायों का निर्माण किया था–वे भी आबादियों और आगे चलकर नए स्वतंत्र होनेवाले गणराज्यों के नागरिकों का निर्माण करनेवाले थे। इनके बीच के विभेदों की पड़ताल करते हुए हम अटलांटिक मुद्‌दों के साथ गाँधी के साझे सूत्रों के नज़दीक पहुँचते हैं, क्योंकि वे भी वर्गीय तौर पर बँटे, ख़ासतौर पर कारोबारियों और प्रवासियों से एक समूह का निर्माण करने की कोशिश कर रहे हैं। वास्तव में हट्‌टनबैक और स्वान का दावा है कि कारोबारियों ने अपने पूँजीवादी तौर पर लाभ की स्थिति का इस्तेमाल करके वास्तव में नए आज़ाद हुए कुलियों के विकास में रोड़ा अटकाया।

13 कॉलोनियों का विद्रोह और नए राष्ट्रवादों का निर्माण करने के लिए लैटिन अमेरिकी स्वतंत्रता संग्राम 19वीं सदी के उत्तरार्द्ध से एक सदी पहले, यानी जब गाँधी ने ख़ुद को दक्षिण अफ्रीकी धरती पर पाया, उससे एक सदी पहले हो चुके थे। लेकिन, अमेरिकी गृह–युद्ध, हैतियन क्रांति के पश्चातवर्ती आघात और स्थानीय और दास बनाए गये लोगों की वास्तविक मुक्ति (जो

स्थानीय अमेरिकियों के 'एनकोमिएंडा' (encomienda) और दासता के सांकेतिक ख़ात्मे उलट था) के लिए आंदोलन पूरी 19वीं सदी के दौरान चलते रहे (देखें कर्टिनः 1990: 68)। इस लिहाज से अटलांटिक के नए राष्ट्र अब भी निर्माण की प्रक्रिया में थे। इस परियोजना पर साहित्यिक चर्चा डोरिस सोमर द्वारा की गयी है, जो 19वीं सदी के लैटिन अमेरिकी उपन्यासों का पाठ 'बुनियादी उपन्यासों' (फाउंडेशनल फिक्शंस) के तौर पर करती हैं, जो नस्लों के बीच मेलजोल का चित्रण करते हैं जिसने नए राष्ट्रों का निर्माण किया।

जिस स्थिति से गाँधी का सामना हुआ वह एक पूर्व–राष्ट्र राज्य है, क्योंकि उस समय तक वास्तव में दक्षिण अफ्रीका न एक राष्ट्र के तौर पर संगठित हुआ था (बेक 2000: 42), और न ही वहाँ एक समेकित सामाजिक–सांस्कृतिक साँचे का ही निर्माण हुआ था। ट्रेक बोअर (1840 के ग्रेट ट्रेक के बाद) अभी भी कट्टर आजादी की भावना और एक सरहदी मानसिकता के साथ रहते थे, जो कि कुलियों के ख़िलाफ़ उनकी आक्रामता का आधार था। विविध संस्कृतियाँ एक–दूसरे के साथ दो–दो हाथ करती थीं, क्योंकि व्यक्तिगत बनिए, व्यापारी और किसान जिस भी रास्ते से मुमकिन हो, धन कमाना चाहते थे, ख़ासकर हीरे की खोज के बाद। अटलांटिक के दूसरे किनारे पर भी कुछ सदी पहले यही माहौल था।

इस तरह से जब गाँधी टॉल्सटॉय और फीनिक्स आश्रमों की स्थापना करते हैं, तब इसके पीछे अपने एक ऐसे समाज के निर्माण का विचार होता है, जिसके पास अपना प्रेस हो, साफ़–सफ़ाई का खुद का प्रबंधन हो, अपना पहनावा हो, अपने समुद्रपारीय सदस्य हों। ऐसा करके वे भागे हुए लोगों (मरूनों) के समुदाय का अपना संस्करण तैयार कर रहे हैं, जिसका मक़सद वही है, जो मरून समुदायों का होता था। जिसकी इच्छा गन्ने की बागानों और हीरे के खदानों के मूल्यों से ख़ुद को दूर रखने की थी। लेकिन, जैसा कि मैं इस पर्चे के अंत में तफ़सील से बताऊँगी, उनका ज़ोर जीवन पद्धति, संस्कृति और आध्यात्मिक–व्यक्तिगत पुनर्जन्म पर है, बजाय नस्ल के।

लेकिन, टॉल्सटॉय फार्म और फीनिक्स आश्रम में एक महत्वपूर्ण अंतर है। अटलांटिक के दोनों ओर यूरोपीय क्रियोल अतिक्रमणकारियों ने पूरी ताक़त के साथ यूरोपीय राज्य द्वारा उनके अधिकारों के अतिक्रमण की कोशिशों का प्रतिरोध किया। असल में ये आज़ाद लुटेरे थे, जो अमेरिका में ज़मीन हड़प रहे थे और अफ्रीका के श्रमिकों को दास बना रहे थे (यह समझने के लिए कि बोअर किस तरह से अपने लिए काम कर रहे थे, न कि डच सरकार की तरफ से, देखें बेक 2000)। इन्होंने यूरोप में अपने मातृ–देश से दूरी बना ली, चाहे वह हॉलैंड हो, स्पेन या पुर्तगाल हो या इंग्लैंड। मरूनों (भागे हुए दासों) और समुद्री दस्युओं ने भी रहस्यमय राजत्व का आह्वान करते हुए (मिसाल के लिए ब्राज़ील में मरूनों

की प्रसिद्ध बसावट क्विलोम्बो डॉस पालामेअर्स (Quilombo dos Palamares) ख़ुद को आधुनिक राष्ट्र राज्यों से या अंतर–नस्लीय या अंतःनस्लीय भातृत्व वाले अन्य राष्ट्रों से खुद को दूर रखा। मरून समुदाय सामान्य तौर पर भागे हुए अफ्रीकियों, यूरोपियों और स्थानीय लोगों से बने थे, हालाँकि उनके द्वारा अपनाई गयी संस्कृति को अश्वेत अफ्रीकी कहा जा सकता है। प्राथमिक तौर पर उन्होंने बागान और यूरोप केंद्रित क्रियोल प्रवासीय राष्ट्रों को चुनौती देते हुए साझा जमीन के समताकारी उपयोग के विचार को आगे रखा।

इसके उलट गाँधी ने अपने वैकल्पिक समुदाय को सुरक्षित तरीक़े से उस भारतीय राष्ट्र के भीतर रखा, जिसे उस समय तक हासिल नहीं किया गया था। इस नए भारतीय राष्ट्र के जन्म में वे सहायता करना चाहते थे। फीनिक्स और टॉल्सटॉय आश्रमों में, जैसा कि मैंने पहले के अध्यायों में चर्चा की है, वे पुरोहित तबके के कठिन आत्मसंयम, दलित जातियों के समतावाद (और उनके करीब जाने की कोशिश), कारोबारी जातियों की मितव्ययिता, खेतिहर तबकों का कृषकीय समर्पण और चरखा चलाना और दस्तकारों के अन्य हुनरों से जीवन–रस ग्रहण कर रहे थे। वे एक भारतीय 'संस्कृति' का निर्माण कर रहे थे, न कि दक्षिण अफ्रीका में एक (नस्लीय) लघु ब्रह्मांड का निर्माण कर रहे थे।

यह बात ख़ासतौर पर अहमियत रखती है कि उन्होंने कारोबारी मुस्लिमों, जो लेवेन्टाइनों, अर्मीनियाई या ब्राजीली यहूदियों और अन्य नव ईसाइयों (आइबेरियाई प्रायद्वीप के धर्मांतरित ईसाई) जैसे कारोबारी प्रवासीय समूहों (डायस्पोराज) के ही समतुल्य कहे जा सकते थे, को भी शामिल किया। ये प्रवासीय समूह अधिवासियों की मुख्य आबादी से विलग थे, लेकिन इनकी भूमिका थी। मुस्लिम कारोबारियों को कभी–कभी भारतीय समुदाय के भीतर एक शोषक वर्ग (देखें स्वान 1985) के तौर पर भी देखा जाता था, जिन्होंने आर्थिक परिदृश्य पर वर्चस्व जमा रखा था, जो नए–नए आज़ाद होनेवाले गिरमिटियों को नुकसान पहुँचाता था। मुस्लिमों के बारे में गाँधी इंडियन ओपिनियन (21–5–1910) में मारिट्ज़बर्ग के मामले का ज़िक्र करते हैं, जहाँ हिंदुओं और उपनिवेश के भीतर जन्मे भारतीयों ने यह कहते हुए कारोबारी लाइसेंसों के लिए आवेदन दिया था कि वे मुस्लिमों की दुकानों से सामान नहीं ख़रीद सकते (खंड 1: 49)।

उन्होंने बोअरों के ख़िलाफ़ एशियाई कारोबारियों का भी पक्ष लिया। प्रीटोरिया में, 19 सितंबर, 1893:

> यह स्वीकार करते हुए कि एशियाई कारोबारियों का एक बहुसंख्यक वर्ग ज़रूर दिवालिया बन जाता है और क़र्ज़दाताओं का बहुत कम पैसे चुकाता है (जैसा कि बिल्कुल भी नहीं है), क्या यह उन्हें दक्षिण अफ्रीका की उपनिवेशी बस्ती (कॉलोनी) से बाहर खदेड़ने का अच्छा कारण है? (खंड 1: 59)

एशियाई कारोबारियों की जीवनशैली पर वे कहते हैं:

> लेकिन आप कहते हैं कि ये दुखियारे एशियाई एक अर्ध–बर्बर जीवन जीते हैं। अर्ध–बर्बर जीवन के बारे में आपकी राय जानना को काफी दिलचस्प होगा। उनके जीवन के बारे में मेरी अपनी कुछ धारणा है। अगर एक कमरा जिसमें अच्छी और महंगी कालीन न बिछी हो, उसमें सजावटी फानूस न लटक रहा हो, उसमें एक खाने की मेज़ (शायद बगैर पॉलिश के) न हो और उस पर एक महंगा मेज़पोश न बिछा हो और उसे सजाने के लिए कोई फूल न हो, वहाँ वाइन न उड़ेली जाती हो, पोर्क या बीफ [?????] न हो, यही अगर एक अर्ध–बर्बर जीवन की निशानी है, अगर एक सफ़ेद आरामदेह कपड़ा, जो ख़ासतौर पर गर्म जलवायु के लिए अनुकूलित है, जिसके बारे में मुझे बताया गया है कि प्रचंड गर्मी के दिनों में यूरोपीय जिससे ईर्ष्या करते हैं...संक्षेप में जिसे समान्य तौर पर किफ़ायती जीवन कहा जाता है, अगर वह अर्ध–बर्बर जीवन है, तो निश्चित तौर पर भारतीय कारोबारियों को अपना अपराध स्वीकार कर लेना चाहिए। (खंड 1: 190)

वे मुस्लिमों की प्रशंसा करते हैं: (गाँधी, *कलेक्टेड वर्क्स* 2000: 190), उनकी आदतों का बचाव करते हैं: 'वे इसलिए सफल हैं, क्योंकि वे अपनी निजी आदतों को नहीं बदलते हैं' (खंड 1: 190):

> दक्षिण अफ्रीका में हिंदू–मुस्लिम समस्या को सुलझा लिया गया है। हम वहाँ यह समझते हैं कि एक के बिना दूसरे का काम नहीं चल सकता है। मुस्लिमों, मद्रासियों, पंजाबियों, अफगानिस्तानियों और बंबई वालों ने कंधे से कंधा मिलाकर संघर्ष किया है। (खंड 10: 199)

अधिकार वंचित दक्षिण अफ्रीकी भारतीयों, ख़ासकर इसके सबसे निचले तबके के पक्ष में बोलने की गाँधी की कोशिश और और भारत में इसे हरिजन उत्थान के कार्यक्रम के तौर पर आगे बढ़ाने में हमें अमेरिका (उत्तर, दक्षिण, मध्य) में इसी तरह की परियोजनाओं की अनुगूँज सुनाई देती है। 'श्वेत' दक्षिण अफ्रीका के ख़िलाफ़ अपने संघर्ष में आप्रवासियों का हर तबका एकजुट हो गया, ठीक वैसे ही जैसे अमेरिकी क्रियोल (श्वेत एवं अश्वेत) यूरोपीय मुख्यभूमि के दमनकारी शासन को उखाड़ फेंकने के लिए एकजुट हुए थे। लेकिन त्वचा का रंग विरासत में मिले मालिकों और गुलामों के इतिहास के एक दिखाई देनेवाले अंतर के तौर पर बना रहा। बेनिटेज़–रोजो के मर्मस्पर्शी शब्दों में:

> राष्ट्रीयता को परिभाषित करना और आज़ादी हासिल करना उनका लोगों का साझा प्रयास था, जो पहले ही नस्लीय और सांस्कृतिक अंतरों से बँटे हुए थे–यह हैती के मामले में भी था, जहाँ श्वेतों और मुलाटो लोगों के बीच का

> आपसी तनाव क्रांति से पहले ही सतह पर आ गया और क्रांति के दौरान और उसके बाद भी बना रहा, जो आज तक दिखाई देता है। त्वचा का रंग न तो अल्पसंख्यक को और न बहुसंख्यक को प्रदर्शित करता है; यह इससे कहीं ज्यादा का व्यंजक है: विजय की हिंसा द्वारा थोपा गया रंग और उपनिवेशीकरण ख़ासतौर पर बागान प्रणाली द्वारा। त्वचा का रंग चाहे जो भी हो, यह एक ऐसा रंग है जो वंशावली के अनुसार संस्थानीकृत या वैध करार नहीं दिया गया है; यह एक ऐसा रंग है, जो अपने साथ ही और अन्यों के साथ द्वंद्व में है.... (बेनिटेज़–रोजो 1992)।

संयुक्त राज्य की नस्लीय राजनीति–गृह युद्ध से पहले के समय में, पुनर्निर्माण (रीकंस्ट्रक्शन) के बाद से काल से लेकर नागरिक अधिकार आंदोलन (सिविल राइट मूवमेंट) तक–शायद ही दोहराए जाने लायक है। लैटिन अमेरिका में 'मेस्टिज़ेज' और कैरिबियाई 'क्रियोलीकरण' ने इसी तरह की भूमिका निभाई: उनके काल्पनिक 'धुंधले वर्गीकरण' ने ऐतिहासिक तौर पर संयुक्त राज्य के श्वेतों की अनुवांशिक अखंडता के निर्माण के लिए भेदकारी दवात (मार्कर) के तौर पर काम किया (इसफहानी–हेमंड 2005: 2–3)। इसफहानी–हेमंड लैटिन अमेरिकी 'श्वेत' अभिजनों की आलोचना इस बात के लिए करते हैं कि आज़ादी के बाद उन्होंने 'मेस्टिज़ेज' को राज्य द्वारा अश्वेतों की पहचान कराने वाले तत्व के तौर पर स्वीकार कर लिया–अश्वेत व्यक्ति एक कामगार या एक खेतिहार किसान (क्यूबा) हो सकता है। साथ ही कुलीनतंत्र द्वारा अश्वेत संस्कृति के विनियोजन (appropriation) (ब्राज़ील में गिलबर्टो फ्रेयर) और तथाकथित नॉयरिस्ट (Noiriste) अधिनायकवाद (2–3) के लिए भी उसकी आलोचना करते हैं। हेमंड तर्क देते हैं कि इस तरह 'मेस्टिज़ेज' का अर्थ नस्लीय लोकतांत्रीकरण नहीं है। फ्रेयर श्वेत ब्राज़ीली द्वारा अश्वेत संस्कृति के 'विनियोजन' का प्रतीक हैं जो अपने दृश्यरतिक रोमांचक अभियानों (voyeuristic adventures) की तुलना अश्वेत निम्न वर्ग से करते हैं। इसके लिए वे कार्निवल और अफ्रीकी–ब्राजीलियाई धार्मिक व्यवहारों के साथ एक सतही प्रयोग करते हैं, जो उनके लिए ब्राजील के 'असली अफ्रीकीकरण' की निरंतरता का प्रतीक है (इसफहानी–हेमंड 2005: 38)। ब्राजील के पर्वतों में क्वीलोम्बो डॉस पालामेयर्स (Quilombo dos Palamares) जैसे मरून (भागे हुए दास) समुदाय इसका उदाहरण हैं। ये सच है कि वे बहुनस्लीय हैं लेकिन उनका गठन श्वेत पाशविकता के ख़िलाफ़ हुआ था और आख़िरकार उसके द्वारा ही उन्हें जीत भी लिया गया। वे यह दिखाते हैं कि मुख्य धारा का ब्राजीली 'अफ्रीकीकरण' उच्च वर्ग की निर्मिति से ज्यादा कुछ नहीं है। लेकिन सामान्य लोगों के स्तर पर क्रियोलीकरण की प्रक्रिया ज़रूर जारी रही। मिसाल के तौर पर प्यूर्टो रिको में सद्भावपूर्ण नस्लीय सह–अस्तित्व को देखा जा सकता है।

राष्ट्रवादी आत्मपरिभाषा के दो आयामों–सांस्कृतिक और राजनीतिक–का ऊपर फ्रेयर में अभिव्यक्त लोक–कथात्मक विनियोजन (folkloric appropriation) से भी संबंध जुड़ता है। जैसा कि मैं आगे वर्णन करूँगी, 'मेस्टिज़ेज' (नस्लीय मिश्रण) की 'क्रियोलो' (Criollo) (स्पेनी अमेरिका में जन्मा स्पेनी मूल का व्यक्ति) आत्मपरिभाषा और तीन महाद्वीपों के आपस में संयोग के नतीजे के तौर पर जिन सांस्कृतिक रूपों का विकास हुआ, दोनों को प्राथमिक तौर पर ढोते निचले तबके हैं और अपनाते उच्च तबके हैं; जबकि राजनीतिक राष्ट्रवादी शक्ति उच्च वर्गों के हाथों में होती है।

कोशिश यह रही है कि स्पेन या पुर्तगाल या उत्तर अमेरिका के मामले में इंग्लैंड का ख़ुशामदी हिस्सा होने की जगह 'अमेरिकी' के तौर पर आत्मपरिभाषा की ओर बढ़ा जाए–लेकिन ऐसा करते हुए भी उनके भीतर अपने मातृ–देश की परंपराओं के पुनरुत्पादन की इच्छा बनी रही है। कई क्रियोलों ने सांस्कृतिक अद्वितीयता को बचाए रखा। नैंसी आर्मस्ट्रॉन्ग का अटलांटिक के संदर्भ में कथन ख़ासतौर पर एंग्लो–अमेरिका पर इसके लागू होने के कारण दिलचस्प है:

> जब भी समूह से बाहर विवाह अपने उद्‌भव के देश से उस समूह के संबंधों पर ख़तरा पैदा करता है, बेटियाँ समस्या का कारण बनती हैं। इसका सवाल ही है कि उत्तर अमेरिका ने ऐसी परिस्थिति मुहैया कराई। अंग्रेज लोगों को अगर अटलांटिक के इस तट पर भी अंग्रेज बने रहना था, तो उन्हें वैवाहिक बातचीत के नए तरीकों और विवाह के नए नियमों का विकास करना था...हालाँकि, आधुनिक पाठकों के लिए (दक्षिण अमेरिका में नहीं) 'क्रियोल' शब्द अनिवार्य तौर पर नस्लीय अशुद्धता का अर्थ रखता है, लेकिन यह कहीं से भी उन उपनिवेशी अमेरिकियों के लिए सही नहीं था, जिनको यह शब्द संबोधित करता था। एक क्रियोल परिवार ने अपनी अलग पहचान बनाई और सिर्फ समान आप्रवासी या प्रवासीय (डायस्पोरिक) समूह के सदस्यों से शादी करके इन्होंने अपने दर्जे की रक्षा की।[24] (आर्मस्ट्रॉन्गः 1994)

यहाँ बल एक जमीन में जन्म लेने पर, बल नस्लों/जातियों के मिश्रण पर है जो नई क्रियोल संस्कृति का निर्माण कर रहा है।

दक्षिण अफ्रीका में अवस्थित होने के कारण ऐसा संघर्ष गाँधी के लिए प्रासंगिक बन जाता है। आगे के विश्लेषण में मैं यह दिखाने की कोशिश करूँगी कि किस तरह से उदीयमान दक्षिण अफ्रीका राष्ट्र[25] और उदीयमान भारतीय

---

[24] अटलांटिक के इस ओर अंग्रेजों के अंग्रेज बने रहने की इच्छा पर और इसने शादी से पूर्व के व्यवहारों पर किस तरह से दबाव डाला, इसके लिए देखें नैंसी आर्मस्ट्रॉन्ग (1994)।

[25] जैसा कि मैंने पहले दिखाया है, जिस समय गांधी दक्षिण अफ्रीका में थे, उस समय तक यह क्राउन कॉलोनियों (शाही उपनिवेशों) और बोअर–डच बसावटों में बँटा हुआ था; बोअर युद्ध

राष्ट्र एक दूसरे को काटते हैं, जबकि निश्चित ही उनका इतिहास आपस में बिल्कुल अलग है। गाँधी का लेखन एक ख़ुशामदी स्वर के साथ शुरू होता है, जिसमें दक्षिण अफ्रीका के डच और अंग्रेज श्वेत अधिवासियों के साथ एकता पर जोर है। इस प्रयास में वे इनके साझे 'आर्य' उद्भव का हवाला देते हैं! (देखें, थापर 2003) एक बार जब वे लोगों की उत्तरजीविता में भारत की सदियों पुरानी संस्कृति–हिंदू और मुस्लिम–की भूमिका की अहमियत समझने लगते हैं, उनके स्वर में परिवर्तन आता है और वे यह कहते हैं कि सभी तरह के भारतीयों को 'निवासियों' के तौर पर अधिकार होने चाहिए (गाँधी *कलेक्टेड वर्क्स* 2000, खंड 1: 163)। निवास, न कि जन्म एक ऐसा मुद्दा है, जो आज भी अटलांटिक नागरिकता के इतिहासों में एक विवाद का बिंदु है ('ग्रीन कार्ड' के दर्जे और नागरिकता के लिए होनेवाली लंबी आजमाइश को देखें), इसलिए गाँधी द्वारा भारत में जन्मे भारतीयों के साथ ही साथ गिरमिट प्रथा से आनेवाले मगर दक्षिण अफ्रीका में जन्मे भारतीयों के लिए भी निवास के अधिकार की माँग करना उन्हें अटलांटिक राजनीति के मुद्दों के भीतर अवस्थित कर देता है, मगर कुछ अर्थों में उससे आगे की चीज है।[26] मिसाल के लिए यहाँ एक अंश देखा जा सकता है:

> हुजूर के याचिकाकर्ता नेटाल कॉलोनी (उपनिवेशी बस्ती) के विभिन्न जिलों में रहनेवाली भारतीय ब्रिटिश प्रजा हैं (163)...और इससे आगे अधिकारों के प्रति अपने दावों की मिश्रित प्रकृति का विस्तार से वर्णन करते हैं:
>
> हुजूर के कुछ याचिकाकर्ता कारोबारी हैं, जो कॉलोनी में आए हैं और वहीं बस गये हैं। फिर कुछ ऐसे हैं, जो प्राथमिक तौर पर गिरमिट के तहत आए और कुछ समय से (कुछ मामलों में तो 30 वर्षों से) आज़ाद हो गये हैं। कुछ वैसे भारतीय हैं, जो गिरमिट के अधीन हैं और कुछ कॉलोनी में ही जन्मे और पले–बढ़े हैं, और विभिन्न कामों में लगे हैं, जैसे अटॉर्नी के किरानी, कंपाउंडर, कम्पोजिटर, फोटोग्राफर, स्कूल शिक्षक आदि। (गाँधी, कलेक्टेड वर्क्स 2000, खंड 1: 163)

हालाँकि, इस बिंदु पर वे दक्षिण अफ्रीकी नागरिका के लिए जिरह नहीं कर रहे हैं–जिसका वैसे भी उस समय तक अस्तित्व नहीं था–वे बस रहने, काम करने और दक्षिण अफ्रीकी कॉलोनियों में आज़ादी के साथ आवागमन कर सकने के अधिकार की माँग कर रहे हैं। यहाँ हम इस बात को लेकर पहले की

की समाप्ति के बाद इसे क्राउन के तहत एकीकृत किया गया (बेक 2000: 41); गांधी (1928: 32–46)।

[26] कई देशों में आज भी 'विदेश में' जन्मे लोगों के लिए आज भी संपत्ति आदि अर्जित करना गैरक़ानूनी है, जबकि वहां जन्म लेनेवाले, भले उनके पिता कोई भी हों (भले विदेश में जन्मे) जन्म के समय नागरिकता हासिल कर सकते हैं।

गयी चर्चाओं को याद कर सकते हैं कि कैसे श्वेत अधिवासियों को इस बात का डर था कि भारतीय उन पर हावी हो जाएँगे और कैसे जलवायु ने दक्षिण अफ्रीका को उष्णकटिबंधीय प्रदेशों की तुलना में ज्यादा मनमाफ़िक जगह बना दिया–निश्चित तौर पर हीरे की खोज के बाद दक्षिण अफ्रीका यूरोपियों के लिए ज्यादा पसंदीदा जगह के तौर पर उभरा।[27]

इसलिए अटलांटिक बहसों से जुड़ने के लिए गाँधी की नई दलीलें किसी स्थान से सदियों पुराने रिश्ते पर आधारित न होकर, सहज तरीके से वहाँ के निवास पर आधारित थीं, भले यह 30 वर्षों के लिए क्यों न हो। यह तथ्य उनको भारत के बजाय अटलांटिक से जोड़ता है। भारत में प्रवासीय संस्कृतियों की बसावट का लंबा इतिहास रहा थाः केरल में यहूदी, मुस्लिम और ईसाई ईसा की शुरुआती सदियों में आए थे। यही मामला 'मापिल्ला' भारतीय–अरब समुदाय का था। ये सभी क्रियोल थे और उन्हें केरल की संस्कृति के अंग के तौर पर स्वीकार कर लिया गया था। भारतीय स्थिति से कटे होने के बावजूद, ये संघर्ष गाँधी में यह विचार पैदा करते हैं कि भूगोल भी एक अस्थायी चीज हैः भारत के चारों ओर यात्रा करते हुए, उन्होंने इस चेतना का इस्तेमाल क्षेत्रों के आरपार रिश्ता कायम करने के लिए किया। एक अखिल भारतीय राष्ट्रीय चेतना के विकास के लिए–और अगर यहाँ एक बार फिर बेनेडिक्ट एंडरसन के तर्क को याद किया जाए तो–विभिन्न स्थानों की यात्रा जैसे तत्व; द्विभाषीगण, जो विभिन्न स्थानों पर सहज महसूस करते थे; साथ ही नागरिकता या अधिकारों को सदियों पुराने संबंधों से काट देना और इसकी जगह इसे एक पीढ़ी के निवास के साथ जोड़ देना–गाँधीवादी राष्ट्रीय आंदोलन के महत्वपूर्ण आयामों का निर्माण करता है, जैसा कि उन्होंने अटलांटिक राष्ट्रवादों में किया था।

गाँधी ने भारतीयों और अन्यों के बीच, साथ ही साथ जतियों के आरपार मिश्रण को देखा होगा, क्योंकि कहा जाता है कि गिरमिट प्रणाली के भीतर अस्पृश्यता का विलोप हो गया।[28] कुछ दशक बाद जब गाँधी वापस भारत आ चुके थे, उन्होंने निश्चित तौर पर मेस्टिज़ेज (नस्लीय मिश्रण) के एक संस्करण की पैरोकारी की और हिंदू नौजवानों को निचली जातियों की स्त्रियों के साथ विवाह करने के लिए प्रोत्साहित किया और खुद अपने दो बेटों के अंतर्जातीय

[27] उप–सहारा अफ्रीका में प्राचीन और मध्यकालीन भारतीय उपस्थिति और सोने के खनन मे उनकी भूमिका (यहां तक कि स्थानीय अफ्रीकियों के साथ उनके संभावित मिश्रण, जिससे मशोना लोगों का जन्म हुआ, यह नाम 'सोना' का व्युत्पन्न प्रतीत होता है) पर दिलचस्प अध्ययन के लिए देखें, रॉमनिक (Hromnick) (1981)।

[28] टिंकर (1974), लॉरेंस (1994) औ बीरबल सिंह (1989) में अस्पृश्यता के संदर्भों के लिए इंडेक्स देखें।

विवाहों का समर्थन किया (गाँधी 2008)। जाति की तुलना नस्ल से करना निराशाजनक ढंग से ख़ामियों से भरा है; क्योंकि नस्ल काफी सतही और शारीरिक लक्षणों पर आधारित है, जबकि जातियाँ और उपजातियाँ वंशावली, पैतृक पेशागत दर्जा, क्षेत्र, भाषा से मिलकर बनी होती हैं। लोग एक जाति को (इस तरह से अय्यर, आयंगर, बंगाली कायस्थ और मदुरई चेट्टियार) सिर्फ तभी साझा कर सकते हैं, जब वे ऊपर आए सभी कसौटियों पर एक साथ खरे उतरते हों। लेकिन गाँधी जाति की सामाजिक–राजनीतिक हक़ीक़त से सामना कर रहे थे, न कि इसकी सांस्कृतिक बारीकियों से–इसलिए इस चर्चा के मक़सद से, गाँधी की परियोजना के लिए जाति–मेस्टिज़ेज (जाति–मिश्रण) का दावा करने में, जाति को नस्ल से जोड़ा जा सकता था।

बेनेडिक्ट एंडरसन, गाँधी, दक्षिण अफ्रीका और लैटिन अमेरिका

आख़िर में मैं एंडरसन के राष्ट्र के सिद्धांत के प्रति सम्मति प्रदर्शित करते हुए उसे संक्षेप में दोहराना चाहूँगी। गाँधी से पहले की एक सदी में लैटिन अमेरिकी राष्ट्र जिन चरणों से गुजरे थे, वे गाँधी की स्थिति से मिलते–जुलते थे। गाँधी की ही तरह वे भी उपनिवेशित लोग थे, एंडरसन के शब्दों में जिनकी उर्ध्वाधर गतिशीलता निषिद्ध थी, मगर साम्राज्यवादी स्पेस/दायरे की सीमा में उनकी क्षैतिज गतिशीलता सीमाओं के अधीन थी। उन स्पेसों/दायरों की प्रशासनिक सीमा के भीतर जिन्हें बाद में पेरू, अर्जेंटीना या चिली बनना था, अमेरिका में जन्मं बागान मालिक और कारोबारी अभिजन अपनी आर्थिक और सैन्य स्वायत्तता पर मैड्रिड के कब्जे से खीजे हुए थे। जैसा कि एंडरसन कहते हैं, यह विडंबना है कि शुरू में वे अमेरिकी–इंडियनों और अफ्रीकी खेतिहर किसानों और दासों के अतिक्रमण के ख़िलाफ़ उनके हितों को समर्थन देने में मैड्रिड की अनिच्छा से अधीर हो चुके थे। उनका राष्ट्रवाद, क्रियोल श्वेत अभिजन का प्रायद्वीपीय श्वेत अभिजन के ख़िलाफ़ बग़ावत था, जिसके साथ वे धर्म, भाषा और रीति–रिवाजों को साझा करते थे। लेकिन, जैसे–जैसे राष्ट्रत्व को हासिल किया गया, वे अन्य–अमेरिकी–इंडियन (अमेरिइंडियंस) और अश्वेत–भी नागरिक के तौर पर शामिल कर लिए गये। ऐसा करते हुए विभाजक बिंदु (cut-off point) था अमेरिकी धरती में जन्म–नाश्यो (nacio)।

दक्षिण अफ्रीका में गाँधी का अनुभव क्रियोल राष्ट्रवाद के कुछ तत्वों को ग्रहण करता है। एक अंग्रेजी रंग में रंगे गुजराती के तौर पर वे मैकॉले के कुख्यात मिनट (जिसका मक़सद भूरे अंग्रेज पैदा करना था) की आधी सदी के बाद ज़वान हुए थे। उनका ताल्लुक़ एक ऐसे वर्ग से था, जो बिपिन चंद्र पाल

के शब्दों में अपने ही लोगों से अजनबी था मगर उसे अभी भी आंग्ल–भारतीय उपनिवेशी समाज के ऊपरी सोपान में स्वीकार नहीं किया गया था। दक्षिण अफ्रीका में यह उपनिवेशी हैसियत, दक्षिण अफ्रीकी श्वेत 'क्रियोलों' (अगर अमेरिकी महाद्वीप से एक शब्द उधार लेकर कहा जाए) द्वारा अपने मातृदेशों इंग्लैंड और हॉलेंड से न्यारे राष्ट्र का निर्माण करने की इच्छा में, व्यवहार में लाए जानेवाले बागानी नस्लवाद के कारण और तीव्र हो गयी। एक साथ ही अपने लोगों की संस्कृति, सत्ता की उपनिवेशी संस्कृति, साथ ही साथ बोअरों, अफ्रीकानेर और दक्षिण अफ्रीकी अंग्रेजों के यूरो–अफ्रीकी क्रियोलों से अजनबियत की स्थिति में वे (गाँधी) राष्ट्रत्व की एक नई परिभाषा का निर्माण करते हैं, जो प्रवास (डायस्पोरा) में उनके अपने अनुभव से जन्म लेती है।

लैटिन अमेरिकी क्रियोलों की तरह, दक्षिण अफ्रीका के यूरोपीय–अफ्रीकी क्रियोल शुरू में गिरमिटियों, दासों और स्थानीय अफ्रीकियों और एशियाइयों को राष्ट्र से दूर रखने के लिए और उन्हें नागरिकता के अधिकार से वंचित रखने के लिए मातृ–देश की मदद चाहते थे। लैटिन अमेरिकी क्रियोलों की तरह उनकी इच्छा भी राष्ट्र के गठन की थी ताकि वे बागान मालिकों की मदद करनेवाली अपनी आर्थिक और सामाजिक नीतियों को आगे बढ़ा सकें। लेकिन, बोअर युद्ध के बाद जब दक्षिण अफ्रीकी राष्ट्र अस्तित्व में आ गये, तो लैटिन अमेरिकियों के विपरीत वे अपने गैर–श्वेत सह–निवासियों को नागरिकता का अधिकार न देने पर अड़े रहे। आश्चर्यजनक ढंग से गाँधी इन सबसे जुड़ते हैं। वे भी, शुरुआत में लैटिन अमेरिकी क्रियोलों की तरह खुद को और धनवान गुजराती कारोबारियों को 'खेतिहर किसानों' से ऐसे शब्दों में अलग करते हैं, जो पहले आए एंडरसन के एक हवाले की याद दिलाते हैं। एंडरसन (1983: 21) 19वीं सदी के आरंभ के कोलंबियाई बुद्धिजीवी पेड्रो फर्मिन वर्गास का हवाला देते हैं:

> अपनी कृषि का विस्तार करने के लिए हमें अपने इंडियनों (मूल निवासियों) का हिस्पैनीकरण करना होगा। उनके आलस्य, उनकी मूर्खता और सामान्य मानवीय उद्यमों के प्रति उनकी उदासीनता को देखकर यह लगता है कि वे एक पतित नस्ल से आए हैं जो अपने उद्भव से दूरी के अनुपात में और बदतर होता जाता है...यह काफ़ी वांछनीय होगा कि श्वेतों के साथ विवाह आदि के ज़रिए अंतरनस्लीय प्रजनन के द्वारा उनके वजूद को मिटा दिया जाए और उन्हें उनके गुणों और दूसरे आरोपों से मुक्त करके ज़मीन में निजी संपत्ति दे दी जाए। (जॉन लिंच 1986: 21 से)

राष्ट्रत्व और आधुनिकता के साथ इन संवादों में नस्ल और लैंगिकता के मसले संघर्ष के बिंदु के तौर पर उभर कर आते हैं; आधुनिकता को परिभाषित किए जाने की ज़रूरत होती है–जो उन नस्लीय विभाजनों को पाट देती है,

जिसकी बुनियाद पर बागानी संस्कृति का निर्माण किया गया था। संयुक्त राज्य में अब्राहम लिंकन ने आधुनिक औद्योगीकृत हो रहे उत्तर और ज्यादा पिछड़े बागानी दक्षिण के बीच अंतर किया, लेकिन कैरिबियाई क्षेत्र में एरिक विलियम्स ओर सी.एल.आर. जेम्स ने दावा किया कि (एरिक विलियम्स और सी.एल.आर जेम्स के तर्कों का निरंजना द्वारा किया गया सार):

> कम से कम तीन पीढ़ी पहले का कैरिबियाई समाज, सचेत तरीके से नियंत्रित गुलामों के आचरण की बुनियाद पर टिकी अपनी बागान प्रणाली के साथ औद्योगिक उत्पादन और जीवन–शैली के हिसाब से विश्व के इतिहास में पहला 'आधुनिक' समाज है।'[29]

जबकि लिंकन ने मशीनीकृत औद्योगीकरण को बागानी दासता से दूर आधुनिकता की ओर लेकर जानेवाले तत्व के तौर पर देखा, विलियम्स और जेम्स, जो ख़ुद दासों के अफ्रीकी–एशियाई वंशज थे, ने गैर–जनजातीयकरण (detribalization) की दर्दनाक और आघातकारी प्रक्रिया को (अफ्रीकियों और एशियाइयों को उनके सदियों से अपरिवर्तित परंपरागत जीवन से उखाड़ फेंका गया) बागान के पूर्व–पूँजीवादी चरण में एक आधुनिक मज़दूर की दिशा में पहले कदम के तौर पर देखा। हिलैरी बेकल्स ने बागान के प्रति इस नज़रिए का प्रभावशाली ढंग से पक्ष लिया है।

इसी तरह से एक सदियों पुरानी हालाँकि उपनिवेशित संस्कृति से दक्षिण अफ्रीका आए गाँधी (अध्याय 1 और 2 गाँधी पर प्राथमिक तौर पर उनकी माँ के रास्ते पड़े जैन धर्म, सनातन हिंदू धर्म आदि के प्रभावों की चर्चा करते हैं) ने यह देखा होगा कि कैसे से यह विशिष्ट अटलांटिक प्रक्रिया दक्षिण अफ्रीका मे भी कार्यरत थी और किस तरह से मज़दूरों ने बागानी आधुनिकता में 'अपने' धकेल दिए जाने का सामना किया।

बागान या खदान की हिंसक आधुनिकता के प्रति चेतना दक्षिण अफ्रीका में गाँधी के संघर्ष में बार–बार सामने आने वाला पहलू है, जिस पर पहले के अध्यायों में चर्चा की गयी है। डरबन के मजदूर या नौकर–चाकर और ट्रांसवाल के खनिक ऐसी नस्लीय हिंसा की छाया में रहते थे और उन्हें पिटाई और अमानवीय स्थितियों का सामना करना पड़ता था। कैरिबिया और दक्षिण अफ्रीका में भारतीयों के इतिहास में अंतर पर पहले के अध्यायों में चर्चा की गयी है। लेकिन, कुछ बुनियादी अर्थों में वे विनस्लीकरण (deracination) और विसंस्कृतीकरण (deculturation) के अटलांटिक इतिहास का हिस्सा हैं, जिनकी

[29] निरंजना (2006: 23); साथ ही देखें हिलैरी बेकल्स (1997) और सिबिले फिशर (2004)।

पड़ताल पहले की गयी है। साथ ही साथ वे इसी के समानांतर खुद को पुनर्संगठित करने और ऐसी परिस्थितियों के ख़िलाफ़ सांस्कृतिक उत्तरजीविता पर ज़ोर देने की कोशिशों का भी भाग हैं। इस तरह से तीन मसले आपस मे गुँथे हुए हैं: उत्तर बागान राष्ट्र (post-plantation nation) का जन्म, इसके साथ आनेवाली आधुनिकता, जिस पर ऊपर चर्चा की गयी है, और इस आधुनिकता में नस्ल और लैंगिकता की विरोधाभासी भूमिका।

लेकिन, यह हमें नए क्रियोल विमर्श पर अभिजनों के वर्चस्व की तरफ़ और सबाल्टर्न स्वर तथा लोक–कथाओं के विनियोजन की ओर मुख़ातिब करता है: क्या ऐसा दक्षिण अफ्रीकी प्रवासीय समूह (डायस्पोरा) और भारत में हुआ? क्रियोलाइट–यूरोपीय वर्चस्व के ख़िलाफ़ एकजुट होने के लिए अटलांटिक जगत के विविधता से भरे लोगों और संस्कृतियों का आपसी मिलन–एक अच्छी रणनीति थी। हिस्पैनिक जगत में, क्रियोलों ने पलट कर प्रायद्वीप वालों को (आइबेरियनों) पराजित किया। और उत्तर अमेरिका में 13 कॉलोनियों ने ब्रिटिशों को हराया। इस विमर्श ने एरियलों (Ariels) (क्रियोल अभिजनों) और कालिबैनों (Calibans) (अमेरिकी इंडियन और अफ्रीकी दासों) को एक साझे राष्ट्र में एकजुट करने का काम किया। भारतीय–दक्षिणी अफ्रीकी संदर्भ में, अभिजन[30] मुख्य तौर पर मुस्लिम थे, लेकिन कभी–कभी ये ब्राह्मण (आयंगर, पंडित आदि उल्लेख किए गये नामों में शामिल हैं) भी थे और साथ ही मध्य स्तर की तमिल जातियाँ (मसलन, चेट्टियार और नायडू) भी यदा–कदा इसमें शामिल थीं। लेकिन मज़दूरों की बहुसंख्यक आबादी तमिल और तेलुगू थी। पहले जहाज़ों के जिन रिकॉर्डों (टिंकर 1974) का हवाला आया है, उनमें यह दर्ज है कि 75 प्रतिशत 'मद्रासी' दलित जातियों से हैं। एक बार दक्षिण अफ्रीका में कदम रखने के बाद शायद अस्पृश्यता धीरे–धीरे समाप्त हो जाती थी, लेकिन आवासीय स्वच्छता पर आधारित नया पदानुक्रम स्थापित हो जाता था। मिसाल के लिए डरबन गोदी के नजदीक के क्षेत्र, जहाँ तरक़्क़ी न करनेवाले लोग रहते थे, दलितों के बराबर कर्मकांडी पायदान पर माने जाते थे।

दक्षिण अफ्रीका में एक अनोखी स्थिति थी, जहाँ भारतीय अभिजन और सबाल्टर्न तबके समान तरीके से अधिकारविहीन दर्जा रखते थे। संयुक्त राज्य में संस्थानीकृत नस्लीय 'हीनता' लैटिन अमेरिका और कैरिबिया में शब्दजालों में मौजूद, मगर वास्तविकता में नदारद समानता स्थानीय लोगों, दासों और

---

[30] दक्षिण अफ्रीका में भारतीय अभिजनों पर चर्चा के लिए देखें मॉरीन स्वान (1985) की किताब। वे मुस्लिम कारोबारी अभिजनों और नए ट्रांसवाल में जन्मे उपनिवेशी भारतीय अभिजनों, जिनमें से कई गिरमिटिया अभिभावकों की संतान थे और अब ईसाई हो गये थे, दोनो के बारे में बात करती हैं।

कुलियों की किस्मत में थी (इरिक[31])। इसी तरह से श्वेतों और अन्यों के बीच विवाह–प्रजनन आदि के द्वारा होनेवाले नस्लीय मिश्रण (miscegenation), मिसाल के लिए केप कलर्ड (दक्षिण अफ्रीका की एक मिश्रित नस्ल), साथ ही साथ भारतीय गिरमिटिया स्त्रियों में यौनिक वर्जनाओं के क्षरण से सामना होने पर गाँधी झटका खा गये थे। लोगों के बीच धीमी रफ़्तार में होनेवाला आनुवांशिक विलयन, साथ ही साथ संयुक्त राज्य में उनका वैधानिक, न कि जिस्मानी पृथक्करण, इन दोनों का जन्म बागानों से हुआ था।

संस्कृति के वाहक के तौर पर कुलीः दास मॉडल

फिर भी, 'मेस्टिज़ेज' (नस्लीय मिश्रण) ने एक कम ध्रुवीकृत समाज को जन्म दिया और समय के साथ यह स्वीकार किया गया है कि निचली जातियाँ और अफ्रीकी नस्लें संस्कृति की वाहक थीं।

> यहाँ प्रस्तुत किया जा रहा विचार दोहराने के लायक है–कि दासता विरोधी विचारधारा के लिए अनिवार्य तौर पर दास जीवन, विचार और अनुभव की संपूर्णता के व्यवस्थित अध्ययन की ज़रूरत है, जो आपस में मिलकर उस अनुभव के चौखटे के भीतर व्यक्ति, समाज और प्रकृति के बीच के जटिल संबंधों की ओर देखने केएक विशिष्टऔर नितांत निजी दृष्टिकोण का निर्माण करते हैं। कैरिबियाई अध्ययन का ज़रूरत से ज़्यादा बड़ा हिस्सा (एडवर्ड ब्रैथवेट द्वारा एक विचारोत्तेजक लेख में उपयोग में लाए गये पद को प्रयोग में लाते हुए) 'बाहरी बागान' (outer plantation) के अध्ययन को लेकर चिंतित रहा है जिसके कारण 'आंतरिक बागान' (inner plantation) का अध्ययन उपेक्षित रहा है। इस तरह से इसने महानगर के साथ आर्थिक, राजनीतिक और संवैधानिक संबंधों पर, ऐसे संबंधों से जन्म लेनेवाली विभिन्न संस्थाओं पर और उपनिवेशी प्रभु वर्गों के कायदे–कानूनों और शैलियों पर ज्यादा ध्यान दिया है। इसका ज़रूरत से ज़्यादा सरोकार ब्रैथवेट के शब्दों में कहें तो, सिर्फ़ थोपे गये बागान के 'क्रियोल' संस्करण, से रहा है। (लुइस 1983: 174)

हम शायद बागान मालिकों की विचारधारा की आवाज़ के तौर पर स्थापित ईसाई चर्चों के बारे में ज्यादा जानते हैं और बहुरंगी लोकप्रिय पंथगत धार्मिक संगठनों–पेंटाकोस्टल (विभिन्न ईसाई समूहों से संबंधित, जो आमतौर पर मूलतत्ववादी होते हैं और पवित्र आत्मा की क्रियाशीलता, जीवन की पवित्रता आदि पर जोर देते हैं) से लेकर पुनरुत्थानवादी से लेकर शैंगो (ब्राज़ील और त्रिनिदाद में योरुबा लोगों द्वारा शैंगों की उपासना से संबंधित) और वूडू तक के बारे में हमें जितना जानना चाहिए, उससे कम जानते हैं।

[31] संयुक्त राज्य में चीनी कुलियों के इतिहास के लिए देखें इरिक।

रेटमर कहते हैं:

> शेक्सपियर के यहाँ...कालिबैन/कैनिबल एक जंगली और विकृत दास है जिसे और नीचे गिराना संभव नहीं है। शेक्सपियर इस तरह से इस बात की पुष्टि करते हैं कि अमेरिकी को देखने के दोनों तरीके, एक दूसरे के विरोध में होने से कहीं दूर, पूरी तरह से आपस में संगति में हैं...एक उजागर करनेवाले अनुच्छेद में प्रोस्पेरो अपनी बेटी को आगाह करता है कि उनका काम कालिबैन के बगैर नहीं चल सकता है: 'हम उसे नहीं खो सकते: वह हमारे लिए आग सुलगाता है,/हमारे लिए लकड़ी लेकर आता है और दफ़्तर में काम करता है/जिससे हमें मुनाफ़ा होता है'। (रेटमर 1989: 8)

लेकिन, गॉर्डन लुइस कहते हैं, सिर्फ लकड़ी लाने की जगह, निचले तबके:

> तिरस्कृत निचले तबके, हमेशा की तरह संस्कृति के वाहक थे। अंग्रेजी द्वीपों के लोकप्रिय मनोविनोदों को ही लें, तो वे इनके पीछे लगनेवाली आविष्कारशील और स्वतः स्फूर्त रचनाशीलता का अच्छा उदाहरण पेश करते हैं। इनमें पुराने क्रिसमस स्वाँग/नाट्य का जमैकन जोनकोनु (Jonkonnu) उत्सव है, जिसमें मंच पर काफी शानदार वेशभूषा में लड़कियाँ और ग्रैंड मास्टर्स होते हैं, जैसा कि 1830 में बेलिसारियो के रंगीन प्रिंटों में चित्रित किया गया है। फिर ग्रेनडाइन्स द्वीपों का आइलैंड मरून, द डांस ऑफ द केक और विवाह उत्सव की पैरेंट्स प्लेट परंपरा है; फिर वहाँ आदिम अफ्रीकी नृत्य ओर कैरिएकोऊ (Carriacou) के पुराने क्रियोल नृत्य हैं। इनमें से पहले के साथ कुछ पश्चिमी अफ्रीकी 'राष्ट्रों' के नाम जुड़े हैं। फिर वहाँ सेंट लुसियन पुष्प त्योहार हैं, खासकर प्रतिद्वंद्वी रोज़ेज और मार्गरिटेज समाजों के फेट ला रोज़े (Fete la Rose) और फेट ला मार्गरिट (Fete la Marguerite) उत्सव हैं, जिन्हें 19वीं सदी के दौरान एक राजनीतिक चरित्र दे दिया गया था। इसके साथ ही कैथोलिक कैलेंडर के सारे शानदार त्योहार हैं, जिनमें सेंट लुइस की आबादी ने अपने प्राचीन पश्चिमी अफ्रीकी पैटर्नों को परंपरागत लोक कैथोलिकवाद की व्यापक संरचनाओं के भीतर समायोजित कर दिया, जिसकी जड़ें एक फ्रेंच आधिपत्य वाले द्वीप के तौर पर इसके पहले के चरित्र में थीं। (लुइस 1983: 241)

दास/कुली प्रतिरोध

दासों के प्रतिरोध की श्रेणियों का जो सार गॉर्डन लुइस द्वारा किया गया है, उसे गिरमिटिया अनुभव पर भी लागू किया जा सकता है: हालाँकि, दासप्रथा का इतिहास ज़्यादा लंबा और इसमें दासों के भागने, बग़ावतों और बागानी जीवन के साथ अनुकूलन की ज़्यादा लंबी परंपरा थी।[32] फिर भी रोग या अक्षमता

[32] दासों के भाग जाने (marroonage) के शानदार वर्णन के लिए देखें फिलिप कर्टिन (1990: 103–5)

का बहाना या झूठे अज्ञान का प्रदर्शन जैसे तरीकों का इस्तेमाल कुलियों ने भी किया। लेकिन सबसे महत्वपूर्ण बात यह है कि कुलियों के लिए पूर्वजों की संस्कृति को याद रखना इसलिए मुमकिन हो सका, क्योंकि ऐसा अफ्रीकी भी करते थे।

दास अनुभव को आम तौर पर तीन श्रेणियों में बाँटा जा सकता है। इनमें से पहला है रोजमर्रा के दास जीवन के साथ अनुकूलन स्थापित करनाः

> इसमें दासों की प्रतिक्रियाओं का पूरा इंद्रधनुष शामिल था। मसलन, दासता की सामान्य परिस्थितियों से पलायन और विद्रोह की कोशिश। साथ ही झूठी अनभिज्ञता, रोग या अक्षमता की बहानेबाजी, काम को बिगाड़ने की कोशिश और काम को धीमा कर देने की आदतें, आत्महत्या, मालिकों को जहर देना...भी इसमें शामिल था, जो मालिक–दास संबंधों के दोनों पक्षों में मनोवैज्ञानिक तनावों और दबावों के युद्ध को दिखाता था। (लुइस 1983: 173–75)

दूसरी श्रेणी वैकल्पिक जीवनशैली की थी, जिसमें दास संस्कृति का उद्भव हुआ और वह फली–फूलीः

> कुछ हद तक अफ्रीकी जनजातीय संस्कृति...की स्मृति और कुछ हद तक पूर्वजों में बची उस स्मृति का कैरिबियाई जीवन के नए हालातों के हिसाब से क्रियोलीकृत अनुकूलन, इस सामान्य प्रक्रिया ने अंत में एक छद्म यूरोपीय परिवेश में एक विशिष्ट अफ्रीकी–अमेरिकी संस्कृति को जन्म दिया... (लुइस 1983: 175)

तीसरी श्रेणी 'क्रांति और पलायन की है, जिसमें दासों के विद्रोह और प्रकट विरोध शामिल हैं' (लुइस 1983: 175)।

दक्षिण अफ्रीका में मेस्टिज़ेज (नस्लीय मिश्रण), जो निश्चित ही घटित हुआ, को एक कम सकारात्मक पद मिसिजनेशन या श्वेत–अश्वेत के बीच आपसी प्रजनन से होनेवाले नस्लीय मिश्रण (miscegenation) से जाना जाता था, जो कि क़ानूनन निषिद्ध था और स्वाभाविक तौर पर जिसने संस्कृति में क्रियोलीकरण की दिशा में कोई मदद नहीं की। लेकिन गिरमिटियों की उत्तरजीविता के उपायों को समझने के लिए (यह भले काली पूजा और इसके साथ जुड़े बकरे की बलि हो या *कथाओं* का *सनातनी धर्म* हो) यह देखना महत्वपूर्ण है कि दास कैसे बचे रहे। यूजीन गेनोवीज और गॉर्डन लुइस ने इसका ब्यौरा दिया है।

संस्कृति के वाहक के तौर पर कुली का सैद्धांतीकरण करने के लिए अफ्रीकी दास–जिनके बारे में ऊपर चर्चा की गयी है–हमारे सामने समानता एवं विभिन्नता के मॉडल की तरह हैं। पॉल गिलरॉय यह तर्क देते हैं कि दास संस्कृति से जन्म लेनेवाली कलात्मक अभिव्यक्ति के विशिष्ट रूपों को शुरू में उनकी राजनीतिक अधिकारविहीनता के लिए 'मरहम' के तौर पर पेश किया

गया था (गिलरॉय)। लेकिन एक दास ने जिस तरह से दास गीत या नृत्य का इस्तेमाल किया या अपनी पैदाइशी गृहभूमि की मौखिक लयों पर गन्ना काटतीं कुली स्त्रियों के रूप में जिस तरह से कुली ने अपने भोजपुरी श्रमगीतों का इस्तेमाल किया, उसने कला और जीवन के बीच एक व्यक्तिनिष्ठ 'निरंतरता' की स्थापना की। जबकि ज्ञानोदयवादी विचारों ने सौंदर्यबोध को पदार्थ से विलग करके कला को जीवन से अलग दायरे में स्थापित किया, गिलरॉय यह तर्क देते हैं कि बागान में कलात्मक प्रस्तुति, 'मुक्ति (emancipation), नागरिकता और आखिरकार स्वायत्तता के लिए किए जानेवाले संघर्ष' की प्रक्रिया से जुड़ी हुई है।

> बागान दासता की संस्था द्वारा परिभाषित संचार के चरम पैटर्न हमें यह आदेश देते हैं कि हम संचार समर्थ क्रियाओं को आकार देने में लगनेवाली शक्ति के तर्क–विरोधी और गैर–भाषा वैज्ञानिक निष्कर्षों को स्वीकार करें। आख़िरकार बागान में बग़ावत और आत्महत्या, पलायन और मौन शोक की संभावनाओं के परे कोई आपसदारी नहीं हो सकती है और निश्चित तौर पर तर्क की मध्यस्थता और उसके संप्रेषण के लिए कोई व्याकरणिक एकता का वजूद नहीं है। कई मायनों में बागान के निवासी तालमेलविहीन तरीके से रहते हैं। (गिलरॉय 1993: 57)

चूँकि मालिक और दास/कुली अपने राजनीतिक और आर्थिक हितों से बँटे हुए हैं, इसलिए उनके लिए कला की उपयोगिता भी अलग–अलग है। मिसाल के लिए भारतीय अनुष्ठानों में पंथगत तत्वों (वे चाहे कवाड़ी का आयोजन हो या रामलीला हो) के कई अन्य कार्य हैं: ये अनुष्ठान 'सबाल्टर्न नस्लीय सामूहिकता के जरिए वहाँ विकीर्ण हो जाते हैं जहाँ सांस्कृतिक उत्पादन और ग्रहणशीलता का संबंध काम करता है, जो कि दास–स्वामियों के सार्वजनिक वृत्त (पब्लिक स्फीयर) को परिभाषित करनेवालों से पूरी तरह से अलग है' (57)।

रामायण की प्रस्तुतियों या बकरे की बलि को अनिवार्य तौर पर उपमहाद्वीप से लाए गये बुनियादी तत्वों/मान्यताओं की पुनर्प्राप्ति के तौर पर देखना, गिरमिटियों के साथ नाइंसाफी होगी। गिलरॉय इसे सुंदर तरीके से अभिव्यक्त करते हुए यह विचार रखते हैं कि बागान के प्रतिबंधित भूगोल में कला और धार्मिक व्यवहार, फिर चाहे वे 'पवित्र या अपवित्र हों'...'सबाल्टर्नों' के राजनीतिक और सांस्कृतिक इतिहास की रीढ़ बन गये (57)। यह सिर्फ एक खोई हुई अस्मिता का फिर से आविष्कार नहीं है बल्कि यह एक प्रतिपक्षी अस्मिता का निर्माण है।

इसके साथ ही, गिलरॉय के तर्कों में, दास सौंदर्यशास्त्र का भावपूर्ण रूप एक किस्म की आधुनिकता/आधुनिकतावाद को व्यंजित करता था, क्योंकि पश्चिम में अवस्थित होने के बावजूद, दोनों के बीच कोई तालमेल नहीं था।

यानि उनकी दृष्टि एक ऐसे समय और स्थान (टाइम एंड प्लेस) की ओर थी जो 'पूर्व–आधुनिक' बागान से कटा हुआ था। फ्रेडरिक डगलस के मशहूर शब्दों में जिससे सभ्यता को 'बाहर निकाल कर दिया गया था' (59)। कुली के मामले में होरी, रसिया, स्त्री 'मटिकोर' के कलारूप, फगुआ (होली) या दीवाली के त्योहारों का उत्सव और भारत के क्षेत्रों के बीच संयलन के नए रूप–सब इस तरह से कृषक जीवन से जुड़े थे, जो उन्हें पूर्व–आधुनिक बनाते थे। लेकिन वे भी द्वि–भाषी, द्वि–सांस्कृतिक रूप हैं–हिंदी, उर्दू, भोजपुरी, तमिल और दक्षिण अफ्रीकी और गयानाई क्रियोल को आपस में जोड़नेवाले–जो 'अनुभूतियों[33], उत्पादन और संप्रेषण की संचनाओं के भीतर' (3) बिखरे हुए हैं–जिसका निर्माण बागानी जीवन के साथ मज़दूरों के आघातकारी संपर्क के फलस्वरूप हुआ है।

ऐसा कहने का मतलब कतई यह नहीं है कि कलात्मक उत्तरजीविता या संरक्षण के इन रूपों को समाजशास्त्रीय अध्ययन के भीतर सीमित कर दिया जाए। बल्कि इसका मक़सद यह दिखाना है कि कैसे ये कला रूप अनोखे ढंग से निजी और सामुदायिक तरीकों से आतंक और विस्थापन से मुकाबला करने से संबद्ध हैं। ब्रिटिश द्वीप समूह में इसी तरह से हाशिये पर रखे गये समुदाय–वेल्श, जो दक्षिण अफ्रीकी भारतीयों और स्थानीय लोगों की ही तरह खदानों में काम करते थे, के कला रूपों पर बात करते हुए रेमंड विलियम्स की उक्ति मर्म को छूनेवाली हैः

> औद्योगिक कार्य और इसकी विशेषताओं को बतानेवाली स्थान और समुदाय, सिर्फ एक नई पृष्ठभूमिः एक कहानी के लिए एक नई 'सेटिंग', नहीं है... कामकाजी समाज, वास्तविक कार्य, वास्तविक संबंध, एक वास्तविक और दिखाई देनेवाला रूपांतरित स्थल...केंद्रीय...है...क्योंकि इन कामकाजी समुदायों में ऐसा सोचना तुच्छ सपने की तरह है कि ये सामान्य और आपातकालीन परिस्थितियाँ लंबे समय के लिए हैं या बिल्कुल नज़दीकी और निजी से विलगाने लायक है। (रेमंड विलियम्स 1980: 213–29, 222)

विलियम्स की 'अनुभूति की संरचना'एक काफी प्रयोग में लाई जानेवाली अवधारणा है (वास्तव में गिलरॉय ऊपर आए हवाले में इसका इस्तेमाल करते हैं); इसे भारतीय–त्रिनिदादी उपन्यास (मूटू 1999; सेल्वन 1992) और कविता के कुछ चारागाही तत्वों पर एक तरह के 'उत्तर बागान' चारागाही (post plantation pastoral) के तौर पर लागू किया जा सकता है। लेकिन, मैं इसका इस्तेमाल सांस्कृतिक रूपों को समझने के लिए करती हूँ–भारतीय गाँव की

[33] 'अनुभूति की संचना' (विलियम्स 1980: 17) के विचार से रेमंड विलियम्स रोजमर्रा के श्रम के पीछे की सौंदर्यबोधीय प्रेरणा की व्याख्या करते हैं, मिसाल के तौर पर वेल्श खनिकों में।

स्मृति से निःसृत कथा, त्योहार, मंदिर निर्माण और सौंदर्यशास्त्र, प्रार्थना ध्वज, काली पूजा, *कवाड़ी* या मंदिर मूर्च्छा (temple trance), विवाह, पाक कला और वृक्ष रोपण संबंधी अनुष्ठान, लेकिन अंधविश्वासी ढंग से (दास संस्कृति की तरह) बागानों पर और स्वतांत्र्योत्तर (हालाँकि व्यावसयिक हो चुके) जीवन में जीवित रहना।[34] इन सांस्कृतिक रूपों को शायद ही ऊपर से थोपा गया है, जैसा कि कुछ उत्तर–उपनिवेशी आलोचकों का कहना है, जो भारतीय कृषक अनुभव से विलग एक क्रियोलीकरण की पैरोकारी करते हैं। इसकी जगह ये गहरे रूप में कृषक जीवन की लयों से जुड़े हुए हैं। 1923 ईस्वी में वेस्टइंडीज में भटकते हुए हैरी फ्रैंक ने 'मीलों में फैले हुए हिंदू सब्जियों के बागों और फूस या सरकंडे की बनी झोपड़ियों को देखने का ज़िक्र किया है, जो सीधे भारत से लाए गये मालूम पड़ते हैं' (महाबीर 1991: एपिग्राफ)।

भारतीय प्रवासी सांस्कृतिक रूपों के अटलांटिक संस्कृतियों द्वारा इख़्तियार किए गये पथ से विचलन को दर्ज किए जाने की ज़रूरत है। आज सनातनी (ज्यादा पितृसत्तात्मक और पुरातनपंथी) भारतीयों पर संगीत के ज्यादा मुखर रूपों, जो प्रकट रूप से यौनिक संदर्भों से लैस (सेक्शुअल) या अन्यथा निरर्थक हैं, का विरोध करने के कारण हमले हो रहे हैं (देखें निरंजना 2006 एवं पुरी 1997)।

गिलरॉय (1993: 73) यह लिखते हैं कि अश्वेत अटलांटिक सांस्कृतिक रूपों ने भयाकुल होकर आधुनिकता को इस तरह से तर्क ('आधुनिक' तार्किकता) की जटिलता में फँसा हुआ देखा कि उन्होंने 'दासता के अकथनीय आतंक' से नजदीकी बनाए रखने और उसे न भुलाने का फैसला किया। यानि, वे लोगों को यह याद दिलाते रहना चाहते थे कि कैसे पश्चिम की तथाकथित 'तार्किक आधुनिकता' एक ऐसे आतंक पर आधारित थी, जिसे आतंकित आबादियाँ आसानी से नहीं भुला सकती थीं। इसके उलट, भारतीय लोककला रूप जीवन का उत्सव मनाते हैं। उनकी बालियाँ, मिसाल के लिए काली को बकरे की बलि, रामायण में पुतलों का दहन आदि, सिर्फ उस विरेचक (cathartic) संरचना की नकल करते हैं, जो पहले से ही ग्रामीण भारत में मौजूद थी, जिसमें आखेटक–संग्राहक, पशुचारक और कृषक लोगों के बीच आदान–प्रदान की आपसदारी थी (देखें कोसाम्बी 1970: 14)। लेकिन, अब रावण एक दासों के स्वामी या ओवर्सियर की तरह नजर आ सकता है, काफी हद तक उसी तरह जैसे अफ्रीकी कार्निवल में वेजिगैंटे मुखौटा (Vejigante mask) विशिष्ट तौर पर नफरत के पात्र ओवर्सियर का प्रतीक नजर आ सकता है।

[34] देखें, कुमार महाबीर (1991)।

लेकिन मैं वर्तमान इतिहास को समझने की एक सतत रूप से मौजूद इच्छा को लोक–मिथकों के आईने मे भी पढ़ती हूँ। उत्तर प्रदेश से आनेवाली प्रवासी स्त्रियों के बीच 'द्रुपती' (Drupatee) एक विशिष्ट तौर पर आम नाम है। महाभारत में द्रौपदी कई पतियों (पाँच पतियों) वाली (polyandrous) थी, जो शायद एक पति के पितृसत्तात्मक नियम के लागू किए जाने से पहले के बहुपतित्व वाली संस्कृति की निशानी है। कथा के आधिकारिक संस्करण उसके बहुपतित्व की बात करते हैं–वे पाँच पाँडवों की पत्नी हैं–जो कि उनकी सास के आदेश का परिणाम है। प्रवासी आबादियों में और निश्चित तौर पर भारत के भीतर जनजातीय, बंधुआ आबादियों में स्त्री का कई पुरुषों द्वारा नियमित शोषण और साथ ही शुरुआती वर्षों में प्रवासी महिलाओं को मिली हुई यौन आज़ादी (जैसा कि अध्याय 6 में चर्चा की गयी है) को नैतिक तौर पर संदिग्ध माना जाता होगा। लेकिन, द्रौपदी (एक नाम जो मुख्यधारा की हिंदु जाति समाज में ज्यादा लोकप्रिय नहीं है), अपने इस बहुपतित्व वाले संपृक्तार्थ के कारण ही प्रतिरोपितों के पथभ्रष्ट इतिहासों को लोक–मिथकों के भीतर स्थान दिलाने का एक ज़रिया बन जाता है। इसका अर्थ यह हुआ कि चटनी डांसर और प्रकट तौर पर 'नानियों'[35] को संदर्भित यौन बोलों वाले गीत गानेवाली द्रुपती रामगुनई को द्रौपदी का एक व्युत्पन्न होना चाहिए, क्योंकि उनके नाम का एक अंतर्निहित इतिहास है।

एक तरह से सांस्कृतिक व्यवहारों का विस्तृत दायरा, गिलरॉय के शब्दों में 'अपने संकर क्रियोल उद्भव' से 'चिह्नित' है। उत्तरजीविता के साधन के रूप में इन व्यवहारों का अभी हाल तक संस्कृति उद्योग के भीतर बिक्री योग्य संस्कृति के तौर पर पण्यीकरण/जिंसीकरण नहीं हुआ था। आखिरी बात, इन अनुष्ठानों और रूपों के निर्माता और इन्हें करानेवाले उन सामाजिक समूहों में विन्यस्त थे, जिनसे वे आते थे; रचनात्मकता साझे अनुभव से बंधी हुई थी और वे लोक–उत्सवों को, गिलरॉय के शब्दों में कलात्मक अभ्यास के बोध से निर्मित मानते हैं जो कि एक स्वायत्त प्रक्षेत्र (डोमेन) की तरह है और अनिच्छा से या राजीखुशी रोजमर्रा के जीवन–जगत से विलग है।

उत्तर–बागान आधुनिकता के इन सभी सिद्धांतकारों का मत है कि अपनी परिस्थितियों को लेकर ऐसी रचनात्मक प्रतिक्रिया एक नई चेतना से आती है। जेम्स के मुताबिक बलपूर्वक, ज़बरदस्ती या स्वेच्छा से लाए गये प्रवासियों को अपना पुनर्निर्माण करना था, ख़ुद को नए लोगों का रूप देना था, ऐसी स्थितियों

---

35 'नानी' मां की मां के लिए हिंदी शब्द, वेस्टइंडीज के स्लैंग में स्त्री जननांगों को भी संकेतित करता है: भारतीय इस मिलावट को असभ्य मानते हैं।

में जिसका कोई इतिहास नहीं था। इसके लिए उन्हें 'कल्पनाशील चेतना' की दरकार थी, जिसे जेम्स 'आधुनिकता' कहते हैं (सेंट लुइस 2007: 27)। ऐसी चेतना हीगल के स्वामी–दास द्वंद्वात्मकता के पहिए को पूरा घुमा देती है। सिबिल फिशर ने सी.एल.आर. जेम्स को पढ़ते हुए काफ़ी सुंदर तरीके से इसकी पहचान की है। प्रभुत्व के ख़ूनी संघर्ष में दासता और गिरमिट का प्रतिष्ठापन दासों की चेतना को स्वामी के अधीन रखता है, जो इसलिए विजयी हुआ है, क्योंकि उसने प्रभुत्व के लिए सबकुछ को दाँव लगाने का जोखिम लिया। लेकिन सेवा और मजदूरी की लंबी सजा और जीवन को सहने योग्य बनानेवाली रचनात्मकता के बाद 'एक व्युत्क्रम घटित होता है':

> जबकि मालिक दुनिया से महज उपभोग के धागे से जुड़ा हुआ है और दासों की मेहनत के फल का आनंद ले रहा है, दास दुनिया को अपनी कल्पनाओं में आकार देता है और अपने काम में अपनी पहचान करता है। 'अपनी खुद की पुनर्प्राप्ति के द्वारा दास यह अनुभव करता है कि उसके अपने काम में ही, जिसमें उसे अपना अस्तित्व अजनबी लगता था, वह अपना मस्तिष्क अर्जित करता है। (फिशर 2004: 26, में उद्धृत)

जेम्स के मुताबिक दास का अनुभव 'पश्चिमी सभ्यता की खामियों और उसके अंतर्विरोधों को लेकर' बेहद गहरी और 'अद्वितीय अंतर्दृष्टि' को जन्म देता है और इसी बीच वह एक संसाधन के तौर पर अपने मूल्य से परिचित होता है, जो अपने तकनीकी कौशल के सहारे दौलत पैदा करने में सक्षम है (26)।

भारतीय मजदूर, जिन्हें गाँधी और एंड्रयूज ने क्रमशः दक्षिण अफ्रीका और कैरिबिया में देखा, उन्होंने भी संघर्ष किया था और वे अक्सर खुद की पुनर्खोज की लड़ाई में पराजित भी हुए लेकिन ऐसा करने के लिए पूरी तरह से कृषकीय श्रम और इसके सहजात लोक–प्रथाओं पर निर्भर रहे। इस महत्वपूर्ण ऐतिहासिक तथ्य ने कि गिरमिट की समाप्ति के बाद कई जगहों पर उन्हें जमीन दी गयी, उन्हें अफ्रीकी लोगों से बेहतर स्थिति में ला दिया। इस पर विचार करते हुए, *हिंद स्वराज* का एक बड़ा भाग कृषकों, पशुचारकों और खाद्य संग्राहकों की जीवन पद्धतियों को प्रतिष्ठापित करता है, बजाय नगरीय लोगों और औद्योगिक मज़दूरों और उत्पादकों के। *हिंद स्वराज* में वे मशीन और रेलवे की निंदा करते हैं और कृषि और गाय को (पशुचारक और डेरी कृषक) ऊँचे आसन पर बिठाते हैं।

> सभ्यता शब्द...भौतिक तरक्की को दर्शाता है। विज्ञान और तकनीक में सुधार सभ्यता का पैमाना है, लेकिन ये सुधार ही श्रमिकों को अधीन बनाते हैं और जनता को जानवरों के स्तर पर ले आते हैं (गाँधी 1997: 36)।

गाय भारत की रक्षक है, क्योंकि एक कृषि आधारित देश होने के नाते, यह गाय की संतति पर निर्भर है। गाय सैकड़ों तरीकों से सबसे उपयोगी पशु है (54)।

हिंद स्वराज का लेखन गाँधी की उस टिप्पणी के काफी बाद में हुआ जिसका हवाला अक्सर गाँधी के 'नस्लवाद' के संबंध में दिया जाता है: गाँधी, *कलेक्टेड वर्क्स* 2000, खंड 1, 14 अगस्त 1896 में उन्होंने इस बात का दुख प्रकट किया था कि दक्षिण अफ्रीकी श्वेत—

हमारी पदावनति करके हमें सबसे निचले दर्जे के असभ्य काफिर के स्तर पर रखते हैं, जिसका पेशा शिकार करना है और जिसका एकमात्र लक्ष्य एक निश्चित संख्या में मवेशियों को जमा कर लेना है जिससे वे एक पत्नी खरीद सकें और उसके बाद अपना जीवन आलस्य और निष्क्रियता में गुजार दें (410)।

हालाँकि, उनके अहिंसा के सिद्धांत को देखते हुए यह कहा जा सकता है कि शिकार को उन्होंने हमेशा सशंकित नज़र से देखा, मगर 'मवेशी' और पशुचारक जीवन शैली का उपहासपूर्ण/अवमाननापूर्ण संदर्भ में प्रयोग निश्चित तौर पर उनके प्रवासीय जीवन के दौरान लगातार विकसित हुआ।

हिंद स्वराज में, वे 'हाथ और पाँव के इस्तेमाल' की प्रशंसा करते हैं (69): 1904 में गाँधी ने जोहानिसबर्ग से डरबन की यात्रा के दौरान ट्रेन पर रस्किन की पुस्तक 'अन्टू दिस लास्ट' पढ़ी और उन्होंने रस्किन के इस विचार को अपना लिया कि 'ज़मीन जोतनेवाले और दस्तकार का जीवन, एक जिए जाने के योग्य जीवन है' (गाँधी 1928: 249–50)।

जॉर्ज लैमिंग कहते हैं कि उन्होंने पूर्व गिरमिटिया प्रवासियों में कभी किसी भारतीय पुलिसकर्मी या किसी भारतीय लोकसेवक को नहीं देखा,

लेकिन, उस दुनिया की हक़ीक़त से मेरा सामना सुबह होने से पहले के घंटों में हुआ जब जॉर्ज स्ट्रीट मार्केट के बाहर का फुटपाथ मानवीय आकृतियों और डब्बों, जूट के बोरों और धरती पर पैदा हो सकने वाली हर किस्म की फल-सब्जियों से भर जाता था। वे सभी भारतीय किसान और कारोबारी थे और मैं यह कल्पना करता था कि वे कितनी दूर यात्रा करके आए हैं, उन्होंने इतने माल के बोझ के साथ अपनी यह यात्रा कब शुरू की होगी और इससे भी बढ़कर क्या इस देश त्रिनिदाद को इस बात का इल्म है कि उसके पेट भरने का काम ये अदृश्य हाथ कर रहे हैं। अगर श्रम, संस्कृति की बुनियाद है, तो त्रिनिदाद के भारतीय वह पहली मंजिल थे, जिस पर उसकी इमारत खड़ी की गयी थी। (लैमिंग, बीरबल सिंह 1989: 47 में)

यह बारबाडियन लेखक संभवतः अटलांटिक/अफ्रीकी धरती के इन किसानों के बारे में सबसे संदुर शब्दों में गवाही देता है।

इस संदर्भ में मैं सी.एल.आर. जेम्स के हवाले से अपनी बात समाप्त करना चाहती हूँ, जो अटलांटिक आधुनिकता के गुरु हैं। हिलैरी बेकल्स ने जेम्स का सार प्रस्तुत किया है, जिन्होंने इस ओर ध्यान दिलाया कि दासता का बने रहना फ्रांसीसी क्रांतिकारी ज्ञानोदयी आधुनिकता के साथ विश्वासघात था, लेकिन फिर भी जिन्होंने (जेम्स ने) इस स्थिति में भी दासता विरोधी आंदोलन की उम्मीद देखी। मैं बेकल्स के विवरण को उद्धृत करती हूँ:

> चूंकि ज्ञानोदयी आदर्शों और साम्राज्यवादी अभियान का मेल दासता के प्रोत्साहन की क़ीमत पर आया था...इसलिए उपनिवेशित प्रजा, धरती के अभागे दुखियारों पर यह जिम्मेदारी आ गयी थी कि वे अधिकार के तौर पर इस आदर्शवाद तक न्यायिक और सामाजिक पहुँच का दावा करें...जेम्स ने दिखाया कि सिर्फ ऐसी ही राजनीति आधुनिकता के अंतर्विरोधों का हल बन सकती थी और ज्ञानोदय की परिवर्तनकारी शक्ति को काम करते हुए दिखा सकती थी। (बेकल्स 1997: 780)

गाँधी ने इससे अपनी असहमति प्रकट की और भारतीय प्रवासीय और निवासी सबाल्टर्नों के लिए एक अलग रास्ता तैयार किया। उनके प्रतिरोध के ढंग में अटलांटिक आधुनिकता की ऐसी ज्ञानोदय समर्थक दृष्टि का अंश नहीं दिखाई देता। बाद के सी.एल.आर जेम्स और केन रामचंद के बीच सैन फर्नैंडो, त्रिनिदाद में हुई एक बातचीत, जिसमें वे क्रमशः अफ्रीकी–त्रिनिदादी और भारतीय–त्रिनिदादी मसलों पर नेताओं के असर पर चर्चा करते हैं, काफी जानकारी देनेवाली है। इन अनुमानों का जवाब देते हुए कि क्या 1920 और 1930 के दशक में (जो गाँधी के चरमोत्कर्ष का काल है) त्रिनिदादियों की बड़ी आबादी ने मार्कस गार्वी के बारे में ज्यादा सुना होगा: सी.एल.आर जेम्स जो कहते हैं उसे मैं एक रिकॉर्ड किए गये मौखिक ट्रांस्क्रिप्ट से उद्धृत कर रही हूँ:

> उन्होंने गार्वी के बारे में ज्यादा नहीं सुना था, लेकिन गार्वी यहाँ 1929 में आए थे, ओ हाँ, गार्वी आए और जब गार्वी ने यहाँ कदम रखा तब काफी बड़ी संख्या में लोग उन्हें देखने के लिए गोदी में गये थे, लेकिन एक शख्सियत के तौर पर उनकी नीतियाँ बहुत प्रभावशाली नहीं थीं, लेकिन मैं आपको वे बातें बताता हूँ जो अहमियत रखती थीं, मुझे याद है कि ट्रेन से यात्रा करते हुए मैं अख़बार में एक लेख या ऐसा ही कुछ गाँधी के बारे में पढ़ रहा था और मैंने अपने एक दोस्त से *और कुछ भारतीयों ने जो अपने भारतीय परिधान पहने हुए थे,* ने कहा, 'ओह गाँधी!' दूसरे शब्दों में वे गाँधी के बारे में जानते थे और यह 1927, 28 के आसपास की बात है...[36]

---

36 देखें सी.एल.आर जेम्स (1938)।

सी.एल.आर. का सांकेतिक उपपाठ काफी कुछ बयान करता है और विडंबना और प्रशंसा, गार्वी और गाँधी, भारतीय–कैरिबियाई और अफ्रीकी–कैरिबियाई के आपस में बदलते हुए भावों से युक्त है औरअभिजन नेता और जनसमर्थन, अख़बार और अफवाह को आगे–पीछे करता चलता है। लेकिन उनके विमर्श में गाँधी के नाम पर प्रतिक्रिया देता हुआ '[अपने] भारतीय परिधान पहने' कैरिबियाई भारतीय क्रियोलीकृत नहीं हुआ है। भारतीय प्रवासीय समूह (डायस्पोरा) के दूसरे क्षेत्रों में 'क्रियोलाइट' की प्रक्रिया और भारतीय अधिवासियों द्वारा इसका प्रतिरोध एक ऐतिहासिक पहेली रहा है।[37] गाँधी को प्रवास (डायस्पोरा) में भारतीय अलगाववाद की प्रक्रिया के एक बेख़बर हिस्सेदार के तौर पर पढ़ा जा सकता है और जो चीज दुनिया में प्रत्यक्ष देखी जा सकती है वह है: एक गाँधीवादी प्रवासीय विरासत, शायद?

37 क्रियोलाइट पर एक समर्थकारी चर्चा के लिए देखें ग्लिसैंट 1992: 263।

8

'खादी में पैगंबर' दीनबंधु सी.एफ. एंड्रयूज

...[अब, गाँधी के बारे में एंड्रयूज की किताब को पढ़ने के बाद], जब मैं गली के किनारे में विनम्रता के साथ झुके हुए साधारण से बिना धुले, कम कपड़े पहने ईस्ट इंडियन से मिलता हूँ, तो वे उनको लेकर मेरी पहले की धारणा से कहीं विशाल नजर आते हैं, क्योंकि अब मुझे यह एहसास हुआ है कि उस दुर्बल और बिना देखभाल के शरीर में ऐसी आध्यात्मिक शक्तियाँ आवाजाही करती हैं, जो मुझसे बहुत आगे हैं। (त्रिनिदादी सी.एल.आर जेम्स *द बीकन*, 1, 5 [अगस्त 1931], 19 सैंडर 1988 द्वारा उद्धृत)

दक्षिण अफ्रीकी प्रांत डरबन की गोदी, जहाँ से इस किताब की शुरुआत हुई थी, प्रवासीय महत्व के क्षण पर एक बार फिर प्रकट होती है। गिरमिट विरोधी अभियान में अपनी दशक भर लंबी सहभागिता के बाद भारत से आ रहे चर्च ऑफ इंग्लैंड के मंत्री, जिन्हें समुद्री यात्रा ने थका दिया है, हाल ही में रिहा किये गये सत्याग्रह कार्यकर्ता एम.के. गाँधी से मिलते हैं। एंड्रयूज ने इस क्षण को काफ़ी सजीव तरीक़े से याद किया है। जब उन्होंने हेनरी पोलॉक से पूछा कि गाँधी कहाँ हैं:

उन्होंने [हेनरी पोलॉक ने] एक सिर मुंडाए, काफ़ी गोटे सूत से बने सफ़ेद धोती–कुर्ता पहने, जैसा कपड़ा कोई गिरमिटिया मज़दूर पहन सकता था, और शोकाकुल निगाहों से ताकते एक तपस्वी जैसी आकृति की ओर इशारा किया और कहा, 'ये हैं श्री गाँधी'। मैं अनायास तरीके से झुक गया और उनके पाँव छू लिए जिस पर उन्होंने धीमे स्वर में कहा, 'मेरी विनती है, ऐसा मत कीजिए यह मेरे लिए अपमान जैसा है'। (सी.एफ एंड्रयूज, टिंकर 1979: 84 में *मॉडर्न रिव्यू* 'लेटर फ्रॉम नेटाल', मार्च 1914 से उद्धृत)[1]

शीर्ष तस्वीर: सी.एफ. एन्ड्रयूज, सेवाग्राम आश्रम में कस्तूरबा गाँधी की कुटिया में © विट्ठलभाई झवेरी / दिनोदिया

[1] चतुर्वेदी व साइक्स (1950: 94) ने एंड्रयूज के ही शब्दों को उद्धृत किया है।

एंड्रयूज ने पहली बार 1914 में नये साल के दिन एस.एस. उमताली जहाज़ से नीचे उतरते वक्त गाँधी से डरबन की गोदी में मुलाकात की। यह वही जगह है जहां गाँधी ने अपनी प्रवासीय (डायस्पोरिक) अन्वेषण की शुरुआत की थी। यह अपने आप में प्रतीकात्मक है। गिरमिट के बारे में अपने पूर्वज्ञान के बल पर एंड्रयूज ने यह पहचान लिया कि गाँधी गिरमिटिया की पोशाक में थे और वहाँ मौजूद श्वेत समुदाय को एक तरह से लज्जित करते हुए उन्होंने सम्मान में गाँधी के पाँव छू लिए। सामान्य तौर पर कृषक भारत से संबद्ध किए जानेवाले गाँधी के प्रसिद्ध परिधान की पहचान यहाँ कुली–एक प्रतिरोपित गिरमिटिया श्रमिक की पोशाक के तौर पर की गयी है। गाँधी ने नस्लवादी क़ानून का विरोध करते हुए दक्षिण अफ्रीका में अन्य कुलियों के साथ जेल में बंद किए जाने के बाद यह वस्त्र धारण किया था।

गाँधी के संदेश का परिधान से संबंधित आयाम काफ़ी आत्मसजग और गढ़ी गयी चीज था। भारत के ग़रीबों, निवासियों और साथ ही प्रतिरोपितों के साथ एकता प्रदर्शित करने के उनके संघर्ष में यह हमेशा महत्वपूर्ण था।[2] एंड्रयूज में भी वस्त्र से जुड़े मामलों में विचारधारा से प्रेरित विलक्षणता दिखाई देती हैः जबकि गाँधी 'लंगोटी ओर शॉल' पहना करते थे, एंड्रयूज अक्सर एक हिंदू संन्यासी की तरह पोशाक पहनते थे। चर्च के बंगाली धर्मशिक्षा प्रभारी नैथेनियल सरकार ने जानकारी दी थी कि एंड्रयूज 'एक बंगाली भद्रलोक की तरह कपड़े पहनते हैं। उनका पहनावा धोती, कमीज, चद्दर (चादर) और हवाई चप्पल है। वे पवित्र भोज (Holy Communion) बंगाली में लेने में सक्षम हैं और वह भाषा सीख रहे हैं' (टिंकर 1979: 95)। जबकि शांतिनिकेतन में वे स्वदेशी और कुर्ता पहनते थे (170), लेकिन अंग्रेजी कपड़ों की होली जलाकर वस्त्र संबंधी क्रांति के गाँधी के दृष्टिकोण से उनका मतभेद था। वे मानते थे कि 'सविनय अवज्ञा हर समय हिंसा की सीमा रेखा पर चलती है' (190); चूँकि वे कपड़ों की होली जलाने को नापसंद करते थे, इसलिए उन्होंने काँग्रेस को यूरोपीय परिधान में संबोधित किया (190)।

कई तरीक़ों से, इस टकराहट ने एंड्रयूज, गाँधी और गिरमिटिया अनुभव को आपस में जोड़ दिया। जीवनीकार ह्यू टिंकर, बनारसीदास चतुर्वेदी व मार्जरी साइक्स ने इस नाटकीय क्षण का वर्णन किया है। ख़ासतौर पर ह्यू टिंकर ने ऐसा काफ़ी ब्यौरेवार तरीक़े से किया है। दोनों ही जीवनीकारों ने पोलॉक की उपस्थिति, तीन दिन पहले गाँधी, कैलनबैक और पोलॉक की रिहाई का ज़िक्र

[2] देखें, गांधी की पोशाक संबंधी विचारधारा के लिए देखें रॉबर्ट यंग (2001: 327–28): यंग गांधी के 'परिधान की सांकेतिकता' में उनकी प्रति–आधुनिकता और पुरुषत्व विरोध की चर्चा करते हैं। मैं 'कुली' के साथ इसके संबंध पर ज़ोर देना चाहती हूँ। साथ ही देखें जैड एडमस (2010: 43)

किया है। नस्लवादी अफ्रीका में एक बहु–जातीय भीड़ एंड्रयूज का स्वागत करने के लिए इंतजार में खड़ी है। यह क्षण जातीयताओं के काफ़ी भिन्न मिश्रण (देखें अध्याय 1) की याद ताज़ा कराता है, जिसे गाँधी ने बंदरगाह पर कदम रखते वक्त देखा था।

टिंकर का संस्करण है कि एंड्रयूज ने गाँधी को नहीं पहचाना और उन्होंने पोलॉक से पूछा कि क्या गाँधी भी वहाँ मौजूद हैं (84)। टिंकर का विवरण द *ऑरडील ऑफ लव*, जैसा कि शीर्षक से पता चलता है, भारत में एंड्रयूज के आध्यात्मिक विकास पर ज़ोर देता है। उनका दावा है कि एंड्रयूज की आँखें रवींद्रनाथ टैगोर या मुंशी राम, जो कि एंड्रयूज के एक और गुरु थे, जैसी किसी अभिभूत कर देनेवाली कायिक उपस्थिति को खोज रही थीं। इस अध्याय में मेरा ध्यान एंड्रयूज के प्रवासीय समूह (डायस्पोरा) के भौतिक और ज़मीनी संघर्ष में सहभागी बनने की तरफ़ है। यह उनके और गाँधी के बीच सहयोग के प्रमुख क्षेत्रों में से एक था।

अगर गाँधी अपनी पैदाइश के देश में 45 साल की उम्र में आए और विश्व इतिहास के एक बेहद विलक्षण अध्याय में किसी धूमकेतु की तरह उभरते हुए उन्होंने अपने लोगों का नेतृत्व थामा, तो एंड्रयूज ने भी प्रभाव और भूमंडलीय पहुँच के हिसाब से एक अविश्वसनीय जीवन जिया, ख़ासकर अगर हम कैंब्रिज की ओर जा रहे यॉर्कशायर के एक सामान्य युवक के तौर पर उनके युवावस्था के दिनों पर विचार करें। प्रवासीय समूह (डायस्पोरा) के चौखटे का इस्तेमाल इन दो असाधारण लोगों का महासमुद्रों के आरपार लोगों, विचारों और मालों के अनेकतरफ़ा परिवहन के साथ संबंध को रेखांकित करता है। ब्रिटिश साम्राज्यवाद के ख़िलाफ़ भारतीयों का आंदोलन, उपनिवेशी बागान विचारधाराओं का संयोग और इन दोनों की मानवीय चुनौतियों ने गाँधी और एंड्रयूज, दोनों को इतिहास में उनकी भूमिका की पेश की थी। एंड्रयूज के शुरुआती जीवन का ब्यौरा देनेवाले कई जीवनीकारों (टिंकर 1979; चतुर्वेदी व साइक्स 1950) ने व्यक्ति और क्षण के विलक्षण संयोग का उल्लेख किया है, जिसने एक अंग्रेज एंड्रयूज को भारतीय मामलों में एक अनोखी स्थिति में ला खड़ा किया। गाँधी की ही तरह एंड्रयूज भी इस बात का साक्ष्य प्रस्तुत करते हैं कि एक प्रवासीय जीवन किस तरह से अनेक संभावनाएं पेश करता है।

गाँधी से अन्य समानताएँ खुद सामने आती हैं, जिन्हें इस अध्याय में मैंने प्रवासीय समूह (डायस्पोरा) के चौखटे से जोड़ा है, जो इस किताब का सर्वसमावेशी वृहत्तर ढाँचा है। इनमें से कुछ इस प्रकार हैंः दोनों साधारण शुरुआतों से आए थे; दोनों ने अपने लिए उच्च नैतिक कसौटियाँ तय कीं जो उनके साथ उनके प्रवासीय जीवन में भी बनी रहीं। एंड्रयूज की पत्रिकाएं, गाँधी की ही तरह उनके निरंतर आत्म–परीक्षण और आत्मसुधार की परियोजनाओं,

अपने इर्द–गिर्द की बदलती दुनिया का कितना हिस्सा दोनों अपने भीतर आने दे सकते थे, इनको लेकर प्रयोग की तस्दीक करती हैं। उनके प्रवासीय (डायस्पोरिक) जीवन में कई समानताएँ थीं: यात्रा की निर्माणकारी भूमिका, संस्कृतियों के आरपार की जानेवाली मित्रताएँ और धार्मिक खुलापन और सार्वभौमिकतावाद, जिसके साथ आत्मसंशय, अजनबियत और अकेलापन के दौर आते रहे। उन्होंने साथ मिलकर जिस पहली महान परियोजना पर काम किया, वह उन्हें भारतीय गिरमिटिया अधीनता की कई भूमियों पर लेकर गयी।

इसके साथ ही यह भी महत्वपूर्ण है कि प्रवासीय अनुभव ने उन्हें अपने समय के उपनिवेशी और सामाजिक डार्विनवाद की ख़ामियों को लेकर जागरूक करने का काम किया: हम दोनों को ही नस्लीय परिप्रेक्ष्य की सीमाओं से सबाल्टर्न सहानुभूतियों की ओर आगे बढ़ते हुए देखते हैं। अलग–अलग समयों पर, जैसा कि मैं बाद में दिखाऊँगी, गाँधी और एंड्रयूज दोनों ही श्वेत उपनिवेशवादियों द्वारा भारत में अपनी उपस्थिति को जायज़ ठहराने के मक़सद से खड़े किए गये 'आर्य' मिथक का समर्थन करते हैं। लेकिन समय के साथ दोनों ही भीषण मानवीय अपमान और वंचना के सामने प्रतिरोपित और स्थानीय निचले तबके की जिजीविषा और ताक़त को समझना शुरू कर देते हैं। एंड्रयूज की समुद्री अस्वस्थता (सी सिकनेस) या ट्रेनों पर कुली की तरह गाँधी का अपमान, दोनों का अपने निकटतम समुदाय द्वारा बहिष्कार (गाँधी को मोढ़ बनिया समुदाय से 'जातिबाहर' कर दिया गया था और एंड्रयूज को अंग्रेजी पादरी वर्ग ने बाहर कर दिया था) जैसी दुनियावी चीजों से दोनों ने यह समझा होगा कि अपने प्रवासीय पथ में वे दोनों बहिष्करण के गिरमिटिया अनुभव को साझा करते हैं। इसके साथ ही वे दोनों ही अपनी विचित्र आदतों का पालन करने के लिए स्वतंत्र थे, चाहे वह पथ्य–उपचार (dietetics) और आरोग्य हो या दार्शनिक अन्वेषणशीलता।

उनके समानलिंगी सामाजिक (पुरुष प्रधान) संबंधों: गाँधी का कैलनबैक के साथ और एंड्रयूज का मुंशीराम और टैगोर के साथ, ने टिप्पणियों और अनुमानों को जन्म दिया है।[3] वे दोनों एक असरदार संप्रेषणीयता का प्रदर्शन करते हैं, जो कि उस समय असामान्य नहीं थी, जब स्त्री–पुरुष के बीच प्रकट रूमानी संबंध का प्रचलन नहीं था। आख़िर दोनों विक्टोरियाई जो थे।

---

[3] जोसेफ़ लेलीवेल्ड की हालिया किताब, जिसका प्रकाशन उस वक़्त हुआ जब यह किताब प्रेस में जा रही थी, जिसे कुछ भारतीय राज्यों में प्रतिबंधित कर दिया गया था, गांधी के जीवन के समलैंगिक पहलू की ओर इशारा करती है। मैं इसे 'समानलिंगी सामाजिक संबंध' कहने के पक्ष में हूँ: जो कि पुरुषों की आपसी मित्रता का एक रूप है, जिसकी जड़ विडंबनामूलक ढंग से 'स्त्रैण' और भावुक विचारकों और कवियों की संवेदनशीलता में धँसी है। साथ ही इन संबंधों के बौद्धिक और दार्शनिक आयामों और इनके इतिहासों के लिए देखें लीला गांधी (2006)।

इस अध्याय में मेरा ज़ोर एंड्रयूज और गाँधी के बीच प्रवासीय समानता और असमानता की तरफ़ है। मेरा यह कहना है कि रेलगाड़ियों और जहाज़ों में उनकी निरंतर गतिशीलता ने धीरे–धीरे एक साझे और उत्पादक अलगाव ओर अजनबियत को जन्म दिया। यही उनके सामाजिक–धार्मिक सार्वभौमिकतावाद और दूसरों के पक्ष में–भारत के ज़मीन से उखड़े हुए वे लाचार लोग, जिन्हें इतिहास ने एक सामाजिक, धार्मिक और सांस्कृतिक निर्वात में धकेल दिया था–जोशपूर्ण सक्रियता की बुनियाद है। इसके साथ ही ज़मीन से उखड़े हुए लोगों के साथ उनके संपर्क ने एक किस्म के 'दमितों के दर्शन' के उनके बेहद विशिष्ट विचारों को मज़बूत किया। एंड्रयूज के शब्दों में ये लोग 'कष्ट सह रहे ईसा मसीह' के रूप हो गये।[4] [मैंने पहले यह दलील दी है कि गाँधी में ये चीजें *हिंदी स्वराज* की ओर लेकर गयीं]।

रेलगाड़ियाँ और यात्राएँ

दोनों ने लगातार जहाज़ों, रेलगाड़ियों पर और किसी देश की सीमा–भारत, दक्षिण अफ्रीका–के भीतर अवस्थित होने पर विभिन्न भागों के आरपार निरंतर यात्राएँ कीं। टिंकर, एंड्रयूज के जीवन में रेलवे स्टेशनों की भूमिका के बारे में बताते हैं, ख़ासकर वे रेलगाड़ियाँ जो उन्हें दिल्ली से शिमला लेकर गयीं। शिमला से दिल्ली की नज़दीकी एंड्रयूज को ब्रिटिश भारत के शीर्ष तबके से जोड़नेवाली थी। टिंकर, एंड्रयूज के जीवन के भूगोल का नक्शा दिल्ली की अधूरी आधुनिकता के संदर्भ में खींचते हैं, जो उस वक्त तक भी अपने मध्यकालीन मुग़ल वैभव के ध्वंसावशेषों पर जी रही थी। टिंकर कहते हैं:

> सिर्फ एक मायने में दिल्ली 20वीं सदी की शुरुआत के भारत का हिस्सा थी। इसकी अवस्थिति ने इसे एक महत्वपूर्ण रेलवे जंक्शन बना बना दिया, जो कलकत्ता और गंगा के मैदान, बॉम्बे और पश्चिमी तट और मध्य भारत की लाइनों को पंजाब और उत्तर–पश्चिम सीमांत (नॉर्थ–वेस्ट फ्रंटियर) से जोड़ता था। यायावर का जो जीवन एंड्रयूज जीनेवाले थे, उस जीवन की ज़्यादातर महत्वपूर्ण यात्राओं की शुरुआत का गवाह दिल्ली रेलवे स्टेशन को बनना था। (टिंकर 1979: 26)

उपनिवेशी स्थापत्य और परिवहन प्रणाली और एंड्रयूज के जीवन में इनकी भूमिका को एकसूत्र में जोड़नेवाला निम्नलिखित विवरण रेलवे को लेकर

---

4 दक्षिण अफ्रीका में पिटाई खाए कुली की छवि के ईसामसीह की छवि में मिल जाने के दृश्य के उनकी आँखों के सामने कौंधने के बाद एंड्रयूज एक कविता लिखते हैं *'द इंडेंचर्ड कुली'* (देखें टिंकर 1979: 109)।

बेनेडिक्ट एंडरसन के विचारों की याद दिलाता है और इन रेल यात्राओं के सजीव पुनर्निर्माण के कारण पूर्णता में उद्धृत किए जाने के लायक है:

> हर रात दस बजे कलकत्ता से मेल–रेलगाड़ी दिल्ली पहुँचती थी; वहाँ से यह रातभर भाप इंजन पर छुकछुक करती हुई दक्षिणी पंजाब से होते हुए अगले दिन पौ फटने के तुरंत बाद हिमालय के पादस्थल में स्थित कालका पहुँचती थी। कालका से लॉर्ड कर्जन के आदेश पर एक हल्की रेलवे लाइन बिछाई गयी थी जो ऊपर उठते पहाड़ों पर वक्राकार घूमते हुए भारत की ग्रीष्म राजधानी शिमला तक जाती थी। दोपहर तक किसी साँप की गति से चलती हुई ख़िलौना रेलगाड़ी कालका से शिमला पहुँच जाती थी। दिल्ली से शिमला के बीच की यह नजदीकी एंड्रयूज को ब्रिटिश भारत की आधिकारिक दुनिया के शीर्ष स्तर से ज़ोड़नेवाली थी: जो कि एक अनजान, राजनीतिक रूप से कच्चे मिशनरी का एक विस्मयकारी कायांतरण था। कई मौकों पर रात का यह सफ़र वह ज़रिया साबित हुआ, जिससे एंड्रयूज ने नीति और सार्वजनिक मामलों पर छोटा मगर अमिट निशान छोड़ा। (टिंकर 1979: 26)

मशोबरा में वायसरीगल लॉज वह जगह थी जहाँ टिंकर अक्सर भारत पर राज करनेवाले लोगों से संवाद किया करते थे।

रेलगाड़ियाँ एंड्रयूज को ऊँचे स्थानों तक ले गयीं, लेकिन गाँधी ने दक्षिण अफ्रीकी रेलगाड़ी में अपने जीवन के पहले परिवर्तनकारी सार्वजनिक अपमान का अनुभव किया। एंड्रयूज के लिए दिल्ली, शिमला और कलकत्ता भारत में उनके सामान्य पथ का निर्माण करता है, ठीक वैसे ही जैसे गाँधी नियमित रूप से डरबन, पीट्रमारिट्ज़बर्ग और ट्रांसवाल की यात्रा किया करते थे। एंड्रयूज ने भी इन जगहों की यात्रा की थी।

जैसे–जैसे प्रवासीय ग़रीबों और अधिकार वंचितों के बीच एंड्रयूज–एक अंग्रेज जो लॉर्ड हार्डिंग जैसे वायसरॉयों, टैगोर जैसी सांस्कृतिक शख़्सियतों, मुंशीराम और गाँधी जैसे आध्यात्मिक नेताओं के विश्वासपात्र थे–की प्रतिष्ठा बढ़ती गयी, उनमें एक करिश्मा आता गया, जिसकी तुलना गाँधी से की जा सकती थी। निश्चय ही उनकी पत्रिका उस आईने की तरह है, जिसमें वे गाँधी के अक्स की तरह नजर आते हैं। मार्च, 1923 में रेलगाड़ी से जुड़े एक विशेष वाक़ये में उन्हें भी नैरोबी से युगांडा जा रही रेलगाड़ी से नकोरू रेलवे स्टेशन पर मध्यरात्रि को बाहर निकाल दिया गया था। श्वेत अधिवासी, भारतीयों और अफ्रीकियों द्वारा उनकी अगवानी पर क्रोधित हो गये और उन्होंने हिंदू और मुसलमानों के साथ उनकी दोस्ती के आधार पर उन पर ईसाइयत के साथ विश्वासघात करने का आरोप लगाया। वे 'उनके डिब्बे में दाख़िल हुए और उन्हें दाढ़ी पकड़ कर खींचा' और उन पर तंज कसा (चतुर्वेदी व साइक्स 1950: 191–192) टिंकर के मुताबिक उन्हें दो बार घसीटा गया, इसके बाद ट्रेन में सवार एक यूरोपीय ने

उन पर हमला किया (188)। ऊँचे पदों तक उनकी भूमंडलीय पहुँच का प्रमाण इस बात से मिलता है कि एंड्रयूज के साथ हुए वाक़ये और उनके उपचार की ख़बर विंस्टन चर्चिल तक पहुँचती है, जिन्होंने उपद्रवियों के व्यवहार पर दुख जतायाः एंड्रयूज ने उनका नाम बताने से इनकार कर दिया (1979: 189)।

पहले के अध्यायों में मैंने कहा है कि गाँधी की *आत्मकथा* बार–बार रेल यात्राओं का ज़िक्र करती है। एक मौके पर वे तीसरे दर्जे में यात्रा के मसले पर चर्चा करते हैं (गाँधी 1927: 189)। वे कहते हैं कि 'पढ़े–लिखे लोगों को एक नियम की तरह तीसरे दर्जे में यात्रा करनी चाहिए और लोगों की आदतों को सुधारने का काम करना चाहिए, जैसे कि उन्हें अधिकारियों को कभी चैन से नहीं रहने देने का भी नियम बनाना चाहिए' (200)। इसके साथ ही रेलवे स्टेशन गाँधी को मिलनेवाले भारी जनसमर्थन का भी प्रतीक रहे हैं। एटनबरो की फिल्म गाँधी में एक यादगार दृश्य है जिसमें गाँधी भारतीयों की भारी भीड़ से भरे एक गंतव्य पर पहुँचते हैं और वहाँ लगभग भगदड़ की स्थिति पैदा हो जाती है; दीपा मेहता की फिल्म *वाटर* का रेलगाड़ी पर फिल्माया गया एक क्लाइमेक्स का दृश्य रेलगाड़ियों को लेकर गाँधीवादी रहस्यवाद को कैद करता है। इसी तरह से एंड्रयूज इस बात का वर्णन करते हैं कि कैसे लोग 20–20 मील पैदल चलकर रेलगाड़ी को गुज़रता हुए देखने के लिए–जब वे बिहारी छात्रों को संबोधित करने के लिए जा रहे हैं–जमा होते हैं और वंदे मारतम का नारा लगाते हैं (टिंकर 1979: 170)

दक्षिण अफ्रीका में यात्रा करते हुए, युगांडा और नील नदी क्षेत्रों से जंजीबार और मोज़ाम्बिक के दक्षिणी क्षेत्रों की तरफ़ आते वक्त एंड्रयूज गाँधीवादी सत्कार का अनुभव करते हैं। 'रेलगाड़ी के मेरे डिब्बे की खिड़कियों तक लालटेनें ले आई जाती थीं और भारतीय स्त्री–पुरुष अपने बच्चों के साथ अंधेरी रातों में उत्साह के साथ मेरा अभिवादन किया करते थे' (टिंकर 1979: 162)। लेकिन रेलगाड़ियाँ हिंसा और मृत्यु से भी जुड़ी हैं। एक बार एंड्रयूज रेलगाड़ी पर हैं और रेलकर्मियों की झगड़े की मध्यस्थता क़र रहे हैं, तब एक यूरोपीय ट्रेन ड्राइवर एक भारतीय फायरमैन पर हमला कर देता है (191)। एंड्रयूज (और गाँधी के) जीवन में रेलगाड़ियों की आघातकारी भूमिका तब एक त्रासद मोड़ ले लेती है, जब उनके मित्र पियर्सन की एक लापरवाही भरी दुर्घटना में मृत्यु हो जाती है (204)। स्विट्ज़रलैंड से रेलगाड़ी से यात्रा करते हुए पियर्सन एक सवारी डिब्बे के खुले हुए दरवाजे से बाहर झुकते हैं और अपनी रीढ़ तुड़वा बैठते हैं और एक दर्दनाक मौत मरते हैं। मानवीय़ इतिहास को 'आगे बढ़ाने' और मानवीय चेतना को रूपांतरित करने में तकनीक की भूमिका (जहाज़ों और रेलगाड़ियों) पर एंडरसन के तर्क का एक स्याह पक्ष भी है। श्रम की बचत और

दक्षता में बढ़ोतरी के अनथक तकनीकी अभियान ने लोगों की बलि भी ली है। पियर्सन की दुखद मौत रेलवे के ख़िलाफ़ गाँधी के कठोर शब्दों की याद दिलाती है (अध्याय 4 में इस पर चर्चा की गयी है)।

एंड्रयूज ने गिरमिटिया पदचिह्नों का पीछा करते हुए यात्राएँ कीं। फ़ीजी, मॉरिशस, दक्षिण अफ्रीका त्रिनिदाद और गयाना। ये यात्राएँ सिर्फ जगहों का बदलाव नहीं थीं। हर नई जगह अपने साथ चेतना का विस्तार लेकर आई; चाहे यह फ़ीजी में भारतीय प्रवासियों की दुर्दशा का ज्ञान हो या ट्रांसवाल में तमिल खनिकों की संकटपूर्ण स्थिति का।

अजनबियत

एंड्रयूज की चिट्‌टियाँ और पत्रिकाएँ अकेलेपन और कई बार हताश प्रेम की गहरी छाप लिए दिखती हैं। उस समय प्रवासीय जीवन अपने साथ परिवार और दोस्तों से दूरी के लंबे दौर और साथ ही साथ स्त्रियों या अन्य भावनात्मक संबंधों से जुदाई लेकर आता था। एंड्रयूज गिरमिटियों के कष्टों को समझ पाने में, उनके सामाजिक–यौन अकेलेपन के साथ साधारणीकरण कर पाने में समर्थ हो सके, क्योंकि प्रतिरोपित होने के कारण वे परिवार और स्त्री–पुरुष संबंधों के उस ग्रामीण ताने–बाने से दूर थे, जिसके साथ वे सहज महसूस करते थे। इतिहास की किताबों की तुलना में इस बेचैनी की ज्यादा मुखर अभिव्यक्ति भारतीय–कैरिबियाई साहित्य में हुई है। नॉयपॉल के *हाउस फॉर मिस्टर बिस्वास में* बिस्वास का अपनी पत्नी शमा के साथ झगड़ालू और लगभग स्त्रीद्वेषी संबंध, शानी मूटू के *सीरियस ब्लूम एट नाइट* में बर्बर कौटुम्बिक व्यभिचार से भरे वृत्तांत, विल्सन हैरिस के *गयाना क्वार्टर* में खोखला भारतीय–गयानाई पारिवारिक जीवन, सामाजिक–लैंगिक वंचना की ओर इशारा करता है, जिसके ख़िलाफ़ कुलियों ने एक नये प्रतिरोपित समाज का निर्माण करते हुए संघर्ष किया।

पारिवारिक जीवन से अलगाव एंड्रयूज के अकेलेपन को और गहरा कर देता है। एक बिंदु पर अपने परिवार के साथ समय बिताने के बाद एंड्रयूज कहते हैं: 'मैं निश्चित ही विवाह और एक घर के लिए बना था' (टिंकर 1979: 122)। लेकिन पुरुष–स्त्री संबंधों से संबंधित पश्चिमी आचार–विचार के साथ वे एकलय महसूस नहीं कर पाते। वे काम लालसा में ऑस्ट्रेलियाई औरतों की गैर–स्त्रियोचित तन्मयता को दर्ज करते हैं, जिनसे उनका संपर्क फ़ीजी जाने के रास्ते में हुआ था (120)। वे टैगोर को लिखते हैं कि भारतीय विवाह के आदर्श के ज़्यादा क़रीब हैं, जो कि मातृत्व और 'प्रेम में प्रसार' (ग्रोइंग इनटू लव) की कल्पना से जुड़ा है (125)। वे एक भारतीय पत्नी, मिस दत्त से विवाह करने के बारे में सोचते हैं (121)।

दो जगतों के बीच की अवस्थिति अपने साथ अपने तरह की अजनबियत लेकर आयी। भारत में एक अंग्रेज होने के नाते एंड्रयूज विशेषाधिकारों के हकदार थे। गाँधी जिनमें दक्षिण अफ्रीका के श्वेतों ने सिर्फ एक घृणित 'कुली' को देखा, ने प्रवास (डायस्पोरा) में खुद को अचानक एक सुरक्षित सांस्कृतिक दर्जे से विस्थापित पाया। यह दर्जा उन्हें जैनमत से प्रभावित हिंदू वैष्णववाद जैसी सदियों पुरानी धार्मिक परंपराओं में पाले–पोसे गये काठियावाड़ी रियासत के अधिकारी के बेटे के तौर पर हासिल हुआ था। जबकि, गाँधी को यूनाइटेड किंगडम में एक 'परेशानी खड़े करनेवाले' के तौर पर देखा जाने लगा (टिंकर 1979), मगर अपने देश भारत में उनकी पूजा किसी भगवान की तरह होती थी, दूसरी तरफ़ एंड्रयूज की भारत में इस तरह से सराहना की गयी (टिंकर 1979: 58) कि दिल्ली के एक उपनगर का नाम उनके नाम पर एंड्रयूजगंज रख दिया गया।

हालाँकि, वे इंग्लैंड के लिए इस तरह अपरिचित थे कि जब रेडियो बर्मिंघम को उनकी शताब्दी मनाने के लिए कहा गया, तब उन्होंने यह जवाब दिया कि उन्होंने कभी उनके बारे में नहीं सुना था (टिंकर 1979: xii)। गाँधी की ही तरह एंड्रयूज भी बहिष्कार का सामना करते हैं। नेटाल समुदाय गाँधी के पाँव छूकर नस्लीय पदानुक्रमों को उलटने की सजा के तौर पर उनका बहिष्कार करता है; और दिल्ली में (टिंकर: 1979: 92) दिल्ली के पुलिस चीफ़ कमिश्नर उनके साथ हेकड़ी के साथ पेश आते हैं। जहाँ तक शिमला के समाज की बात है, वे लिखते हैं, 'उन्होंने मुझे एक जाति बहिष्कृत और अछूत बना है और मैं इस इज़्ज़तअफ़ज़ाई के लिए उनका आभारी हूँ (93)। उपनिवेश के मुख्यालय, इंडिया ऑफिस, लंदन में लोग सी.एफ. एंड्रयूज से घृणा के चलते उन्हें 'बर्दाश्त' नहीं कर पाए (126)। एंड्रयूज अंग्रेजों और अंग्रेजी के साथ असहज महसूस करते थे; एक बार वहाँ की एक यात्रा के बाद, 'इंग्लैंड छोड़ना राहत भरा था, जहाँ उन्हें न बुद्धिमान दिलचस्पी और न समझनेवाली सहानुभूति दिखाई दी' (92)।

हालाँकि, ज़्यादातर ग़रीब भारतीय एंड्रयूज से प्रेम करते थे, लेकिन यह उल्लेखनीय है कि संयुक्त राज्य में भारतीयों (भारतीय राष्ट्रीय काँग्रेस के सदस्यों) ने भारतीयों की पहचान 'आर्य' और इस तरह से 'श्वेत' के तौर पर करने के एक प्रस्ताव का उनके द्वारा विरोध किए जाने पर नाराज़गी प्रकट की। एंड्रयूज ने उतने ही सरल सामान्यीकरण के साथ जवाब दिया कि ऐसी कोई कोशिश 'गैर आर्य दक्षिण भारतीयों को बाहर कर देगी।[5] निस्संदेह उस दौर के सरल नस्लीय सिद्धांतों (जिसे बाद में हिटलर ने जाति संहार के लिए राजनीतिक रंग दिया) और अमेरिका के नस्लीय युग्मक का 'इस्तेमाल' करके

[5] नस्लीय के बजाय भाषायी साक्ष्य पर अध्याय 3 में थापर पर फुटनोट देखें।

भारतीय आव्रजन को बढ़ाने की इच्छा से प्रेरित ये शिकायतें *द मराठा* में छपीं। दूसरी तरफ़ सिख उन्हें प्यार करते थे, जिनके संघर्ष को उन्होंने समर्थन दिया था (चतुर्वेदी व साइक्स 1950: 238)।

प्रसार

गाँधी और एंड्रयूज, दोनों अपने पीछे जो लिखित सामग्री का ख़ज़ाना छोड़ कर गये हैं, वह संवाद करने की कभी न ख़त्म होनेवाली इच्छा को दिखाता है। एंड्रयूज के मामले में यह शायद उनके अंदर बार–बार उभरनेवाले अकेलेपन के बोध के प्रतिकार का माध्यम था। अपनी यात्राओं के दौरान और स्थिर होकर आवास के मौकों पर उनकी लेखनी लगातार पत्रिकाओं, अख़बारों और मित्रों के लिए और सबसे महत्वपूर्ण तरीक़े से एक–दूसरे के साथ संवाद के लिए चलती रहती थी। एंड्रयूज अपने पीछे पत्रिकाएँ, चिट्ठियाँ और किताबें छोड़ गये हैं जबकि गाँधी के कामों को 100 खंडों में समेटा गया है! टिंकर एंड्रयूज को विक्टोरियाई परंपरा का लेखक मानते हैं। वे जहाज़ों पर लंबे ख़त लिखते हैं (टिंकर 1979: 121) और जहाज़ के पुस्तकालय से किताबें माँग कर पढ़ते हैं। एंड्रयूज ख़तों के द्वारा टैगोर और गाँधी को अपने हर कदम की जानकारी देते हैं (235)।

दोनों ने अपने समय के कई महत्वपूर्ण लोगों के साथ स्थायी संबंध कायम किए, जिनमें ब्रिटिश और भारतीय दोनों ही थे और उनकी मित्रताएँ नस्ल और राष्ट्र की सीमाओं के परे थीं: गाँधी के लिए हेनरी पोलॉक, कैलनबैक और 'चार्ली' एंड्रयूज और एंड्रयूज के लिए रबींद्रनाथ टैगोर, सुशील रुद्रा और 'मोहन' गाँधी। एंड्रयूज ने टैगोर के *हंगरी स्टोन्स* का अनुवाद किया (टिंकर 1979: 126)। उन्होंने टैगोर के काम को हर जगह फैलाया: एक दिलचस्प वाक़ये के उदाहरण से हम यह समझ सकते हैं कि यह एक आम ब्रिटिश रवैये से कितना अलग है। लंदन में एक सामाजिक मौके पर जब टैगोर जैसे लेखकों को पढ़नेवाले ब्रिटिश बुद्धिजीवियों ने भी *गीतांजलि* को डब्ल्यू. बी. यीट्स की रचना घोषित कर दिया, तो एंड्रयूज इस पर आगबबूला हो जाते हैं (91)। आगे मैं इस पर चर्चा करूंगी कि कैसे एंड्रयूज द्वारा लिखित गाँधी की जीवनी त्रिनिदाद में प्रभावशाली साबित हुई।

इस तरह से एंड्रयूज और गाँधी की आधी सदी में फैली समकालिक मगर विपरीत दिशा में परस्पर जुड़ी हुई यात्राएँ दो विशाल अंडाकार परिक्रमा–पथ बनाती हैं, जो एक–दूसरे को दक्षिण अफ्रीका में काटते हैं। सबसे महत्वपूर्ण बात यह है कि उन्होंने अपने–अपने प्रवासीय परिवेशों की माँगों का समायोजन जिस उत्कटता, अक्सर घबराहट भरे विस्तार और आध्यात्मिक तरीक़े से किया, उसने उस दौर के उनके राजनीतिक नेतृत्व के महत्वपूर्ण भाग का निर्माण किया।

ह्यू टिंकर ने उस क्षण का नाटकीय वर्णन किया है जब से दोनों का जीवन एक–दूसरे को परस्पर काटना शुरू कर देता है। टिंकर बताते हैं कि किस तरह से मशोबरा, शिमला में वाइसरीगल पैलेसके पास वायसरॉय लॉर्ड हार्डिंग और लेडी हार्डिंग की संगति में स्वास्थ्य लाभ कर रहे एंड्रयूज पहली बार दक्षिण अफ्रीका में गाँधी के संघर्षों के बारे में सुनते हैं। ह्यू टिंकर उस ख़ास क्षण का वर्णन करते हैं जब गाँधी पहली बार एंड्रयूज की चेतना में शामिल हुए।

> अस्पताल से निकलने के बाद एंड्रयूज मशोबरा में वाइसरीगल रीट्रीट के पास एक रेस्टहाउस में रुके हुए थे। वहाँ चारों तरफ़ फुसफुसाते हुए चीड़ के पेड़ और दूर नंगा पर्वत और ग्रेट हिमालय की चोटियों की चमकती हुई बर्फ़ थी। शांति हर जगह थी, सिवाय एंड्रयूज के मन गें, जो दक्षिण अफ़्रीका से आई भारतीयों के प्रतिरोध अभियान की ख़बर सुनकर अशांत हो गये थे। इस अभियान, जिसे दक्षिण अफ्रीकी श्वेतों के हिंसक विभेदकारी तौर–तरीक़ों के ख़िलाफ़ निष्क्रिय सत्याग्रह कहा गया, का नेतृत्व गाँधी कर रहे थे–एक नाम जो हर किसी के लिए नया था। (टिंकर 1979: 76)

गोखले के कहने पर एंड्रयूज भी इस संघर्ष में कूद पड़े। यह ख़बर एंड्रयूज में एक छटपटाहट पैदा करती है, जो कि भारत में उनके आंतरिक संघर्षों का सूचक है।

लॉर्ड हार्डिंग और गोखले के कहने पर एंड्रयूज दक्षिण अफ्रीका में अपनी दूसरी प्रवासीय पारी की शुरुआत करते हैं। दोनों की मुलाक़ात और गोदी के वाक़ये के बाद गाँधी फ़ौरन एंड्रयूज को अपना एक नज़दीकी सहयोगी बना लेते हैं। मौके उन तक आसानी से आते हैं, जिसका एक कारण उनका भारतीयों के साथ सहानुभूति रखनेवाला अंग्रेज होना है। यह तथ्य उन्हें एक अनोखी स्थिति में ला खड़ा करता है। यह ठीक वैसा ही है, जैसे गाँधी के अंग्रेजीकृत हिंदूपन ने इंग्लैंड में उनके लिए दरवाजे खोले थे और कुछ हद तक इस तथ्य ने दक्षिण अफ्रीका में मध्यस्थ के तौर पर उनकी मदद की थी। टिंकर इस बात का उल्लेख करते हैं कि किस तरह से एंड्रयूज अक्सर लोगों को प्रभावित करते थे, जो उसके बाद उनके अभियान में उनकी मदद करते थे। मिसाल के तौर पर फ़ीजी के गवर्नर को लिया जा सकता है (123)। किस तरह से उपनिवेशों में 'नस्ल' अलग तरह से काम करती है, यानी नस्ल की उपनिवेशी निर्मिति (टिंकर 1979) को लेकर एंड्रयूज की जागरूकता, इस संदर्भ में काफ़ी अहम है।

उनकी प्रवासीय गतिशीलता के राजनीतिक निहितार्थ हैं। उन्होंने जिस चिट्ठी में एक दोस्त को यह लिखा था कि हॉन्गकॉन्ग को चीन को वापस कर देना चाहिए उसे सेंसर अधिकारियों ने खोला और उसे अधिकारियों के पास

भेज दिया (127)। जहाँ वे जापान की रहस्मयी मनोहरता को पसंद करते थे, वहीं उन्होंने अमेरिका में 'डॉलरों की दुर्गंध' पर आपत्ति की। (132, 140–41)

धार्मिक सार्वभौमिकतावाद

इन सबके बीच यह तथ्य भी कम महत्वपूर्ण नहीं है कि वे दोनों ही एक गुण को साझा करते हैं, जिसे धार्मिक/आध्यात्मिक सार्वभौमिकतावाद कहा जा सकता है। एंड्रयूज के लेखन में इस बात का ज़िक्र मिलता है कि मुंशीराम, टैगोर जैसी भारतीय आध्यात्मिक शक्तियों से मुलाक़ात और जापान में 'एक जीवित धार्मिक शक्ति' के तौर पर बौद्ध धर्म ने उन पर किस तरह प्रभाव डाला (देखें चतुर्वेदी व साइक्स 1950: 119)। 19वीं सदी के अंत में जब उनका आगमन हुआ, उस समय भारतीय आत्मा के लिए हिंदू धर्म और ईसाइयत के बीच के संघर्ष का समाधान नहीं हुआ था। ब्रह्म समाज से लेकर आर्य समाज तक और विश्व धर्मसंसद में स्वामी विवेकानंद के शानदार भाषण तक, इसका एक उतार–चढ़ाव भरा इतिहास था। राजाराममोहन रॉय और ब्रह्म समाज का उदारवाद प्रकट तौर पर हिंदू धर्म का आधुनिकीकरण करने की बात करते हुए इसमें शुद्धतावादी तत्व शामिल करता दिखता था। जबकि आर्य समाज जाति का अंत करके ईसाई सामाजिक समानता को प्रतिध्वनित करता मालूम पड़ता था, फिर भी 'आर्य', हिंदू धर्म की ओर लौट गया। गाँधी और एंड्रयूज अलग–अलग तरीक़े से अपने वर्ग की धार्मिक उलझनों को प्रदर्शित करते थे। एक ईसाई शक्ति द्वारा शासित मध्यवर्गीय भारतीय के तौर पर गाँधी को ईसाइयत की चुनौती से संघर्ष करना पड़ा होगा। और मुख्य रूप से हिंदू भारत में उपनिवेशी मिशनरी एंड्रयूज को, हिंदू धर्म की चुनौती से संघर्ष करना पड़ा होगा। जैसा कि मैंने आख़िरी अध्याय में दिखाया है, दोनों ही आखिरकार इस निष्कर्ष पर पहुँचे थे कि सबाल्टर्न लोक हिंदू धर्म, जिसका पुनराविष्कार प्रारंभिक प्रवास (डायस्पोरा) में किया गया था और जिसे पुनर्परिभाषित फीनिक्स आश्रम में किया गया था, ही भारत का व्यावहारिक धर्म हो सकता है। इस सब से अस्थिर होकर एंड्रयूज ने अपना मंत्री पद छोड़ दिया (टिंकर 1979: 95)। वे ईश्वर के ट्रिनिटैरियन विचार से अब संतुष्ट नहीं थे–कि बुद्ध भी ईश्वरीय थे और 'हर इंसान ईश्वरीय था और क्राइस्ट (ईसामसीह) की तरह यंत्रणा को सहता था' (टिंकर 1979: 96; देखें चतुर्वेदी व साइक्स 1950: 102)। एंड्रयूज द्वारा गाँधी को लिखे गये कई ख़त, संयोग से महाद्वीपों और धर्मों के बीच और जहाज़ पर, 'भारतीय क्राइस्ट' के विचार के सहारे हिंदू धर्म और ईसाई धर्म के बीच संवाद हैं (टिंकर 1979: 89–90)।

एंड्रयूज का प्रवासीय धार्मिक सार्वभौमिकतावाद, गाँधी की ही तरह गहरे तक नस्ल के मसले से प्रभावित है। डरबन में नए–नए पहुँचे एंड्रयूज को नेटाल

के लोगों को उपदेश देने के लिए बुलाया जाता है। हालाँकि, गाँधी को सिर्फ श्वेतों के लिए आरक्षित–व्हाइट्स ओनली चर्च में नहीं जाने दिया जाता। एंड्रयूज ईसाई धर्म का साम्राज्यवादी चेहरा देखते हैं और यह निष्कर्ष निकालते हैं कि टॉल्सटॉय और क्वाकर्स (Quakers) के अलावा पूरा पश्चिम ईसा मसीह की उपेक्षा कर रहा है', और यह कि ईसा मसीह का जीवन 'हिंदू–बौद्ध धारा से आज़ाद नहीं हो सकता।' वे हिंदू धर्म को ईसाई धर्म की माँ बताते हैं (टिंकर 1979: 89)

नस्ल और जाति

एंड्रयूज ने महसूस किया कि जाति भी नस्ल जितनी ही बुरी है। उनके प्रवासीय जीवन ने उन्हें इन दोनों को अगल–बगल रखकर देखने का मौका दिया, जैसा कि इसने गाँधी के साथ किया थाः

बिल्कुल शुरू से ही एंड्रयूज भारतीय जाति–और ब्रिटिश नस्ल–की अनन्यता को एक ही आत्मा का फल मानते थे। उन्हें भारतीय रेल डिब्बे में स्थानीय लोगों के साथ यात्रा करने से इनकार करनेवाले साहबों और उस भूखे पहाड़ी लड़के में कोई अंतर नहीं दिखा था, जिसका छोटा सा भूख से भरा चेहरा उस समय घृणा और अवमानना से चमक उठा था, जब एंड्रयूज ने उसे रोटी देने की कोशिश की थी [जो अंतर्जातीय सहभोज के ख़िलाफ़ हिंदू धार्मिक पाबंदियों को प्रदर्शित करता है]। (चतुर्वेदी व साइक्स, 1950: 39)

एंड्रयूज के अंदर इस बात का बोध कि 'नस्ल' उपनिवेशों में कैसे अलग तरीक़े से काम करता है, अंग्रेजी जीवन की उनकी जानकारी, यानी नस्ल की उपनिवेशी निर्मिति से रेखांकित होती है (39)। वे महसूस करते हैं कि नई सदी के आगाज़ के वक्त अंग्रेजी विश्वविद्यालय इससे स्वस्थ्य तरीके से मुक्त थेः पेम्ब्रोक कॉलेज का सबसे लोकप्रिय छात्र एक भारतीय था (38)[6]। वे यह महसूस करते हैं कि जहाँ संख्याओं का महत्व नहीं हैं, जैसा कि इंग्लैंड में है, वहाँ सज्जनतापूर्ण व्यवहार है' (169)।

एंड्रयूज का यह समझना कि कैसे उपनिवेशी समीकरण ने ईसाइयत को प्रभावित किया (इससे पहले, उन्होंने ईसाइयत को कभी एक नस्लीय समस्या

---

[6] 19वीं सदी में ब्रिटिश सामाजिक इतिहास और लस्करों के साथ किए जानेवाले विवरणों को ध्यानपूर्वक देखने पर (देखें अध्याय 3) यह दावा झूठा साबित होता है। चतुर्वेदी व साइक्स का दावा है कि बीसवीं सदी की शुरुआती घटनाओं, जैसे प्रतियोगिता परीक्षाओं, संचार में सुधार और नकचढ़ी ब्रिटिश पत्नियों, मेमसाहबों के परिदृश्य में आगमन ने एक 'घमंडी और उग्र राष्ट्रवादी साम्राज्यवाद का विकास किया' (चतुर्वेदी व साइक्स 1950, 38–39)।

के तौर पर नहीं देखा था [38]) दक्षिण अफ्रीका में नस्लीय बहिष्करण और पूर्वाग्रह का सामना करने के बाद गाँधी में आई जाति आधारित हिंदू अस्पृश्यता की क्रूरता के प्रति जागरूकता के समतुल्य है। प्रवासीय अनुभव ने दूसरों के पूर्वाग्रहों से संपर्क में आने का मौका देकर दोनों को ही अपने समाजों के बहिष्करणों को देख सकने की दृष्टि प्रदान की।

एंड्रयूज ने कहा कि गाँधी की स्वराज की इच्छा (साम्राज्य के तहत या उसके बाहर) को एक मतिभ्रम माननेवाले ब्रिटिश कभी भी भारतीयों को अपने 'सगे भाई' के तौर पर स्वीकार नहीं करेंगे।

दूसरी तरफ़ वे नीचे उद्धृत एक विचित्र टिप्पणी करते हैं, जिसका संबंध किसी हद तक इस तथ्य से जुड़ता है कि वे अंततः हिंदू धर्म को चर्च की संस्थानीकृत ईसाइयत (ecclesiastical Christianity) की तुलना में ईसा मसीह की आत्मा (spirit of christ) के ज्यादा क़रीब स्वीकार करते हैं। गाँधी द्वारा स्त्रियों की पथप्रवर्तक गोलबंदी को दर्ज करने के क्रम में 'ट्रांसवाल की भयावह परिस्थितियों का भी पूरी दिलेरी के साथ मुक़ाबला करनेवाली बहादुर हिंदू स्त्रियों' (टिंकर 1979: 76) पर टिप्पणी करते हुए वे अपने हिंदू गुरु मुंशीराम को अपनी प्रेरणा के बारे में कहते हैं:

> ...अपने विशुद्ध पराक्रम में कष्टों को सहनेवाले...मैंने कृतज्ञता के साथ अपना सिर झुका लिया कि सच्चे भारत, आर्य भारत, उपनिषद और गीता के भारत की आत्मा... आज भी कमज़ोर और तिरस्कृत गिरमिट कुलियों में जीवित है और साँस ले रही है... (टिंकर 1979: 76)

'आर्य' भारत के हवाले में गाँधी द्वारा विदेश में रह रहे भारतीयों की हर अच्छी चीज को उनके 'आर्यत्व' से जोड़ने की भटकी हुई कोशिश की प्रतिध्वनि सुनाई देती है। दूसरी जगहों पर, मसलन संयुक्त राज्य में एंड्रयूज ने भारतीयों का श्रेणीकरण आर्य के तौर पर करने का विरोध इस आधार पर किया था कि यह 'दक्षिण भारतीय गैर–आर्यों' को बाहर कर देगा। 'आर्य' जैसे नस्लीय पद (उपनिवेशी विमर्श को प्रदर्शित करनेवाला, वैदिक ब्राह्मण–ब्रिटिश साँठ–गाँठ[7] से पैदा हुआ विमर्श, जो भारत के श्रमिक वर्ग को नस्लीय अन्य[8] (racial others) के वर्ग में डाल देता है) कुख्यात ढंग से अपर्याप्त हैं। निस्संदेह पहले के एक

[7] गायत्री स्पीवाक और लता मणि सती पर अपने काम में इस पर चर्चा करती हैं। देखें स्पीवाक (1988) और मणि (1998)।

[8] भारत के प्रख्यात मार्क्सवादी विद्वान डी.डी कोसंबी (41) लिखते हैं कि इस बात के प्रमाण हैं कि 'द्रविड़' भाषा बोलनेवाले लोग काफ़ी बाद 11 वीं सदी में उत्तर की ओर गये होंगे., इस तरह से द्रविड़ भाषा 'ब्राहुई' के इलाके ऐतिहासिक समय से खोजे जा सकते हैं।

अध्याय में मैंने गाँधी द्वारा तमिल अस्मिता को मान्यता देने और उसके प्रति प्रशंसा का भाव रखने के बारे में बात की थी। गौरतलब है कि श्रमिक तमिलों को नस्लीय तौर पर 'गैर-आर्य'[9] की श्रेणी में रखा जाता था। एंड्रयूज और गाँधी, दोनों ही मिथ्या नस्लीय संज्ञाओं का इस्तेमाल करते दिखते हैं। मिसाल के लिए दक्षिण अफ्रीका में उपमहाद्वीप वासियों के साथ किए जानेवाले बर्ताव के मसले पर अपने शुरुआती ख़तों में से एक ख़त में गाँधी नेटाल के प्रधानमंत्री के समक्ष एक प्रतिनिधि मंडल में कहते हैं: 'योर ऑनर, पूरी विनम्रता के साथ, हम इस ओर आपका ध्यान आकृष्ट करना चाहते हैं कि एंग्लो-सैक्सन और भारतीय नस्लें एक ही मूल वंश से संबंधित हैं' (गाँधी 2000: 149)। ऐसे बयान उच्च जाति के भारतीयों की 'आर्य' के तौर, इस तरह से शासक नस्ल, यानी अंग्रेजों से जुड़ा होने की उपनिवेशी निर्मिति को दिखाते हैं। ऐसी निर्मितियों ने भारत में अंग्रेजों की मौजूदगी को जायज़ ठहराने का काम किया।

इस बिंदु पर एंड्रयूज सबाल्टर्न भारतीय के संपर्क में नहीं आए हैं। उनका संपर्क भारतीय ईसाई उच्च जातियों से रहा है, जैसे सुशीला रुद्रा, रबींद्रनाथ टैगोर, गोखले और इन जैसों से। जैसा कि इस अध्याय में हम आगे देखेंगे, नस्लीय तथा अन्य अपमानों के सामने प्रतिरोपित *किसान*, जो अच्छा, ईमानदार और नैतिक है, के साहस को देखने के बाद उनके अंदर तुलनीय अंतर्विरोधी भावनाओं का उदय होता है। एक तरफ़ उनका निम्नीकरण उनमें क्रोध का संचार करता है, तो दूसरी तरफ़ उनकी जिजीविषा उनमें प्रशंसा का भाव जगाती है। एंड्रयूज की टीपें, वार्तालापों की नक़लें, पत्रिकाएँ और चिट्ठियाँ अत्याचारों के सामने जिजीविषा का ज़िक्र बार-बार करती हैं।

सक्रियता

गिरमिटिया प्रथा को लेकर एंड्रयूज का काम सीधे तौर पर अशांत समुद्रों के आरपार की यात्राओं के आघात, बागान के मशीनी जीवन से प्रेरित विसंस्कृतीकरण (deculturation) और बार-बार जड़ से उखाड़े जाने और संबंध-विच्छेद की पीड़ा के साथ उनकी प्रवासीय समानुभूति का परिणाम है। उनकी प्रतिक्रिया बहुआयामी है। पहला आयाम है गिरमिट प्रथा की बुराइयों को समझना और इसका प्रचार करना: ऐसा करने के लिए वे भर्ती के समय की जानेवाली धोखाधड़ी और बागानों के हालातों पर ध्यान केंद्रित करते हैं। दूसरा आयाम है, इसके ख़िलाफ़ अभियान, जिसके निशाने पर बागान और सरकार हैं। तीसरा आयाम है, समुदायों के पुनर्निर्माण का परिणाम और साथ ही साथ

---

[9] देखें सत्तनाथन (1982)। साथ ही नागामूटू (2000) के आमुख में चर्चा को देखें।

उत्तर–गिरमिट समस्याओं और वापस स्वदेश भेजे जाने की तकलीफ़ों पर ध्यान केंद्रित करना। एंड्रयूज इन सभी पहलुओं पर सक्रिय थे।

उनकी सक्रियता के क्षेत्रों में फ़ीजी और मॉरिशस; केन्या, युगांडा और दक्षिण अफ्रीका; गयाना/त्रिनिदाद शामिल थे, जहाँ उन्होंने अपने जीवन के विभिन्न मोड़ों पर काम किया। यहाँ उनका काम दक्षिण अफ्रीका में गाँधी के साथ किए गये कामों से जुड़ा हुआ भी है और उससे आगे भी निकल जाता है।

जबकि गाँधी की सक्रियता के केंद्र में दक्षिण अफ्रीका था, एंड्रयूज इस संघर्ष में अपने वैश्विक अनुभव और गिरमिट के संबंध में अपने ज्ञान को साथ लेकर आए। चूँकि वे लगातार गाँधी को ख़त लिखते रहे, इससे यह निष्कर्ष निकाला जा सकता है कि गाँधी ने भी एंड्रयूज के अनुभवों से सीखा होगा। उनका तरीक़ा ज्यादा वैश्विक है, क्योंकि उन्हें कई प्रकार के गिरमिटों और साथ ही साथ कई प्रकार के प्रवासीय समूहों (डायस्पोरा) का भी अनुभव है।

ऐसा कहा गया है कि 'भारतीय जनता को एंड्रयूज की सबसे बड़ी सेवा' (चतुर्वेदी व साइक्स 1950: 126), बल्कि पूरी मानव जाति को उनकी सबसे बड़ी सेवा गिरमिट प्रथा का अंत थी। इसकी नाटकीयता का अंदाजा एंड्रयूज का वायसरॉय और सेक्रेटरी ऑफ स्टेट, मॉन्टेग्यू के साथ मार्च, 1918 के एक साक्षात्कार से लगता है। एंड्रयूज इन महानुभावों के सामने मेज़ पर फ़ीजी से आई एक मेडिकल रिपोर्ट रखते हैं। भारत की प्रतिरोपित स्त्रियों साथ ही साथ पुरुषों के लिए भी गिरमिट का मतलब क्या था, यह इस रिपोर्ट में इतनी स्पष्टता के साथ कहा गया है कि एकबारगी चौंका देता है! इसमें कहा गया था:

> जब एक भारतीय गिरमिटिया स्त्री को तीन गिरमिटिया पुरुषों और कई बाहरियों की सेवा करनी पड़ती है, तो नतीजे के तौर पर सिफलिस और गॉनोरिया (प्रमेह) पर संदेह नहीं हो सकता है। (चतुर्वेदी व साइक्स 1950: 123)

चतुर्वेदी व साइक्स इसकी प्रतिक्रिया का वर्णन इस तरह से करते हैं:

> मॉन्टेग्यू ने कहा, 'इसने फैसला कर दिया है...कहिए आप क्या चाहते हैं।'
>
> 1 जनवरी, 1920 को आखिरी गिरमिटिया मज़दूर को भी आज़ाद कर दिया गया। (चतुर्वेदी व साइक्स 1950: 123)

एंड्रयूज द्वारा चालाकी के साथ स्त्रियों और रोग को उभारना, एक ऐसे समय में जब इस संक्रामक बीमारी का मुद्दा भारत के साथ ही ब्रिटेन मे भी लोकप्रिय बहसों के केंद्र में था, उन दोहरे मानदंडों को उजागर करता था, जिन्होंने लंबे समय से गिरमिट प्रथा के ईंधन के तौर पर काम किया था। अपने सार्वजनिक विमर्श में 'उपनिवेशों' को स्वच्छता और स्वास्थ्य का वादा करनेवाले 'ब्रिटिश राज' ने बड़ी संख्या में अपनी प्रजा को अमानवीय स्थितियों से भी बदतर हालातों

में रखा था। गिरमिट विरोधी आंदोलन में स्त्रियाँ हमेशा से केंद्र में रहीं। यह वाक़या भारतीय शासकों के शीर्ष स्तर तक एंड्रयूज की आसान पहुँच की भी तस्दीक करता है।

फ़ीजी में एंड्रयूज का काम, जो कि दक्षिण अफ़्रीका में गाँधी के साथ उनकी मुलाक़ात के ठीक बाद शुरू हुआ, दूसरी जगहों पर उनके कामों के ब्लू–प्रिंट की तरह था। फ़ीजी में (1916–17) उन्होंने प्लांटर्स एसोसिएशन (बागान मालिकों के एसोसिएशन) से मुलाक़ात की और गिरमिट प्रथा के विरुद्ध तर्क रखा। एक विक्टोरियाई सुधारवादी स्वर में (लॉरेंस जैसे सामाजिक इतिहासकार यह उपागम अपनाते हैं) वे वर्तमान हालातों की अक्षमताओं के बारे में बात करते हैं: 'भारतीय को जितना ज्यादा पैसा मिलेगा, वह उतना जुआ खेलेगा और बुरे व्यसनों में उसे ख़र्च करेगा' (टिंकर 1979: 123)। वे तर्क देते हैं कि उन्हें अपने परिवारों के साथ स्वतंत्रता के साथ प्रवास करने की इजाज़त देने से वे ज्यादा क़ानून के पालक बनेंगे (123)। एंड्रयूज ने 'कुली लाइनों' में आचरण की जाति संहिता और परिवारों के विखंडन के बारे में बात की (123)। एंड्रयूज की 1916 की रिपोर्ट का टिंकर ने विवरण दिया है:

> रिपोर्ट ने गिरमिट के कारण जन्म लेनेवाले नैतिक पतन पर काफ़ी ज़ोर दिया जो स्त्रियों को स्वच्छंद संभोग के लिए अभिशप्त करता था और पुरुष को जानवर बना देता था। कुलियों की बस्ती, 'इंसानों की रिहाइश से ज़्यादा तबेलों की तरह थीं।' भारतीय संस्कृति नष्ट कर दी गयी थी: 'वैसी हर चीज जिसकी पहचान हिंदू के तौर पर की जा सकती थी, उसका लोप हो गया था'। फिर भी, भारतीय मज़दूरों के साथ की गयी ज़्यादतियों के बावजूद 'उनके धैर्य और मनोबल ने उनकी निरंतता को सम्मान दिलाया।' (टिंकर 1979: 125)

टिंकर तफ़सील से इसका वर्णन करते हैं कि कैसे गिरमिट प्रथा को समाप्त करने के अपने संघर्ष की सफलता के बाद भी, एंड्रयूज ने टूटे हुए समुदायों के पुनर्निर्माण के कष्टपूर्ण कार्य का बीड़ा उठाया। सार्वजनिक स्वास्थ्य और शिक्षा के क्षेत्र में काम करते हुए उन्होंने हर जगह की यात्रा की और कभी–कभी अपने निरीक्षणों के दौरान वे मज़दूरों की छोटी झोपड़ियों में भी रहे। यही वह समय है, जब उन्हें 'दीनबंधु'–ग़रीबों का दोस्त के संबोधन से पुकारा जाता है। वे फ़ीजी में भारतीय ग्रामीण समाज की एकता को पुनःस्थापित करना चाहते थे (चतुर्वेदी व साइक्स 1950: 123)।

अधिकांश विवरणों के मुताबिक़ एंड्रयूज विसंस्कृत, हतोत्साहित, रोगग्रस्त, अशिक्षित समुदाय को 'आश्चर्यजनक रूप से रूपांतरित' (124) जीवन में परिवर्तित करने में चमत्कारिक ढंग से कामयाब हुए। उन्होंने हिंदी में ग्रामीण स्कूलों की शुरुआत की, दैनिक मज़दूरी को बढ़वाया, बागान मालिकों को भी

पतियों के गिरमिट की मियाद के पूरी हो जाने के बाद भी उनकी पत्नियों को मज़दूर के तौर पर रखने की परंपरा को समाप्त करने के लिए राज़ी करने की भी कोशिश की। श्रमिकों के लिए हमेशा से लालच से भरे रहनेवाले बागान मालिक जो पति–पत्नियों को साथ काम करने देने के लिए तैयार हो गये थे, वे स्त्रियों को जल्दी जाने देने के लिए राज़ी नहीं थे। इस छोटे से बिंदु को लेकर उनके हठ को देखकर इस बात का अंदाजा होता है कि एंड्रयूज को किस आला दर्जे के लालच के ख़िलाफ़ काम करना पड़ा होगा। विवाह की उम्र को बढ़ाने, व्यावहारिक स्वास्थ्य और शिक्षा सुधारों ने ध्वस्त ज़िंदगियों को तरह से एक साथ जोड़ने का काम किया।

एंड्रयूज निस्संदेह मज़दूरों को जिजीविषा का श्रेय देते हैं और आप्रवासी वंशावली वाले हाल के लेखक गिरमिट की दमनकारी अवधि में भी मज़दूरों के धैर्य और बंधनों के भीतर भी चरमराती हुई हिंदू जीवन पद्धति के प्रति उनके लगाव को रेखांकित करते हैं (राय व रीव्स, अध्याय 6 में में बृजलाल)। इसमें कोई संदेह नहीं कि एंड्रयूज की कोशिशों और मज़दूरों के कृतज्ञ, नम्र और मेहनती जज़्बे के मेल ने फ़ीजी को आश्चर्य लोक बना दिया जो आगे चलकर भारतीयों का अपना हो गया (चतुर्वेदी व साइक्स 1950: 125)। आज ध्वस्त समुदायों का पुनर्निर्माण करनेवाले फ़ायदे में रहेंगे अगर वे एंड्रयूज से यह सीखें कि उन्होंने रोज़मर्रा के जीवन के छोटे से छोटे पहलू पर किस तरह ध्यान दिया और इसमें सरकारी नीतियों की भूमिका साथ ही साथ ही साथ इन समुदायों में रहनेवाले लोगों के गुणों और ताक़तों की गहरी समझ विकसित करने पर किस तरह से ज़ोर दिया।

गिरमिट प्रथा की समाप्ति की उत्तर–कथा तो अभी बाकी थी। युद्धोत्तर आर्थिक मंदी के कारण फ़ीजी और गयाना से केई मज़दूर भारत लौट आए। एंड्रयूज ने एक बार फिर यह पाया कि वे उनके एकमात्र संसाधन हैं। अपनी विशिष्ट अदम्यता के साथ उन्होंने उनकी विपदा को दूर करने की कोशिश की। चतुर्वेदी व साइक्स ने उनके कामों का विवरण दिया है: जहाज़ों से मिलने के लिए समितियों का गठन, उन्हें घर मुहैया कराना, मुद्रा बदलने वालों की ठगी से उनकी रक्षा करना आदि। लेकिन दुखद तौर पर से 'वे बहुत ज्यादा बार जड़ से उखाड़े जा चुके थे और एक बार फिर जड़ नहीं जमा सके' (184)।

उन्हें उनके पैतृक गाँव में फिर से बसाना आर्थिक और सांस्कृतिक तौर पर असंभव था। उनमें से कई को कोलकाता के बड़े और ज़ालिम शहर में लूट लिया गया और उनके गाँवों में उन्हें जातिबाहर घोषित कर दिया गया। फ़ीजी में एंड्रयूज ने उनमें मुफ़्त में वापस स्वदेश भेजे जाने की माँग की थी, लेकिन उनमें से कई ने खुद को अनुकूलित कर पाने में असमर्थ पाया। उन्होंने कलकत्ता पत्तन के पास मटियाबुर्ज में मलिन बस्तियों, मिट्टी के मकानों में शरण ली

226 अटलांटिक गाँधी

(चतुर्वेदी व साइक्स 1950: 183)। जब एंड्रयूज उनसे मिलने गये तो असहाय परित्यक्त प्रवासियों के 'नो मैन्स लैंड' में इनके जीवन को देखकर उनकी आँखों से आँसू बह निकले (टिंकर 1979)। एंड्रयूज ने उनका वर्णन 'रोते' और 'विलाप करते हुए' के तौर पर किया (193–194)। वे अपने मित्रों को बताते हैं कि ये परित्यक्त कुली उनसे मिलने बोलपुर आते हैं और वे बेचैनी की हालत मे उनकी वापसी के ट्रेन टिकट का पैसा देते हैं। वे भारत में बसना नहीं चाहते थे। उन्होंने एंड्रयूज से विनती की कि 'या तो हमें गोली मार दीजिए या हमसे छुटकारा पा लीजिए' (193)। कई ने आत्महत्या करने की धमकी दी। गिरमिट की यह दुखद उत्तरकथा कुलियों द्वारा झेले गये विस्थापन की भयावहता को उजागर करती है: अब उनके पास कोई घर नहीं था। फ़ीजी ने उन्हें छुटकारा दे दिया था, लेकिन भारत उन्हें स्वीकार करने के लिए तैयार नहीं था। खुद आपस में दो विपरीत संस्कृतियों के बीच झूलते एंड्रयूज उन दिनों, जब वे स्वदेश भेजे गये लोगों की मदद करने की कोशिश कर रहे थे, ख़ानाबदोश का जीवन जी रहे थे (चतुर्वेदी व साइक्स 1950: 185)। वे भीक्षा माँग कर खा रहे थे और अपने दोस्तों के यहाँ टिके हुए थे। सिर्फ विशुद्ध धुन और अंदरूनी करुणा के बल पर एंड्रयूज अब तक वैसी स्थितियों में भी रास्ता निकालने में कामयाब रहे थे, जहाँ सारे रास्ते बंद थे, लेकिन वे भी स्वदेशी वापसी के कष्टों के सामने खुद निराश महसूस कर रहे थे।

वापस लौट रहे प्रवासियों के कष्टों का अंत होने की तब तक कोई संभावना नहीं थी, जब तक भारत एक उपनिवेशी अर्थव्यवस्था था: स्वदेश आए कुलियों की तकलीफ़ ग़रीब रैयत से भी बदतर थी। इसके साथ ही गिरमिट के अंत और स्वदेश वापसी का पक्ष लेने का मतलब अस्थायी स्थिति को स्वीकार करना और इस तरह से नागरिकता के अधिकारों (स्वतंत्र आवागमन का अधिकार, गैरज़रूरी करारोपण का अस्वीकार; वहाँ जन्म लेने के कारण जन्म के आधार पर मिलनेवाले अधिकारों को मान्यता; हिंदू विवाहों को मान्यता जैसे सामाजिक अधिकारों) से वंचित होना होता। दक्षिण अफ्रीका में नागरिकता के अधिकार की पैरोकारी वहाँ भारतीय प्रवासियों की जिजीविषा और उनकी सफलता को मान्यता देने के द्वारा की गयी थी। गाँधी का *हिंद स्वराज* प्रत्यक्ष तौर पर भारत की इस अंदरूनी सांस्कृतिक शक्ति से जुड़ा है। कुली की त्रिशंकु स्थिति का समाधान सिर्फ़ दोहरी रणनीति से ही किया जा सकता था: गृह–देश में रष्ट्रीयता और अपनाए हुए देश में नागरिकता। दोनों एक दूसरे पर निर्भर थी।

गिरमिट प्रथा की बुराइयाँ और मज़दूरों का धैर्य एक अंतर्विरोध को जन्म देता था (125)। एंड्रयूज अफ्रीका और भारत के बीच नातेदारी की बात करते थे। 'कई अर्थों में अफ्रीका पूरब से रिश्ता रखता है.' (टिंकर 1979: 235)।

12 जनवरी, 1917 को उन्होंने सुशीला रुद्र को लिखा:

मेरे अंदर की बाध्यकारी शक्ति ने मुझे कल कुछ कदम उठाने पर मजबूर किया। कई हफ्तों से मैं गिरमिटिया व्यवस्था के बने रहने की पीड़ा को महसूस कर रहा हूँ...आखिर एक नए जीवन के इस भयावह अनुभव ने यह साबित किया है कि यह एक वैध वेश्यावृत्ति है और मैं इस ख़याल को बर्दाश्त नहीं कर पाया कि पवित्र और शुद्ध भारतीय स्त्री को इसमें धकेला गया।' (133)

जब मॉरिशस ने सस्ते श्रम की चाहत प्रकट की, तब एंड्रयूज ने कहा कि 'छोटे किसानों' जैसे स्वावलंबी लोगों को जाना चाहिए (191)। उन्होंने बनारसीदास चतुर्वेदी को लिखा:

किसी देश के कमज़ोर व्यक्ति आप्रवासन के लिए अच्छे नहीं हैं और वे आप्रवास के देश में टूट जाते हैं...सिर्फ सस्ते श्रम को पाने में दिलचस्पी रखनेवाले पूंजीपति लोग ही ऐसे लोगों को हासिल करने की इच्छा रखते हैं। हमें पूंजीपतियों के पक्ष को स्वीकार नहीं करना चाहिए, बल्कि कनाडा के मॉडल का अनुसरण करना चाहिए। मॉरिशस जैसे सुंदर उपजाऊ द्वीप को... सिर्फ सर्वश्रेष्ठ को ही लेना चाहिए। इसे किसी भी सूरत में सबसे ख़राब को नहीं लेना चाहिए। (चतुर्वेदी व साइक्स 1950: 191)

इस तरह का द्वैत एंड्रयूज और गाँधी, दोनों के यहाँ देखा जा सकता है—एक तरफ़ वे गिरमिट को निम्नीकरण करनेवाला मानते हैं मगर साथ ही उसे जिजीविषा का सूचक भी मानते हैं। पहला विचार स्वदेश वापसी की परियोजना की ओर लेकर जाएगा, जो अपने आप में दोधारी तलवार के समान थी: इसने तकलीफ़ों को जन्म दिया, लेकिन वहाँ रहना अपमानजनक भी था। ऐसा मालूम होता था कि एकमात्र समाधान एक दोहरी परियोजना में छिपा था: घर में गरिमा की बहाली के ज़रिए समुद्र के पार गरिमा को फिर से प्राप्त किया जाए। क्योंकि 1918 तक गाँधी ब्रिटिश शासन के विरोधी नहीं थे: वे सिर्फ भारतीय राष्ट्रीय गरिमा चाहते थे ताकि अधिकारों के लिए भारतीय—दक्षिण अफ़्रीकी संघर्ष को बढ़ावा दिया जा सके (टिंकर 1979: 139)।

जब एंड्रयूज केन्या में हैं, तब वे कहते हैं 'ग़रीब भारतीय ज़्यादातर दूरस्थ इलाक़ों में थे: काफ़ी दूर के इलाक़ों में मज़दूर, शिल्पकार और दुकानों वाले छोटे बनिए। केन्याई श्वेतों ने कारोबारी वर्ग को प्रतिस्पर्द्धा के तौर पर देखा (युगांडा की तरह)। भारतीयों ने दावा किया कि टंगानाइका उनका उपनिवेश था!' (162—63)।

केन्या में एंड्रयूज भारत की छवि—इसके दोनों नकारात्मक पहलू—अनैतिक के रूप में, साथ ही 'सचमुच में पैसे से' बंधी हुई वाली, पर काम करते हैं। (चतुर्वेदी व साइक्स 1950: 140—41)। एंड्रयूज ने अफ़्रीका—टंगानाइका—की यात्रा

की, जहाँ उन्होंने एक अलग ही समूह देखा—मध्यवर्गीय कारोबारियों का। वे राजनीतिक शक्ति की इच्छा रखते थे। यह उन फ़ीजी के भारतीयों से अलग था जो जीवित बचे रहने के लिए संघर्ष कर रहे थे। फ़ीजी के प्रवासियों के अनुभव से, जो लौटे भी, एंड्रयूज ने संभवतः यह देखा होगा कि वापसी भी कितनी समस्याप्रद थी।

एंड्रयूज का गिरमिट अनुभव उनके साथ बना रहता है और उनके भारतीय कार्यों को समृद्ध करता है। वे शिकार के दौरों पर पहाड़ी खेतिहरों के शोषण (बेगार) के विमर्श पर मानवसेवी स्टोक्स की मदद करते हैं; ब्रिटिश बकिंघम और मद्रास में कर्नाटक मिलों में औद्योगिक मज़दूरों की दयनीय स्थिति में हस्तक्षेप करते हैं (179); वे इन मिलों को फ़ीजी के चीनी एस्टेटों से जोड़ते हैं।

दक्षिण अफ्रीका

स्वाभाविक तौर पर दक्षिण अफ्रीका में एंड्रयूज गाँधी के पीछे छिप गये हैं। दूसरी तरफ़ विद्वानों का यह दावा है कि दक्षिण अफ्रीका में एंड्रयूज के हस्तक्षेप से गाँधी–स्मट समझौता हुआ और फ़ीजी की उनकी यात्राएँ गिरमिट प्रथा के अंत का एक तरह से एकमात्र कारण बनीं (टिंकर में अंग्रेज व्यक्ति की भूमिका को बढ़ा–चढ़ाकर प्रस्तुत करने की प्रवृत्ति हैः उपरोक्त कथन भी शायद एंड्रयूज की भूमिका का अतिशयोक्तिपूर्ण बखान है)।

दक्षिण अफ्रीका की समुद्री यात्रा एंड्रयूज के लिए आघातकारी थी और इसने उन्हें प्रतिरोपित लोगों की पीड़ाओं को समझने का मौका दिया। उस यात्रा के दौरान कलकत्ता के एक भारतीय रसोइये ने जहाज़ से कूद कर आत्महत्या कर ली। एंड्रयूज की अपनी समुद्री अस्वस्थता और एक निर्वात में होने के एहसास ने उन्हें गिरमिटियों के भाग्य को लेकर एक अस्तित्वादी अंतर्दृष्टि दी (एंड्रयूज की समुद्री अस्वस्थता, चतुर्वेदी व साइक्स 1950ः 124)।

डरबन में गाँधी के फीनिक्स आश्रम में वे एक भागे हुए तमिल कुली की दुर्दशा के गवाह बने, जिसके शरीर पर हिंसक पिटाई के निशान थे और गाँधी ने जिसका ढाँढस बंधाया था। ऐसा मालूम पड़ता है कि इस दृश्य ने एंड्रयूज की आँखों में आँसू ला दिए थे (चतुर्वेदी व साइक्स 1950ः 95)।

ऊपर जिस घटना का मैंने हवाला दिया है, उसका कुली आगे चलकर एंड्रयूज की आँखों के सामने एक बार फिर कौंधता हैः

> एक सुबह इनवेरारम की पहाड़ी पर बैठे हुए उन्होंने अचानक एक दृश्य का अनुभव किया, जिसमें एक पिटा हुआ कुली उनके सामने प्रकट हुआ, डरा और घबराया हुआ, उसका चेहरा ईसा मसीह के चेहरे मे मिल रहा था। यह वही कुली था, जिसे उन्होंने नेटाल में देखा था। (टिंकर 1979ः 109)

लेकिन दक्षिण अफ्रीका में एंड्रयूज ने सिर्फ कुलियों की दुर्दशा ही नहीं देखी। दक्षिण अफ्रीका में उन्होंने कारोबारियों को 'समझौता करनेवालों' के तौर पर और ग़रीबों को 'प्रतिरोध करनेवालों' के तौर पर देखा। गाँधी के एक अनुयायी थाम्बी नायडु ने कहा:

> इसमें कोई शक नहीं महोदय, दक्षिण अफ्रीका में आपके निवास के दौरान कारोबारी वर्ग का एक हिस्सा काफ़ी भव्य तरीके से आपकी ख़ातिरदारी करेगा, उनके शानदार तरीके से सुसज्जित घर और उनकी मोटरगाड़ियाँ आपकी सेवा में हाजिर रहेंगी...ये सब धोखा है...भारतीय समुदाय, ख़ासकर ग़रीब तबका, आपका आभारी रहेगा अगर आप भारतीय कारोबारियों को प्रेम से जीत लें और उन कारोबारियों को अपना चावल... जायज़ दामों पर बेचने के लिए मना लें। (एंड्रयूज को लिखे गये नायडु के पत्रों से, जिसका संरक्षण बनारसीदास द्वारा किया गया) (टिंकर 1979: 162)

इस तथ्य के बावजूद कि एंड्रयूज, गवर्नर जनरल ग्लैडस्टोन के निजी मित्र थे और उन्हें दक्षिण अफ्रीका के ब्रिटिश अभिजनों के भव्य घरों से निमंत्रित किया गया था, उन्होंने प्रीटोरिया के बाहरी हिस्से में भारतीयों के 'मलिन' इलाके में रहने का चुनाव किया। उन्होंने उनकी मेहमाननवाज़ी, उनकी उदारता और उनकी स्वच्छता का ज़िक्र किया है:

> प्रीटोरिया के धोबी मेरे बहुत अच्छे मित्र बन गये...मुझे 'खाना' या तो नाश्ता या रात का भोजन/डिनर देने में उन्हें बेहद खुशी होती थी। उन्होंने मुझे पहनने के लिए कपड़े भी दिए; उन्होंने मुझे जूते और चप्पल पहनाए, वे हर दिन मेरे सफेद ग्रीष्मकालीन सूटों को साफ़ करने और इस्त्री के लिए उत्सुक रहते थे। (चतुर्वेदी व साइक्स 1950: 96)[10]

अमानवीय परिस्थितियों के बीच भी कृपालुता और जीवित रहने की असाधारण क्षमता का अंतर्निहित पहलू एंड्रयूज को छू गया और इसे मैं भी रेखांकित करना चाहती हूँ। भारत वापस लौटकर और गोखले के गिरमिट विरोधी अभियान के साथ काम करते हुए और फ़ीजी में काम करने की प्रतिज्ञा लेने के दरमियान ही एंड्रयूज ने तोताराम सनाढ्य की हिंदी में लिखी गयी आपबीती *'फ़ीजी में मेरे 21 साल'* पढ़ी और ऑस्ट्रेलियाई उपनिवेशी चीनी परिशोधन कंपनी के नेतृत्व में चलाए गये गिरमिट विरोधी अभियान के बारे में जानकारी हासिल की। उन्होंने व्यक्तिगत तौर पर इलाहाबाद और कोलकाता के बीच के सभी आव्रजन केंद्रों का दौरा किया जिससे उन्हें यह बात समझ में आयी कि भर्ती करनेवाले श्रमिकों

[10] *मॉडर्न रिव्यू* अगस्त, 2013 से

को फ़ीजी ले जाने के लिए किस हद तक धोखेबाजी और कैसे–कैसे हथकंडों का सहारा लेते हैं (चतुर्वेदी व साइक्स 1950: 113)। 1915 में उत्तर भारतीय मज़दूरों का मेहनताना, फ़ीजी में मिलनेवाले मेहनताने से ज्यादा था (112)।

कुछ लोग यह दावा करते हैं कि उन्हें 'दीनबंधु' या ग़रीबों के दोस्त की उपाधि 1917 में फ़ीजी में दी गयी थी। फ़ीजी में अपने पाँच हफ्तों में एंड्रयूज ने गिरमिटियों के लिए भूमि बंदोबस्ती, शराब नियंत्रण, प्रचलित जबरन अनुबंधों की जगह श्रमिक अनुबंधों, पूरे परिवारों की भर्ती, आवासीय सुविधा, 'कुली' जहाज़ों की जगह एक सार्वजनिक स्टीमर सेवा शुरू करने और हिंदी माध्यम के ग्रामीण स्कूलों के लिए काम किया (113–114)। बाद में विभिन्न गिरमिटिया परिस्थितियों में ये माँगें उनके काम का मॉडल बन गयीं, जिसका चरम बिंदु कैरिबियाई गयाना की उनकी यात्रा था। जबकि गाँधी का काम गिरमिट के राजनीतिक–सामाजिक–नैतिक आयाम से जुड़ा हुआ था, एंड्रयूज ने वैधानिक–भौतिक पक्ष की ओर ध्यान दिया और उन्होंने अपनी राष्ट्रीयता का इस्तेमाल बागान मालिकों के साथ सफलतापूर्वक मोलभाव करने के लिए किया।

बाद में एंड्रयूज कैरिबियाई क्षेत्र गयाना गये। उन्होंने कुलियों की दयनीय जीवन–दशा को भी दर्ज किया और कैरिबियाई के सुंदर भू–दृश्य में उनकी तरक़्क़ी की अपार संभावनाओं का भी उल्लेख किया। गयाना के रास्ते में एंड्रयूज का जहाज़ बरमुडा, सैंटा लुसिया और पोर्ट ऑफ स्पेन में रुका। हर जगह एंड्रयूज तट पर उतरे और भारतीय अधिवासियों की संख्या और उनके कल्याण के बारे में सूचनाएँ इकट्ठा करने का काम किया।'[11] उनके जहाज़ से उतरने के बाद पहली ही सुबह उन्होंने देमेरारा के पूर्वी तट पर चीनी बागानों का दौरा किया (चतुर्वेदी व साइक्स 1950: 239)–

> जहाँ भारत अब भी जीर्ण–शीर्ण, अस्वास्थ्यकर, पुराने श्रमिक कोठरियों में रह रहे थे। चर्च सर्विस के दौरान सुबह–शाम उन्होंने हिंदी में अपनी बातें रखी, जिससे सुनने के लिए भारत का समाचार पाने और अपनी भाषा सुनने के लिए लालायित हिंदुओं की भारी भीड़ जमा हो गयी। (चतुर्वेदी व साइक्स 1950: 240)

लेकिन, यहाँ एंड्रयूज का विचार है कि भारतीय समुदाय से अलगाव और मद्यपान तथा जुआ खेलने जैसी सामाजिक बुराइयों की बढ़ोतरी के परिणामस्वरूप जो धार्मिक पतन हुआ है उसकी भरपाई लोक–स्मृति प्रसूत सांस्कृतिक जिजीविषा के किसी बोध से नहीं होती। इस मामले में वे गाँधी के समान हैं। एंड्रयूज की पत्रिका को देखते हुए यह संभव लगता है कि उन्होंने बेशक ऐसी जिजीविषा में एक महत्वपूर्ण भूमिका अदा की होगी।

---

[11] देखें चतुर्वेदी व साइक्स (1950: 239)।

जैसा कि उन्होंने फ़िजी में किया था, एंड्रयूज ने भारतीय जीवन के अहम आयामों पर समुदाय के साथ चर्चा कीः भारत के साथ संचार में सुधार, भारतीय विवाहों का पंजीकरण, भारत लौटने के विकल्प के तौर पर भूमि अनुदान, शराब और जुए के नियंत्रण जैसे मामलों में अफ़्रीकियों और भारतीयों के बीच सहयोग, चावल उगाने के लिए सहकारी ऋण, शिक्षा में भारतीयों का प्रवेश (यूनिवर्सिटी ऑफ वेस्टइंडीज के ख़्वाब में एंड्रयूज की भूमिका थी [245]) और पुलिस बल और बाल विवाद जैसे मसलों पर हिंदू समुदाय के भीतर सामाजिक सुधार (242–43)। भारतीय विवाह कितने अनौपचारिक तरीके से होते थे (236), वे इसे भी दर्ज करते हैं और विवाह की उम्र को 13 से बढ़ाकर 16 करने के लिए पंडितों के एक समूह को संबोधित करते हैं (236)।

फ़ीजी और गयाना, दोनों ही जगहों पर अन्य शोषित लोगोंः स्थानीय फ़ीजीवासी और अफ़्रीकी–गयानाई, के साथ भारतीयों के अलगाव को कम करने की कोशिश एंड्रयूज के काम का एक और आयाम था। बाँटो और राज करो की उपनिवेशी नीति ने गयाना में भारतीयों को देहात में और अफ़्रीकियों को शहर में रखा था। फ़ीजी में भारतीय जनजातीय ज़मीन पर किराएदार थे, जो दरार पैदा करता था (123)। गयाना के एक लंबे दौरे के दौरान एंड्रयूज अपनी संस्कृति–पारीय समझ की सारी ताकत को इस्तेमाल में लाते हैं। भारतीय कुलीन वर्ग के साथ ही अति निर्धन, अफ़्रीकी शिक्षकों के साथ ही अंग्रेज बागान मालिकों के साथ मुलाक़ात करके, उन्होंने विभिन्न मसलों के बीच से अपना रास्ता बनाया।

उन्होंने ऐसी स्थितियों के लिए मोलभाव किया, जो भारतीयों को एक बार में ही जीविका का और एक जीवन–पद्धति का जो उनकी कृषक पृष्ठभूमि में सहायक होती, का साधन उपलब्ध कराता और उन्हें गरिमा प्रदान करता। इसका जवाब एक शब्द में छिपा थाः चावल। चावल को दलदली ज़मीन वाले कुछ जिलों में गन्ना का स्थान लेना था। उन्होंने बागान मालिकों को यह बात समझाई कि इस तरह से अफ़्रीकी लोग भारतीयों से खतरा नहीं महसूस करेंगे, जो चावल के इलाक़ों में बने रहेंगे। हो सकता है कि इस यह योजना उस समय कारगर रही हो, लेकिन यह संभव है कि दीर्घ अवधि में इसने शहरी गयाना में, जो कि भविष्य था, भारतीयों के घुलने–मिलने में रुकावट पैदा की। फिर उस समय के हिसाब से यह उनके हालात में बड़ा सुधार था।[12]

चावल के मसले ने इन बहस को जन्म दिया कि भारतीय और अफ़्रीकी सह–अस्तित्व में कैसे रह सकते थे? प्रचलित विचार यह था कि अफ़्रीकी लोग जोशीले उद्यमी हैं, जबकि भारतीय 'कृषक' हैं। भारतीयों को धान के खेतों में खपाकर इन दोनों की दुनिया को विभाजित कर देने को आपसी रंजिश से

[12] गयाना को एंड्रूज के योगदान के लिए देखें चतुर्वेदी व साइक्स (1950: 240–50)।

छुटकारा पाने का एक उपाय माना गया। खुद गवर्नर जनरल ने एंड्रयूज को उनकी कोशिशों के लिए धन्यवाद दिया। लेकिन, भारतीय/अफ्रीकी विभाजन के दूसरे पहलू को लेकर एंड्रयूज कोई समझौता करने को तैयार नहीं थे और यह सही था। उन्होंने इस बात को महसूस किया कि वहाँ कोई 'ईस्ट इंडियन' शिक्षक नहीं थे और इस पेशे पर अफ्रीकियों का वर्चस्व था। शिक्षा, ख़ासतौरपर स्त्रियों के लिए, परम आवश्यकता थी और एंड्रयूज ने अनथक ढंग से इसके लिए काम किया। एक निश्चित तौर पर यादगार बहस में अंग्रेज एंड्रयूज ने गयाना के हिंदू पंडितो से मुलाकात की ताकि उन्हें बाल विवाह के ख़िलाफ़ मनाया जा सके। और उनकी जीत हुई।

एक महत्वपूर्ण बात यह है, जैसा कि इस अध्याय की शुरुआत में दिए गये उद्धरण से संकेत किया गया है, भारत और इसके महान स्वतंत्रता संघर्ष में एंड्रयूज की एक महत्वपूर्ण भूमिका, वास्तव में एकमात्र भूमिका त्रिनिदाद के साहित्यिक गलियारे में निभाई गयी। भारत–अफ्रीकी मित्रता पर एक कम ज्ञात तथ्य यह है कि 1916–17 की उनकी गयाना यात्रा के बाद एंड्रयूज ने त्रिनिदादी आमूल सुधारवादी (रैडिकल) लेखक समूह *द बीकन* (मुख्य तौर पर अफ्रीकी त्रिनिदादी) के साथ सहयोग किया। उस समय ऐसा जान पड़ता है कि वे भारत और गाँधी के बारे में उनकी जानकारी का एकमात्र प्राथमिक स्रोत थे। इसी के विस्तार के तौर पर एंड्रयूज द्वारा भारत संबंधी जानकारी के प्रसार ने त्रिनिदादी रेडिकल सी.एल.आर जेम्स को अपने ही पिछवाड़े के भारतीय मज़दूरों के प्रति कम उपेक्षापूर्ण दृष्टिकोण के लिए प्रेरित किया। राइनहार्ड सैंडर्स के मुताबिक जब तक एंड्रयूज ने *द बीकन* में नहीं लिखा था, तब तक त्रिनिदाद में ईस्ट इंडियनों की उपस्थिति उपेक्षित ही थी।

इसका अपवाद जेम्स द्वारा सी.एफ. एंड्रयूज की *महात्मा गाँधी: हिज ओन स्टोरी* की समीक्षा थी। अपनी समीक्षा में जेम्स गाँधी पर अपना आकलन पेश करते हैं और उन्हें 'आज की तारीख़ में वैश्विक मामलों की सबसे बड़ी शख़्सियत' करार देते हैं और भारतीय राष्ट्रवादी की तारीफ़ उनके सिद्धांत और दक्षिण अफ्रीका और भारत में अहिंसा के प्रयोग के लिए करते हैं (सैंडर 1988: 37)। यह प्रतीत होता है कि गाँधी की आध्यात्मिक शक्ति ने सैंडर को प्रभावित किया था और यहाँ तक कि वे अब तक दयनीय समझे जानेवाले भारतीयों में भी इनमें से कुछ गुणों को देखते हैं, जिन्हें उन्होंने अब तक पूरी तरह से उपेक्षित रखा था। इस अध्याय के पुरालेख के एक भावप्रपण अनुच्छेद में जेम्स कहते हैं:

> यह किताब मुझ पर...ऐसा प्रभाव छोड़ती है जो शायद मुझ पर लंबे समय तक बना रहेगा...[अब], जब मैं गली के किनारे में विनम्रता के साथ झुके हुए साधारण, बिना धुले कम कपड़े पहने ईस्ट इंडियन से मिलता हूँ, तो वे उनको

> लेकर मेरी पहले की धारणा से कहीं विशाल नजर आते हैं, क्योंकि अब मुझे यह एहसास हुआ है कि उस दुर्बल और बिना देखभाल के शरीर में ऐसी आध्यात्मिक शक्तियाँ आवाजाही करती हैं, जो मुझसे बहुत आगे हैं। (*द बीकन*, 1,5 [अगस्त 1931], 19)

इसमें कोई संदेह नहीं कि इस हरावल (अवाँगार्द) साहित्यिक समूह के साथ एंड्रयूज के संबंध ने एक विश्वविद्यालय, यूनिवर्सिटी ऑफ वेस्टइंडीज (यूडब्ल्यूआई) पर उनके काम में योदगान दिया, जो वेस्टइंडीज की जनसंख्या को प्रदर्शित करता था।

गयाना की सुंदरता से प्रभावित एंड्रयूज गिरमिटिया भारतीयों के लिए दक्षिण–पूर्व एशिया में पाए जानेवाले आराम की इच्छा करते हैं। यहाँ एक बार फिर वे कई दुनियाओं की अपनी जानकारी का इस्तेमाल सभी की बेहतरी के लिए करते हैं। आवासीय सुविधा को लेकर वे पूछते हैं: 'आखिर सर्वश्रेष्ठ एस्टेटों में भी घरों का निर्माण फलियों या फलियों के तने की तरह कतार में क्यों किया जाना चाहिए?...आख़िर भारतीयों को अपने हिसाब का घर का चयन क्यों नहीं करना चाहिए, बशर्ते स्वच्छता के मानकों को वे पूरा करते हों?' (चतुर्वेदी व साइक्स 1950: 242–43)।[13]

भारतीय कैरिबियाइयों के वृत्तांत भी एंड्रयूज की यात्रा के प्रभाव की गवाही देते हैं। माया तिवारी, लक्ष्मी प्रसाद व अन्य लेखकों के लेखन में इसे देखा जा सकता है। एंड्रयूज के बाद के दौर का लेखन इसकी तस्दीक करनेवाला है। मिसाल के लिए (1929 के लगभग), यहाँ लक्ष्मी प्रसाद का 1930 और 1940 के दशक का वर्णन देखा जा सकता है।

> गोधूली के वक्त ऐसा लगता था कि आप भारत में हैं: बैलगाड़ियों की परछाइयाँ और उनकी आवाजें, चूल्हे पर पकती रोटियों की खुशबू; बाल्टियों में ताजा पानी और कटे हुए घास के गट्ठर; छप्पर वाले फ़ीके सफ़ेद रंग के घर और आंगनों में जलती हुई लकड़ी की चमक, रात में हिंदी की मख़मली कोमल ध्वनियाँ जिन्हें लाल धरती की पगडडंडियों पर गर्म हवाएँ बहा कर ले जाती थीं। 1930 के दशक तक यह आसानी से यक़ीन किए जाने के लायक था।[14]

प्रसाद भारतीय शैली के घरों के एंड्रयूज के सपने के साकार होने का वर्णन करती हैं (82–83)।

---

[13] देखें चतुर्वेदी व साइक्स (1950: 242–43)।

[14] देखें प्रसाद (1990: 81–86), गिरमिट प्रथा की समाप्ति के बाद भारतीयों के जीवन के गीतात्मक वर्णन के लिए।

व्यावहारिक मामलों के प्रति एंड्रयूज का निष्ठावान समर्पण, दयनीयता को सांस्कृतिक शक्ति में परिवर्तित करने की गाँधी की कीमियागिरी को भौतिक आधार मुहैया कराता है, साथ ही शारीरिक कष्टों का मुक्ति के संघर्ष में नियोजन और इस कीमियागिरी को सांस्कृतिक उत्तरजीविता और परिभाषा के राष्ट्रवादी कार्यक्रम के साथ संयुक्त करने का आधार प्रस्तुत करता है। इस किताब का यह दावा रहा है कि शुरुआत में प्रवासीय गिरमिटिया के संदर्भ में विस्थापन की पीड़ा और भारत के लिए उठनेवाली हूक जिसका रूपांतरण आत्म–परिभाषा के लिए एक महान राष्टीय कार्यक्रम में हो गया, गाँधी की प्रोत्साहन शक्ति बनती है। सी.एफ.एंड्रयूज द्वारा वर्णित दृश्य इस बात की ताकीद करता है कि हिंदूओं, मुस्लिमों और ज़ुलुओं की इस क्रियोल भूमि में और गाँधी और एंड्रयूज के अंदर प्रवासियों की तकलीफ़ों की चेतना में 'राष्ट्र' ज़्यादा दूर नहीं है:

> ग़रीबों के बीच बिना थके धार्मिक कामकाज के एक लंबे दिन का तनाव समाप्त हो गया। शाम की बची हुई रौशनी में गाँधी खुले आसमान के नीचे बैठे थे। उन्होंने अपनी गोदी में एक बीमार बच्चे की सेवा की, वह एक छोटा मुस्लिम बच्चा था, और उनके बगल में पहाड़ी के उस पार के मिशन से एक ईसाई ज़ुलू लड़की थी। उन्होंने हमें ईश्वर के प्रेम के बारे में कुछ गुजराती पद सुनाए और अंग्रेज़ी में उसका भाष्य किया...फिर बच्चों की आवाज़ों में इन गुजराती प्रार्थना गीतों को गाया गया। एक युवा हिंदू ने उत्सुकता भरी आँखों से मुझसे पूछा, 'भारत कैसा है?' मैंने जवाब दिया, 'भारत, बिल्कुल ऐसा ही है। आज की रात हम सब भारत में हैं।' (चतुर्वेदी व साइक्स 1950: 99)

9

निष्कर्ष

प्रवासीय गाँधी

इस किताब का समापन करते हुए, यह अध्याय प्रवासीय अनुभव के एक केंद्रीय सैद्धांतिक विरोधाभास को संबोधित करता है। ज्यादातर प्रवासीय अनुभव की बुनियाद में मौजूद 'विकीर्णन' (बिखराव), विकेंद्रण और विस्थापन के बावजूद जब प्रवासीय समूह (डायस्पोरा) नई भूमि में खुद को फिर से बटोरते और अपना पुनराविष्कार करते हैं, तब वे अक्सर नस्ल जैसी निर्मितियों को मज़बूत करते हैं, जिनकी दमनकारी विचारधाराएं उनके जबरन (श्रम के लिए) या पृथक (उपनिवेशी या उत्तर–उपनिवेशी अभिजन के लिए एक महानगरीय जीवन और सफलता की इच्छा) बिखराव का कारण बनीं थीं।[1] इस किताब ने यह दलील दी है कि निस्संदेह प्रवासीय गाँधी ने एक उपनिवेश विरोधी परिप्रेक्ष्य का विकास किया, इसकी आधुनिकता विरोधी विचारधारा को उजागर किया और प्रतिरोध की उन मौलिक विधियों का विकास किया, जो भारत की आज़ादी की लड़ाई में इस्तेमाल किए जाने के बाद ज्यादा मशहूर हुईं। लेकिन, दक्षिण अफ्रीका में वे अपने पीछे जिन आबादियों को छोड़ आए थे, उन्हें रंगभेद के तौर पर नस्ल के और कठोर हो जाने[2] का सामना करना पड़ा; अलगाववादी [और गाँधीवादी]

शीर्ष तस्वीर: प्रवासीय गाँधी

[1] देखें नलिनी नटराजन (1992)। साथ ही देखें परांजपे (2001: 55) में शिवा श्रीनिवासन, जो मनोविश्लेषणवादी संदर्भ में पूछते हैं,'डायस्पोरा (प्रवासीय समूह) के सिद्धांतों पर यह व्याख्या करने का दबाव होता है कि आखिर ऐसा क्यों है कि प्रवासीय नागरिक में अपने उद्भवों के पारिवारिक मिथक को लेकर एक दुर्निवार आकर्षण होता है... और वे अपने अपने पूर्वजों की भूमि की यात्रा करते हैं, बशर्ते उसके या उसके पूर्वजों के पास पलायन करने का अच्छा कारण रहा हो?' (55) जबकि विवश किए गये प्रवासी समूहों (डायस्पोराओं) का मामला अलग है, लेकिन यह तथ्य कि वे भी आधुनिकी विनस्लीकरण की राख पर पहचान को फिर से खड़ा करने की कोशिश करते हैं, यह जितना अवचेतन का एक प्रकार्य है, उतना ही यह उन ऐतिहासिक कारकों का है, जिसे इस अध्याय में उठाया गया है।

[2] मैं एक अनाम समीक्षक की शुक्रगुज़ार हूं, जिन्होंने मुझे इस सवाल पर विचार करने के लिए कहा।

236 अटलांटिक गाँधी

विचारधाराओं ने यह सुनिश्चित करने का काम किया कि उन्होंने खुद को जातीय तौर पर भिन्न पाया: जिसे एक प्रवासीय समूह (डायस्पोरा) के संभावित मुक्तिदायी अनुभव का एक विरोधाभासी परिणाम कहा जा सकता है।

इस किताब को निर्देशित करनेवाले प्रवासीय समूह (डायस्पोरा) के चौखटे का सार प्रस्तुत करने के लिए गाँधी और उनके सहयोगियों के अनुभव को प्रवासीय अध्ययन के केंद्रीय मुद्दों से जोड़ना जरूरी है। ये हैं: श्रमिक प्रवासी की अपनी गृह–भूमि (स्वदेश) साथ ही मेज़बान भूमि से अजनबियत, देश छोड़ने और निर्वासन द्वारा पेश की गयी चुनौतियों के बीच पहचान और चेतना की पुनर्परिभाषा और राष्ट्र को रूपाकार देने के शुरुआती प्रयासों और प्रवासीय मुद्दों का परस्पर विच्छेद। इसमें बाद का बिंदु महत्वपूर्ण है: जैसा कि मैंने दलील दी है, गाँधी ने विनस्लीकृत (deracinated), विसंस्कृत (de-cultured) कुली को एक प्रवासी में रूपांतरित करने में अहम भूमिका निभाई और निर्वासन में 'राष्ट्रीयता की नर्सरी' का विकास किया।

इन शुरुआती भारतीय प्रवासियों (डायस्पोराओं) पर चर्चा करने के लिए डायस्पोरा या प्रवासीय समूह उस तरह से विद्वानों के उपागमों या संदर्भ चौखटे का भाग नहीं था: उन्हें प्राथमिक तौर पर गतिशील श्रम, यानी ऐसे लोगों के तौर पर देखा जाता था जो बागान पूंजीवाद के हित में विसंस्कृतीकरण के लिए तैयार थे। लेकिन, डायस्पोरा (प्रवासीय समूह) का 'समकालीन, इस्तेमाल, विशेष तौर पर जेम्स क्लिफोर्ड और *'डायस्पोरा'* जैसी पत्रिकाओं द्वारा, हमें विभिन्न प्रकार की प्रवासीय चेतनाओं और खास तौर पर राष्ट्रीय आत्मपरिभाषा के साथ प्रवासीय (डायस्पोरिक) विचारधाराओं के रिश्ते की पड़ताल करने का अवसर देता है।[3] गाँधी और दक्षिण अफ्रीकी भारतीयों को एक पद के भीतर शामिल करना, जो परंपरागत तौर पर यहूदियों आदि के 'विकीर्णन' के लिए इस्तेमाल होता रहा है, डायस्पोरा (प्रवासीय समूह) की अवधारणा के परिष्कार और उसके विस्तार की कोशिश तो है ही, साथ ही गाँधी को लेकर नई समझ का रास्ता तैयार करने की भी एक कोशिश है।[4]

---

[3] मैं 'राष्ट्रीय' का इस्तेमाल उपनिवेश विरोधी आत्म परिभाषा के तौर पर करती हूँ, जो कि एक स्वायत्त राष्ट्र में प्रभुत्वशाली राष्ट्रवादी वृत्तांतों के उलट है। क्लिफोर्ड (1994: 307) राष्ट्रों को राष्ट्र राज्यों से अलग करके देखने की वकालत करते हैं।

[4] प्रवासीय अनुभव के व्यापक दायरे, यहूदियों से अर्मेनियाइयों और अफ्रीकियों तक, को समझने के लिए और नए–नए इतिहासों के मॉडल में शामिल होने से वर्तमान विमर्श में रद्दोबदल करने और उनमें विस्तार देने के लिए विशिष्ट इतिहासों के अध्ययन की ज़रूरत पर देखें, क्लिफोर्ड (1994: 302, 305, 306, 319)। इस अध्ययन की बारीकियां हमें भारतीय गिरमिट प्रवासीय समूह (डायस्पोरा) को डायस्पोरा के निदर्शनों के अनुरूप ढ़लने में मदद करती हैं। क्लिफोर्ड का इसके बाद का सारा हवाला 1994 के लेख से दिया गया है।

निष्कर्ष **237**

हाल के दशकों में एक उपागम, एक संदर्भ ढाँचे के तौर पर डायस्पोरा विमर्श के उभार ने, जिसके भीतर मानवीय अनुभव का परीक्षण किया जा सकता है, इसे एक प्रमुख सैद्धांतिक निदर्शन/पैराडाइम के तौर पर स्थापित कर दिया है। इस बात को ध्यान में रखते हुए कि सभी आबादियों ने समय के किसी न किसी बिंदु पर प्रवास किया था, क्या डायस्पोरा सार्वभौमिक है? या फिर वह पूर्व/उत्तर/ राष्ट्र राज्यों के साथ अपने द्वंद्वात्मक संबंधों के अधीन है? कई हालिया अध्ययन समकालीन भूमंडलीकरण से प्रेरित हैं, लेकिन कोबिना मर्सर और पॉल गिलरॉय ने इसके अफ्रीकी अटलांटिक आयाम पर चर्चा की है। बोयारिनों (Boyarins) ने इसके यहूदी आयाम पर (देखें क्लिफोर्ड 1994) चर्चा की है। अन्यों ने डायस्पोरा को क्वियर थ्योरी (Queer Theory) से जोड़ा है।

डायस्पोरा (प्रवासीय समूह) की धारणा, किसी प्रवासीय (डायस्पोरिक) जनसंख्या के घटक या प्रवासीय चेतना, प्रवासीय गोलबंदी में शामिल कारक और कैसे ये सब उदीयमान राष्ट्रवाद के साथ प्रतिध्वनित होते हैं और गृहभूमियों (स्वदेश) के साथ ही मेजबान भूमियों में भी औद्योगीकृत राष्ट्रराज्य, ये कुछ सवाल हैं, जिनका जवाब खोजने की कोशिश इस आखिरी अध्याय में की जाएगी। विलियम सैफरन ने इनमें से कुछ तत्वों का जिक्र किया है, जिसे जेम्स क्लिफोर्ड ने सार रूप में पेश किया है: असली घर से विस्थापन, उस स्थान की एक सामूहिक स्मृति, नई भूमि में घुलने—मिलने में पेश आनेवाली मुश्किलें, वापसी की इच्छा, स्वदेश के चल रहे मसलों में भागीदारी और इस संबंध से परिभाषित एक सामूहिक पहचान (क्लिफोर्ड 1994: 304 में सैफरन)।

लेकिन जैसा कि यह अध्याय दलील देता है, गाँधी के अनुभव पर आलोचनात्मक दृष्टिपात न सिर्फ डायस्पोरा (प्रवासीय समूह) सिद्धांत की कुछ समकालीन चिंताओं को प्रतिबिंबित करता है, बल्कि उन पर रोशनी भी डालता है। दूसरे शब्दों में गाँधी के अस्थायी प्रवासीय निवास को डायस्पोरा सिद्धांतों के अंतर्गत अवस्थित करने से इस पद का स्रोत और पीछे की तरफ विस्तृत हो जाता है। यह उस केंद्रीय विरोधाभास पर भी रोशनी डालता है, जिससे इस अध्याय की शुरुआत हुई थी।

सबसे पहली बात, चूंकि गाँधी ने एक काफी लंबा वक्त भारत के बाहर गुजारा, इसलिए ऐसा कहना गलत नहीं होगा कि उनकी राजनीति और अनुभव एक उल्लेखनीय 'प्रवासीय आयाम' (क्लिफोर्ड 1994: 303) से संयुक्त किए जाने की अर्हता रखते हैं। लेकिन दूसरी ओर, चूंकि वे आगे के निवास के लिए भारत लौट आए (दूसरे शब्दों में उन्हें स्वदेश भेज दिया गया), इसलिए डायस्पोरा की कुछ परिभाषाओं के मुताबिक वे इसकी अर्हता नहीं रखते। इस किताब के मकसदों के लिए मैंने क्लिफोर्ड के विभेद का इस्तेमाल किया है, क्योंकि मेरा मकसद प्रवासीय और राष्ट्रवादी विचारधाराओं की अतिव्याप्ति को ही दिखाना है।

इसी तरह से इस किताब में शामिल किए गये 'भारतीयों' ने स्वदेश वापसी की कोशिश की, लेकिन वे नाकाम रहे (देखें, अध्याय 8)। उन्हें भी अपनी मेज़बान–भूमि से अस्वीकार का सामना करना पड़ा। उन्होंने भी अपनी गृहभूमि की बार–बार उभरनेवाली स्मृतियों को संरक्षित रखा, जिसके रिवाजों ने उनके दिमागों में मिथकीय आयाम ग्रहण कर लिया और उन्होंने जाति जैसी प्रचलित रिवाजों को चुनौती मिलते देखा।

कई कारणों से डायस्पोरा एक पेचीदा अवधारणा है। पहला, सभी इंसान समय के किसी न किसी बिंदु पर ख़ानाबदोश थे। पूर्व–ऐतिहासिक काल से इंसानों की निरंतर गतिशीलता इस जरूरत को जन्म देती है कि हम ज्यादा समकालीन गतिशीलताओं को प्राचीन कालीन, मसलन, बियरिंग जलसंधि के आरपार आदिवासी एशियाइयों (यूरेशियाई डायस्पोरा के रूप में) या पूरी मानवता के अफ्रीकी डायस्पोरा (बटलर 2001: 189) के तौर पर गतिशीलता से अलग करके देखें। लेकिन, 'अपनी असली गृह–भूमि से दूसरे क्षेत्रों में लोगों का विसरण (dispersal)' (देखें, सरण, टोलोलियान व कोन्नोर, उद्धृत बटलर 2001 में) डायस्पोरा की सभी धारणों की बुनियाद में है। लेकिन जब ऐसे विसरण की स्मृति लुप्त हो जाती है, या तो सामूहिक लोक–स्मृति में या मौखिक, ग्राफिक या प्लास्टिक प्रस्तुतियों में, तब उन्हें वैध तरीके से एक डायस्पोरा कहकर नहीं पुकारा जा सकता, क्योंकि लोगों के बीच खुद ही इसकी कोई चेतना बची नहीं रहती। यह अलग बात है कि मानव उद्भव के सिद्धांत वैज्ञानिक नज़रिए से बिल्कुल प्रमाणित हो सकते हैं (जैसा कि अफ्रीका से मानव जाति का शुरुआती प्रवास)।

दूसरा, डायस्पोरा इस कारण से भी एक पेचीदा अवधारणा है, क्योंकि यह जन्मजात तरीके से अभिजन या सबाल्टर्न (निम्नवर्गीय), पुरातनपंथी या क्रांतिकारी नहीं है। प्रवासीय समूह (Diasporas) नई जमीन में या तो प्रभुत्वशाली हो सकते हैं या हाशिये पर रह सकते हैं और इस तरह से वर्चस्वशाली संरचना में व्यवधान पैदा करते हैं (देखें नटराजन, नेल्सन 1992 में)। भारत के मामले में ख़ानाबदोश प्रवासियों को भारत के इतिहास के विभिन्न चरणों में आत्मसात कर लिया गया। इनमें से कुछ शक्तिशाली हो गये (मिसाल के तौर पर राजपूत) और अन्य अधीन बने रहे (मिसाल के तौर पर युद्धबंदी जो 'निम्न' जातियों में जा मिले)।

तीसरा, यहाँ तक कि ऐतिहासिक, स्मृति संचित समय के भीतर भी इस बात को लेकर कोई एकमत नहीं है कि आखिर एक डायस्पोरा में तब्दील होने के लिए कितने समय की ज़रूरत होती है। 'प्रवासीय चरण' (diasporic phase) के मेरे इस्तेमाल (पहले क्लिफोर्ड द्वारा उद्धृत) को लेकर भी ऐसा ही कहा जा सकता है। कई विद्वानों ने प्रवासीय समूह (डायस्पोरा) की विशेषताओं को गिनाने की कोशिश की है (बटलर 2001: 191 में): कई कारक, जैसे कम से कम दो जगहों पर फैलाव होना, कम से कम दो पीढ़ियों का प्रवास (डायस्पोरा)

में वास करना या जीवित रहना, एक सामूहिक मिथक का होना, अपने उद्भव के देश–स्वदेश में स्वीकार न किया जाना। दो जगहों पर रहने वाले, मगर भारत वापस लौटने का इरादा हमेशा बनाए रखनेवाले गाँधी, इन परिभाषाओं के मुताबिक डायस्पोरा के तहत नहीं रखे जा सकते, लेकिन वे निस्संदेह एक प्रवासीय चरण से गुजरते हैं, जब उनके भविष्य को किसी भी तरह से निश्चित नहीं कहा जा सकता है। यह वास्तव में ज्यादातर प्रवासियों के लिए सही होगा, सिवाय छात्रों या अपनी मूल नौकरी से स्थानांतरित लोगों, अपने देशों का प्रतिनिधित्व करनेवाले राजनयिकों आदि के। लौटना हमेशा एक विलासिता है, क्योंकि एक बार जब कोई व्यक्ति नौकरी की तलाश में अपनी गृहभूमि को छोड़कर निकलता है, तो वह अपनी नाव जलाकर आता है। पिछली सदी में यह स्थिति कोई ज्यादा अलग नहीं रही होगी, हालाँकि ब्रिटिश साम्राज्य के भीतर आवागमन करना हर उपनिवेशी नागरिक का अधिकार था।

लेकिन, गाँधी उस तरह से एक आधिकारिक नौकरशाह की हैसियत से प्रवास नहीं कर रहे हैं जैसा कि एंडरसन पाबंदियों के अधीन एक द्विभाषी बुर्जुआ की यात्राओं की चर्चा करते हैं, बल्कि वे एक निजी तौर पर बहाल किए गये वकील के तौर पर यात्रा कर रहे हैं। मगर, एक ऐसे व्यक्ति के तौर पर जो अपने संबद्ध समूह के लिए मेज़बान देश के कानूनों की व्याख्या करता है, वे निश्चित तौर पर प्रवासीय खाने में रखे जा सकते हैं, जो अपना रास्ता खुद बनाता है। जब वे अपने परिवार को लेकर आते हैं, तब वे निर्णायक तौर पर प्रवासीय (diasporic) हैं। कुलियों की तरह वे भी 'जात–बिरादरी' गंवा कर आए हैं (देखें अध्याय 1 व 2)। उस सूरत में जब वे खुद को एक अखिल भारतीय पहचान के दायरे में देखते हैं, तब कहीं उनकी जाति का नुकसान कम महत्वपूर्ण हो जाता है। (जैड एडम्स इस तरफ ध्यान दिलाते हैं कि कस्तूरबा के परिवार ने आख़िर तक उन्हें स्वीकार नहीं किया और वे कभी उनसे मिलने नहीं जा सके)।

यह तथ्य भी काफी पेचीदा है कि डायस्पोरा की कसौटी पर खरा उतरने के लिए कई अन्य कारकों का भी होना जरूरी है। गाँधी के मामले में, निम्नलिखित प्रासंगिक हैं: उनकी वास्तविक हैसियत की प्रकृति (ब्रिटिश साम्राज्य के नागरिक के तौर पर[6]) जिसे उनके पेशे (वकालत) ने कम तीखा कर दिया है, से दक्षिण अफ्रीका में उनके द्वारा उठाए जानेवाले उत्तरदायित्वों तक; पहले एक गृहस्थ के तौर पर और बाद में एक आश्रम वाले के तौर पर उनकी स्थिति; दक्षिण अफ्रीका में उनके निवास की अवधि, यह तथ्य कि उनके पास वापस लौटने के

[6] काफी बाद तक, 1918 तक, गांधी खुद को साम्राज्य का नागरिक मानते थे; यह सिर्फ जालियांवाला बाग की त्रासदी के बाद होता है कि उन्होंने इस हैसियत का त्याग कर दिया और बोअर युद्ध के दौरान मिला कैसर–ए–हिंद के मेडल को वापस लौटा दिया।

लिए कोई आजीविका नहीं थी, या उनके प्रवासीय दौर से बेदाग उनकी ज़ाति का दर्जा। मिसाल के लिए, ब्रिटिश साम्राज्य यह तय करता है कि उपनिवेशित भारतीय अक्सर साम्राज्य की सीमा के भीतर ही आवागमन करते थे, जो उन्होंने दोहरा प्रवासी (diaspores) बनाता था। गाँधी के अतिरिक्त एक उदाहरण थाम्बी नायडु थे, जो मॉरिशस से दक्षिण अफ्रीका गये थे। 19वीं सदी की पहले से ही भूमंडलीकृत हो रही दुनिया सामान्य तौर पर ऐसे दोहरे प्रवासियों का निर्माण करती थी।

आखिर में एक पेचीदा मसला प्रवासी समूह का असली गृहभूमि और राष्ट्र राज्य के साथ रिश्ते का है। बेनेडिक्ट एंडरसन के मॉडल में प्रवासी समूह अपनी राष्ट्रीय पहचान का अनुभव करने से पहले ही अपनी गृहभूमि से अलग हो जाते हैं। एक गैर–अंग्रेजी अंग्रेज या एक गैर–भारतीय होने की विरोधाभासी स्थिति प्रवासीय वस्तुनिष्ठता के जन्म को संचालित करता हैः जो एक साथ दो स्थानों में रहने की चेतना है। एक तरफ वह उस जातीय पहचान को गले लगाए रखता है, जिससे उसे जबरन दूर कर दिया गया है, या जिससे दूर होना उसने चुना है, तो दूसरी अपनाई गयी या निर्वासन की भूमि की पहचान है। जिसे गैर–यूरोपीय राष्ट्रवादों का महान युग कहते हैं और जो इस किताब का भी युग है, संयोग से उसी युग में कुछ विशेष समूहों में प्रवासीय (डायस्पोरिक) चेतना (मिसाल के लिए गाँधी के दक्षिण अफ्रीकी भारतीय) और उनके स्वदेश में राष्ट्रवादी चेतना का उभार एक साथ होता है। (जबकि अंग्रेज–अमेरिकी प्रवासीय चेतना और अंग्रेज राष्ट्रवादी चेतना के मामले में यह उलटा है)। जिन जगहों पर स्वदेश में राष्ट्रत्व में एकीकरण किसी उल्लेखनीय प्रवासीय पलायन से पहले घटित हुआ, वहाँ प्रवासियों के लिए राष्ट्रीय पहचान सहज तौर पर उपलब्ध थी (इसलिए अमेरिकी जातीय–ग्रीक अमेरिकी या इटालवी अमेरिकी दिखाई देते हैं)। लेकिन भारत के मामले में, भारत अभी तक एक आधुनिक राष्ट्र नहीं था। शायद यही कारण है कि दक्षिण अफ्रीका में कदम रखने पर गाँधी का सामना 'भारतीय' से न होकर, अरब, पारसी, तमिल, तेलुगू लोगों से होता है (देखें अध्याय 1)।

भाभा के विरचनावादी उत्तर–उपनिवेशवाद को काफी कुशलता के साथ बागान सिद्धांत पर लागू करते हुए, क्लिफोर्ड ने राष्ट्र के साथ डायस्पोरा (प्रवासीय समूह) के अस्पष्ट रिश्तों के लिए प्रासंगिक कई चरणों की चर्चा की है। ये दोहराव हैं, जिनमें बागानी क्रूरता की स्मृतियों को बार–बार जिया जाता है; इसके अलावा, वैसे उदाहरणों में जिनमें प्रवासीय अनुभव का कालखंड बाद का है और वे स्वदेश की घटनाओं के समकालिक नहीं हैं; अकेंद्रीयता, जहाँ संघटक 'बाह्य/पराया' राष्ट्रीय समय और भूगोल (टाइम एंड स्पेस) में रिसकर शामिल हो जाता है (क्लिफोर्ड 1994: 317); जिसे समुद्रों के पार राष्ट्रीय इतिहास का 'निर्माण' कहा जा सकता है।

भारतीय आप्रवासी, ब्रिटिश साम्राज्य और भारतीय राष्ट्र

कुली की निर्वासन–जन्य राष्ट्रीय चेतना की शिनाख़्त करते हुए ब्रिटिश सरकार की विशिष्ट भूमिका, जो एक तरफ शोषणकारी है और दूसरी तरफ रक्षक की भूमिका में है, महत्वपूर्ण है। चूंकि, प्रभावशाली बागान मालिकों ने लाखों गिरमिटिया शरीरों के प्रतिरोपण का आग्रह किया था, इसलिए भारत की ब्रिटिश सरकार ने अपनी तरफ से आधिकारिक तौर पर 'आप्रवासियों' के हितों की रक्षा का जिम्मा उठाया। लॉरेंस ने इस प्रक्रिया के बारे तफ़सील से बताया है (पहले के अध्यायों को देखें)। इस मकसद से एक प्रोटेक्टर ऑफ इमिग्रेंट्स (आव्रजक रक्षक) की नियुक्ति की गयी। लेकिन, जैसा कि मैंने लस्करों वाले अध्याय में चर्चा की है, प्रस्तावित कानून हमेशा आव्रजकों के हालातों के हिसाब से नहीं थे, जो एक बार नई भूमि पर उतरने के बाद खुद को अलग–अलग बागान मालिकों की उदारता या क्रूरता पर निर्भर पाते थे। फिर भी, दक्षिण अफ्रीका के मामले में एक बार गाँधी (और कैरिबिया में एंड्रयूज) द्वारा देश का ध्यान (शासकों और राष्ट्रवादी आंदोलनकारियों, दोनों का) गिरमिट *व्यवस्था* के शोषण की तरफ दिलाने के बाद भारतीय प्रवासी श्रमिकों के कल्याण को स्वदेश में मध्यस्थता के साथ जोड़ दिया गया। इसका सकारात्मक और नकारात्मक असर पड़ा।

दो ऐतिहासिक उद्धरण दक्षिण अफ्रीकी भारतीयों के उपमहाद्वीप के साथ जोड़े जाने की घोषणा करते हैं। *द ऑक्सफोर्ड हिस्ट्री ऑफ साउथ अफ्रीका: साउथ अफ्रीका 1870–1966* में विल्सन व थॉमसन ने घोषणा की कि 'भारतीयों' को दक्षिण अफ्रीका की रंगभेदी सरकार के भीतर एक विशेष दर्जा दिया गया: जबकि अफ्रीकी लोग श्वेत कट्टरता के सामने बेबस थे, भारतीयों के पास भारत सरकार के तौर पर एक 'बाहरी' मध्यस्थ था। इतिहासकारों का कहना है कि अफ्रीकी लोगों का दबाव सरकार के खिलाफ बेअसर था, जिसने लगातार प्रतिनिधिमंडलों को खारिज किया, प्रदर्शनों पर बलपूर्वक रोक लगाई गयी, उग्र नेताओं का दमन किया, सरदारों को सरकारी नौकरों में बदल दिया और प्रणालीबद्ध तरीके से अपने वर्चस्व का विस्तार किया। (विल्सन व थॉमसन 1971: 449)

लेकिन दूसरी तरफ़,

> भारतीयों, अश्वेतों (coloreds) और अफ्रीकियों की सामाजिक दशा में एक नज़र आनेवाला अंतर था। भारतीयों के मामले में भारत के साथ संबंध उल्लेखनीय बना रहा। भारतीयों के पृथक्करण और उनके पंजीयन के लिए *एरियाज़ रिज़र्वेशन बिल* (1925) के विभेदकारी प्रावधानों के प्रति भारत सरकार की प्रतिक्रिया और दो सरकारों के गोल मेज़ सम्मेलनों में इसकी भागीदारी का नतीजा 1927 के केपटाउन समझौते के तौर पर निकला। इसके परिणामस्वरूप

भारत सरकार भारतीयों की स्वैच्छिक स्वदेश वापसी के इंतजामों के लिए तैयार हो गयी और दक्षिण अफ्रीकी सरकार ने उन भारतीयों की शिक्षा तथा अन्य सुविधाओं को बेहतर बनाने के उत्तरदायित्व को स्वीकार किया, जो स्थायी आबादी का हिस्सा बननेवाले थे। (449)

जूमा ने (नस्ल संबंधों के बारे में एक पर्चे में) यह कहा कि भारतीय बहस के दायरे में नहीं आते थे, क्योंकि श्रीनिवास शास्त्री (पहले भारतीय एजेंट–जनरल) के मुताबिक, भारतीय उनकी तरफ से भारत सरकार द्वारा हस्तक्षेप के अधिकार को गंवाए बिना अफ्रीकियों के साथ साझा लक्ष्य नहीं बना सकते थे। बाहरी संबंधों ने भारतीयों को दक्षिण अफ्रीकी समाज के भीतर एक सुस्पष्ट तरीके से अलग दर्जा प्रदान किया (449)।

दक्षिण अफ्रीकी भारतीयों का 'राजनीतिक' अलगाव एक जटिल उपनिवेशी विचारधारा का हिस्सा था, जो शोषण करती थी, मगर साथ ही रक्षा करने का दावा भी करती थी। उपनिवेशी बागान विचारधारा के दोमुँहेपन के जवाब में गाँधी की अपनी डायस्पोरा (प्रवासीय) गोलबंदी ने भी भारतीयों को अन्य प्रतिरोपितों और गुलाम बनाए गये लोगों से अलगाने में एक भूमिका निभाई। गाँधी के नेतृत्व में गिरमिटिया, भारतीयता की छाया में गुम हो गये। यह एक ऐसी निर्मिति थी, जो उन्हें एक सुरक्षित स्थान की इजाज़त देती थी।

प्रवासीय दृष्टि और प्रभावशाली राष्ट्र

मैंने इस किताब में यह तर्क दिया है कि दक्षिण अफ्रीका में गाँधी जिन दो समूहों के संपर्कों में आए–मुस्लिम आबादी और गिरमिटिया स्त्रियों और पुरुषों की विविधता भरी आबादी, उनकी गोलबंदी में एक खास किस्म की चेतना का विस्तार भी शामिल था। मैंने यह तर्क दिया है कि गाँधी की अपनी प्रवासीय दृष्टि अनोखी थी: एक स्थानीय तौर पर जागरूकसार्वभौमिकतावाद और एक आधुनिक प्रति–आधुनिकता (पद्धति में आधुनिक, वस्तु के स्तर पर आधुनिकता विरोधी)। ये विरोधाभासी पद गाँधी के सामाजिक–बौद्धिक पथ का नक्शा खींचते हैं, जिसका अनुसरण उन्होंने राष्ट्रीय आंदोलन के अपने विचारों पर धार चढ़ाने के क्रम में किया। उन्होंने ब्रिटिश साम्राज्य के एक नागरिक के तौर पर उपनिवेशी प्रतिरोध से दक्षिण अफ्रीका में शोषित भारतीयों के प्रवक्ता तक और गिरमिटियों के बचे रहने के तरीकों के प्रशंसक तक का सफ़र तय किया: यह भावनात्मक और सामाजिक विस्थापन से बढ़कर समुदायों, परिवारों और जिए जाने लायक जीवन के धैयपूर्वक निर्माण के रास्ते हुआ। उनकी धारणा में इस बदलाव के साथ–साथ समानांतर तरीक़े से अनथक रूप से चिट्ठी लेखन, अटलांटिक और हिंद महासागर के आरपार दोतरफ़ा समुद्री

यात्राएं, निष्क्रिय सत्याग्रह, सरकारी दस्तावेजों की होली और आख़िरकार ट्रांसवाल की तरफ कूच आदि चलते रहते हैं। दरअसल गाँधी की प्रवासीय गोलबंदी अनोखी है।

क्रियोलीकरण का प्रतिरोध

उन देशों में भारतीय सबाल्टर्न डायस्पोरा की विशिष्ट स्थिति, जिनमें उन्हें बगैर उनकी जानकारी के और कई बार जबरन तरीक़े से लाया गया, मगर जहाँ उनमें से ज्यादातर लोग बस गये, गाँधी की दृष्टि से संबंधित है। चाहे फ़ीजी में हो या मॉरिशस, मार्टिनिक, गयाना या दक्षिण अफ्रीका, इनमें से किसी का भी क्रियोलीकरण नहीं हुआ, या हुआ भी तो बहुत धीमी गति से। अटलांटिक गाँधी वाले अध्याय में मैंने क्रियोलीकरण की प्रक्रियाओं—नस्लीय, भाषायी, सांस्कृतिक रूप से—के जबरदस्त आवेग के बारे में बात की है, जहाँ नई दुनिया के निवासी हमेशा-हमेशा के लिए अपने यूरोपीय-अफ्रीकी मूल से काट दिए जाते हैं। लेकिन ऐसा भारतीयों के बारे में नहीं कहा जा सकता है। गयाना की एक हालिया यात्रा में दीवाली त्योहार के दौरान वहाँ के उत्सवों को देखकर मैं चकित रह गयी जो विगत जमाने के अखंडित भारतीय गाँवों की याद दिलाते थे, जिसमें चारपहिया वाहनों ने दैवीय 'रथ'/'थेर' का स्थान ले लिया था। मेरा मानना है कि इस सांस्कृतिक दृढ़ता के पीछे कहीं न कहीं गाँधी की दृष्टि का हाथ थाः यह इसका परिणाम भी था और साथ ही इसने इसकी निरंतरता को भी सुनिश्चित करने का काम किया। गाँधी ने कुलियों में उत्तरजीविता के जिन तरीकों को देखा (देखें, अध्याय 5 व 6) (इस तथ्य के बावजूद कि कुलियों के अधिकारों और गिरमिट प्रथा की समाप्ति के लिए संघर्ष करते हुए उन्होंने तर्कमूलक ढंग से इनकी दयनीयता को रेखांकित किया और) उन्हें गाँधीवादी दर्शन में जोड़ दिया, जिसे आनेवाली पीढ़ियों के लिए एक मार्गदर्शक बनना था।

विशिष्ट इतिहास

गाँधी की गोलबंदी और सांस्कृतिक दर्शन, जो ऊपर वर्णित तरीक़े से सबाल्टर्न प्रवासियों के साथ उनके अनुभवों के इर्द-गिर्द क्रिस्टलीकृत हुआ, डायस्पोरा (प्रवासीय समूह) के समकालीन निदर्शनों (पैराडाइमों) के बारे में विचार करने में मदद करता है। क्लिफोर्ड (1994: 302) पूछते हैं कि 'कैसे ये (डायस्पोरा/प्रवासी) विमर्श विशिष्ट असंगत इतिहासों में धँसे होकर भी तुलनात्मक विषय-क्षेत्र का निर्माण करते हैं' (302)। गाँधी और सबाल्टर्न प्रवासीय समूह (डायस्पोरा) पर यह एकाग्रता कई समूहों के विलोपन को रेखांकित करती है—हालाँकि, परंपरागत

तौर पर यहूदियों, ग्रीकों और अर्मेनियाइयों को डायस्पोरा (प्रवासी समूह) के तौर पर श्रेणीकृत किया जाता था, मगर भारतीयों के बड़े पैमाने पर देश–निकाले और साथ ही साथ दुनियाभर में एंग्लो–सैक्सन लोगों के दर्जे (एक दर्जा जो पहले औरों के अधिकार में रही जमीन पर अधिवासियों के अधिकार के उनके विचार को कमज़ोर करता है) को भी संदर्भ ढाँचे के भीतर लाए जाने की ज़रूरत है। जिसे क्लिफोर्ड अमेरिका में डायस्पोरा प्रतिरूपों में एक 'विषम' समावेशन कहते हैं, यह उसके उलट है (हालाँकि उत्तर और दक्षिण अमेरिका अलग–अलग हैं, फिर भी हम इस विषमता को दर्ज कर सकते हैं)। अलग–अलग समूहों, तबकों, नस्लों और संस्कृतियों का समावेशन अलग–अलग तरह से होता है, जिसके पीछे विभिन्न कारकों का हाथ होता है।

हालाँकि, प्रवासीय समुदायों पर अंतर्मुखी होने का आरोप लगाया जाता है: डायस्पोरा (प्रवासीय) अध्ययनों से यह पता चलता है कि अपनी 'पहचान' को देखना और गठबंधनों का प्रतिरोध करना, वास्तव में एक प्रवासीय लक्षण है (क्लिफोर्ड 1994: 315)। क्लिफोर्ड, डेनियल और जोनाथन बोयारिन के सूत्रीकरण का हवाला देते हैं, कि कैसे बचे रहने के लिए प्रवासीय समूहों को सार्वभौमिकतावाद और संप्रभुता दोनों का ही सिद्धांत आधारित त्याग करना चाहिए और निर्वासन और सह–अस्तित्व की कलाओं के चिह्न को साथ रखना चाहिए' (322)। समूह के तौर पर अलग रहते हुए भी कैसे अन्यों के साथ सह–अस्तित्व में रहें, कैसे अन्यों को 'हमारे जीवन की एक शर्त' (322) के तौर पर मान्यता दें, यह मसला सभी प्रवासीय समूहों के लिए हमेशा से विवादग्रस्त रहा है। हम याद कर सकते हैं कि गाँधी ने *हिंद स्वराज* की रचना अपने प्रवासीय जीवन के मध्य में जहाज़ पर की थी, जिसे प्रवास के दौरान निर्मित दृष्टियों की गतिशील कसौटी कहा जा सकता है। इसमें गाँधी टकसाल से नए–नए निकले 'भारतीय' / इंडियन को पश्चिम को ख़ारिज करने के लिए कहते हैं, क्योंकि पश्चिम उनकी जीवन–पद्धति का अवमूल्यन करता है। प्रकट रूप से यह अहंकारी यूरोपीय उपनिवेशवादियों का अस्वीकार है, जिन्होंने अन्यों की जमीन को बिना अधिकार हथिया लिया था, लोगों को विस्थापित किया था और जिन धरतियों पर उन्हें जबरन लाया गया था वहाँ उन्हें अधिकार देने से इनकार कर दिया। हीगलनुमा अंतर्दृष्टि में गाँधी यह भी देखते हैं, जिसका हवाला पॉल गिलरॉय ने 'ब्लैक अटलांटिक' में भी दिया है, कि ऐसे अन्याय पलटकर अन्यायकारियों की तरफ ही लौटते हैं और पीड़ितों को मज़बूत बनाते हैं। गाँधीवादी शब्दावली में पीड़ित की इस शक्ति का पाठ 'सत्याग्रह' या आत्मबल के तौर पर किया जा सकता है। जबकि एक सत्याग्रही न्याय के अपने संघर्ष में अनेक कष्टों का सामना करता है, उसका 'आत्मबल' निरंतर मज़बूत होता जाता है।

इसके उलट *हिंद स्वराज* में हम किसी अकर्मक सत्याग्रही को न पाकर 'भारतीय' प्रवासीय विलक्षणता के लिए एक स्पष्ट नक्शे को देखते हैं। इस दुविधा ने कि भारतीय कृषक प्रवासी पश्चिमी उपनिवेशी भौतिकतावदी शोषण–एक प्रक्रिया जिसके सबसे बर्बर संस्करण को गाँधी ने दक्षिण अफ्रीका के बागानों और खदानों में देखा–और गरीब तबकों पर हिंदू/मुस्लिम अभिजन के अनुष्ठानपरक (ब्राह्मण), भौतिक (ठाकुर) और धार्मिक (मुस्लिम शासन व अभिजन) वर्चस्व के दो पाटों के बीच पिस रहा था, गाँधी को एक मुश्किल समस्या में डाल दिया। सवाल था कि यह कैसे हो सकता है कि भारतीय पश्चिम को खारिज कर दे, अपने समाज में सुधार लाए और साथ ही प्रतिरोपित लोग पश्चिम में रहते रहें? पश्चिम में अवस्थित गाँधी ने अपनी प्रवासीय आत्म–समीक्षा की मदद से हिंदू संस्कृति के नाम पर कई चीजों के संयोजन का चुनाव कियाः दलित से एक मजदूर की विनम्रता और गरिमा, भारत के दस्तकारों से हस्तशिल्पों के प्रति समर्पण, ब्राह्मणों से सादगी और नैतिकता। सिर्फ़ सैन्य क्षत्रिय को ही छोड़ दिया गया है (देखें नदी 1936[6])। गाँधी जिस हथियार की वकालत करते हैं, वह हैः 'निष्क्रिय प्रतिरोध' या 'निष्क्रिय सत्याग्रह' का। सांस्कृतिक तौर पर मुख्यधारा की सभी आध्यात्मिक परंपराएं, चाहे वह योग हो, बौद्ध दर्शन हो, जैन दर्शन हो या सूफ़ीवाद हो, इसी रास्ते की वकालत करती हैं। हम गाँधी के निष्क्रिय सत्याग्रह में इन परंपराओं की अनुगूंज सुन सकते हैं। 'निष्क्रिय सत्याग्रह एक बहुआयामी/बहुपयोगी शब्द हैः इसका इस्तेमाल चाहे जिस तरह से किया जा सकता हैः यह उसे भी आशीर्वाद देता है, जो इसका इस्तेमाल करता है और जिसके खिलाफ इसका इस्तेमाल किया जाता है, उसे भी यह आशीर्वाद देता है...' (गाँधी 1997: 94)। वे यह घोषणा करते हैं कि भारत का मतलब सिर्फ इसके कुछ राजा नहीं हैं, जो 'अपने राजसी अस्त्रों' का इस्तेमाल कर सकते हैं (94), बल्कि भारत का मतलब वे कुलबुलाते हुए लाखों लोग हैं, जिन पर राजाओं का अस्तित्व निर्भर है (94)। वे कहते हैं कि इन लाखों लोगों को शारीरिक बल को खारिज कर देना चाहिए, जो सिर्फ पागलपन को उकसाएगा, बल्कि इसकी जगह 'आत्मबल' का प्रयोग करना चाहिए, जिसके ख़िलाफ़ 'शासकों का आदेश उनके तलवारों से आगे नहीं जाता, क्योंकि सच्चे लोग अन्यायपूर्ण आदेशों की अवहेलना करते हैं। किसानों को कभी भी तलवार के बल पर दबाया नहीं जा सका है, न कभी दबाया जा सकेगा।

[6] आशीष नंदी का तर्क कि उपनिवेशवाद का मुकाबला उपनिवेशितों द्वारा सैन्य विचारधाराओं–देशी क्षत्रियत्व और उपनिवेशवादी ब्रिटिश मर्दाना विमर्शों का विरोध करके किया जाता है, को यहां उपयोग में लाया गया है।

स्वदेश की निर्मिति

गाँधी के कुली सत्याग्रही, डायस्पोरा (प्रवासीय समूह) के सैद्धांतीकरणों के साथ–साथ वर्तमान दुर्भाग्य भूमि (डिस्टोपिया) के जवाब में एक अक्षुण्ण स्वदेश में वापसी की धारणा (सैफरन1991: 83–4 का हवाला देते हुए क्लिफोर्ड) को साझा करते हैं। डायस्पोरा सिद्धांत सामूहिक कार्रवाई (बटलर 2001: 204) के एक अनिवार्य आधार के तौर पर 'एक स्वदेश की निर्मिति' की बात करता है, कि यह एक प्रवासीय पहचान की निर्मिति का मसला ज्यादा है, बजाय एक वास्तविक स्वदेश के होने के। गाँधी के मामले में, दक्षिण अफ्रीकी भारतीयों के पास तब तक एक सम्मानजनक प्रवासीय पहचान नहीं हो सकती है, जब तक कि भारत को दासता से आज़ादी नहीं मिलती। हालाँकि, वे संभवतः वापस नहीं लौट सकते हैं, लेकिन फिर भी प्रवासी लोग कठपुतली की अदृश्य डोर की तरह उदीयमान भारतीय राष्ट्र से जुड़े हुए हैं, जो दक्षिण अफ्रीका में उनके अपने इतिहास के अभिकर्ता होने की क्षमता को निर्धारित करता है। इस हिसाब से *हिंद स्वराज* एक तरफ दक्षिण अफ्रीकी भारतीयों की विशेषता और उन गुणों की घोषणा करती है, जिनके कारण वे दक्षिण अफ्रीका में समान अधिकार की योग्यता रखते हैं, दूसरी तरफ यह समानांतर ढंग से भारतीयों के लिए भारत में सम्मान की माँग भी कर रही है। (तकनीकी तौर पर गाँधी ने काफी बाद तक (1918 तक), भारत की आज़ादी की माँग नहीं की, बल्कि वे तब तक अन्य 'डोमिनियनों' (अधिराज्यों) के समान ब्रिटिश राष्ट्रमंडल के भीतर अधिकारों की माँग कर रहे थे।) इस तरह से भारतीय 'राष्ट्र' उस समय तक एक राजनीतिक वास्तविकता नहीं है, न ही ऐसी इच्छा ही इस समय तक की जा रही है, लेकिन इसका एक असरदार भावनात्मक वजूद अवश्य है। गाँधी सभी भारतीयों को एक करते हैं, उस प्रेम के ज़रिए, जो उनमें साथी 'भारतीय' होने के नाते उनके प्रति है [यहाँ नेहरू की उस उक्ति की याद आती है, जो दिल्ली के तीनमूर्ति मार्ग पर उनके संग्रहालय/घर पर शिलापट्ट पर उत्कीर्ण है: अगर कोई मेरे बारे में याद करना चाहे, तो मेरी इच्छा होगी कि वे मुझे इस तरह से याद करें: यह एक व्यक्ति था, जो भारत और भारत के लोगों से मोहब्बत करता था।']

दक्षिण अफ्रीका में बागानों और खदानों का डरावना व दुर्भाग्यपूर्ण जीवन एक ऐसे 'राष्ट्र' की कल्पना को प्रेरित करता है, जो 1890 के दशक और 1900 के दशक की शुरुआत में अस्तित्व में नहीं था। दक्षिण अफ्रीका में भारतीय नेतागणः गाँधी, थाम्बी नायडु, अय्यर, पारसी रुस्तमजी और अहमद काछलिया, प्रवासियों को बागान के दुर्भाग्यपूर्ण जीवन (डिस्टोपिया) से निकल कर उत्तरजीविता के स्वप्नलोक (यूटोपिया) में आने में मदद करते हैं।

त्रिनिदाद जैसे कुछ देशों में इस स्वप्न लोक के समान जीवन को पहले हासिल कर लिया गया, लेकिन दक्षिण अफ्रीका में रंगभेद ने इसके आगमन में रोड़ा अटकाने का काम किया।

हिंद स्वराजः एक प्रवासीय घोषाणापत्र

यहूदियों के डायस्पोरा (प्रवासीय) सिद्धांत की तुलना अफ्रीकी डायस्पोरा (ब्लैक अटलांटिक) सिद्धांत से करते हुए जेम्स क्लिफोर्ड यह मत प्रकट करते हैं कि एकजुटता के प्रवासीय प्रयास के दो प्रमुख प्रकार हैं–एक सार्वभौमिकतावादी और दूसरा राष्ट्रवादी। इसमें से पहला धार्मिक एकता पर आश्रित था, जबकि दूसरा स्वदेश की अवधारणा पर निर्भर था, जो सभी विचाराधीन प्रवासीय समूहों में साझा है। गाँधी की पुस्तक *हिंद स्वराज* एक तीसरे विकल्प का निर्माण करती है। 'भारतीय' होने के लिए भारत लौटने की दरकार नहीं रह जाती (राष्ट्रवादी), न ही हर किसी के लिए एक ही आस्था प्रणाली का अनुसरण करना ही ज़रूरी होता है। हिंदू और मुस्लिम एक समान तरीके से *हिंद स्वराज* के विषय थे। *हिंद स्वराज*, फीनिक्स आश्रम और गाँधी द्वारा किए जानेवाले सारे प्रयोग एक ऐसी जीवन–पद्धति की पैरोकारी करते हैं, जो मूलभूत तरीके से पश्चिम–विरोधी गोलार्द्ध से संबद्ध है। गिलरॉय व जेम्स और बोलिवर और लिंकन के विपरीत गाँधी पश्चिम के दर्शन से मुंह फेर लेते हैं, इस तथ्य के बावजूद कि वे अपने लोगों के लिए वहाँ बसने के अधिकार के लिए संघर्ष कर रहे हैं। गाँधी एक ऐसे भारतीय का निर्माण करते हें, जिसके भारतीय होने के लिए भारत में रहना जरूरी नहीं रह जाता है। अमिताव घोष के 1989 की टिप्पणी को क्लिफोर्ड ने उद्धृत किया हैः 'दक्षिण एशियाई प्रवासीय समूह (डायस्पोरा) किसी खास जगह में अपनी जड़ों को लेकर उतना आग्रही नहीं है और वापस लौटने की उस तरह से इच्छा नहीं रखता, जितनी इच्छा विभिन्न अवस्थितियों पर संस्कृतियों का पुनर्निर्माण करने की रखता है' (क्लिफोर्ड 1994: 306)। उपरोक्त कथन को अधिकार वंचितों की मजबूरी पर लागू किया जा सकता हैः मजदूरों ने पहले विकल्प को तरज़ीह दिया होता, लेकिन उन्होंने दूसरे का चुनाव किया।

राष्ट्र और जनजाति

गाँधी का मामला, राष्ट्रीय और ख़ानाबदोश के दरमियान की उस फिसलन भरी ज़मीन को दिखाता है जिस पर प्रवासीय समूह (डायस्पोरा) अवस्थित हो सकता है। प्रवासी समूह (डायस्पोराएं) खुद को एक राष्ट्र राज्य के खिलाफ परिभाषित करते हैं, जो उन्हें बहिष्कृत करता है, लेकिन ऐसा करते हुए वे दूसरे राष्ट्र का आह्वान करते हैं, जो उनके उद्भव का राष्ट्र है और जहाँ लौटने का सपना वे

248 अटलांटिक गाँधी

देखते हैं। चूंकि प्रवासी समूह (डायस्पोराएं) खुद को अपने विसरण के माध्यम से परिभाषित करते हैं, इसलिए वे एकात्मक राष्ट्र राज्य का विरोध करते हैं, जो उन्हें एक साझे झंडे तले एकजुट करना चाहता है।[7] यहाँ हम इस संदर्भ में गाँधी द्वारा आधुनिकता, खासतौर पर सर्वशक्तिशाली आधुनिक राज्य के बाने में अवतरित होनेवाली आधुनिकता के अस्वीकार के बारे में मेरे द्वारा पहले की गयी चर्चा को याद कर सकते हैं (अध्याय 6)। क्लिफोर्ड का कहना है (310) कि जो चीज विशिष्ट तरीके से आधुनिक कही जा सकती है, वह है उपनिवेशी शक्तियों, समुद्रपारीय पूँजी और उदीयमान राष्ट्र राज्य द्वारा स्थानीय संप्रभुता पर अनथक हमला।

राष्ट्र/राष्ट्र राज्य के साथ प्रवासीय समूह (डायस्पोरा) के रिश्ते से ज्यादा पेचीदा मसला और जिसने गाँधी को लेकर काफी आलोचना को जन्म दिया वह उस क्षेत्र के 'स्थानीय' लोगों—जुलू और खोईखोई—के साथ मज़दूरों के रिश्तों का है। गिरमिट के इतिहास में दूसरी जगहों पर 'बाँटो और राज करो' की नीति ने असरदार तरीक़े से भारतीयों और स्थानीय लोगों के बीच शत्रुता पैदा करने का काम किया: जैसे, फ़ीजी में भारतीयों और फ़ीजी वासियों के ख़िलाफ़; मॉरिशस में भारतीयों और द्विपीय लोगों के ख़िलाफ़; त्रिनिदाद और गयाना में भारतीयों और अफ्रीकी—कैरिबियाइयों के ख़िलाफ़ और इसी तरह से दूसरी जगहों पर भारतीयों और स्थानीय लोगों के ख़िलाफ़ शत्रुता को बढ़ावा देने का काम किया। बृजलाल ने उन कारकों का वर्णन किया है, जो इसका कारण बनते हैं: इसका कारण समुदायों के बीच आपसी नफ़रत नहीं है, बल्कि स्थानीय समुदायों से भारतीयों को जबरदस्ती अलग—थलग रखना है, जो दोनों समुदायों द्वारा एक—दूसरे के प्रति अविश्वास करने, एक—दूसरे से डरने और अवमानना का भाव रखने की वजह बनता है। लेकिन, ऐसा प्रतीत होता है कि यह परिघटना दक्षिण अफ्रीका में सबसे कम प्रकट तौर पर दिखाई देती थी। जैसा कि पहले के एक अध्याय में इस बारे में चर्चा की गयी है, *सत्याग्रह इन साउथ अफ्रीका* निस्संदेह यह दिखाती है कि गाँधी उन प्रक्रियाओं से भली—भाँति परिचित थे, जिनसे स्थानीय अफ्रीकियों को शिकार बनाया गया और उन्हें उनकी ही ज़मीन में अधीन बनाया गया। क्लिफोर्ड बताते हैं कि यह एक आवश्यकता की उपज है कि 'प्रवासियों और स्थानीय लोगों की महत्वाकांक्षाएं...परस्पर प्रत्यक्ष शत्रुता में खड़ी हो जाती हैं' (क्लिफोर्ड 1994: 309)।

---

[7] क्लिफोर्ड समकालीन संयुक्त राज्य में डायस्पोरा (प्रवासीय समूह) और आव्रजकों, जो कि प्रवासीय समूह का हिस्सा नहीं होते, के बीच के भेद पर चर्चा करते हैं, जहां अमेरिकन ड्रीम (स्वप्न) के भीतर नए घरों का निर्माण मेल—जोल को बढ़ाता है, जो उस अनन्यता के विपरीत है, जिसका सामना गांधी को करना पड़ा (क्लिफोर्ड 1994: 307)।

क्लिफोर्ड अमेरिकी कानून में स्थानीय अमेरिकी इंडियन (अमेरिइंडियंस) 'जनजातियों' बनाम उपद्रवी 'गिरोहों' की निर्मिति की चर्चा करते हैं। यहाँ कानून का एक अप्रकट समर्थन जान पड़ता है, जबकि कानून इतने प्रकट तरीके से वर्चस्वशाली का पक्ष लेता है और जनजातियों को एक खींची गयी लकीर का अनुकरण करने के लिए मजबूर करता है। क्लिफोर्ड का सूत्रीकरण आर्थिक कारकों को छोड़ देता है, जो खानाबदोश समूहों के पास बसने के अलावा कोई और विकल्प नहीं रहने देता है: इस प्रक्रिया का वर्णन गाँधी दक्षिण अफ्रीका के स्थानीय अफ्रीकियों के संदर्भ में करते हैं:

> [उसकी] इच्छाओं को बढ़ाने के लिए या उन्हें श्रम के मूल्य का पाठ पढ़ाने के लिए उस पर एक मुंड कर (पॉल टैक्स) और एक झोपड़ी कर (हट टैक्स) लगाया गया है। अगर उन पर ये कर नहीं लगाए जाते, तो अपने खेतों में रहने वाले कृषकों की यह नस्ल कभी भी सोना या हीरा निकालने के लिए सैकड़ों फीट गहरे खदान में नहीं उतरती, और अगर खदानों के लिए उनकी मेहनत का लाभ नहीं मिलता, तो सोना और हीरा दोनों ही पृथ्वी के गर्भ में ही पड़ा रहता। (25)

क्लिफोर्ड का कहना है कि प्रवासीय समूह (डायस्पोराओं) ने ज़मीन के साथ जुड़ाव का जनजातीय बोध गंवा दिया है (310)। लेकिन ऐसा इन किसानों के बारे में नहीं कहा जा सकता है, जिन्होंने लैमिंग के प्रसिद्ध कथन में उस जमीन को हरा–भरा कर दिया, जिस पर उन्होने कब्जा जमाया।

डायस्पोरा/जनजाति/स्थानीय के द्विभाजन पर चर्चा के क्रम में गाँधी का दलित प्रवासीय समूह (डायस्पोरा) के साथ किया गया काम काफी महत्वपूर्ण है। प्राचीन भारत के इतिहासकारों, डी.डी कोसाम्बी और रोमिला थापर ने काफी प्रामाणिक तरीके से दलितों को जोड़ा है, क्योंकि अनुष्ठानिक ढंग से अपवित्र, शोषित जातियों से जनजाति, स्थानीय से मूल निवासी तक, यानी ऐसे लोग जिन्होंने खानाबदोशी, शिकार, संग्रहण, मेहतरी जैसे आजीविका के साधन का अनुसरण किया है, वे सब जब स्थायी जीवन में आए, तो उन्होंने जनजातीय (किसी खास स्थान के साथ जुड़ाव के अर्थ में) जीवन जिया[8]। 'राष्ट्र' की ही तरह, (जो कि राजनीतिक होने के बावजूद एक भावनात्मक शै है) डायस्पोरा (प्रवासीय समूह) भी एक निर्मिति है, जो स्थानीय लोगों को विस्थापित करता है। कुछ सवाल अंतर्निहित हैं। किसी स्थान पर कितने दिन रहना, स्थानीय कहे जाने के लिए जरूरी है? अधिवासियों की भूमिका क्या है? एक मूल निवासी या

---

[8] क्लिफोर्ड ने मूल निवासी (autochthonous) और स्थानीय (indegenous) के बीच अंतर करते हुए उन्हें क्रमशः प्राक् ऐतिहासिक और ऐतिहासिक स्मृति के भीतर, के तौर पर देखा है।

स्थानीय समुदाय को, वैसों को भी जो आखेटक–संग्राहक या पशुचारकों की तुलना में उत्पादन के काफी जटिल चरण में हैं, खानाबदोश प्रवासी में तब्दील करने में किन कारकों की भूमिका होती है?

प्रायद्वीप, जिसने गिरमिट में 75 फीसदी दलित जातियों का योगदान दिया[9] आर्थिक इतिहास की अस्थिरता में एक विचारणीय बिंदु है। हालाँकि सारे प्रवासी दलित नहीं थे–कई कुशल दस्तकारों ने भी पलायन किया। डेविड वॉशब्रुक जैसे इतिहासकारों ने उपनिवेशवाद से पहले दक्षिण भारत के उल्लेखनीय सार्वभौमिकतावाद का दस्तावेजीकरण किया है, जिसने शुरू में व्यापारी/हमलावर अंग्रेजों को बस एक और खिलाड़ी बना दिया। इसमें त्रासद तरीके से बदलाव–

> '[इसके] समुद्रपारीय वस्त्र बाजार के चरमरा जाने' के कारण आया, इसने शुरुआती आधुनिक जगत की एक महान व्यापारिक अर्थव्यवस्था को एक पिछड़ी कृषि निर्भर अर्थव्यवस्था में तब्दील कर दिया...खुद दक्षिण भारत की अर्थव्यवस्था अवरुद्ध होकर रह गयी, भूमि–पुरुष अनुपात में बदलाव ने मज़दूरों के दर्जे को नीचे गिरा दिया और उनका अवमूल्यन इस बिंदु तक हो गया कि उत्पादित वस्तु की तुलना में [श्रमिक] नये विश्व की ओर जानेवाला मुख्य उत्पाद बन गया। [इस तरह से] यहाँ से फ़ीजी से कैरिबिया तक खदानों, बागानों और कारखानों में काम करने के लिए श्रमिकों की एक बड़ी धारा निकली।[10]

वॉशब्रुक का लेख गिरमिट को भूमंडलीय आर्थिक शक्तियों के व्यापक इतिहास के भीतर रखकर देखता है। दूसरी तरफ सबाल्टर्न (निम्नवर्गीय) अध्ययन के इतिहासकारों ने सबाल्टर्न के अनोखेपन की ओर ध्यान दिया और उसकी चेतना को सदियों पुराने जनजातीय और गहरे रूप से स्थानीय महत्व वाले अन्य

---

[9] गिरमिट के भीतर के जाति के लिए देखें लॉरेंस (1994: 234)। समुद्री यात्राओं ने गंभीर तौर पर जाति–नियमों को कायम रखने को चुनौती दी। लेकिन, जैसे–जैसे समुदायों का विस्तार हुआ, जाति धीरे से घुस आयी, मगर उसे बदल दिया गया था। पेशा कम महत्वपूर्ण हो गया, जबकि पदानुक्रम पर जोर दिया गया। जाति का दर्जा उत्सवों के लिए धार्मिक दर्जे को निर्धारित करता था। जबकि 'चमारों' (दलित चर्मकार) या डोमों (एक खानाबदोश जनजाति) को अभी तक हेय समझा जाता था, लेकिन वे सामाजिक तौर पर उच्च जातियों से मिलते–जुलते थे, हालाँकि ये शब्द गाली के शब्द हो सकते थे। बागान मालिकों ने जानबूझ कर जाति को तोड़ दिया और गिरमिटियों के समूहों में सबको मिला दिया (लॉरेंस 1924: 234)। 'बी.एल. मूर *'द रिटेंशन ऑफ कास्ट नोशंस अमॉन्ना द इंडियन इमिग्रेंट्स'*...आदि से। *कॉम्पेरेटिव स्टडीज इन सोसाइटी एंड हिस्ट्री,* 19 (1) (1977): 99–104. साथ ही स्वान (1985) और हट्टनबैक में जाति की सारणियों को देखें, जिनमें दलित जातियों की बड़ी संख्याओं की सूचना मिलती है, खासकर मद्रास पत्तन से।

[10] वॉशब्रुक 2004: 515।

इतिहासों से और एक ऐसी धार्मिक भावना से निर्मित माना जो प्रभुत्वशाली आवेगों के बजाय इस 'विचार' से जन्मी थी कि वे सब एक प्राचीन और स्थानीय धर्म का हिस्सा थे, जो उन पहाड़ियों और इबादत स्थलों से निकला था, जिनके बीच [वे] रहते थे।[11] लेकिन सबाल्टर्न इतिहासों में किरदार 'इतिहास के शिकार' नहीं हैं, बल्कि अपने ही हितों से परिचालित हैं।[12] मिसाल के लिए अकाल पर अपने एक लेख में डेविड आर्नल्ड वेस्टइंडीज की तरफ प्रवास करने के प्रति एक विशेष अनिच्छा देखते हैं।[13] प्रवास करनेवाले 'मद्रासी' गरीब (तमिल, तेलुगू और मलयालमभाषी लोग जिनका नामकरण उन्हें भेजने वाले बंदरगाह के नाम पर कर दिया गया) की 'भिन्नता' की तरफ सबाल्टर्न एकाग्रता गरीब बना दिए गये दस्तकारों के भूमंडलीय सार्वभौमिकतावाद को वॉशरब्रुक द्वारा उभारने की भरपाई कर सकता है। ये दस्तकार उन आर्थिक शक्तियों के हाथों गरीब बना दिए गये जो उनके नियंत्रण से बाहर थीं। इस तरह इसमें कोई शक नहीं है कि अब तक सार्वभौमिक रही संस्कृतियों के आर्थिक ध्वंसों, जिसके बारे में वॉशरब्रुक चर्चा करते हैं, को एक सबाल्टर्न (निम्नवर्गीय) चेतना द्वारा माध्यमीकृत किया गया, जिसका ब्यौरा सबाल्टर्न अध्ययन इतिहासकारों ने काफी मेहनत के साथ पेश किया है। सार्वभौमिक आर्थिक और सबाल्टर्न विद्रोही परिप्रेक्ष्य एक दूसरे के विरोध में खड़े न होकर, वास्तव में एक-दूसरे को समृद्ध करते हैं, जब इनका इस्तेमाल कैरिबिया जा रहे जहाज़ों पर सवार शक्तिहीन शरीरों मगर बगावती चेतना को समझने के लिए किया जाता है।[14]

मिसाल के तौर पर मार्टिनिक और ग्वाडेलू के लगभग बिसरा दिए गये तमिल और तेलुगू गिरमिटिया मज़दूरों के प्रवासीय समूहों, जिन्हें और पहले 18वीं सदी के अंत में ही यहाँ लाया गया था, पर विचार करने के लिए ये दोनों बेशक़ीमती हैं। नए निर्धन हुए दक्षिण भारतीय तटों से आनेवाले आप्रवासियों के इस क्षेत्र की ओर, जिनका अपना अकाल और प्रवास का आंतरिक इतिहास था, पर्याप्त ध्यान नहीं दिया गया है।

इस तरह से डायस्पोरा शब्द खुद अपने अंदर कौशल/उतार-चढ़ाव भरे भाग्य और दयनीयता के विन्यस्त अर्थ को धारण किए हुए है। लेकिन, जब हम इस तरफ विचार करते हैं कि दयनीयता अपने आप में, जैसा कि प्राचीन भारत के कोसंबी के विश्लेषण से पता चलता है, पदानुक्रमिक जाति-व्यवस्था का ही एक लक्षण है, जहाँ 'कुल', 'वंश' और 'परंपरा' सबका इस्तेमाल अन्यों को 'नीच

---

[11] आर्नल्ड 1982: 98।

[12] आर्नल्ड 1982: 89।

[13] आर्नल्ड 1982: 102।

[14] देखें, नटराजन (2007)

जाति' या 'अछूत' के तौर पर क्रूरतापूर्वक दंडित करने या हाशिए पर धकेलने के लिए किया जाता था।

गाँधी का प्रवासीय संघर्ष विस्थापित होने के अस्तित्वादी बोध के खिलाफ है, जिसमें किसी व्यक्ति की जड़ किसी दूसरी जमीन में होती है, जिससे उखाड़ फेंका जाना अपनी पहचान, यानी 'मैं कौन हूं' के सवाल को लेकर एक बुनियादी बेचैनी पैदा करता है। गाँधी द्वारा 'आधुनिकता' का रणनीतिक इस्तेमाल, नागरिक समाज के सिद्धांतों को अस्वीकार करके काम नहीं करता है,[15] बल्कि एक ऐसी नागरिक प्रणाली के निर्माण के द्वारा काम करता है, जो उनकी व्यक्तिगत दृष्टि को सार्वजनिक वृत्त (पब्लिक स्फीयर) पर लागू करती है। मेरा यह दावा है कि इस प्रणाली को प्रवास (डायस्पोरा) के अंदर ही रूपाकार दिया जाता है।

सार्वजनिक और निजी के बीच से रास्ता

मैं अब उन दो विचारों को संदर्भीकृत करती हूं, जिनसे मैंने शुरुआत की थी—पहला, आधुनिकता के प्रति दोचित्तापन रखनेवाला एक 'निर्मित' राष्ट्रवाद और दूसरा, निजी तौर पर प्रेरित नागरिक 'निगरानी' जो कि गाँधी द्वारा उपनिवेशी समाज में प्रभाव की खोज में भी 'सार्वजनिक' और 'निजी' के विशिष्ट गाँधीवादी तोल—मोल के भीतर अवस्थित है। पश्चिमी यूरोपीय प्रतिरूपों के हालिया अध्ययनों में, सार्वजनिक वृत्त (पब्लिक स्फीयर) का अध्ययन और विश्लेषण निजी वृत्त (परिवार और लैंगिकता) और राज्य (फ्रीटैग 1991: 2), दोनों के विरोध में किया जाता है।[16] उपनिवेशी भारत में 'संस्कृति' और 'धर्म' की एक साथ सार्वजनिक और निजी शै होने की असंगत सी स्थिति पहले से ही मॉडल को जटिल बना देती है (2)।[17] उपनिवेशी हालातों से निर्वासित किए जानेवालों के लिए यह मॉडल तीनगुना जटिल हो जाता है। एक निर्वासित व्यक्ति के तौर पर गाँधी का निजी वृत्त उनके स्वदेश में उनके निजी वृत्त से अलग था। उनकी स्थिति में दांपत्य जीवन, परिवार, आर्थिक सहारे के विश्वसनीय स्रोत, उद्भव के समुदाय और अधिवास से अलगाव शामिल था। नैतिक चुनाव (जिसे उनकी वैष्णव भक्ति और अहिंसा ने आगे बढ़ाने का काम किया था), जो हमेशा ही उनकी राजनीतिक कार्रवाइयों का आधार रहे थे, उन्हें न तो संस्कृति द्वार और न ही परिवार द्वारा अनुमोदित कहा जा सकता था। न ही उन्हें संतानोचित/मनोवैज्ञानिक प्रेरणाओं जैसे कि आज्ञापालन, विद्रोह या अपराध

[15] जैसा कि पार्था चटर्जी (1994) ने दावा किया है।

[16] फ्रीटैग 1991: 2।

[17] फ्रीटैग 1991: 2।

बोध (मांसाहार/धूम्रपान) से ही प्रेरित कहा जा सकता है। लेकिन, इसके साथ ही निर्वासन की दुनिया उन्हें कुछ निश्चित गतिविधियों की इजाज़त देगी, जो कि उपनिवेशी भारत के बेहद स्तरीकृत सार्वजनिक क्षेत्र में वर्जित थीं।[18]

गाँधी के हिस्से को मैं दो उदाहरणों के साथ समाप्त करना चाहूंगी कि कैसे इनमें से कुछ 'बुनियादी' तौर पर भारतीय लक्षणों का निर्माण गाँधी द्वारा किया गया और कैसे निर्वासन का उनका अनुभव उनमें निजी तौर पर शामिल था: किफ़ायत/सादगी और शाकाहारवाद। ये दोनों ही भारतीय प्रवासीय आबादियों के साथ जुड़ गये हैं और अक्सर (शाकाहारवाद, योग इत्यादि को प्रोत्साहन देने के नए युग के नए चलन से पहले) इसके साथ ही पश्चिमी जीवन को अस्वीकार करने का केंद्रविमुख मशविरा भी इसके साथ रहा है।[19]

शरीर की सादगी, जो कि एक मुख्य गाँधीवादी विचार है, आधुनिकता के ख़िलाफ़ 'भारतीय' के प्रतिरोध का एक निश्चयात्मक चिह्न बन जाता है। इस सादगी का एक पाठ यह भी मुमकिन है कि यह सादगी गाँधी के निर्वासित जीवन के अनुभव के साथ संरचनात्मक तौर पर जुड़ी है। वे लंदन में खुद को जिलाए रखने की रणनीति के तहत प्रकट तौर पर अपनी आर्थिक स्थिति को पैसे और शरीर से जोड़ते हैं (1927: 47)[20]। यह सादगी एक अनजान धरती और संस्कृति में आत्म–संतुष्टि का उनका अपना संस्करण बन जाती है। इस तरह से लंदन में छात्र के तौर पर अपने जीवन के दिनों से वे मशीनीकृत परिवहन साधनों की जगह पैदल चलने का चयन करते हैं, जिस आदत का पालन वे जीवन पर्यंत करते हैं। दक्षिण अफ्रीका में भारतीयों द्वारा सामना किए जानेवाले सामाजिक–आर्थिक 'पाबंदियों' ने सादगी की गाँधीवादी निर्मितियों के लिए और मौके उपलब्ध कराए।

इसी तरह से गाँधी के प्रवास के दो दौरों को एक साथ जोड़कर देखने पर लंदन में अपने शुरुआती छात्र जीवन में शाकारवाद के साथ गाँधी के प्रयोग की कामयाबी को मैं एक बड़ी उपलब्धि मानती हूं। यह बात अलग है कि शाकारवाह को अक्सर एक गाँधीवादी सनक करार दिया जाता है[21], लेकिन मैं गाँधी द्वारा निर्वासन के अनुभव का सामना करने के लिहाज से इसे काफ़ी अहम मानती हूं। यह एक ऐसा मसला है, जिसे निजी के बहुपरती विचार के सहारे पकड़ने की कोशिश की जा सकती है। यह जैन दर्शन के तत्काल सांस्कृतिक

---

[18] फ्रेज़र 1990: 56–59।

[19] इन विशेषताओं को किस तरह से हास्यपूर्ण ढंग से केंद्रविमुख समझा जाता था, इसका एक अच्छा उदाहरण वी.एस नॉयपॉल के हाउस फॉर मिस्टर बिस्वास में मिस्टर बिस्वास के शाकाहारवाद और तुलसी की सादगी का वर्णन है।

[20] गाँधी 1927: 47।

[21] सरकार 1983: 179।

प्रभाव के जवाब में गुजरात के वैष्णवों के भीतर शुरू हुई एक विशिष्ट परंपरा को दर्शाता है।[22] गाँधी के जीवन में यह एक आत्मिक पारिवारिक संघर्ष का भी प्रतिनिधित्व करता है (इस तरह भावनात्मक और लैंगिक अनुभव के लिहाज से निजता)। उनके बड़े भाई लोग मांस खाते थे मगर सबसे छोटे बच्चे के तौर पर उन्होंने व्रत लेकर इसका त्याग करने के एक पूर्व–आधुनिक, मातृसत्तात्मक दबाव में यह फैसला किया। लेकिन शाकाहारवाद कभी भी सिर्फ एक जेंडर (लैंगिक) दोचित्तेपन का प्रदर्शन करनेवाला सांस्कृतिक, धार्मिक या संतानोचित/मनोवैज्ञानिक मामला नहीं है। यहाँ तक कि अपनी किशोरावस्था में भी गाँधी इस बात को लेकर चिंचित दिखाई देते हैं कि यह सार्वजनिक मसलों में कैसे हस्तक्षेप कर सकता है। गुजरात के राज्य निवास (स्टेट हाउस) में उनका मांसाहार वाला रात्रि–भोजन सार्वजनिक शक्ति के साथ जुड़ी एक आदत (शासक वर्ग गोमांस खाता था) के साथ सामंजस्य बैठाने की उनकी कोशिश को दिखाता है, जो निजी तौर पर उनकी शर्मिंदगी का कारण है। लेकिन खुद को ऐसा करने में असमर्थ पाकर गाँधी एक विलक्षण समझौते पर पहुंचते हैं। संतानोचित आज्ञाकारिता, उस शक्ति से ज्यादा महत्वपूर्ण है, जो लोगों से निजी प्रतिज्ञा का अधिकार छीनती है। यहाँ से वे ऐसे पथ की तलाश करेंगे, जहाँ राजनीतिक और निजी एक–दूसरे का ज्यादा से ज्यादा अविरोधी हो। काठियावाड़ की ध्रुवीकृत दुनिया में जहाँ संवाद–संपर्क के मौके कम हैं और अविभावकीय प्राधिकार सर्वज्ञ है, वहाँ ऐसा रास्ता मुश्किल है।

संघर्ष के इसी उप–पाठ से हमें मांस खाने और शाकाहारवाद के साथ दूसरी टकराहट के बारे में जानकारी मिलती है। इस बार मामला इंग्लैंड का है। गाँधी अपनी माँ से की गयी प्रतिज्ञा को याद करके शुरुआत करते हैं। एरिक्सन के विश्लेषण में 'पूर्व–आधुनिक' 'प्रतिज्ञा' इस बार गाँधी के संघर्ष में अहम होकर उभरता है। एक बार फिर उनकी आत्मकथा 'प्रतिज्ञा' की धार्मिक पूर्व–आधुनिकता और व्यावहारिक आधुनिकता (परिवर्तन के प्रति अनुकूलन) जो उन पर मांस ग्रहण करने की सलाह देनेवालों के द्वारा लादी गयी है, के बीच नाटकीय विरोध को उभारती है। वे इस समय तक अपने शाकाहारवाद के चलते सार्वजनिक/निजी दुविधा के बीच से रास्ता निकालने की कोशिश कर रहे हैं। वे अपनी संतानोचित कर्तव्यपरायणता और जैन–दर्शन तथा अहिंसा में अंतःस्थापित सांस्कृतिक मूल्य के रूप में अपनी माँ से जुड़ाव की निजी विशेषता और उपनिवेशी गोमांस भक्षण की मर्दाना नैतिकता को चुनौती देने की अपनी इच्छा के बीच से एक विमर्श को कैसे रूपाकार देनेवाले हैं? दूसरे शब्दों में सवाल है कि वे तथाकथित 'पूर्व–आधुनिक' को 'भिन्नता' के इसके ऐतिहासिक

---

[22] एरिक्सन 1969: 134।

भूगोल से कैसे उबारते हैं और इसे आधुनिक के भूगोल में, उसके बराबरी के प्रतिपक्षी के तौर पर कैसे खड़ा करते हैं? अगर वे ऐसा करने में सफल होते हैं, तभी वे संभवतः आधुनिकता के आतंक से निपट सकते हैं।

आमतौर पर निर्वासन की स्थिति उन्हें एक 'नए' समझौते की जमीन के साथ–साथ प्रयोगों की भी जमीन मुहैया कराती है। इसके बजाय कि गाँधी शाकाहारवाद को एक पूर्व–आधुनिक जीवन–पद्धति के तौर पर देखें, जिसे प्रगति की ओर बढ़ने के क्रम में रद्दी माल समझ कर छाँट दिया गया है, वे लंदन में एक शाकाहारवाद और इसके मुद्रण विमर्श के एक 'प्रति–सार्वजनिक' की खोज करते हैं। वे साल्ट (*वेजिटेरियनिज्म*) और अन्ना किंग्सफोर्ड (*द परफेक्ट वे इन डाइट*) और होवर्ड विलियम्स (*द एथिक्स ऑफ डाइट*) के कामों को पढ़ते हैं, जिनमें से ज्यादातर ने 1880 के दशक में[23] लेखन किया था। वे एक साप्ताहिक पत्रिका के लिए लिखते हैं, अपने शुरुआती भाषण देते हैं और उनकी सोसाइटी में एक कार्यकारी दफ़्तर ग्रहण करते हैं।[24] लेकिन 'आधुनिक' शाकाहारवाद के अपने तार्किक विमर्श में, उनका पहला कर्तव्य अपनी माँ द्वारा इसकी परिभाषा को इसमें शामिल करना होता है। *आत्मकथा* में शाकाहारवाद की जिन तीन परिभाषाओं का वे जिक्र करते हैं, उनमें से एक का चयन वे इस तरह से करते हैं कि वह माँ की इच्छाओं के अनुरूप बैठे, जो है बिना अंडे का आहार। इस तरह से गाँधी का शाकाहारवाद आधुनिकता के सार्वजनिक दायरे और उनकी *आत्मकथा* के वृत्तांत में दाख़िल होता है।

निष्कर्ष

अंत में, गाँधी के जीवन के निर्वासन की अवधि पर मेरा ज़ोर भारत में गाँधी के राष्ट्रवादी योगदानों को उभारनेवाले पाठों से प्रस्थान प्रस्तुत करता है जो दक्षिण अफ्रीका को महज पूर्वाभ्यास के दौर पर देखते हैं। सुमित सरकार, एंथनी परेल और जूडिथ ब्राउन ने गाँधी के अखिल–भारतीय दृष्टिकोण, उनके हिंदू–मुस्लिम

---

[23] पश्चिम के चर्चित विचारों के गांधी किस तरह से ऋणी थे, यह इस किताब का विषय नहीं है। थोरो, रस्किन, टॉल्सटॉय, इमरसन और अन्यों का जिक्र गांधी ने अपनी *आत्मकथा* में किया है। साथ ही देखें, लीला गांधी (2006), ब्रैंटलिंगर (1996) व लैनॉय (1971: 375)। मेरी किताब उन पाठों से दूर जाना चाहती है, जो गांधी को सिर्फ पश्चिमी प्रगतिशील उपनिवेश–विरोधी विचारों की पैदाइश मानते हैं। गांधी पर पड़नेवाले प्रभावों को उपनिवेशी ज्ञान प्रणाली के दायरे बाहर अवस्थित करके मैं उन विद्वानों से प्रस्थान करती हूं, जो यह दावा करते हैं कि उपनिवेशवाद का विरोध सिर्फ उपनिवेशी समाजों की ज्ञान प्रणाली के भीतर ही हो सकता है। उदाहरण हैतियन क्रांति का पाठ अक्सर यहां तक कि प्रगतिशील विद्वानों के द्वारा इस तरह से किया जाता है, जो इसे फ्रांसीसी क्रांति की पैदाइश मानते हैं।

[24] देखें एरिक एरिक्सन (1969: 134) व परेल (1997)।

एकता में विश्वास (दक्षिण अफ्रीका में उनके कई मुवक्किल मुस्लिम थे) और सामाजिक सुधारों, प्रतिरोध आंदोलनों और सत्याग्रह को लेकर उनके प्रयोगों के दक्षिण अफ्रीकी रिश्ते की खोज की है। जिसे सुमित सरकार ने 'बुनियादी गाँधीवादी शैली' कहा है, इन विवरणों में दक्षिण अफ्रीका उसकी प्रशिक्षण–भूमि है (सरकार 1983, 178–79)। उनके निर्वासित जीवन के संबंध में एंटॉयनेट बर्टन ने गाँधी की पड़ताल उत्तरवर्ती विक्टोरियाई साम्राज्य के 'हृदय में' एक यात्री के रूप में की है। यास्मीन ख़ान (2008), क्लाउड मार्कोविट्स (2004) और रिचर्ड लैनॉय (1971) ने भी उनके दक्षिण अफ्रीकी दौर को रेखांकित है, मगर उनका बलाघात मुझसे भिन्न है। लैनॉय गाँधी का पाठ प्राचीन मूल्यों से नए की तरफ संक्रमण की द्वंद्वात्मक रूप से मध्यस्थता करनेवाले के तौर पर करते हैं, जबकि मेरा पाठ दिखाता है कि दुनियाओं–बागान और उपनिवेश–के बीच प्रवासीय अनुभव, जिसका परंपरा और आधुनिकता के साथ अलग समीकरण और इनकी अलग परिभाषा थी, ने संभवतः परंपरा और आधुनिकता के बीच की द्वंद्वात्मकता को प्रभावित किया होगा, जो उन मिले–जुले विकल्पों की ओर जाता है, जिसका चुनाव गाँधी करते हैं (देखें अध्याय 5)। क्लाउड मार्कोविट्स दक्षिण अफ्रीकी चरण पर चर्चा करते हुए इससे आगे जाते हैं, लेकिन उनका भी ज़ोर यह दिखाने पर है कि कैसे 'गाँधी' ने धीरे–धीरे एक तकनीक को सिद्ध किया (4), जिसका इस्तेमाल भारत में दांडी मार्च जैसी घटनाओं के दौरान किया गया (5) और 'जनांदोलन के एक परिष्कृत तरीके' का विकास किया (मार्कोविट्स 2004: 5)। फिर से यहाँ ज़ोर भारत के लिए की जा रही तैयारी पर है और आखिरी नियति भारत की आज़ादी है। मार्कोविट्स हालाँकि, एक अंश में जो कहते हैं, वह इस किताब में मेरे प्रयास के लिहाज से काफी अहमियत रखता है:

> महात्मा के ज्यादातर भारतीय, अंग्रेज और अमेरिकी जीवनीकारों के लिए दक्षिण अफ्रीका इतना दूर है कि उस परिवेश का पुनर्निर्माण करना, जिसमें गाँधी [उनके द्वारा चुने गये विकल्पों की ओर] उन्मुख किए गये, एक असाधारण प्रयास की माँग करता है। (मार्कोविट्स 2004: 47)

हालाँकि यह एक जीवनीपरक काम न होकर महात्मा पर एक अंतर्विषयी परिप्रेक्ष्य वाला काम है, मगर यह 19वीं सदी के आखिर में दुनिया का एक सार्वभौमिक चित्र खींचने की कोशिश जरूर करता है। ऐसा करते हुए यह गाँधी को ऐसी शख़्सियत के तौर पर स्थापित करता है, जिन्होंने इन अलग–अगल जगतों को अर्थवत्ता देने का काम किया। वे 'कुली' की तरह *गिरमिटिया* नहीं थे (हिंदी में लिखी गयी गिरिराज किशोर की किताब *'पहला गिरमिटिया'* देखें), बल्कि एक योग्य और समृद्ध वकील थे, जिन्होंने *गिरमिटियों* के साथ रिश्ता

बनाया। एक वकील और एक 'कुली' के तौर पर दोहरी चेतना काफी अहमियत रखती है। इस विचार पर कि गाँधी का बाद का लेखन अपर्याप्त है, मार्कोविट्स *आत्मकथा* और *हिंद स्वाराज* पर आधारित महादेवन की आलोचना (*द ईयर ऑफ द फीनिक्स* में) पर भी टिप्पणी करते हैं और उन्हें नाकाफ़ी स्रोत बताते हैं (मार्कोविट्स 2004: 52)।

लेकिन, गाँधी के संपूर्ण वाँग्मय (*कम्पलीट कलेक्टेड वर्क्स*) का अनुशीलन करने के बाद, जिसका संकलन भारत सरकार द्वारा किया गया है, साथ ही बागान और गिरमिट के अध्ययनों से गुजरने पर पता चलता है कि गाँधी ज्यादा गहराई से अपने समय में धँसे हुए हैं, जो कि समुद्रों के आरपास लोगों और उत्पादों की बड़े पैमाने की जबरन गतिशीलता का समय है।

दक्षिण अफ्रीका पर ज़ोर देनेवाली इन किताबों की तुलना में, जिनसे मैंने काफी कुछ सीखा है, मैं गाँधीवादी राष्ट्रवाद के निर्माण में, राष्ट्रवाद की उनकी परिभाषा में और साथ ही अटलांटिक आधुनिकता के साथ उनकी टकराहट में भी, प्रवासीय अवस्थिति (या विस्थापन) के मनो–सामाजिक और राजनीतिक अनुभव के कहीं ज्यादा संरचनात्मक हस्तक्षेप की बात करना चाहती हूं। राष्ट्रवाद, जिसका अनुभव अब तक सिर्फ स्थानीय या क्षेत्रीय के तौर पर ही किया जाता था, अब निर्वासन के आतंक के तौर पर, एक खो गये घर से अलगाव और इसलिए उसकी इच्छा के तौर पर चेतना में प्रविष्ट होता है। इस लेख ने अंतर्निहित तरीके से यह तर्क दिया है कि ऐसी इच्छा किसी समयविहीन अर्थ में सिर्फ 'व्यक्तिगत' या 'व्यक्तिनिष्ठ' नहीं है, बल्कि ऐतिहासिक तौर पर एक विशिष्ट सत्ता–ज्ञान की धुरी पर उत्पादित किया गया है, जिसे साम्राज्य के परिणामस्वरूप 'चयनित' और 'मजबूरीवश' किए गये प्रवासों ने अस्तित्व में लाने का काम किया। और निर्वासन और राष्ट्रीयता के बीच इस समीकरण का एक प्रमुख तत्व सटीक तरीके से निर्वासनजन्य आधुनिकता हैः आधुनिकता, जिसे एक परा–स्थानीय चेतना के जन्म के तौर पर परिभाषित किया जा सकता है, जिसका वास एक जगह पर होता है, मगर जो किसी अन्य के प्रति निष्ठा का दावा (या 'निर्माण') कर सकती है। यह विरोधाभास ही है कि आधुनिकता की इस परिभाषा में 'लोक–प्रथाओं' के साथ हठपूर्वक चिपका हुआ और अटलांटिक बागान या खदान के साए में भारतीय गाँवों का निर्माण करनेवाला 'कुली' गाँधी के ही समान एक अहम किरदार है। जिसे नीचे की तरफ से एक सार्वभौमिक/विश्व नागरिक कहा जा सकता है। लेकिन, इस दोहरी पहचान की चेतना (जैसा कि गिलरॉय और ग्लिसैंट कहना पसंद करेंगे) को प्राथमिक तौर पर 'शरीरों और मुद्रण' के संचार द्वारा संभव किया जाता है (साथ ही देखें एंडरसन 1983)। लंदन और दक्षिण अफ्रीका

दोनों के ही हिस्सों में निर्वासित जीवन की बंद और कृत्रिम परिस्थितियाँ गाँधी को भारतीय राष्ट्रवाद के विरोधाभासी माँगों को पूरा करने में मदद करती हैं। यह माँग है–आधुनिक के भूगोल और इसके साए में प्रति–आधुनिक के लिए राह का निर्माण। प्रवासी क्रियोलाइट में निर्मित राष्ट्रीयता, भारतीय राष्ट्रीयता को यूरोपीय राष्ट्रीयता से पूर्णतः विपरीत तरीके से कल्पित करने का साहस करती है।

आखिर में, गाँधी की सबाल्टर्न सार्वभौमिकता के दो आयाम[25] चर्चा के लायक हैं। ये दो आयाम सामान्य तौर पर सार्वभौमिकता की समझ के प्रत्यक्ष विरोध में हैं, क्योंकि ये सीधे तौर पर मुक्त गतिशीलता–सामानों, लोगों और आनुवांशिकियों की–के खिलाफ जाते हैं, जिसे इस पद के साथ संबद्ध किया जाता है। मैंने गाँधी के स्थानीयतावाद को उनके भूमंडलीय संपर्कों के दायरे में 'नीचे से' सार्वभौमिकता के तौर पर अवस्थित किया है। इसी शीर्षक से एक लेख में कुरासावा (124) यह मत प्रकट करते हैं कि कैसे स्थानीय का सम्मान करनेवाले संजालों के द्वारा ही एक ऐसी सार्वभौमिकता को हासिल किया जा सकता है, जो सिर्फ समुद्रपारीय यात्रियों का ही परिप्रेक्ष्य नहीं है। *खादी* को लेकर गाँधी की प्रतिबद्धता उनके 'स्थानीयतावाद' का एक महान उदाहरण है, जो कि उनके विश्व अनुभव से जन्मा और इसका नतीजा है और जिसे वे अमीर देशों द्वारा बेदखल किए जानेवालों के लिए दुनिया का होने के एकमात्र रास्ते के तौर पर देखते हैं। प्रवास में रहते हुए भारतीय राष्ट्र की कल्पना, जो कि दुनियाभर के रुझानों के विपरीत है–मशीन द्वारा माध्यमीकृत आधुनिकता, तीव्र मशीनीकृत संचार, उत्पादन और उपभोग के पश्चिमी बाज़ारों के साथ बंधा पूंजीवादी अर्थशास्त्र–सीधे तौर पर गाँधी की उस सार्वभौमिकता का परिणाम थी, जिसे मैं नीचे से ऊपर की ओर की सार्वभौमिकता कह रही हूं। यह उनके धरती के बदनसीबों की तकलीफों के प्रति समानुभूति का नतीजा थी, जिनके लिए आधुनिकता की अंधी खाई से बचने का एकमात्र उपाय उनका स्थानीय तौर पर सूचित, जमीन से जुड़ा हुआ मूल्य था। मैंने यह तर्क दिया है कि यह देखते हुए कि उनके पास आधुनिक रास्ते उपलब्ध थे, मिसाल के लिए, टाइपराइटर जैसे मशीन, भाप जहाज़ और रेलवे, मगर यह एक विरोधाभास ही है कि मुख्य तौर पर लोगों से जुड़ने और साधारण जीवन–शैलियों को अपनी जीवन–शैली बनाने की अपनी निजी क्षमता के कारण वे नीचे से ऊपर तक आनेवाली सार्वभौमिकता को गले लगा सके, जिसकी क्रियोलाइट और

[25] इस हिस्से में पांडुलिपी के अंतिम प्रारूप पर एक अनाम समीक्षक की टिप्पणी को संबोधित किया गया है।

आधुनिकता, जैसा कि गिलरॉय ने कहा है, एक ऐसी दुनिया को 'दिखाती थी, जिसे उनके द्वारा जबरन काम पर लगाए गये श्रम ने मुमकिन बनाया था' (गिलरॉय 1993: 121)।

यहाँ गाँधी का आर्थिक मॉडल है, जो उनके *'खादी'*[26] संबंधी विचार द्वारा प्रतिरूपित होता है

> मुझे याद नहीं है कि 1908 में *हिंद स्वराज* में भारत में बढ़ती गरीबी का रामबाण इलाज के तौर पर चर्चा करने से पहले मैंने हथकरघा या चरखा कहीं देखा हो। उस किताब में मैंने इसे स्वयंसिद्ध मान लिया था कि कोई भी चीज जो भारत की बहुसंख्य जनता को भीषण गरीबी से बाहर निकालने मे मदद करेगी, वह उसी प्रक्रिया में *'स्वराज'* की भी स्थापना करेगी। यहाँ तक कि 1915 में मेरे भारत लौटने तक भी मैंने वास्तव में कोई चरखा नहीं देखा था। (गाँधी 1927: 407)

यहाँ *खादी* के प्रवासीय उद्भव को स्वीकार किया जा रहा है। यह एक कल्पित चीज है, जिसे न तो गाँधी ने देखा है और न ही वे इसका इस्तेमाल करने की अपनी या औरों की क्षमता का आकलन कर सकते हैं। इस समय तक उनकी किसी बुनाई विशेषज्ञ से भी मुलाकात नहीं हुई थी, जो ऐसा कर सकता था। लेकिन दुनिया की अर्थव्यवस्था के साथ उनके संपर्क ने उन्हें इसकी कल्पना करने के लिए प्रेरित किया। जब वे भारत लौटते हैं,

> जब साबरमती में *सत्याग्रह* आश्रम की स्थापना की गयी, हमने वहां कुछ हथकरघे लगाए। लेकिन ऐसा करने की देरी थी कि हमने खुद को एक मुश्किल से रूबरू पाया। हममें से सभी या तो उदार पेशों से या व्यापार से आए थे; हममें से कोई भी दस्तकार नहीं था। हमें एक बुनाई विशेषज्ञ की जरूरत थी, जो पहले हमें यह बताता कि बुनाई कैसे की जाती है, उसके बाद ही हम करघे पर काम कर सकते थे। ऐसे एक व्यक्ति को आखिरकार पालनपुर से लाया गया, लेकिन उसने हमें अपना पूरा हुनर नहीं बताया। (407)

एक बार जब वे ऐसा कर लेते हैं, तब संभावित रूप से यह काफी स्थानीय उद्यम एक ही साथ वैश्विक और स्थानीय धाराओं से टकराने लगता है। इसके अंतरराष्ट्रीय रूप से व्यवहार्य होने की संभावना नहीं है, लेकिन इसका मतलब यह नहीं है कि यह दुनिया की वास्तविकताओं से अनजान है। दुनियाभर में बुनकरों और शिल्पकारों को विनिर्माण ने बाहर कर दिया था; खादी के साथ गाँधी का नजदीकी जुड़ाव आर्थिक प्रक्रियाओं की जानकारी रखनेवाले लोगों

[26] गाँधी 1927: 407–8।

के वृत्त को बड़ा बना देता है। शुतुरमुर्ग की तरह गाँव के बाहर की दुनिया से अनजान होने की जगह *खादी* दुनिया की क्रियाविधि के बारे में एक सुस्पष्ट चेतना का कारण बनती है। गाँधी कहते हैं:

> बुनकरों द्वारा बुने जानेवाले सभी महीन कपड़े विदेशी सूत से बने थे, क्योंकि भारतीय मिलें महीन सूत कातती ही नहीं थीं। आज भी वे महीन सूत अपेक्षाकृत कम ही कातती हैं और बहुत महीन तो कात ही नहीं सकतीं। काफी ज्यादा प्रयत्न के बाद हम कुछ बुनकर खोज पाए जो हमारे लिए स्वदेशी सूत का कपड़ा बुन देने के लिए तैयार हुए, लेकिन सिर्फ इस शर्त पर कि उनके द्वारा उत्पादित सारे कपड़े की खरीद कर ली जाएगी (गाँधी 1927: 408)।

और खादी दुनिया से खुद को दूर नहीं करती, बल्कि वास्तव में यह 'व्यापक अनुभव' लेकर आती है:

> इस पद्धति का अंगीकरण व्यापक अनुभव लेकर आया। इसने हमें प्रत्यक्ष संपर्क से बुनकरों की जीवन परिस्थितियों, उनके उत्पादन की सीमा, उनके सूत हासिल करने के रास्ते में आनेवाली बाधाएं, किस तरह से वे धोखाधड़ी का शिकार हो रहे थे, और अंत में उनकी बढ़ती ऋणग्रस्तता के बारे में जानने में सक्षम बनाया। हम तत्काल इस स्थिति में नहीं थे कि अपनी ज़रूरत का सारा कपड़ा खुद से उत्पादित कर सकें। इसका विकल्प, इसलिए यही था कि हम अपने कपड़ों की आपूर्ति हतकरघा बुनकरों से करें। (गाँधी 1927: 407–8)

कुरासावा का उर्ध्वगामी सार्वभौमिकता का सूत्रीकरण दोहराए जाने के लायक है। वे समकालीन वैश्विक संस्कृति के बारे में बात कर रहे हैं, जो सीमाओं के आरपार काफी आवाजाहियों और अवस्थितियों की बहुलता को मुमकिन बनाता है। वे अभिजन की सार्वभौमिकता, जो स्थानीय संघर्ष से निरपेक्ष बने रहने की क्षमता रखता है और जिसका लक्ष्य एक नैतिक तटस्थता हासिल करना होता है, जो स्थानीय मसलों और राजनीति के झंझटों से बचकर रहता है, को ज्यादा सबाल्टर्न विश्व नागरिकों के बरक्स रखते हैं, जो इस किताब के विषय हैं। वे तर्क देते हैं कि:

> उर्ध्वगामी सार्वभौमिकता उस हद को छिपाती है, जिस हद तक व्यक्ति और समूह वर्चस्व की दिलचस्प संरचनाओं में पदानुक्रमिक ढंग से अवस्थित हैं, साथ ही साथ वह यह भी छिपाती है कि वे किस तरह से सार्वभौमिकता पर दावा करने के लिए असमान ढंग से सक्षम और इच्छुक हैं...
>
> उर्ध्वगामी सार्वभौमिकता को अनिवार्य तरीके से एक सांस्कृतिक विशिष्टता और भिन्नता के प्रति सम्मान रखनेवाली और इस तरह से अनुभव की बहुलता को शामिल करने वाली समतावादी सार्वलौकिकता के निर्माण लिए प्रयासरत होना

> चाहिए...इस तरह से सार्वभौमिकता का मतलब एक ही साथ कहीं का भी न होना और हर जगह का होना नहीं है। इसके बजाय यह अनेक परतों वाली स्थानीय, राष्ट्रीय और भूमंडलीय पहचान के समानांतर अस्तित्व को गले लगाना है। महत्वपूर्ण रूप से, मेरे हिसाब से यह एक सांस्कृतिक खुलेपन पर अवलंबित है जो कि सक्रिय तरीके से भिन्न–भिन्न समाजों में सोचने और कार्य करने के तरीकों को समझने और उन्हें सराहने की कोशिश करता है और साथ ही साथ उन आवाज़ों को सुनने भी कोशिश करता है जिन्हें अक्सर सार्वभौमिक अभिजन विमर्श में अनसुना कर दिया जाता है। (कुरासावा 2004: 239–40)

गाँधी द्वारा दक्षिण अफ्रीका में किए गये कार्यों की एक शताब्दी के बाद लिखे गये ये शब्द गाँधी की कोशिशों के लिए सच्चे सुनाई देते हैं।

गाँधी की प्रवासीय सार्वभौमिकता का दूसरा और अनायास पहलू और वैसी विचार–प्रणालियाँ, जो *हिंद स्वराज* में *अभिव्यक्त* की गयीं और इससे उत्पन्न हुई थीं, हमें इस अध्याय में मेरे शुरुआती वाक्य पर ले आती हैं। यह दक्षिण अफ्रीकी भारतीय और अन्य प्रवासीय लोगों का नस्लीय और राष्ट्रीय उद्‌भव का अपरिवर्तित दृष्टिकोण था। चूंकि वे लोग अपने मूल गृह–स्वदेश से विस्थापित कर दिए गये थे और क्योंकि बाहर की उनकी यात्रा कठिन और जबरन थी, इसलिए गृहभूमि/स्वदेश, इच्छा की एक मनो–सामाजिक ज़मीन पर अवस्थित है, जहाँ से उसे बेदख़ल नहीं किया जा सकता है। प्रवासीय समूह (डायस्पोरा) की मनो–विश्लेषणपरक व्याख्याएं उन 'अस्तित्ववादी सीमाओं' के बारे में बात करती हैं, जो हमेशा मानवीय परिस्थितियों पर, इसकी अंतर्निहित मनोविकृतिपरक सीमाओं पर ध्यान देती हैं' (श्रीनिवासन 2001: 59)। इस किताब में कई बिंदुओं पर मैंने इस मसले को उठाया है, लेकिन यह पुनः दोहराए जाने के लायक है। चूंकि गाँधी की परियोजना में प्रवासी समूह (डायस्पोरा) खुद ही एक राष्ट्रीय घर की निर्मिति से गुंथा हुआ है, खासकर जब घर मूल विस्थापन और आर्थिक मजबूरियों और उपनिवेशी अधीनता के चलते बलपूर्वक कराई जानेवाली यात्राओं के केंद्र में रहा है, तब यह अपनी कुछ मुक्तिदायी शक्तियों को गँवा देता है और खुद को उस बेहद नस्लवादी अस्मितावादी राजनीति के रूप में पुनःप्रकट करता है, जिसके खिलाफ गाँधी ने संघर्ष किया था। भारतीय–दक्षिण अफ्रीकी और भारतीय–कैरिबियाई लोग खुद को अफ्रीकी और अफ्रीकी–कैरिबियाई लोगों से दूर रखते हैं। ऐसी दूरी बनाने को और भी ज्यादा अफ़सोसजनक और विडंबनापूर्ण कहा जा सकता है, क्योंकि ये प्रवासीय समूह (डायस्पोराएं) किसी उत्सव की स्थिति में नहीं थे (जैसा कि अमेरिकी सपने की आधुनिक दक्षिण एशियाई खोज के बारे में कहा जा सकता है, देखें श्रीनिवासन 2001: 59) बल्कि नस्लीय आतंक और अस्तित्वपरक दुःस्वप्न में थे। जबकि गाँधी कभी भी उस

262 अटलांटिक गाँधी

आतंक और दुःस्वप्न को नहीं भूले, लेकिन अधीनता से बाहर आनेवाली और उन क्षेत्रों में जिसे गाँधी पीछे छोड़कर आए थे, नस्ल को मजबूत करनेवाली भारतीय आबादियों ने ऐसा किया। शायद भविष्य में उपमहाद्वीप की प्रवासीय आबादियों का कर्तव्य गाँधीवादी संघर्ष द्वारा प्रदान किए गये आत्मसम्मान को संरक्षित रखना है, आत्मप्रशंसात्मक जातीय या नस्लीय विशिष्टता और गर्व के लिए नहीं, बल्कि सभी इंसानों के लिए मानवीय आत्मसम्मान की उनकी माँग को आगे बढ़ाने के लिए, ताकि वे सभी इंसान[27] मार्टिन लूथर किंग के शब्दों में 'आख़िर में आज़ाद' हो सकें![28]

---

[27] आधी सदी के बाद गांधी की अंतिम अटलांटिक विरासत, विदेशों में रह रही भारतीय आबादियों में न होकर नस्लीय समानता के लिए मार्टिन लूथर किंग, जूनियर और दक्षिण अफ्रीका में नेल्सन मंडेला के संघर्षों में थी। उनकी मृत्यु के बाद की शताब्दी पर गांधी के प्रभाव के लिए देखें, एक्वील (Aqueil) (1996), एंसब्रो (Ansbro) (1982), बोंडुरैंट (Bondurant) (1968), दीक्षित (1975), डग्गन (Duggan) (1974), हर्मन (1998), किंग (1999), मार्सिन (2004), मोर्सेली (2010) और मार्कोविट्स (2004), प्रसाद (2011)।

[28] मार्टिन लूथर किंग जूनियर ने वाशिंगटन डीसी में अपने ऐतिहासिक भाषण का समापन एक पुरानी आध्यात्मिक सूक्ति के इन शब्दों से किया।

ग्रंथ सूची

Adams, Jad. *Gandhi: Naked Ambition.* London: Quercus, 2010.

Aiyar, P.S. *The Indian Problem in South Africa.* Natal, 1925.

Alpers, Edward A. 'Gujarat and the Trade of East Africa, c. 1500–1800.' *International Journal of African Historical Studies* 9, no. 1 (1976): 22–44.

Alexander, Jacqui. 'Not Just (Any) Body Can Be a Citizen: The Politics of Law, Sexuality and Postcoloniality in Trinidad and Tobago and the Bahamas.' *Feminist Review* 48 (Autumn 1994): 5–23.

Amin, Shahid. *Subaltern Studies 1.* New Delhi: Oxford University Press, 1982: pp. 39–88.

Anderson, Benedict. *Imagined Communities: Reflections on the Origin and Spread of Nationalism.* London: Verso, 1983.

———. 'Exodus.' *Critical Inquiry* 20 (Winter 1994): 314–27.

Angelo, Michael. *The Sikh Diaspora: Tradition and Change in an Immigrant Community.* New York: Garland Publishing, 1997.

Ansbro, John J. *Martin Luther King and the Making of a Mind.* New York: Orbis Books, 1982.

Aqueil, Ahmad. 'Powerful Reaction to Powerlessness.' *Peace Review* 8, no. 3 (1996): 423–29.

Arasaratnam, S. *Indians in Malaysia and Singapore.* London: Oxford University Press, 1970.

———. *Maritime India in the Seventeenth Century.* Delhi: Oxford University Press, 1994.

Arasaratnam, S. and A. Ray, eds. *Masulipatnam and Cambay: A History of Two Port-towns 1500–1800.* New Delhi: Oxford University Press, 1994.

Armstrong, Nancy. 'Why Daughters Die: The Racial logic of American Sentimentalism.' *Yale Journal of Criticism* 1 7, no. 2 (1994): 1–24.

Arnold, David. 'Famine in Peasant Consciousness and Peasant Action: Madras, 1876–8.' In *Subaltern Studies 3*, 88–143. Delhi: Oxford University Press, 1984.

———. 'Rebellious Hillmen: The Gudem-Rampa Risings 1839–1924.' In *Subaltern Studies 1.* Delhi: Oxford University Press, 1982: 62–115.

Bakshi, S.R. *Gandhi and Indians in South Africa.* New Delhi: Antique Publishers, 1988.

Banerjee, Himani, ed. *Returning the Gaze: Essays on Racism, Feminism and Politics.* Toronto: Sister Vision Press, 1993.

Banerjee, Sukanya. 'Empire, the Indian Diaspora, and the Place of the Universal.' *Diaspora: A Journal of Transnational Studies* 15, no. 1 (Spring 2006): 147–66.

Barendse, R.J. *The Indian Ocean World of the Seventeenth Century.* New York: M.E. Sharpe, 2002.

Basham, A.L. *The Wonder that was India.* Fontana: Sidgwick and Jackson, 1971.

Basu, Biman. 'Figurations of 'India' and the Transnational in W.E.B. Du Bois.' *Diaspora: A Journal of Transnational Studies* 10, no. 2 (Fall 2001): 221–41.

Bayly, C.A. '"Archaic" and "Modern" Globalization in the Eurasian and African Arena, c. 1750–1850.' In *Globalization in World History*, edited by A.G. Hopkins, 47–73. London: Pimlico, 2002.

Beck, Roger B. *The History of South Africa*. Westport, Conn: Greenwood Press, 2000.

Beckles, Hilary. 'Capitalism, Slavery, and Caribbean Modernity'. *Callalloo* 20, no. 4, (1997): 777–89.

———. *Saving Souls: The Struggle to End the Transatlantic Trade in Africans; a Bicentennial Caribbean Reflection*. Kingston, Jamaica: Ian Randle Publishers, 2007.

Benitez-Rojo, Antonio. *The Repeating Island: The Caribbean and the Postmodern Perspective*. London: Duke University Press, 1992.

Bhaba, Homi K., ed. *Nation and Narration*. New York: Routledge, 1990.

Bhana, Surendra Bhana and Goolam Vahed. *Mahatma Gandhi: The Making of a Political Reformer 1893–1914*. Delhi: Manohar, 2005.

Birbalsingh, Frank (ed). Indenture and Exile: the Indo-Caribbean Experience. Toronto: TSAR, 1989.

Bonacich, Edna. 'A Theory of Middleman Minorities.' *American Sociological Review* 38, no. 4 (1973): 583–94.

Bondurant, Joan V. 'Reflections on Nonviolence.' *Nation* 206, no. 19 (6 June 1968): 592–96.

Bottomley, Gillian. 'Culture, Ethnicity, and the Politics/Poetics of Representation.' *Diaspora: A Journal of Transnational Studies* 1, (3) (Winter 1991): 303–320.

Brantlinger, Patrick. 'A Postindustrial Prelude to Postcolonialism: John Ruskin, William Morris and Gandhism.' *Critical Inquiry* 22, (Spring 1996): 466–85.

Brereton, Bridget. *A History of Modern Trinidad, 1783-1962*. Exeter, NH: Heinemann, 1981.

Brouwer, C.G. *Al-Mukha: Profile of a Yemeni Seaport as Sketched by Servants of the Dutch East India Company (VOC) 1614–1640*. Amsterdam: D'Fluyte Rarob, 1997.

Brown, Judith. *Gandhi's Rise to Power: Indian Politics, 1915-1922*. Oxford: Cambridge University Press, 1972.

Brown, Rajeswary Ampalavanar. *Capital and Entrepreneurship in Southeast Asia*. London: Routledge, 1994.

Bundy, Colin. *The Rise and Fall of the South African Peasantry*. Berkeley: University of California Press, 1979.

Burton, Antoinette. *At the Heart of the Empire: Indians and the Colonial Encounter in Late-Victorian Britain*. Berkeley: University of California Press, 1998.

Burton, Richard Francis. *Sind Revisited*. 2 vols. London: Richard Bentley and Sons, 1877.

ग्रंथ सूची **265**

Butler, Kim D. 'Defining Diaspora, Refining a Discourse.' *Diaspora: A Journal of Transnational Studies* 10, no. 2 (Fall 2001): 189–219.

Cabral, Pedro Álvares. *The Voyage of Pedro Alvares Cabral to Brazil and India: From Contemporary Documents and Narratives.* Translated by William B. Greenlee. London: Hakluyt Society, 1937.

Certeau, Michel de. *The Practice of Everyday Life.* Berkeley: University of California Press, 1984.

Chapple, Christopher Key. 'Community, Violence, and Peace: Aldo Leopold, Mohandas K. Gandhi, Martin Luther King Jr., and Gautama the Buddha in the Twenty-First Century.' *Buddhist-Christian Studies* 20 (2000): 265–67.

Chatterjee, Partha. *The Nation and Its Fragments: Colonial and Postcolonial Histories.* Delhi: Oxford University Press, 1994.

Chatterjee, Partha and Gyanendra Pandey, eds. *Subaltern Studies* 7: Delhi: Oxford University Press, 1997.

Chaturvedi, Benarsidas and Marjorie Sykes. *Charles Freer Andrews.* New York: Harper and Brothers, 1950.

Chaudhuri, K.N. *The Trading World of Asia and the English East India Company, 1660-1760.* New York: Cambridge University Press, 1978.

———. *Trade and Civilisation in the Indian Ocean: An Economic History from the Rise of Islam to 1750.* Cambridge: Cambridge University Press, 1985.

Chivallon, Christine. 'Beyond Gilroy's Black Atlantic: The Experience of the African Diaspora.' *Diaspora: A Journal of Transnational Studies* 11, no. 3 (Winter 2002): 359–382.

Clarke, Austin. *A Passage Back Home: A Personal Reminiscence of Samuel Selvon.* Toronto: Exile, 1994.

Clark, Ian Duncan Lindsay. *C.F. Andrews (Deenabandhu).* Delhi: ISPCK for the C.F. Andrews Centenary Committee, 1970.

Clayborne Carson, Peter Holloran, Ralph E. Luker and Penny Russell. 'Martin Luther King, Jr., as Scholar: A Reexamination of His Theological Writings' *The Journal of American History* 78, no. 1 (June 1991): 93–105.

Clifford, James. 'Fieldwork, Reciprocity, and the Making of Ethnographic Texts: The Example of Maurice Leenhardt.' *Man* 15, no. 3 (1980): 518–32.

Clifford, James. 'On Ethnographic Surrealism.' *Comparative Studies in Society and History* 23, no. 4 (1981): 539–64.

———. *Person and Myth: Maurice Leenhardt in the Melanesian World.* Berkeley: University of California Press, 1982.

Clifford, James. 'On Ethnographic Authority.' *Representations,* no. 2 (1983): 118–46.

———. *Writing Culture: the Poetics and Politics of Ethnography.* Berkeley: University of California Press, 1986.

———. *The Predicament of Culture: Twentieth Century Ethnography, Literature and Art.* Cambridge: Harvard University Press, 1988.

———. 'Diasporas.' *Cultural Anthropology* 9, no. 3 (1994): 302–38.

———. *Routes: Travel and Translation in the Late Twentieth Century*. Cambridge: Harvard University Press, 1997.

Cochran, Terry. 'The Emergence of Global Contemporaneity.' *Diaspora: A Journal of Transnational Studies* 5, no. 1 (Spring 1996).

Cohen, Abner. 'Cultural Strategies in the Organization of Trading Diasporas' in *The Development of Indigenous Trade and Markets in West Africa,* C. Meillassoux, ed. London: Routledge, 1971: 266–78.

Coulter, J.W. 1942. *Fiji: Little India of the Pacific*. Chicago: Chicago University Press.

Cousins, Margaret. *Indian Womanhood Today*. Allahabad: Allahabad Law Journal Press, 1947.

Curtin, P.D. *Cross-Cultural Trade in World History*. Cambridge: Cambridge University Press, 1984.

———. *The Rise and Fall of the Plantation Complex*. New York: Cambridge University Press, 1990.

Dale, Stephen Frederic. *Indian Merchants and Eurasian Trade, 1600-1750*. Cambridge: Cambridge University Press, 1994.

Das, B. *Ardhakathanaka*. Edited by N. Premi, 2nd ed. Bombay: Hindi-Grantha-Ratnakara, 1957.

Davenport, T.R.H. and Christopher Saunders. *South Africa: A Modern History*. New York: St. Martin's Press, 2000.

Devji, Faisal. 'A Practice of Prejudice: Gandhi's Politics of Friendship', *Subaltern Studies*, XII. Delhi: Permanent Black, 2005.

Dikshit, Om. 'The Impact of Mahatma Gandhi on Martin Luther King, Jr.' *Negro History Bulletin* 38, no. 2 (March 1975): 342–44.

Diptee, Audra. 'Indian Men, Afro-Creole Women: 'Casting' Doubt on Interracial Sexual Relationships in the Late 19th Century Caribbean.' *Immigrants and Minorities* 19, no. 3 (2000): 6.

Dirlik, Arif. 'Modernity in Question? Culture and Religion in an Age of Global Modernity.' *Diaspora: A Journal of Transnational Studies* 12, no. 2 (Fall 2003): 147–168.

———. 'Where Do We Go From Here? Marxism, Modernity and Postcolonial Studies.' *Diaspora: A Journal of Transnational Studies* 12, no. 3 (Winter 2003): 419–36.

Dobbin, Christine. *Asian Entrepreneurial Minorities: Conjoint Communities in the Making of the World-Economy, 1570-1940*. London: Curzon Press, 1996.

Du Bois, W.E.B. *Black Reconstruction in America*. (1935; reprint New York; athenaeum, 1992). See pages 708, 140, 240, 130.

——— *The Souls of Black Folk: Essays and Sketches*. Greenwich, Conn: Fawcett Publications, 1961.

Duggan, William R. 'Three Men of Peace.' *Crisis* 81, no. 10 (1974): 331–38.

Dyer, Rebecca. 'Immigration, Postwar London, and the Politics of Everyday Life in Sam Selvon's Fiction.' *Cultural Critique* 52 (Fall 2002): 108–44.

ग्रंथ सूची **267**

Eagleton, Terry. *Heathcliff and the Great Hunger.* London: Verso, 1995.

Ebron, Paula and Anna Lowenhaupt Tsing. 'From Allegories of Identity to Sites of Dialogue.' *Diaspora: A Journal of Transnational Studies* 4, no. 2 (Fall 1995): 125–151.

Erikson, Erik. *Gandhi's Truth: On the Origins of Militant Non-Violence.* New York: Norton, 1969.

Fanon, Frantz. 1967. *Black Skin, White Masks.* New York: Grove.

Fernandez Retamar, Roberto. *Caliban and other Essays.* Minneapolis: University of Minnesota Press, 1989.

Figueroa, Luis A. *Sugar, Slavery, and Freedom in Nineteenth-Century Puerto Rico.* Chapel Hill: The University of North Carolina Press, 2005.

Fischer, Sybille. *Modernity Disallowed: Haiti and the cultures of slavery in the Age of Revolution.* Durham and London: Duke University Press, 2004.

Fitzgerald, David. 'Scenarios of Transformation: The Changing Consequences of Old and New Migrations.' *Diaspora: A Journal of Transnational Studies,* 13(1) (Spring 2004): 101–109.

Forbes, Alexander Kinloch. *Ras Mala: Hindu Annals of Western India with Reference to Gujarat.* New Delhi: Heritage Publishers, 1973.

Foster, William. ed. *English Factories in India 1624-29.* Oxford: Oxford University Press, 1913.

Frank, A. Gunder. *ReOrient: the Global Economy in the Asian Age.* Berkeley: University of California Press, 1998.

Fraser, Nancy. 'Rethinking the Public Sphere.' *Social Text* 25/26 (1990): 57–80.

Freitag, Sandra. 'Introduction, Special issue on the Colonial Public Sphere.' *South Asia* 14.1 (1991): 1–3.

Fryer, John. *A New Account of East India and Persia in Eight Letters Being Nine Years Travels, Begun 1672 and Finished 1681.* Edited by William Crooke. Delhi: Periodical Experts Book Agency, 1985.

Gabaccia, Donna. 'Foreigners, Foreignness, and Theories of Democracy.' *Diaspora: A Journal of Transnational Studies* 10(3) (Winter 2001): 391–403.

Gandhi, Leela. *Affective Communities: Anticolonial Thought, Fin-De-Siècle Radicalism, and the Politics of Friendship.* Durham: Duke University Press, 2006.

Gandhi, M.K. *An Autobiography or The Story of My Experiments with Truth.* Translated by Mahadev Desai. India: Navajivan Publishing House, 1927.

———. *Satyagraha in South Africa.* Madras: S. Ganesan, 1928.

———. *To the Women.* Karachi: Anand Hingorani, 1943.

Gandhi, M.K. *Women and Social Injustice.* Ahmedabad: Navajivan Publishing House, 1945.

———. 'Indenture or Slavery?' *Collected Works of Mahatma Gandhi,* vol. 13. Delhi: Publications Division, Ministry of Information and Broadcasting, Government of India, 1964: 1467.

Gandhi, M.K. *The Collected Works of Gandhi.* Government of India: Ahmedabad, 1964.

———. *The Collected Works of Mahatma Gandhi.* 2nd ed. New Delhi: Publications Division, Ministry of Information and Broadcasting, Government of India, 1969.

———. *Hind Swaraj and Other Writings.* Anthony J. Parel, ed. Cambridge: Cambridge University Press, 1997.

Gandhi, M.K. *The Collected Works of Mahatma Gandhi.* New Delhi: Publications Division, Ministry of Information and Broadcasting, Government of India, 2000.

Gandhi, Rajmohan. *Gandhi: The Man, His People, and the Empire.* Berkeley: University of California Press, 2008.

Ganguly, Keya. *States of Exception: Everyday Life and Postcolonial Identity.* Minneapolis: University of Minnesota Press, 2001.

Gankovsky, Y. 'The Durrani Empire' in USSR Academy of Sciences, *Afghanistan Past and Present.* Moscow: Progress Publishers, 1981: 76–98.

George, T.J.S. *MS: A life in Music.* New Delhi: HarperCollins, 2004.

Ghosh, Amitav. *Circle of Reason.* London: Hamilton, 1986.

———. *Sea of Poppies.* New York: Farrar, Straus and Giroux, 2008.

Gilroy, Paul. *The Black Atlantic: Modernity and Double Consciousness.* Cambridge, Mass: Harvard University Press, 1993.

Glissant, Edouard. *Caribbean Discourse: Selected Essays.* Charlottesville: University Press of Virginia, 1992.

———. *Poetics of Relation.* Ann Arbor: University of Michigan Press, 1997.

Goitein, D. Shelomo. *A Mediterranean Society: The Jewish Communities of the Arab World as Portrayed in the Documents of the Cairo Geniza.* Vol. 1. Los Angeles: University of California Press, 1967.

Gommans, J.J.L. *The Rise of the Indo-Afghan Empire, c. 1710-1780.* New York: E.J. Brill, 1995.

Gonzalez, Jose Luis. *Puerto Rico: The Four Storeyed Country.* Maplewood, New Jersey: Waterfront Press, 1990.

Goody, Jack. *The East in the West.* Cambridge: Cambridge University Press, 1996.

Gopal, Surendra. *Commerce and Crafts in Gujarat, 16th and 17th Centuries: A Study in the Impact of European Expansion on Precapitalist Economy.* New Delhi: People's Pub House, 1975.

Govinden, Devarakshanam. *Sister Outsiders.* Pretoria: University of South Africa Press, 2008: 75.

Grant, K., P. Levine and F. Trentmann, eds. *Beyond Sovereignty: Britain, Empire and Transnationalism, c. 1880-1950.* New York: Palgrave, 2007.

Green, Helen B. *Socialization Values in the Negro and East-Indian Sub-Cultures of Trinidad.* Michigan: University Microfilms International, 1978.

Greif, Avner. 'Contract Enforceability and Economic Institutions in Early Trade: the Maghribi Traders' Coalition' *American Economic Review* 83(3) (1992): 525–48.

Guha, Ranajit, ed. *Subaltern Studies: Writings on South Asian History and Society.* Vols. 1–6. Delhi: Oxford University Press, 1994.

Habib, Irfan. 'Merchant Communities in Pre-colonial India' in *Rise of Merchant Empries: Long-Distance Trade in Early Modern World, 1350-1750.* Edited by James D. Tracy. Cambridge: Cambridge University Press, 1990.

Haynes, D.E. 'From Tribute to Philanthropy: The Politics of Gift Giving in a Western Indian City' in *Journal of Asian Studies* 46, no. 2 (1987): 339–60.

Hedges, William. *The Diary of William Hedges, Esq., During his Agency in Bengal: As Well As on His Voyage Out and Return Overland (1681-1697).* Edited by R. Barlow and Henry Yule. London: The Hakluyt Society, 1888.

Herman, A.L. *Community, Violence, and Peace: Aldo Leopold, Mohandas K. Gandhi, Martin Luther King Jr., and Gautama the Buddha in the Twenty-First Century.* New York: State University of New York Press, 1998.

Holgersson-Shorter, Helena. 2005. 'Authority's Shadowy Double: Thomas Jefferson and the Architecture of Illegitimacy.' *The Masters and the Slaves: Plantation Relations and Mestizaje in American Imaginaries.*

Hoyland, John S. *The Man India Loved, C.F. Andrews.* London: Lutterworth Press, 1944.

Hromnik, Cyril A. *Indo-Africa: Towards a New Understanding of the History of Sub-Saharan Africa.* Cape Town: Juta, 1981.

Huttenback, Robert A. *Gandhi in South Africa: British Imperialism and the Indian Question, 1860-1914.* Ithaca, New York: Cornell University, 1971.

Ilaiah, Kancha. *Why I am Not a Hindu: A Sudra Critique of Hindutva Philosophy, Culture and Political Economy.* Delhi: Samya, 1996.

Interviews with Ken Ramchand; OWTU Guest House, San Fernando, Trinidad & Tobago. C.L.R. James, September 5th, 1980.

Irick, Robert L. CHI'ng *Policy Toward the Coolie Trade, 1847-1878.* Taipei: Chinese Materials Center, 1982.

Isfahani-Hammond, Alexandra, ed. *The Masters and the Slaves: Plantation Relations and Mestizaje in American Imaginaries.* New York: Palgrave Macmillan, 2005.

James, C.L.R. *The Black Jacobins.* New York: Dial Press, 1938.

Jha, Murari Kumar. 'The Social World of Gujarati Merchants and their Indian Ocean Networks in the Seventeenth Century,' in Rai and Reeves. *The South Asian Diaspora: Transnational Networks and Changing Identities.* New York: Routledge, 2009.

Jung, Moon Ho. *Coolies and Cane: Race, Labor and Sugar in the Age of Emancipation.* Baltimore: The Johns Hopkins University Press, 2006.

Kanhai, Rosanne, ed. Matikor*: The Politics of Identity for Indo-Caribbean Women.* St. Augustine: School for Continuing Studies, 1998.

Kaviraj, Sudipta. 'The Imaginary Institution of India.' In *Subaltern Studies* 7: Delhi: Oxford University Press, 1992: 1–40.

Kelvin, Singh. 'Conflict and Collaboration: Trinidad and Modernizing Indo-Trinidadian Elites (1917–1956).' *New West Indian Guide* 70, no. 3/4 (1996): 229–253.

Kelly, John D. *A Politics of Virtue: Hinduism, Sexuality, and Countercolonial Discourse in Fiji*. Chicago: University of Chicago Press, 1991.

Khan, A. Muhammad. *Mirat-i-Ahmadi Supplement*. Translated and edited by Syed Nawab Ali and Charles Norman Seddon. Baroda: Oriental Institute, 1928.

Khan, Ismith. *The Jumbie Bird*. New York: Longman, 1985.

Khan, Yasmin. *The Great Partition: The Making of India and Pakistan*. New Haven: Yale University Press, 2008.

King, Mary. *Mahatma Gandhi and Martin Luther King Jr: The Power of Nonviolent Action (Cultures of Peace)*. New York: Unesco, 1999.

Kishore, Giriraj. *Pehla girmitiya*. Rajpal and Sons, 2000.

Kishwar, Madhu. *Gandhi and Women*. New Delhi: Manushi Prakashan, 1986.

Klass, Morton. *East Indians in Trinidad; a Study of Cultural Persistence*. New York: Columbia University Press, 1961.

———. *Cultural Persistence in a Trinidad East Indian Community*. New York: Columbia University Press, 1965.

———. *Singing with Sai Baba: The politics of Revitalization in Trinidad*. Boulder, CO.: Westview Press, 1991.

Klass, Sheila Solomon. *Everyone in this house Makes Babies*. Garden City, New York: Doubleday, 1964.

Kosambi, D.D. *The Culture and Civilization of Ancient India in Historical Outline*. Delhi; Vikas, 1970.

Kunow, Rüdiger. 'Eating Indian(s): Food, Representation, and the Indian Diaspora in the United States.' In *Eating Culture: The Poetics and Politics of Food*. Edited by Tobias Döring, Markus Heide and Susanne Mühleisen (Heidelberg, Germany: Universitätsverlag). *American Studies: A Monograph Series* 106 (Winter 2003): 151–75.

Kurasawa, Fuyuki. 'A Cosmopolitanism from Below: Alternative Globalization and the Creation of a Solidarity without Bounds.' *European Journal of Sociology* 45, no. 2 (2004): 233–55.

Kutzinski, Vera. *Sugar's Secrets: Race and the Erotics of Cuban Nationalism*. University of Virginia Press, 1993.

Lal, Brij. 'Indo-Fijians: Routes and Routes.' In Rai and Reeves, *The South Asian Diaspora: Transnational Networks and Changing Identities 2009*: 89–108.

Lamming, George. In Birbalsingh, Frank, ed. *Indenture and Exile: The Indo-Caribbean Experience*. Toronto: TSAR, 1989.

Lannoy, Richard. *The Speaking Tree: a Society of Indian Culture and Society*. London, New York: Oxford University Press, 1971.

Laurence, K.O. *A Question of Labour: Indentured Immigration into Trinidad and British Guiana, 1875-1917*. Kingston: Ian Randle Publishers, 1994.

Lazarus-Black, Mindie, 'Bastardy, Gender-Hierarchy, and the State: The Politics of Family Law Reform in Antigua and Barbuda.' *Law and Society Review* 26(4) (1992): 863–899.

ग्रंथ सूची **271**

Levi, Scott C. 'The Indian Diaspora in Central Asia and Its Trade 1550-1900,' *Diaspora: A Journal of Transnational Studies,* Boston: Brill, 2002.

Lewis, Gordon K. *Main Currents in Caribbean Thought: The Historical Evolution of Caribbean Society in Its Ideological Aspects, 1492-1900.* Baltimore: Johns Hopkins University Press, 1983.

Linebaugh, Peter and Marcus Rediker. *The Many-Headed Hydra: Sailors, Slaves, Commoners, and the Hidden History of the Revolutionary Atlantic.* Boston: Beacon Press, 2000.

Linschoten, J.H.V. *The Voyage of John Huyghen van Linschoten to the East Indies.* Edited by Arthur Coke Burnell. Vol. 1. London: Hakluyt Society, 1885.

Lokhandwalla, S.T. 'Islamic Law and Ismaili Communities (Khojas and Bohras).' *Indian Economic and Social History Review* 4, no. 2 (1967): 155–76.

Lynch, John. *The Spanish American Revolutions, 1808–1826.* Norton, 1986.

Mahabir, Noor Kumar. *The Still Cry: Personal Accounts of East Indians in Trinidad and Tabago during Indentureship (1845-1917).* Ithaca, New York: Calaloux, 1985.

———. *Medicinal and Edible Plants Used by East Indians of Trinidad and Tobago.* El Dorado, Trinidad: Chakra Publishing, 1991.

Majmudar, Manjulal Ranchholdlal. *Cultural History of Gujarat.* Bombay: Popular Prakashan, 1965.

Malik, Yogendra. *East Indians in Trinidad: A Study in Minority Politics.* New York: Oxford University Press, 1971.

Mangru, Basdeo. *Indenture and Abolition: Sacrifice and Survival on the Guyanese Sugar Plantations.* Toronto: Tsar Publications, 1993.

Mani, Lata. *Contentious Traditions: The Debate on Sati in Colonial India.* Berkeley: University of California Press, 1998.

Marcin, Raymond B. 'Gandhi and Justice.' *Logos: A Journal of Catholic Thought and Culture* 7(3) (Summer 2004): 17–30.

Mariani, Giorgio. 'Ad bellum purificandum, or, Giving Peace a (Fighting) Chance in American Studies.' *American Literary History* 21, no. 1 (Spring 2009): 96–119.

Markovits, Claude. *The Global World of Indian Merchants 1750-1947: Traders of Sind from Bukhara to Panama.* Cambridge: Cambridge University Press, 2000.

———. *The Un-Gandhian Gandhi: The Life and Afterlife of the Mahatma.* 1st ed. New York and London: Anthem Press, 2004.

Matthee, R.P. *The Politics of Trade in Safavid Iran.* Cambridge: Cambridge Studies in Islamic Civilization, 1999.

Meer, Fatima, ed. *The South African Gandhi: an Abstract of the Speeches and Writings of M.K. Gandhi, 1893-1914.* Durban: Madiba Publishers, 1996.

Mehta, Brinda. *Diasporic (Dis)Locations: Indo-Caribbean Women Writers Negotiate the Kala Pani.* Kingston: University of the West Indies Press, 2004.

Mohammed, Patricia. 'Writing Gender into History: The Negotiation of Gender Relations among Indian Men and Women in Post-indenture Trinidad Society 1917–47.' *Engendering History: Caribbean Women in*

Historical Perspective. Edited by Verene Shepherd et al. New York: St. Martin's Press, 1995: 20–47.

Mootoo, Shani. *Cereus Blooms at Night.* New York: HarperCollins, 1996.

Moore, B.L. 'The Retention of Caste Notions among the Indian Immigrants...etc.' *Comparative Studies in Society and History,* 19(1) (1977): 99–104.

Morselli, Davide and Stefano Passini. 'Avoiding Crimes of Obedience: A Comparative Study of the Autobiographies of M. K. Gandhi, Nelson Mandela, and Martin Luther King, Jr.' *Peace and Conflict: Journal of Peace Psychology* 16 (3) (July 2010): 295–319.

Moutoussamy, Ernest. 'Indianness in the French West Indies' in *Indenture & Exile: The Indo-Caribbean Experience.* Toronto: TSAR, 1989.

Munasinghe, Viranjini. 'Redefining the Nation: The East Indian Struggle for Inclusion in Trinidad.' *Journal of South Asian Studies* 4.0 (2002): 1–34.

Nagamootoo, Moses. *Hendree's Cure: Scene's from Madrasi Life in a New World.* Leed, United Kingdom: Peepal Tree Press, 2000.

Naipaul, Vidiadhar Surajprasad. *A House for Mr. Biswas.* New York: Penguin, 1969.

Nanda, Bal Ram *Mahatma Gandhi: A Biography.* New York: Oxford University Press, 1989.

Nandy, Ashis. *The Intimate Enemy: Loss and Recovery of Self under Colonialism.* Delhi: Oxford University Press, 1983.

Narayan, Kirin. *My Family and Other Saints. Illinois:* University of Chicago Press, *2007.*

Nasta, Susheila and Anna Rutherford, eds. *Tiger's Triumph: Celebrating Sam Selvon.* London: Dangaroo, 1995.

Natarajan, Nalini. 'Reading Diaspora.' Introduction to *Writers of the Indian Diaspora: A Bio-bibliographical Critical Sourcebook.* Edited by Emmanuel Nelson. Westport, CT: Greenwood Press, 1992.

———. Introduction to *Handbook of Twentieth-Century Literatures of India.* Edited by Nalini natarajan. Westport, CT: Greenwood Press. 1996.

———. 'Woman, Nation and Narration' in Salman Rushdie's *Midnight's Children. Woman and Indian Modernity.* New Orleans: University Press of the South, 2002.

———. *Woman and Indian Modernity: Readings of Colonial and Postcolonial Novels.* New Orleans: University Press of the South, 2002.

———. 'Fanon as metrocolonial Flaneur in the Caribbean postplantation/ Algerian postcolonial city.' In Alexandra Isfahanani (ed.), *The Masters and the Slaves.* Palgrave: St. Martin's Press, 2005: 89–102.

Natarajan, Nalini. 'South Asia Studies in Transatlantic Dialogue.' *Comparative Studies of South Asia, Africa and the Middle East* 27(2) (2007): 591–600.

Nath, Dwarka. *A History of Indians in British Guiana.* New York: Thomas Nelson and Sons, Ltd., 1950.

Neame, L.E. *The Asiatic Danger in the Colonies.* London: Routledge, 1907.

ग्रंथ सूची **273**

Neame, L.E. Nelson, Emmanuel. *Writers of the Indian Diaspora: A Bio-bibliographical Critical Source Book.* Westport CT: Greenwood Press, 1992.

Newman, Beth. '"The Situation of the Looker-on": Gender, Narration, and Gaze in Wuthering Heights.' *Publications of the Modern Language Association* 105(5) (1990): 1029.

Niranjana, Tejaswini. *Mobilizing India: Women, Music, and Migration between India and Trinidad.* London: Duke University Press, 2006.

Nwankwo, Ifeoma Kiddoe. *Black Cosmopolitanism: Racial Consciousness and Transnational Identity in the Nineteenth-Century Americas.* Philadelphia: University of Pennsylvania Press, 2005.

O'Brien, Michael. 'Old Myths/New Insights: History and Dr. King.' *History Teacher* 22(1) (November 1988): 49–66.

Paranjape, Makarand. *In Diaspora: Theories, Histories, Texts.* New Delhi: Indialog Publications, 2001.

Parel, Anthony J., ed. *Gandhi: 'Hind Swaraj' and Other Writings.* Great Britain: Cambridge University Press, 1997.

Parrotta, Priya. 'Timeline of Indo-US Diaspora', Research Project, *Homespun.* The Smithsonian Institution: American Psychological Association, 2010.

Patterson, Orlando. *Slavery and Social Death: A Comparative Study.* Cambridge, Mass: Harvard University Press, 1982.

Persaud, Lakshmi. *Butterfly in the Wind.* Leeds: Peepal Tree Press, 1990.

Pirbhai, Mariam. *Mythologies of Migration, Vocabularies of Indenture: Novels of the South Asian Diaspora in Africa, the Caribbean, and Asia-Pacific.* Toronto: University of Toronto Press, 2009.

Prasad, Devi. *Gandhi and Revolution.* New Delhi: Routledge India, 2011.

Prashad, Vijay. *Everybody was Kung-Fu Fighting: Afro-Asian Connections and the Myth of Cultural Purity.* Boston: Beacon Press, 2001.

Puri, Shalini. 'Race, Rape and Representation: Indo-Caribbean Women and Cultural Nationalism.' *Cultural Critique* 36 (1997): 119–63.

———. *The Caribbean Postcolonial: Social Equality, Post-Nationalism, and Cultural Hybridity.* New York: Palgrave MacMillan, 2004.

Rai, Amit. 'India On-line: Electronic Bulletin Boards and the Construction of a Diasporic Hindu Identity.' *Diaspora: A Journal of Transnational Studies,* Vol 4(1) (1995–96): 31–57.

Rai, Rajesh and Peter Reeves. *The South Asian Diaspora: Transnational Networks and Changing Identities.* New York: Routledge, 2009.

Ray, Renuka. *Legal Disabilities of Indian Women: A Plea for a Commission of Enquiry.* Calcutta: Indian Press Ltd., 1934.

Reddock, Rhoda. 'Freedom Denied: Indian Women and Indentureship in Trinidad and Tobago.' *Economic and Political Weekly, Review of Women's Studies* 20, no. 43 (1985): 79–87.

Rediker, Marcus. *Villains of All Nations: Atlantic Pirates in the Golden Age.* Boston: Beacon Press, 2004.

274 अटलांटिक गाँधी

Retamar, Roberto. *Caliban and Other Essays.* Minn: University of Minn. Press, 1989.

Richmond, Theophilus. *The First Crossing.* Trowbridge, United Kingdom: Cromwell Press, 2007.

Ross, Robert. *A Concise History of South Africa.* New York: Cambridge University Press, 1999. (Reference 968 R825c).

Roy Chaudhury, P.C. *C.F. Andrews: His Life and Times.* Bombay: Somaiya Publications, 1971.

Rudner, David West. *Caste and Capitalism in Colonial India: The Nattukottai Chettiars.* Los Angeles: University of California Press, 1994.

Ruhomon, Peter. *Centenary History of the East Indians in British Guiana, 1838-1938.* Georgetown: British Guiana Daily Chronicle, 1947.

Safran, William. 'Diasporas in Modern Societies: Myths of Homeland and Return.' *Diaspora: A Journal of Transnational Studies* 1, no. 1 (Spring 1991): 83–4.

———. 'Comparing Diasporas: A Review Essay.' *Diaspora: A Journal of Transnational Studies* 8, no. 3 (Winter 1999), 255–291.

Sahay, Anjali. *Indian Diaspora in the United States: Brain Drain or Gain?* Lexington Books, 2009.

Sander, Reinhard. *The Trinidad Awakening; West Indian Literature of the Nineteen Thirties.* Westport, 1988.

Sangari, Kumkum and Sudesh Vaid, eds. *Recasting Women: Essays in Indian Colonial History.* New Jersey: Rutgers University Press, 1990.

Santiago-Valles, Kelvin A. *'Subject People' and Colonial Discourses: Economic Transformation and Social Disorder in Puerto Rico, 1898-1947.* Albany: State University of New York Press, 1994.

Sarkar, Sumit. *Modern India.* Madras: MacMillan, 1983.

Sattanathan, A.N. *The Dravidian Movement in Tamil Nadu and Its Legacy.* Madras: University of Madras, 1982.

Scoble, John. *Hill Coolies, Brief Exposure of the Deplorable Conditions of the Hill Coolies in British Guiana and Mauritius.* London, 1840.

Scott, David. 'That Event, This Memory: Notes on the Anthropology of African Diasporas in the New World.' *Diaspora: A Journal of Transnational Studies* 1(3) (Winter 1991): 261–84.

Selvon, Sam. Interview. *Interviews with Writers of the Post-Colonial World.* ed. Feroza Jussawalla and Reed Way Dasenbrock. Jackson: University of Mississippi Press, 1992: 101–16.

Sinha, Mrinalini. *Colonial Masculinity: The 'Manly Englishman' and the 'Effeminate Bengali' in the Late Nineteenth Century.* London: Manchester University Press, 1995.

Sojourners Blog; 'Glenn Beck on Martin Luther King and Gandhi', blog entry by Jim Wallis, 25, March 2010.

Sommer, Doris. *Foundational Fictions: The National Romances of Latin America.* Berkeley: University of California Press, 1991.

ग्रंथ सूची 275

Spivak, Gayatri. 'Can the Subaltern Speak?' *In Other Worlds*. in *Marxism and the Interpretation of Culture*. London: Macmillan, 1988.

Srinivasan, Amrit. 'Reform and Revival: The Devadasi and her Dance.' *Economic and Political Weekly*. 44 (2 November 1985): 1869–76.

Srinivasan, Shivakumar. 'Diaspora and Its Discontents.' In *Diaspora: Theories, Histories, Texts* edited by Makarand Paranjpe. Delhi: Indialog Publications, 2001.

St. Louis, Brett. *Rethinking Race, Politics, and Poetics: C.L.R. James' Critique of Modernity*. New York: Routledge, 2007.

Stallybrass, Peter. 'Marx and Heterogeneity: Thinking the Lumpenproletariat' *Representations* 31 (Summer 1990): 69–95.

Stone-Mediatore, Shari. 'Postmodernism, Realism, and the Problem of Identity.' *Diaspora: A Journal of Transnational Studies* 11(1) (Spring 2002).

Sugiyama, S. and L. Grove, eds. *Commercial Networks in Modern Asia*. Richmond: Curzon Press, 2001.

Swan, Maureen. *Gandhi: The South African Experience*. Johannesburg: Ravan Press, 1985.

Tamayo, Sergio. 'La no-violencia en los movimientos sociales ¿Qué vínculo puede haber entre Gandhi, Martin Luther King Jr. y AMLO?' *Cotidiano - Revista de la Realidad Mexicana* 141 (2007): 98–109.

Thapar, Romila. *Early INDIA: From the Origins to A.D 1300*, Berkeley; University of California Press, 2003: 105–7.

Theime, John. 'The World Turned Upside Down: Carnival Patterns in *The Lonely Londoners*.' *Toronto South Asian Review* 5, no. 1 (1986): 191–204.

Thompson, Alvin O., ed. *In the Shadow of the Plantation: Caribbean History and Legacy*. Princeton, New Jersey: Markys Weiner Press, 2003.

Thompson, Leonard M. *A History of South Africa*. New Haven: Yale University Press, 1990.

Thurston, Edgar. *Castes and Tribes of Southern India*. Madras: Government Press, 1909.

Tinker, Hugh. *A New System of Slavery: The Export of Indian Labour Overseas, 1830-1920*. New York: Oxford University Press, 1974.

———. *Separate and Unequal: India and the Indians in the British Commonwealth, 1920-1950*. London: C. Hurst, 1976.

———. *The Ordeal of Love: C.F. Andrews and India*. New York: Oxford University Press, 1979.

Tinsley, Omise'eke Natasha. 2008. 'Black Atlantic, Queen Atlantic: Queer Imaginings of the Middle Passage.' *GLQ: A Journal of Lesbian and Gay Studies*. 14 (2–3).

Tiwari, Bri. Maya. *The Path of Practice: The Ayurvedic Book of Healing with Food, Breath and Sound*. Delhi: Motilal Banarsidass Publishers, 2000.

Todorov, Tzvetan. *The Conquest of America: The question of the Other*. New York: Harper and Row, 1984.

Tracy, James D, ed. *The Rise of Merchant Empires: Long-Distance Trade in the Early Modern World, 1350-1750*. New York: Cambridge University Press, 1990.

Trotz, D. Alissa. 'Between Despair and Hope: Women and Violence in Contemporary Guyana.' *Small Axe* 8, no. 1 (2004): 1–20.

Vahed, Goolam. '"African Gandhi": The South African War and the Limits of Imperial Identity.' *Historia* 45, no. 1 (May 2000): 201–19.

Van Der Veer, Peter, and Rajesh Rai. ed. *Nation and Migration: The Politics of Space in the South Asian Diaspora*. Philadelphia: University of Pennsylvania Press, 1995.

Vassanji, Moyez. Private Conversation, Toronto, 2006.

Vertovec, Steven. 'Three Meanings of "Diaspora," Exemplified among South Asian Religions.' *Diaspora: A Journal of Transnational Studies* 6, no. 3 (Winter 1997): 277–99.

Visram, Rozina. *Ayahs, Lascars and Princes: Indians in Britain 1700-1947*. London: Pluto Press, 1986.

Weller, Judith Ann. *The East Indian Indenture in Trinidad*. Rio Piedras: University of Puerto Rico, 1968.

Williams, Eric. *Capitalism and Slavery*. New York: Russell & Russell, 1961.

———. *History of the People of Trinidad and Tobago*. London: Andre Deutsch Limited, 1962.

———. *From Columbus to Castro: The History of the Caribbean, 1492-1969*. New York: Random House, 1970.

Williams, Raymond. *The Country and the City*. London: Chatto and Windus, 1973.

———. 'Welsh Industrial Novel' from *Problems in Materialism and Culture*. London: Verso, 1980.

———. 'Literature and Sociology' in *Problems in Materialism and Culture*. London: Verso, 1980.

Washbrook, David. 'South India 1770-1840: The Colonial Transition', *Modern Asian Studies* 38(3) (2004): 479–516.

Wilson, Monica Hunter and Leonard Thompson. *The Oxford History of South Africa*. New York: Oxford University Press, 1971.

Wireman, Billy O. 'Martin Luther King Jr. and Mohandas Gandhi.' *Vital Speeches of the Day* 64, no. 10 (1 March 1998): 316.

Young, Robert. *Colonial Desire: Hybridity in Culture, Theory and Race*. London: Routledge, 1995.

———. *Postcolonialism: An Historical Introduction*. Oxford: Blackwell, 2001.

Zinn, Howard. *People's History of the United States*. New York: HarperCollins, 2003.

लेखक के बारे में

नलिनी नटराजन अंग्रेजी विभाग, कॉलेज ऑफ ह्यूमैनिटीज, यूनिवर्सिटी ऑफ पोर्टो रीको, संयुक्त राज्य में प्रोफेसर हैं, जहां वे 1987 से अध्यापन कर रही हैं।

इससे पहले, उन्होंने जवाहर लाल नेहरू यूनिवर्सिटी, दिल्ली (1978–80) और मिरांडा हाउस, दिल्ली (1984–86) में पढ़ाया। वे येल यूनिवर्सिटी (1986–87) में पोस्ट डॉक्टोरल फेलो थीं। उन्होंने यूनिवर्सिटी ऑफ एबरडीन, यूनाईटेड किंग्डम से 1984 में अपनी पी.एच.डी पूरी की।

उन्होंने *वुमन एंड इंडियन मॉडर्निटी: रीडिंग्स ऑफ कॉलोनियल एंड पोस्ट कोलोनियल नोवेल्स* शीर्षक से 2002 में एक किताब लिखी है और *हैंडबुक ऑफ ट्वेंटीथ सेंचुरी लिटरेचर्स इन इंडिया* का संपादन 1996 में किया है, जिसे चॉइस ऑउटस्टैंडिंग अकेडमिक बुक अवॉर्ड दिया गया। उन्होंने कई अन्य किताबों में भी लेख लिखे हैं।

इस किताब के अलावा उन्होंने हाल ही में 'द रेजोनेटिंग आइलैंड' शीर्षक से एक किताब पूरी की है, जो टेरानोवा प्रेस द्वारा प्रकाशित है। इसमें कैरिबिया और दक्षिण अफ्रीका पर अंतरसांस्कृतिक लेखों की एक श्रृंखला है।

अपनी पृष्ठभूमि और अधिवास के ज़रिए वे भारत और इसके कई क्षेत्रों, स्थानीय भाषाओं और संस्कृतियों, 19वीं सदी में ब्रिटेन की घरेलू और साम्राज्यवादी संस्कृति, स्त्रीवादी सैद्धांतिकी और कैरिबियाई और लैटिन अमेरिकी मुद्दों में दिलचस्पी रखती हैं। उन्होंने इन क्षेत्रों में नवाचारी पाठ्यक्रमों को प्रस्तावित किया है।

उनकी दिलचस्पी यात्रा, संस्मरण लेखन, पाक–कला और अंतर–सांस्कृतिक संगीत और नृत्य के लोकप्रिय रूपों को प्रोत्साहित करने में है।

$\circledS$SAGE | bhasha

भारतीय भाषाओं में प्रकाशन कार्यक्रम

क्या आप सामाजिक विज्ञान और/या व्यवसाय प्रबंधन (बिज़नेस मैनेजमेंट) के क्षेत्र में लेखक हैं और अपनी पुस्तक का प्रकाशन करवाना चाहते हैं?

सेज के साथ कीजिए प्रकाशन

सेज के विश्व स्तर पर मान्यता प्राप्त उत्कृष्टता के मानक

भारतीय भाषाओं में महत्त्वपूर्ण शैक्षणिक प्रकाशन

सेज द्वारा पांडुलिपि से लेकर प्रकाशन तक 90% से अधिक प्रक्रियाओं का प्रबंधन

प्रकाशन के लिए कोई राशि नहीं ली जाती

सेज के मार्केटिंग सिस्टम और ई-बुक कार्यक्रमों से स्वतः जुड़ने का अवसर

बिक्री और रॉयल्टी में संपूर्ण पारदर्शिता

सभी पांडुलिपियों/अनुवादों के मूल्यांकन के लिए समीक्षकों का पैनल

भारत और विश्वभर में विस्तृत वितरण

हम इन विषयों में प्रकाशन करते हैं:

- व्यवसाय व प्रबंधन
- समाजशास्त्र
- मनोविज्ञान
- मीडिया व संचार

- शहरी अध्ययन
- विधि एवं दंड-न्याय
- अर्थशास्त्र एवं विकास
- शिक्षा

- शोध विधियां
- राजनीतिक व अंतरराष्ट्रीय सम्बंध
- परामर्श एवं मनश्चिकित्सा
- स्वास्थ्य एवं समाज कार्य

अपनी पांडुलिपि भेजने के लिए sagebhasha@sagepub.in पर लिखिए।

SAGE | bhasha
भारतीय भाषाओं में प्रकाशन कार्यक्रम

वर्ष 2015 में आरंभ हुए सेज भाषा का उद्देश्य भारतीय भाषाओं की सीमाओं से आगे बढ़कर, अत्याधुनिक शोध के माध्यम से अकादमिक जगत के हर स्तर पर पहुंचना है। हिन्दी व मराठी में इसकी शुरुआत कर हम कम कीमत पर बहुमूल्य संसाधन उपलब्ध करा रहे हैं और इसे हर उस भारतीय भाषा में विस्तार देंगे, जिसमें हम प्रकाशन करते हैं।

बनिए सेज के सहयोगी

क्या आप किसी विषय के विशेषज्ञ हैं और **पांडुलिपियों का पुनरीक्षण** (रिव्यू) करना चाहते हैं?

क्या आप **अनुवाद** के क्षेत्र में **भविष्य** बनाना चाहते हैं?

विश्व के अग्रणी शैक्षिक प्रकाशक के साथ बतौर **वितरक** जुड़ना चाहते हैं?

sagebhasha@sagepub.in पर लिखिए।

अन्य संबंधित पुस्तकें जिनमें आपकी रुचि हो सकती है

₹ 345

2018
ISBN 978-93-528-0786-4

₹ 600

2017
ISBN 978-93-528-0455-9

₹ 250

2018
ISBN 978-93-532-8114-4

₹ 495

2017
ISBN 978-93-515-0896-0

कीमतों में बदलाव हो सकता है।

हमारी मेल-सूची से जुड़ें और विशेष ऑफ़र्स का लाभ उठाएं।
marketing@sagepub.in पर लिखें।

हमारी विभिन्न पुस्तकों के लिए देखें **www.sagebhasha.com**